符号里的中國

赵运涛 著

中華書局

图书在版编目(CIP)数据

符号里的中国/赵运涛著. —北京:中华书局,2021.7
(2024.5 重印)
ISBN 978-7-101-15236-4

Ⅰ.符…　Ⅱ.赵…　Ⅲ.中国历史-通俗读物　Ⅳ.K209

中国版本图书馆 CIP 数据核字(2021)第 114105 号

书　　名　符号里的中国
著　　者　赵运涛
责任编辑　吴艳红
封面设计　刘　丽
责任印制　管　斌
出版发行　中华书局
　　　　　(北京市丰台区太平桥西里 38 号　100073)
　　　　　http://www.zhbc.com.cn
　　　　　E-mail:zhbc@zhbc.com.cn
印　　刷　北京盛通印刷股份有限公司
版　　次　2021 年 7 月第 1 版
　　　　　2024 年 5 月第 9 次印刷
规　　格　开本/710×1000 毫米　1/16
　　　　　印张 24½　字数 400 千字
印　　数　56001-62000 册
国际书号　ISBN 978-7-101-15236-4
定　　价　98.00 元

目　录

辑二　守·护

辑三　神·圣

推荐序

从“天文”到“人文”

文化犹如空气，充满生活的天地，滋养着人们的生命，丰富着人们的生活。古老的《周易》中有一句话：“观乎人文，以化成天下。”还有一句话：“百姓日用而不知。”文化就充乎我们的日常生活之中，然而时常是：它知道你，你却不认识它。这就说到本书的意图：帮助人们认知身边无处不在的文化。

本书从“天文”说到“人文”，从天地人神鬼说到嬴鳞毛羽昆，从古说到今。内容非常庞杂，涉及中国传统文化的方方面面，如祥瑞、守护、神圣、人文。很多“符号”都是我们生活中常见的，但人们又往往对其一知半解。

大家都知道道教一般把太上老君奉为始祖，而太上老君又被认为是老子，老子不是一个历史人物吗，他是如何成为太上老君的呢？关羽本是一位历史人物，但我们常见道观或寺庙中供奉着关羽像，关羽是如何由人变成神的呢，为何儒释道都推崇关羽呢？行云布雨的“龙王”是随着佛教出现的一种信仰，你知道“中国龙”与“龙王”的区别吗？玉皇大帝与王母娘娘在正规的道教典籍中没有任何关系，那么他们是什么时候被人们视为一对夫妻的呢？在古代，北斗是如何“导航”的，古人是如何根据天象进行四方定位的，古人如何夜观天象？三星堆遗址出土的青铜人的眼睛为何那么大，大型青铜神树上的鸟是太阳的背负者？三星堆还有哪些未解之谜？……

本书涉及儒释道以及第四空间民俗信仰，无所不包，然博而不杂，在编排与分类上力求系统：儒释道的人物造型符号包含着各自的文化发展史，动植物的吉祥元素符号既有士大夫文化，又有民间文化，传统岁时节日与传统神秘图式也都有着自己的内在逻辑，等等。

除了内容体系化，本书还有一个重要特点就是图像丰富。读图时代，图像的应用更能让我们直观地了解古代中国。全书近三百幅图像，可以说，每一幅图像也是一个符号，其背后则是几千年的文化积淀。有些图像不符合画中历史人物的朝代，却符合图像产生时代的特征。比如孔子像，校园里常见的“叉手礼”的孔子像实际是到了唐代才出现的，汉画像中都还没有这种礼仪，更别说孔子的时代了。还有常见的露着大板牙的孔子像，这背后实际是“圣人异象”思想的影响。另外，还有一些图像纠正了一些“误读”。比如龙生九子中的“霸下”，也就是常见的驮着石碑的乌龟，明朝流行说法说它是龙的儿子，于是它的造型就越来越像龙，成了龙头龟身，而从留存的古画来看，宋以前它就是乌龟的造型。

书中所涉及的符号都是我们再熟悉不过的了，但人们往往对其背后的文化支撑不甚了解。为了解开这些符号的“密码”，作者对每个符号的生成过程、发展流变、现今影响、寓意与应用等方面都做了详细的探究。日常见到，书中读到，一旦解开某个符号的“密码”，当你再遇到，相信定会为其文化底蕴所折服，同时极大地拓展自己的审美空间。

符号是一种共同的文化记忆。符号里的中国，就是可以通过符号来了解中国文化。中华民族是以文化认同为基础而形成一种想象的共同体的，只要你接受了中华文化，就融入了中华民族。中国的传统文化，有着强大的感召力，这也是为什么我们的文明一直没有断绝，无论谁来了，都会为其折服，成为“我们”的一份子。几千年的传统文化沉淀，凝聚成具有象征意义的诸多符号。了解了这些符号，也就了解了古人的精神世界与日常生活，以及传统文化对今日之影响。

总之，传统文化离我们并不远。读罢本书，你就可以略知古今，并随时随地了解传统文化对现代生活的影响了。相信这可以让你的“日常”充满趣味。禅宗说“行住坐卧，无非是禅”“运水搬柴，无非是道”。这本书讲的是传统文化，但落脚点是解说生活中常见的一些符号和现象。不脱离生活，方有趣味；不人云亦云，方有深度。这正是本书的追求，是否达到此等地步，有待于大家批评指正。

李山

自序

我在大学开了一门校公选课，课程的名称叫“传统文化中的博物学”。选课的学生很多，基本上都是传统文化的爱好者。常有学生问我，学习传统文化究竟有什么用？关于有用无用的问题，早在先秦时期，庄子就作了一个很好的解释，他打了一个比方：你走路，什么是有用的？自然是你脚下的那块土地。但如果把周围所有的土地都挖成万丈深渊，只留下一串脚印那么大的“有用”的土地，你还敢走吗？所以，有时候，一些看似“无用”的，实际上可能有着“大用”。

中国的传统文化在我看来，首先是“无用”的——学习了传统文化并不能立即升官发财，其次它又有“大用”——因为传统文化奠定了中华民族的底色，它根植于世世代代的生活，直到现在依旧影响着中国人的思维、审美以及行为方式。可以说，传统文化带有普遍的社会认可性，每个土生土长的中国人实际都会受到它潜移默化的影响。但我们又总是身处其中，日用而不知。本书的写作目的，即发现日常生活中的传统文化，培养日常审美，领略传统文化的意味和趣味。

本书是一部关于传统文化中的博物学的书。什么是博物学呢？中国自古就有“博物志”传统。我们读先秦时期的著作《诗经》《尚书·禹贡》《山海经》等，会发现其中包含有大量的动植物以及地理物产等知识，它们可以看作是博物学著作的先声。《诗经》到了孔子的时代，其“博物”的性质更是得到了明确的认可。孔子教导说：“小子何莫学夫《诗》？《诗》，可以兴，可以观，可以群，可以怨。迩之事父，远之事君，多识于鸟兽草木之名。”《诗经》虽然不是专门的识物著作，但孔子说其有助于“多识”，这样的推崇与指导，就为后世博物学的发展开拓了一个方向。

早期对《诗经》名物解释最多的就是战国时期的《尔雅》。也正是从《尔雅》开始，后世就不断出现解释《诗经》名物——尤其是其中的动植物的著作，如西晋陆机的《毛诗草木鸟兽虫鱼疏》，其影响就极为深远。对自然界动植物的搜罗与解释在后世竟成为一门学问，宋代宋祁《益部方物略记》、罗愿《尔雅翼》、郑樵《昆虫草木略》，清代吴其濬《植物名实图考》等都是该类著作。

晋代张华的《博物志》是第一部以"博物"为名的专门著作，开启了百科全书式的博物学著作体式，其内容不仅包含自然，还加入了人文。这部书影响很大，后世出现了诸多对《博物志》的补充之作，如宋代有李石《续博物志》，明代有董斯张《广博物志》、游潜《博物志补》、黄道周《博物典汇》，清代有徐寿基《续广博物志》，等等。

有一些著作，虽然没有用"博物"的名字，但其体例几与《博物志》相同，如唐代段成式《酉阳杂俎》、宋代沈括《梦溪笔谈》、明代谢肇淛《五杂组》，等等。这些也都是以博物为目的的著作，其内容也是天文地理、奇花异草、艺术技艺、神人传说、珍宝名物等无所不包。还有一些著作，虽不是博物体例，但其内容往往与传统博物范围相交融，如《农政全书》《本草纲目》《徐霞客游记》《天工开物》，等等。

中西方都有博物学。西方的博物学往往包含动植物、矿物、天文、地理，主要是自然界的事物；中国的博物学，除了自然界的事物，还有人造物及神话传说。二者最大的不同，就是中国的博物学可以收录"怪力乱神"。

本书延续的正是古代博物观念传统，以博学多识为目的。

本书还是一部关于传统文化中的符号的书。什么是符号呢？德国哲学家恩斯特·卡西尔在《人论》中说："(符号是)一种可以通过某种不言而喻的或约定俗成的传统，或通过某种语言的法则去标示某种与它不同的另外的事物的事物。"卡西尔认为人是"符号的动物"，"所有文化形式都是符号形式"。日常生活与世俗风景都是符号，而符号被了解了，才具有意义，才是文化。一个符号的生成与发展，其背后必然有着强大及复杂的文化支撑，而一旦文化经过漫长的积淀形成了符号，它的寓意就会有长期性及稳定性。读懂了符号，才能理解符号所承载的文化。

本书中的一些内容涉及宗教信仰和风俗习惯，写这些并不是为了宣传封建迷信，恰恰相反，通过揭示这些符号的生成过程，正可以破解那些所谓的"神秘"，从而探究古人的思维模式与行为方式背后的逻辑。相对于爱好者与信仰者来说，我们就比较“讨厌”了。这好比看戏，爱好者与信仰者往往是台下的观众，其情感已经融入到了台上的人物当中，与人物共悲喜，而我们则总是站在后台，等着演员卸了妆，探究人物面具以及行头背后的真实。

本书追求的这种真实，其实秉承的正是传统博物志的考辨精神。

本书的写作思路，不是将各种符号进行简单的罗列，以及粗浅的介绍，而是追本溯源，探究这些符号究竟是怎样生成的，以及其在流传过程发生了哪些变化。

举例来说，很多符号形成或演变的过程都可以用两个词来概括，那就是“错讹”与“错位”。

“错讹”又可以分为两种：

一种是无意识的“错讹”，逐渐积非成是。如八仙中的“张果老”，传世文献中有“张果老先生”一句，古代无标点，断句无定式，后来就逐渐以讹传讹，“张果，老先生”变成了“张果老，先生”；八仙中的汉钟离也是因为断句而产生了误会，他本叫钟离权，大约是唐五代时期的人物，《宣和年谱》《夷坚志》《宋史》等文献中都记载了他的事迹，《宣和年谱》说他自称“天下都散汉钟离权”，人们断句的时候常常把“汉”与后面的“钟离”连起来，于是就有了“汉钟离”的名字，并且因为这个“汉”字，人们又将其附会为了东汉时期的人物；“刘海蟾”，因为其名字里有个“蟾”字，人们就编出了“刘海戏金蟾”的故事，“刘海蟾”的名字也就变成了“刘海”；钟馗，古书上说，齐地的方言常把大木棒，即“椎(chuí)”叫作“终葵”，这个大木棒可以用来驱赶鬼怪，后来就以讹传讹而有了一个叫“钟馗”的驱鬼的神；《三教源流搜神大全》等文献记载汉武帝时期的一个官员被人们奉为福神，他叫杨成，是道州刺史，实际上应该是唐朝道州刺史阳城，《新唐书·阳城传》有记载。

除了无意识而积非成是的“错讹”，有些“错讹”还是人们有意识生成的。如一些因为避讳而改的名字，观世音菩萨因为避讳李世民的名字而变成了观音菩萨。又如，以动植物作为吉祥元素，吉祥寓意的形成多是依靠联想思维而故意形成“错讹”效果。“鹿”谐音“禄”，所以人们画一头鹿，就表示可求得福禄。

“错位”也可以说是“错讹”的一种，是更高级的“错讹”，是指一些符号在神圣化、世俗化、本土化等过程中，逐渐发生了变化。老子本是先秦道家的创始人，后来变成了道教的太上老君，再后来又有了“一气化三清”之说，说他一个人又变成了三个人；玉皇大帝与王母娘娘属于不同的神话体系，本没有任何关系，后来发生“错位”，常被看作是一对夫妻；早期的弥勒佛并不是大肚子，大肚子的造型据说是依据五代时期的一个名叫契此的布袋和尚，人们喜欢这一形象，就逐渐固定下来，从而有了大肚弥勒佛。

除了思维与审美模式，人们的行为方式也导致“错位”的发生。如扫墓在唐代规定是寒食节的习俗，但寒食节是禁火的，唐宋又流行扫墓要烧纸钱，于是为了避免冲突，扫墓的习俗就逐渐成为了清明节的符号。《西游记》第八十回金鼻白毛老鼠精变成一个女子，骗唐僧说自己在荒郊野外的原因是清明和家人来扫墓，遇到了强盗，这正是对清明节扫墓习俗符号的应用。

可以说，每一个文化现象都是一个具体的符号，符号传达某种意义。符号生成是一种大众性的约定俗成，但其并不是静止的，随着社会的发展，原来的意义不能满足社会意义的时候，它就要发生变化，这就是“错位”产生的土壤。而一旦新的符号生成，就会有一定的长期性与稳定性。

本书不仅要考辨符号的生成与演变，还要探究符号的寓意与应用。

以古典小说为例，文史互证，我们会发现，小说中有着很多对符号的应用，读懂了这些符号，将有助于我们更好地理解文本。

如龙。龙是帝王的象征，是祥瑞符号，所以《三国演义》中，第九回写董卓想要当皇帝，就说自己梦到了龙。后来孙权想要称帝的时候，大臣张昭说“近闻武昌东山，凤凰来仪；大江之中，黄龙屡现”。于是孙权就登了基，改年号为黄龙元年。魏国也说自己发现了龙，“却说魏国因旧岁有青龙自摩坡井内而出”，于是改年号为青龙元年。

如凤凰。凤凰是众鸟之王的象征，了解了凤凰的这一符号寓意，我们就好理解为何在《西游记》第六十一回写孙悟空大战牛魔王，二人变化为禽类斗法，孙悟空最后变成凤凰，牛魔王也就无可奈何了。

如真武大帝。《西游记》中在收服猪八戒的时候，孙悟空变成高小姐，对猪刚鬣说自己父亲请了法师来拿他，还被认为是“妖”的猪刚鬣说就是请下来九天荡魔祖师，即真武大帝，他也不怕。为什么猪刚鬣别的神仙都不提，专门说真武大帝呢？这是因为真武大帝的主要职责就是降妖除魔，这在作者生活的时代是共识性的普遍信仰。真武大帝就是降妖除魔的符号。

如天王。《水浒传》中说林冲发配到了沧州牢城营之后，工作是打扫天王堂。武松发配到孟州牢城营之后，也见有一天王堂。这是因为天王堂在唐宋时期，是军营、劳所的地标性符号。人们常常在军营、劳所建天王堂，供奉四大天王中的毗沙门，即北方多闻天王，将其作为守护神。

传统文化中的符号，其寓意总结起来主要有这样几个方面的作用：彰显地位与权力、生存与繁衍、纳福求吉、辟邪禳灾等。本书所涉及的符号应用，不仅有我们日常所见的器物与习俗，种种“怪力乱神”，还包罗了《三国演义》《水浒传》《西游记》《红楼梦》等名著中大家“习焉不察”的符号，可以说本书实际又包含着“四大名著中的符号”这样一个线索。

本书篇目多以一个主要问题的形式出现，开篇根据行文逻辑，分列一些小问题，大小相符，尽量涵盖整体印象，又解决一些常见疑问。每一个符号几乎都可以算作是某个知识领域的代表，从选题到找材料，再到梳理思路，力求做到逻辑清晰，知识准确，通俗易懂，打通学术与大众的壁垒。书中穿插近300幅相关图片，帮助读者在生动的图像中理解传统文化。

总之，通过盘点历史与传统给我们留下来的精神文化财富，及其视觉形象载体，希望有助于读者了解和学习传统文化，并不是为了对抗现代，而是我们需要这样一种文化认同感。传统文化是我们的根基，至今仍影响着我们的日常生活。我们可以通过拓展视野，提高自身的审美修养，培养一双发现美的眼睛。我相信，读完此书，你会发现，文学名著中提到的、精品古装影视剧中出现的、日常生活中见到的建筑、服饰、器物、习俗，等等，都会变得很有意思。原来去名胜古迹旅游，去公园、去博物馆观光可能都是走马观花，看不懂，想不明白，不注重细节，不知所云，读罢此书，你可能会发现，原来处处都饶有意味，而这，就足够了。

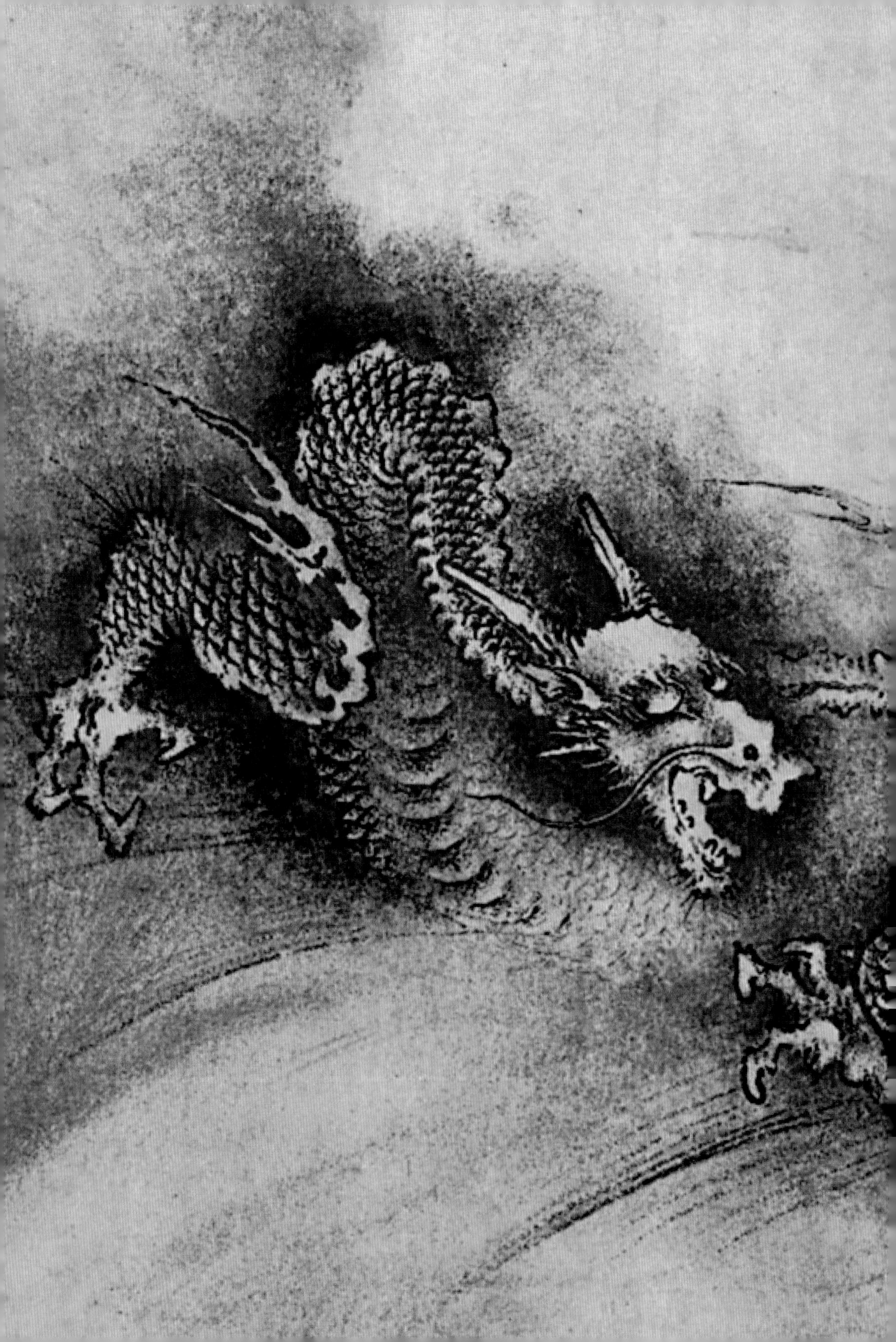

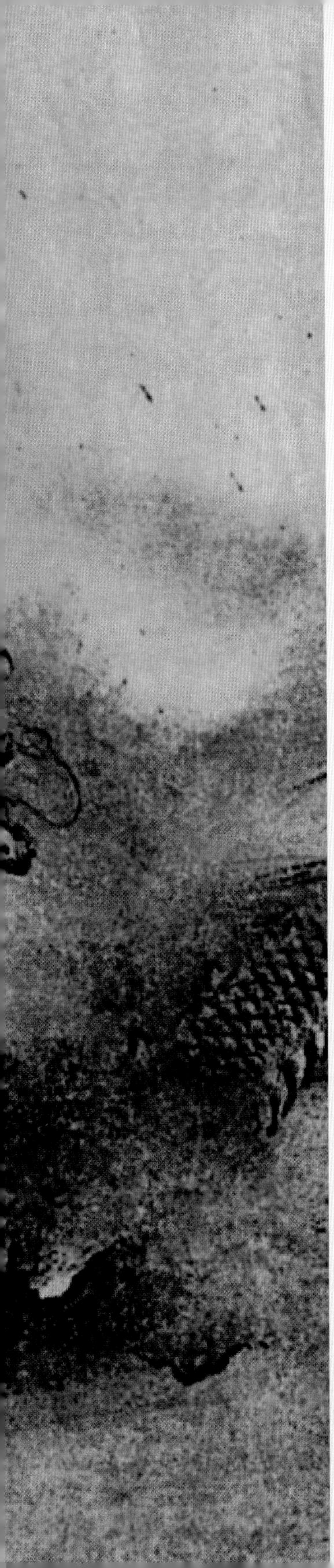

辑一 祥·瑞

是故变化云为，吉事有祥。

——《周易》

龙的信仰："中国龙"与"龙王"其实并不是一回事？

龙的起源是什么？龙的形象有哪些变化？龙在古代都有哪些象征意义？《三国演义》中，"龙"有着什么样的符号作用？传统的中国龙与龙王是一回事吗？龙王的"天敌"是谁？龙王的原型是谁，它的原型故事对明清小说有哪些影响？《水浒传》中龙王都帮过宋江什么忙？龙王有何职责？《西游记》中的龙王能不能随便下雨？

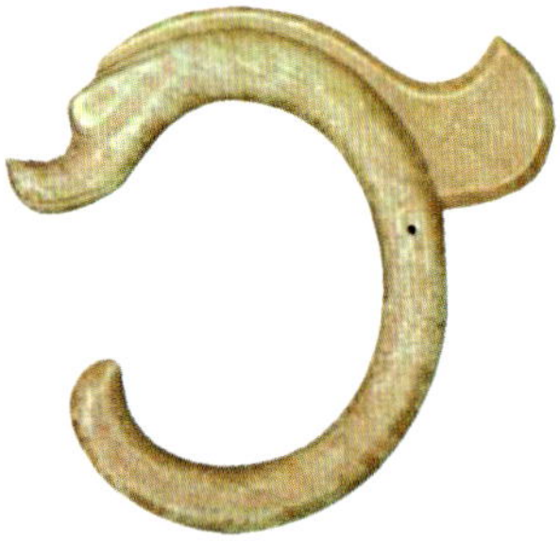

红山文化时期玉龙，新石器时期，中国国家博物馆藏。造型与甲骨文中的龙字 相似，可能用于祭祀。

中国龙的象征意义

考古发现，龙在中国的起源应该是多元的。辽宁阜新查海遗址发现的石堆龙，距今约有八千年；河南濮阳发现的蚌龙，距今约有六千年；内蒙古清水河出土的黄土龙，距今也约有六千年；红山文化发现的玉龙、猪龙，距今约有五千年。此外，江浙良渚文化的器具上也有各种龙的形象，等等。

关于龙的起源有各种不同说法。何新《漫说龙凤》一文认为龙的原始意象来自云的形象。传统观点认为，最初的"龙"是由各个部族不断融合而将自己的图腾拼凑在一起形成的。闻一多《伏羲考》认为，龙是蛇加上各种动物形成的，龙图腾是蛇图腾兼并、同化了许多弱小单位的结果，是由许多不同的图腾糅合成的一种综合图腾。很多学者都赞同这种说法。

龙纹陶盘，新石器时期，1980年山西陶寺遗址出土，社科院考古研究所藏。该器物被誉为"中华第一龙陶"，龙纹与蜥蜴相似。

在"原始龙"的基础上，人们又不断加以发挥、创造。根据历代有关龙的器物图案、绘画、雕塑，可以将中国龙的发展分为

战国《人物御龙帛画》，湖南省博物馆藏。驾驭龙的为楚国大夫一级的贵族，身戴佩剑，龙的造型成舟状，尾部立一鹤，龙身旁边有一鱼伴游。

三期：

第一期是春秋以前，龙的主要结构形态是蛇身兽头，无足或一足，S或C型，保持着爬行动物的特点，展现出神秘的力量。

第二期是从战国到唐代，这是龙的形态变化最大的一个时期，龙从匍匐走向飞腾，展现出威严与震慑力。

第三期是宋以后，也就是现在常见的龙的形象，蜿蜒多姿，体态华美，展现出威仪棣棣的风采。宋代罗愿《尔雅翼》说龙有九似："角似鹿，头似驼，眼似兔，项似蛇，腹似蜃，鳞似鱼，爪似鹰，掌似虎，耳似牛。"可见，龙是一种集美貌与智慧于一身的神秘动物。宋以后，龙的形态基本定型，元、明、清基本没有什么变化。

在古代，龙有很多象征意义，其中最为大家熟悉的大概就是其与王权的关系了。考古发现，商周时期贵族的服饰上就已经有了龙纹装饰。《礼记·礼器》也说："礼有以文为贵者，天子龙衮。"龙纹服饰等级最高。汉朝以后，绣龙朝服更是皇帝专享，臣子是万万不能沾身的。一旦有人胆敢私自穿龙袍，那代表的就是造反。

在古典小说《水浒传》中，作者就借用了这一符号意义。宋

唐代金龙，陕西历史博物馆藏。金龙两爪抓地，身体为飞腾之势。

南宋陈容绘《九龙图》局部，波士顿艺术博物馆藏。飞腾云间的龙，展现了其行云布雨的神力。

江打方腊，阮小七杀入内苑深宫，在方腊的大本营搜出了龙袍，穿在身上嬉戏。之后童贯、蔡京等人将此事上告皇帝，说阮小七有谋反之意，最终将其官职收回，贬为平民。这反映的正是龙纹服饰作为一种等级符号的不可僭越性。

在《周易》中，“乾”象征天，而乾卦又以“龙”为象，所谓“九五之尊”，正是这一卦中的第五爻“飞龙在天”。龙是表明帝王身份的一种符号，是帝王获得天命的一种象征，这种意识影响深远。

《史记·高祖本纪》记载：有一妇人在河边行走时，不知何故，突然昏厥过去。丈夫见她久久不回，于是到河边寻找，这时风雨大作，雷电交加，忽见一条龙盘在她身上。不久这妇人便有孕上身，十月怀胎，产下一婴，这个孩子就是刘邦。刘邦是第一个高调宣称自己是龙的私生子的人，因而当他打败项羽，做了汉朝皇帝，也就成为历史上第一个被称为真龙天子的皇帝。

有意思的是，《水浒传》中还戏仿了这个故事。第七十八回《十节度议取梁山泊 宋公明一败高太尉》写高太尉第一次征讨梁山，用了一员猛将叫刘梦龙。书中说他之所以叫这个名字，是因为“其母梦见一条黑龙飞入腹中，感而遂生”。这位刘梦龙，也姓刘，不得不说作者这里可能正是对刘邦故事的一种借鉴。

在历史上，借鉴刘邦的“经验”，以龙神化自己出身的皇帝非常多。如传说齐高帝萧道成出生时，西方出现了黑龙；传说唐太宗李世民出生时，出现了两条金龙；传说宋英宗赵曙出生时，出现了黄龙。汉代的《瑞应图》说：“黄龙者，四方之长，四方之正色，神灵之精也……有圣则见，无圣则处。”黄龙的出现，被人们视为圣人或圣君在世。

帝王之所以喜欢龙，是因为龙被看作是一种祥瑞，帝王常常借“龙”来宣扬自己是天命所归。这在《三国演义》中多有体现。孙权想要称帝，大臣张昭说：“近闻武昌东山，凤凰来仪；大江之中，黄龙屡现。”于是孙权登基，改年号为黄龙元年。魏国也说自己发现了龙，“却说魏国因旧岁有青龙自摩坡井内而出”，于是改年号为青龙元年。可惜这个“龙”是从井里出来的，后来说出“司马昭之心，路人所知也”这句话的魏帝曹髦认为这条龙是潜龙，是困龙，实际表现的正是曹魏的困境。

除了以“龙”表现某种政治形式，在《三国演义》中，作者还常常以龙这样一种符号来表明某个人的“野心”。第九回写董卓想要当皇帝，就说董卓梦见了龙，“卓大喜曰：吾夜梦一龙罩身，今日果得此喜信。时哉不可失！”到了《三国演义》的结尾，钟会说自己梦到了蛇，姜维为了鼓动钟会造反，就说：“梦龙蛇者，皆吉庆之兆也。”《三国演义》以“梦龙”始，又以“梦龙”终，但他们都不是“真龙”，所以注定失败。谁才是作者心目中的“真龙”呢？

曹操与刘备青梅煮酒论英雄,是从天边的龙挂说起的。

玄德心神方定。随至小亭,已设樽俎:盘置青梅,一樽煮酒。二人对坐,开怀畅饮。酒至半酣,忽阴云漠漠,骤雨将至。从人遥指天外龙挂,操与玄德凭栏观之。操曰:"使君知龙之变化否?"玄德曰:"未知其详。"操曰:"龙能大能小,能升能隐:大则兴云吐雾,小则隐介藏形;升则飞腾于宇宙之间,隐则潜伏于波涛之内。方今春深,龙乘时变化,犹人得志而纵横四海。龙之为物,可比世之英雄。玄德久历四方,必知当世英雄。请试指言之。"

龙是英雄的象征,那么谁是龙呢?刘备得了荆州后,曹操说:"刘备,人中之龙也,生平未尝得水。今得荆州,是困龙入大海矣。孤安得不动心哉!"《三国演义》可以说暗含着多条"龙"的线索,与曹魏逐渐被司马氏控制,从"飞龙"到"困龙"不同,刘备的经历则是从"困龙"到"飞龙"的过程。在尊刘贬曹的思想指导下,作者有意识地把刘备与象征帝王的"龙"联系了起来,多次借他人之口,把刘备塑造成"真龙"。

自古皇帝被认为是真龙天子,皇帝的面貌叫龙颜,皇帝的身体叫龙体。与皇帝沾边的宫室器物往往也都要带个"龙"字,除了"龙袍",还有"龙辇""龙床"等。明清宫殿建筑上,最高等级的和玺彩绘,也是以龙为主题。龙简直就是皇家的一个徽号。

尽管古代礼制森严,龙的符号不可乱用,但平民百姓并没有放弃对龙的喜好和崇拜。节日里要有龙,如正月十五要龙灯、舞龙,二月二"龙抬头",五月端午赛龙舟。生下贵子,最大的心愿就是"望子成龙";亲友结婚,最美好的祝愿就是"龙凤呈祥",等等。龙的力量与智慧让其在现代城市建筑中成为财富与繁荣的象征。北京北海就有"九龙壁",上面拼接有琉璃烧制的体态矫健的九条龙。在山西大同、香港等地都有这样的九龙壁,城市的繁荣腾飞、蒸蒸日上都寄托在了龙的形象之中。

在龙的符号系统中,龙只是统称,龙的种类其实有很多,如蛟龙、虬龙、应龙、夔龙、飞龙等。《龙经》说:"夔龙为群龙之主。"可见,群龙的首领并不是我们平时以为的"龙王",而是夔龙。

龙王信仰的兴起

"龙王"并不是中国本土的信仰,佛教传入中国后,为了宣扬佛法,印度的"Naga",即人首蛇身的精怪,由"蛇"而翻译为中国的"龙"或"龙王"。佛典中经常见到龙王阻止佛祖或者佛教徒传教的事,这些龙王要么被赶走,要么被收服做了护法。作为护法的龙王,位于“天龙八部”中的第二位。后来这些外来的龙王形象与中国古代龙的形象相结合而本土化了,这就有了龙头人身的龙王爷。

在道教中,“四灵”中的青龙很早就发展出了守护神的职责,但其地位并不高,也没有发展出神人的形象。随着佛教“龙王”的形成,道教也变得更重视这一神灵。道教的龙王或龙君主要的一个特征是继承了传统的阴阳五行说,五方龙是其最为主要的一组信仰符号。

早在汉代的纬书中,人们就已经把龙与五行、五色联系了起来,视为一种祥瑞。《瑞应图》曰:“黄金(精)千岁生黄龙,青金千岁生青龙,赤金千岁生赤龙,白金千岁生白龙,黑金千岁生黑龙。”唐宋都有官方祭祀五方龙的制度,信奉道教的宋徽宗还封五方龙分别为青龙神广仁王、赤龙神嘉泽王、黄龙神孚应王、白龙神义济王、黑龙神灵泽王,这样,传统的“五龙”就逐渐过渡到了“龙王”。

《水浒传》中也提到了宋徽宗封龙王之事。在征方腊的时候,宋江得到了乌龙神的帮助,于是上奏朝廷,皇帝赐封其为“忠靖灵德普佑孚惠龙王”。《水浒传》中不仅提到了乌龙神庙,还有白龙神庙,宋江题写反诗被抓,李逵、晁盖等人劫了法场,将宋江救出后,众人来到了一座白龙庙,这是宋江上梁山的起点。

此外,《水浒传》还提到了五龙庙。第九十六回写入云龙公孙胜与乔道清斗法:

乔道清又捏诀念咒,把手望北一招,喝声道:“疾!”只见北军寨后五龙山凹里,忽的一片黑云飞起,云中现出一条黑龙,张鳞鼓鬣,飞向前来。公孙胜呵呵大笑,把手也望五龙山一招,只见五龙山凹里,如飞电般掣出一条黄龙,半云半雾,迎住黑龙,空中相斗。乔道清又叫:“青龙快来!”只见山顶上飞出一条青龙,随后又有白龙飞出,赶上前迎住。两军看得目瞪口呆。乔道清仗剑大叫:“赤龙快出帮助!”须臾,山凹里又腾出一条赤龙,飞舞前来。五条龙向空中乱舞,正按着金、木、水、火、土五行,互生互克,搅做一团。狂风大起,两阵里捧旗的军士,被风卷动,一连颠翻了数十个。公孙胜左手仗剑,右手把麈尾望空一掷,那麈尾在空中打个滚,化成鸿雁般一只鸟飞起去。须臾,渐高渐大,扶摇而上,直到九霄空里,化成个大鹏,翼若垂天之云,望着那五条龙扑击下来。只听得刮剌剌的响,却似青天里打个霹雳,把那五条龙扑打得鳞散甲飘。原来五龙山有段灵异,山中常有五色云现。龙神托梦居民,因此起建庙宇,中间供个龙王牌位;又按五方,塑成青、黄、赤、黑、白五条龙,按方向蟠旋于柱,都是泥塑金装彩画就的。当下被二人用法遣来相斗,被公孙胜用麈尾化成大鹏,将五条泥龙搏击的粉碎,望北军头上乱纷纷打将下来。

榆林窟第25窟，中唐。头饰金翅鸟的迦楼罗是取龙为食的金翅鸟王。

得胜之后，公孙胜、宋江又重修了五龙山龙神庙中五条龙像。五条龙分别象征金、木、水、火、土五行，这体现的正是中国传统与道教思维。道教的"龙神"往往与传统的阴阳五行相联系，而这段斗法的描述中，公孙胜用大鹏战胜五条龙，实际又是受到了佛教"龙王"另一个原型故事的影响。

印度的"蛇王"Naga，有一死敌就是迦楼罗。迦楼罗是天龙八部众之一，翻译成汉语就是我们常说的金翅大鹏鸟。金翅大鹏鸟以Naga为食物，后来Naga皈依佛教，身披袈裟，可以避免被金翅大鹏鸟吃掉。Naga经过本土化而被称为龙或龙王后，其与金翅大鹏鸟的"恩怨"关系在中国古典小说中仍有所体现。

《西游记》中观音菩萨到长安推销自己的锦襕袈裟时说："这袈裟，龙披一缕，免大鹏吞噬之灾；鹤挂一丝，得超凡入圣之妙。"龙如果穿上这袈裟，就可以避免被大鹏吃掉。

在《封神演义》中，也提到了金翅大鹏鸟，被称为羽翼仙，书中说他"曾扇四海具见底，吃尽龙王海内鱼"。这可能也是受到了印度金翅大鹏鸟与Naga有宿怨的影响。

大鹏鸟与"龙"作为宿敌的原型影响在中国古典小说中还有很多。《喻世明言·张道陵七试赵升》中真人与鬼帅斗法，当鬼帅变成了龙，真人则变成了大鹏。

其时八部鬼帅大怒，化为八只吊睛老虎，张牙舞爪，来攫真人。真人摇身一变，变成狮子逐之。鬼帅再变八条大龙，欲擒狮子。真人又变成大鹏金翅鸟，张开巨喙，欲啄龙睛。

清人绘《西游记》，大鹏鸟。

毒龙占领了泉水，“真人遂书符一道，向空掷去。那道符从空盘旋，忽化为大鹏金翅鸟，在湫上往来飞舞。毒龙大惊，舍湫而去，湫水遂清”。

在清代《说岳全传》中，第一、二回写岳飞转世，我佛的金翅大鹏路过九曲黄河的时候，发现了一个蛟精（古人认为蛟龙也是龙的一种，《说文解字》曰：“蛟，龙属也。”），“那大鹏这双神眼认得是个妖精，一翅落将下来，望着老龙，这一嘴正啄着左眼，霎时眼睛突出，满面流血”。后来金翅大鹏转世为岳飞，字鹏举，而蛟精为了报仇，在岳飞出生的时候，发大洪水，犯了天条，被玉帝砍了，也到东土投胎，就是秦桧。这大概也有金翅鸟与印度“蛇王”为宿敌的影响。

中国本土神话传说中，往往表现的都是龙鸟共生关系。晋代《拾遗记》曰：“有赤乌如鹏，以翼覆蛟鱼之上，蛟以尾叩天求雨，鱼吸日之光，冥然则暗如薄蚀矣。”大鹏鸟用羽翼覆盖在蛟龙和鱼身上，蛟龙摆尾求雨，鱼吸收日之光，就会出现一种昏暗如日蚀的天象。受到佛教影响后，大鹏与龙化为了一种敌对关系。

除了小说，古代还有很多类似母题的图画。明代谢肇淛《五杂组》记载，当时流行一种《鸟王啖龙图》，作者说其根据可能是唐代凤追龙的故事：

唐开元中，有凤逐二龙至华阴，龙坠地，化清泉二道，其一为凤爪伤流血，泉色遂赤，今其地有龙骨山云。故老谓凤喜食龙脑，故龙畏之。今世所传《鸟王啖龙图》，盖本此也。

明代王世贞曾为这类主题的画作诗《题鸟王啖龙图》曰：

须弥山倾劫福竭，鸟王与龙竟谁在。君不见龙儿一梦何其聪,可怜宫中群小龙,金翅乃是宣城公。

可见,王世贞已注意到这类画作是受到了龙与金翅大鹏鸟“宿怨”关系的影响。

佛教的“龙王”信仰另一个原型影响是龙宫多宝贝。印度神话中,Naga有宫殿,守护着财宝,所以当它与中国的龙结合成为龙王之后,仍留有龙王多宝藏的传说。

《西游记》中,孙悟空想找一件趁手的兵器,就去了东海龙宫,还引用了一句谚语:“古人云:‘愁海龙王没宝哩!’”是说民间一直流传着一句话,海龙王宝贝多。

《红楼梦》中的“护官符”写有:“东海缺少白玉床,龙王来请金陵王。”连多宝的龙王也不如金陵王,更可见王家势力之大。

元代朱玉绘《龙宫水府图》,取材于唐人小说《柳毅传》。《柳毅传》讲的是书生柳毅替被夫家虐待的龙女传书给其娘家,最后与她结为夫妻的故事。柳毅到了龙宫,“始见台阁相向,门户千万,奇草珍木,无所不有”。龙宫多宝贝。

这是将多宝的海龙王做了陪衬。

“龙王”在民间信仰中，主要负责行云布雨。行云布雨的龙在中国虽然起源很早，但我们熟知“龙王”负责这一职责则是到了印度佛教传入之后。强调龙的职责，对龙王行云布雨进行细致描绘的文学作品主要是《西游记》。《西游记》中提到的四海龙王，即东海龙王敖广、南海龙王敖钦、北海龙王敖顺、西海龙王敖闰。《西游记》在民间的影响很大，古代民众祈求风调雨顺，就会唱：“天皇皇来地皇皇，海里有个海龙王，广钦顺闰多厉害，旱涝丰欠由它掌。当！当！”

清末周培春绘，龙王爷。图上题写：“此是龙王爷，手拿佛牌布道，水人供之。”

人们对龙王极为尊敬和崇拜，认为龙王是水里统领水族的王，掌管着关系民众生存的风雨。所以统治阶层为了表示“为民请命”“上承天命”，也往往都供奉龙王，如和珅的恭王府与颐和园都有龙王庙，恭王府供奉的是“东海龙王敖广”，颐和园供奉的是“西海龙王敖闰”。

民以食为天，中国传统农耕社会靠天吃饭，下不下雨与粮食的产量有着莫大的关系，因而向龙王祈雨的人特别多。但在《西游记》中，龙王虽然负责下雨，却又不能随便下雨，泾河龙王就因为不服从玉帝的旨意而被魏徵斩了。在孙悟空与红孩儿打斗的时候，孙悟空一开始想着借水灭火，就去找龙王，龙王却说：“大圣差了，若要求取雨水，不该来问我。”行者道：“你是四海龙王，主司雨泽，不来问你，却去问谁？”龙王道：

> 我虽司雨，不敢擅专，须得玉帝旨意，吩咐在那地方，要几尺几寸，甚么时辰起住，还要三官举笔，太乙移文，会令了雷公、电母、风伯、云童。俗语云：龙无云而不行哩。

这实际上反映的又是人们对雨涝灾害的一种想象：不下雨不行，下多了也不行。所以，不下雨，人们就向龙王求雨；而雨过多了，或下得不是时候，人们又希望有办法制止，希望龙王也有人管。

佛教传入中国早期，在一些开凿的石窟中，龙王神的形象往往是一位神人身边带着一条类似中国龙的神兽。而为了使得龙王与中国传统的龙的形象相结合，在民间，其形象演变为龙头人

巩县石窟第四窟南壁，南北朝时期，龙王神。造型为：一龙围绕一人，二者合一。

龙王，明万历三十年刻本《天妃娘妈传》。龙王是龙头人身。

身；在古典文学作品中，龙王的真身常被描述为一条龙，如《西游记》中，车迟国斗法，虎力大仙求雨失败，说四海龙王不在家，孙悟空则叫出四海龙王出来相见。

> 那龙王听唤，即忙现了本身。四条龙，在半空中度雾穿云，飞舞向金銮殿上，但见：飞腾变化，绕雾盘云。玉爪垂钩白，银鳞舞镜明。髯飘素练根根爽，角耸轩昂挺挺清。磕额崔巍，圆睛幌亮。隐显莫能测，飞扬不可评。祷雨随时布雨，求晴即便天晴。这才是有灵有圣真龙象，祥瑞缤纷绕殿庭。

融入中国本土龙特征的龙王随着小说的流传而广为世人所接受，逐渐成为人们风调雨顺美好愿望的寄托者。

总之，龙与龙王本是两个不同的符号系统，但二者又有所联系。这两个符号在古典小说中都具有重要的象征意义。《三国演义》中的龙是帝王意象，是祥瑞；《红楼梦》中的龙是等级符号（北静王穿着江牙海水五爪坐龙白蟒袍），是吉祥元素（贾宝玉额上勒着二龙抢珠金抹额）；《水浒传》中的龙是道教的龙王，更多体现的是传统的阴阳五行思想，但也受到了佛教的影响；《西游记》中行云布雨的龙王与多宝的龙宫更多的是受到了佛教"龙王"的影响，但其形象又结合了中国传统龙的因素。中国传统的龙虽然没有发展出神人的造型，但其传统形象却有着独特的审美魅力与精神内涵。

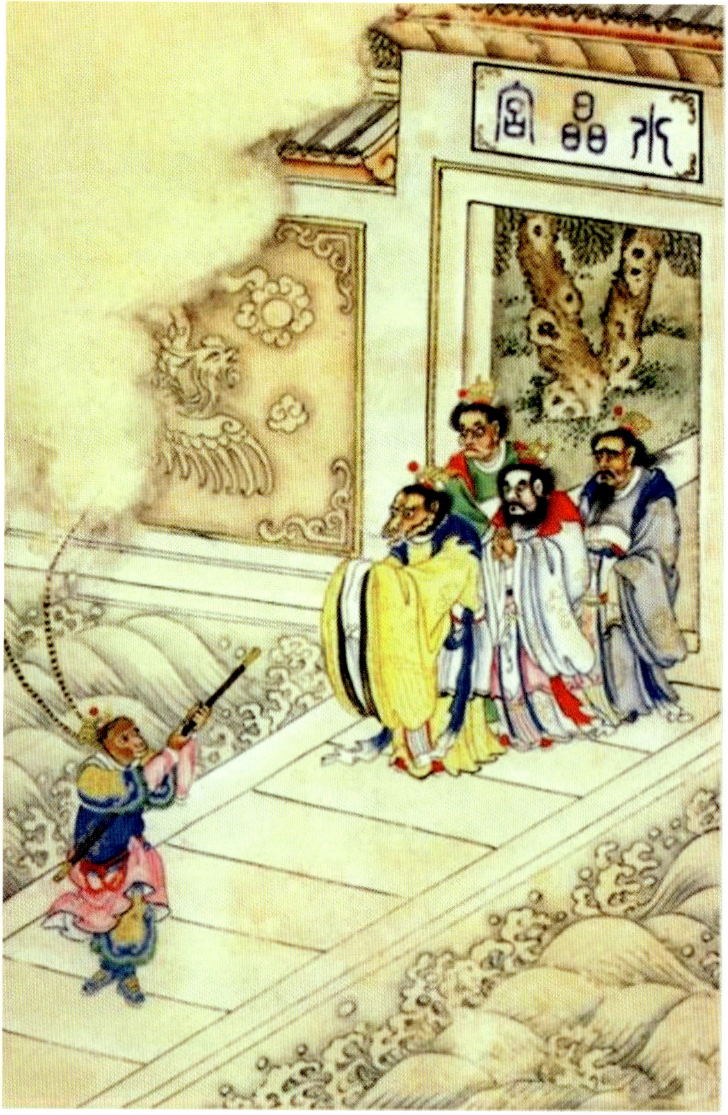

清人绘《西游记》,图中有龙头人身的龙王。

凤凰意象：凤凰如何由“雄凤雌凰”变成女性符号的？

宋代《凤凰图轴》。凤凰单脚站立，眼神犀利，有王者风范。周围陪衬有牡丹、丹顶鹤、鸳鸯等。

凤凰的起源是什么？凤凰的造型集中了哪些鸟的特征，它最接近现实中的哪种鸟？李商隐说“青鸟殷勤为探看”，青鸟与凤凰有什么关系？《西游记》中，孙悟空变成过凤凰吗？凤凰有哪些符号寓意？在古代，平民可以用凤凰的装饰品吗？《红楼梦》中，除了王熙凤，还有谁被看作是凤凰？“雄凤雌凰”是如何成为完全女性化的“凤凰”的？凤凰有哪些习性？

凤凰的造型演变

早在新石器时代的河姆渡文化遗址中就已发现凤纹饰品。闻一多在《神话与诗·龙凤》一文中说，龙凤是“我们民族发祥和文化肇端的象征”。关于凤凰的起源，何新《诸神的起源》一书中说：“凤和凰分别是两种自然事物的生物化意象。凤是风神，凰是太阳鸟，亦即所谓‘火精’，是太阳的生命意象。”刘城淮《中国上古神话》一书认为：“凤凰是以雉类为主体，融合了鹰等多种鸟的典型形象。”更多的学者认为凤凰源自图腾崇拜，是以鸟图腾为主而融合了其他多种动物特征。

古文献对凤凰的描述有很多。《山海经》曰：“丹穴之山，有鸟焉，其状如鸡，五采而文，名曰凤皇。”这是说有一种像鸡、具有五彩文的鸟被称为凤皇，即凤凰。《尔雅·释鸟》郭璞注描述凤凰的形象为“鸡头，蛇颈，燕颔，龟背，鱼尾，五彩色，其高六尺许”。《说文》曰：“凤，神鸟也。天老曰：凤之象也，鸿前麟后、蛇颈鱼尾、鹳颡鸳思、龙纹龟背、燕颔鸡喙，五色备举。”那么，凤凰的造型更接近哪种现实中的鸟类呢？先秦的凤凰图多为蛇颈、高足，汉唐以后逐渐发展为以锦鸡的形态为主体的综合形象了。宋以后，凤凰的特征加入了更多孔雀的元素，而早期文献《山海经》《尔雅》《说文解字》等在描述凤凰的时候都没有提到孔雀。

商代河南安阳妇好墓玉凤，中国国家博物馆藏。被誉为“天下第一凤”。

现实中的一些鸟为凤凰提供了造型依据，它们与凤凰有着局部相似性，而古代文献记载的某些神鸟也与凤凰有相似之处，而且因为“神”，常被看作是凤凰的一类。如凤凰喜火，“四灵”中的朱雀也是火的象征，凤凰出于南方的丹穴之山（《山海经》），朱雀也是南方的象征，所以李时珍《本草纲目》说：“凤，南方朱鸟也。”玄鸟也被看作是凤凰的一种，它是天帝的使者。所谓“天命玄鸟，降而生商”，商人的始祖简狄吞了鸟蛋，而生了契，也就是商人的男祖先。玄是黑色，商人信仰的主要是黑色的鸟；《尚书大传》说武王伐纣，出现了“赤乌”，周人信奉的是红色的鸟。

在上古时期，还有一种青鸟，也被看作凤凰的一类。在《山海经》里，青鸟是西王母的使者，西王母要去哪里，就先让青鸟去通知一声。《艺文类聚》引《汉武故事》：“七月七日，上（汉武帝）于承华殿斋，正中，忽有一青鸟从西方来，集殿前。上问东方朔，朔曰：‘此西王母欲来也。’有顷，王母至，有两青鸟如乌，夹侍王母旁。”后遂以“青鸟”为信使的代称。李商隐有诗“青鸟殷勤为探看”，说的就是这个使者。

新莽时期西王母和凤凰壁画。画面上部绘有西王母和捣药玉兔，下部为蟾蜍与长着翅膀的九尾狐，两边则各绘一只毛分五彩、口衔瑞珠的凤凰。

青鸟和凤凰本不相同，但二者又常常被看作是同一物。《山海经·大荒西经》曰：“有玄丹之山，有五色之鸟，人面有发。爰有青鴍、黄鷔、青鸟、黄鸟，其所集者，其国亡。”（袁珂校注：“此经之下文‘青鸟、黄鸟’，亦即上文‘青鴍、黄鷔’矣。”）“鸾鸟自歌，凤鸟自舞。”“有五彩鸟三名，一曰皇鸟，一曰鸾鸟，一曰凤鸟。”如此看来，似乎青鸟与凤凰只是名字不同。

到了汉代，西王母的形象发生了变化，由《山海经·南山经》里的人身虎齿、豹尾蓬头变成了贵妇的形象。《汉武帝内传》说她是容貌绝世的神女，而青鸟终于露出凤凰的本来面貌。新莽

战国《人物龙凤图》，湖南省博物馆藏。此画描述的是祈求飞凤引导墓主人的灵魂早日登天升仙。

时期的墓葬壁画中出现了西王母和凤凰，画面中间是西王母，两侧就是凤凰。这就是《山海经·海内北经》中描述的为西王母取食的青鸟，取食的青鸟后来演变成西王母派往人间引领逝者灵魂的使者。

具有同样意象的是在长沙陈家大山汉墓出土的“人物龙凤帛画”。图画中一女子双手合十在祈祷，上方有凤做引导，凤凰也是沟通阴阳二界的使者。这幅画中的“凤”还显示出凤凰的早期形象。

凤凰的符号寓意

大概是因为人们对凤凰的描述扑朔迷离，所以很多传说中的鸟都被看作是凤凰的一种；又因为凤凰是集众鸟特征于一身的神鸟，所以凤凰又被看作是众鸟之王。《白虎通》曰：“凤皇者，禽之长也。”所谓百鸟朝凤，体现的正是凤凰的地位。

在小说《西游记》中，作者就借鉴了凤凰“禽之长”这一符号。第六十一回《猪八戒助力败魔王　孙行者三调芭蕉扇》写孙悟空大战牛魔王，二人变化为禽类斗法。

> 这大圣收了金箍棒，捻诀念咒，摇身一变，变作一个海东青，飕的一翅，钻在云眼里，倒飞下来，落在天鹅身上，抱住颈项嗛眼。那牛王也知是孙行者变化，急忙抖抖翅，变作一只黄鹰，返来嗛海东青。行者又变作一个乌凤，专一赶黄鹰。牛王识得，又变作一只白鹤，长唳一声，向南飞去。行者立定，抖抖翎毛，又变作一只丹凤，高鸣一声。那白鹤见凤是鸟王，诸禽不敢妄动，刷的一翅，淬下山崖……

清人绘《西游记》，孙悟空变成了凤凰。

孙悟空最后变成了凤凰，百鸟之王一出现，禽类就都不敢妄动了，牛魔王也就无可奈何了。《西游记》中，佛祖也说过：“走兽以麒麟为之长，飞禽以凤凰为之长，那凤凰又得交合之气，育生孔雀、大鹏。”连孙悟空都无法降服的金翅大鹏也是凤凰的后代，这也是凤凰至高地位在小说中的一种体现。这里又说孔雀也是凤凰的后代，这大概正是宋以来凤凰的造型越来越接近孔雀的缘故。

凤凰在古代有很多象征和寓意，其中最为大家熟悉的，就是和龙一样，凤凰也是一种政治符号。

首先凤凰是祥瑞的象征，据说它很高洁、高贵，不是什么地方都会有，只有政治清明时才会出现。《诗经》中有“凤鸣岐山”一句，指的是商纣王末年，周朝将兴盛前，周的大本营岐山有凤凰栖息鸣叫。人们认为这是周文王有德行，从而引来了凤凰，是周兴盛的吉兆。后来，周武王伐纣，果然成功。在古人看来，“凤凰来翔”“凤凰来仪”，代表天命所归。

古典小说中有不少对这一符号寓意的借鉴。如《三国演义》中，曹丕想代替汉献帝当皇帝，当时就有人报告说：“是岁八月间，报称石邑县凤凰来仪，临淄城麒麟出现，黄龙现于邺郡。”大臣李伏也奏曰：“自魏王即位以来，麒麟降生，凤凰来仪，黄龙出现，嘉禾蔚生，甘露下降。此是上天示瑞，魏当代汉之象也。”而孙权想当皇帝的时候，也是用的这招，大臣张昭说：“近闻武昌东山，凤凰来仪；大江之中，黄龙屡现。主公德配唐、虞，明并文、武，可即皇帝位，然后兴兵。”这都是以“凤凰来仪”为自己的政治地位造势。

汉代《凤阙画像砖》，成都市大邑县文管所藏。大门之上绘有一只凤凰，大门两边的建筑为“阙”，因为在城门的两边，像凤凰的两个翅膀，所以又叫“凤阙”。

其次，作为一种与帝王相关的祥瑞，凤凰还常常成为皇室的装饰符号。如帝王的后宫，太后、皇后、妃嫔要戴凤冠、乘凤辇等。在明清戏曲小说中，常常提到皇宫有一个地方叫“五凤楼”，其原型大概就是紫禁城的正门，即午门，午门两侧有连成一体的阙，形如凤翅。《西游记》中，大唐、车迟国、女儿国、朱紫国、灭法国等宫殿中都有“五凤楼”。孙悟空与虎力大仙、鹿力大仙、羊力大仙斗法，车迟国国王就是坐在五凤楼上观看的。“国王见说，即命打扫坛场，一壁厢教：‘摆驾，寡人亲上五凤楼观看。’”

戏曲小说如此喜欢五凤楼，将其作为朝廷的象征，其实也是与“凤”的等级寓意有关。皇帝的圣旨，往往也与“凤”有关，据说周文王时有“赤乌衔书”，到了五胡十六国时期则出现了“凤衔诏”的典故。晋陆翙《邺中记》记载，后赵皇帝石季龙与皇后在道观见到过凤凰传达诏书的景象。唐诗中多用到这一典故，如钱起《送张员外出牧岳州》：“凤凰衔诏与何人，喜政多才宠寇恂。”杜甫《凤凰台》：“自天衔瑞图，飞下十二楼。”这都是把凤凰看作天命的使者。

宋神宗皇后头戴凤冠，衣服上也有百只凤凰，台北“故宫博物院”藏。

凤凰作为一种等级符号，它的装饰使用并不像龙那样严格。皇室与贵族官员可以用凤凰的装饰，有时平民也可以用。传说秦始皇创制的“凤钗”，后世一般仅后妃用之，但是，到唐代普通妇女也可以使用。唐代诗人王建的《失钗怨》就描写了这样一个故事：一位贫家女出嫁，买不起金银凤钗，就制作了一支铜凤钗。谁知，拜堂之后，那支心爱的铜凤钗不见了，遍寻不得，伤心至极，新郎百般安慰。诗曰：

贫女铜钗惜于玉，失却来寻一日哭。
嫁时女伴与作妆，头戴此钗如凤凰。
双杯行酒六亲喜，我家新妇宜拜堂。
镜中乍无失髻样，初起犹疑在床上。
高楼翠钿飘舞尘，明日从头一遍新。

除了凤钗，我们熟悉的凤冠霞帔，也是一种身份的象征。《红楼梦》写李纨的画册就是：“后面又画着一盆茂兰，旁有一位凤冠霞帔的美人。”这预示了李纨的命运，贾兰将来可能做了高官。而凤冠霞帔这套礼服，古代平民结婚也是可以穿的。

凤凰的另一种象征寓意就是常用来比喻贤臣或有才华的君子。三国时期，诸葛亮被称为“卧龙”，而与其齐名的庞统则被称为“凤雏”。晋代《拾遗记》记载，当年周昭王（周武王的孙子）曾以青凤的羽毛制成了裘衣。这大概是最早的“羽绒服”。这件裘衣有多贵重呢？如果一个人犯了死罪，抽取裘中的一毫就可以赎命，价值万金——“罪入大辟者，抽裘一毫以赎其死，则价值万金”。可见凤毛的珍贵。东晋将军桓温以“凤毛”一语称赞丞相王导的第五子王敬伦非常有才华，如同凤毛麟角般的稀世珍宝。“人中龙凤”也是这个意思。《三国演义》中诸葛亮曰：“吾放夏侯楙，如放一鸭耳。今得伯约，得一凤也！”诸葛亮认为姜维是一凤，是人才。

《红楼梦》第十五回北静王向贾政夸赞贾宝玉：“令郎真乃龙驹凤雏，非小王在世翁前唐突，将来‘雏凤清于老凤声’，未可量也。”这也是以凤来赞美贾宝玉的才华。《红楼梦》中还有两个女子被看作是凤，一是王熙凤，第五回描述其画册与判词：“后面便是一片冰山，上面有一只雌凤。其判曰：凡鸟偏从末世来，都知爱慕此生才。一从二令三人木，哭向金陵事更哀。”繁体的“鳳”字拆开就是凡、鸟。另一个凤，就是贾探春，其画册与判词曰：“后面又画着两人放风筝，一片大海，一只大船，船中有一女子掩面泣涕之状。也有四句写云：才自精明志自高，生于末世运偏消。清明涕送江边望，千里东风一梦遥。”后来描写大观园众姐妹放风筝，贾探春放的正是凤凰。王熙凤曾协理宁国府，敏探春曾兴利除宿弊，都当过“百鸟之王”。可惜王熙凤是“凡鸟偏从末世来”，贾探春是“生于末世运偏消”，两个凤凰的才华都扭转不了家族衰败的结局。

凤凰还是爱情的符号，古人常常以凤凰的配饰作为定情的信物。《红楼梦》中就写道：

> 原来林黛玉知道史湘云在这里，一定宝玉又赶来说麒麟的原故。因心下忖度着，近日宝玉弄来的外传野史，多半才子佳人都因小巧玩物上撮合，或有鸳鸯，或有凤凰，或玉环金佩，或鲛帕鸾绦，皆由小物而遂终身。

凤凰之所以能成为爱情的象征，主要是受与之相关的爱情故事的影响。

历史上有一个“萧史引凤”的故事。据汉代刘向《列仙传》记载，春秋时，有一个叫萧史的人善吹箫，箫声如鸾凤之音。秦穆公的女儿弄玉有一次听到了他的箫声，从此爱上了他，两个人后来结为夫妻。有一次二人合奏乐器，引来了一群凤凰，二人于是乘鸾跨凤，升天而去了。李昉主编的《太平广记》对这个故事的结尾又进行了演绎：忽一日，夫妇月下吹箫，“弄玉乘凤，萧史乘龙而去”，双双脱离凡尘。这位萧史就是乘龙快婿，而与其相对的就是乘凤的弄玉。

凤凰作为爱情符号，还体现在西汉著名辞赋家司马相如与卓文君的故事中。贫困之时的司马相如有一次去富人卓王孙家做客，见卓王孙的女儿卓文君于宴会厅窗外偷窥，于是弹奏了一曲《凤求凰》，以雄凤对雌凰的追求表露心迹。卓文君一下子就明白了他的心意，她本就对他一见钟情，于是当夜二人就私奔了。

凤凰可以合称表示一种鸟，也可以将凤和凰分开。《尔雅・释鸟》曰：“凤，其雌皇。”也就是说雄为凤，雌为凰，两者是一对。《红楼梦》中说王熙凤的画册是“后面便是一片冰山，上面有一只雌凤”，凤不是雄的吗，怎么又变成雌的了呢？这样的转变，与历史上一个关键人物——武则天有关。武则天为了让自己的统治合法，宣扬出现了凤凰，以说明自己以周代唐是天命。她不断强调凤凰与女性的关系，为自己称帝寻求舆论支持。武则天称帝的成功及其地位影响，使得唐以后凤凰就渐渐成为高贵女子的象征了。

凤凰在历史的演变过程中，和象征帝王的龙逐渐形成一种对应关系。在与阳刚的龙的比对中，凤的形象逐渐变得阴柔优美，婀娜多姿，最终成为女性的一种代表。据说慈禧老佛爷就常以凤自居，清东陵的慈禧墓壁画上的龙凤是凤在上，龙在下。传统的龙辖凤变成了凤引龙，这显然是她身份地位的一种象征。

我们常见的龙和凤的组合，就是龙凤呈祥。龙喜水、好飞、善变、威严，而凤喜火、向阳、尚洁、高雅，它们的神性对应而互补，一个是众兽之君，一个是百鸟之王，两者相结合，带来一派祥和之气。

《程氏墨苑》中明人绘《龙凤呈祥》。龙象征阳刚，凤象征阴柔，阴阳和谐。

说到凤凰的习性，古代吉祥画中常画一只凤凰，再画一个太阳，寓意“丹凤朝阳”。其根据实来源于《诗经・大雅・卷阿》：“凤凰鸣矣，于彼高冈。梧桐生矣，于彼朝阳。”凤凰向往光明，只在梧桐树上栖息。梧桐被视为树中之王，古人常以“梧桐栖凤”比喻贤才择主而事，可见凤凰向阳、尚洁、高雅的品性。

至于凤凰喜火，想必大家最先想到的会是“凤凰涅槃”。在古希腊神话中，也有一种类似中国凤凰的鸟叫不死鸟，据说这种鸟经过火的洗礼，可以重生。郭沫若《凤凰涅槃》中的凤凰，其实指的就是西方传说中的不死鸟。而中国的凤凰喜火，大概主要是源于“凰”，凤凰的“凰”又写作“皇”，音与“光”通。如果说“凤”是风神的使者的话，那么“凰”应该就是太阳神的使者了，所以古人常说的凤为火精

(《初学记》引《演孔图》),大概与凰有关。

人们常以凤凰的品性来象征政治清明、前途光明,“凤凰来仪”体现的正是将凤凰的内在品质与人事相联系。关于凤凰的外表,因为传说凤凰有五彩,古人就又把阴阳五行、儒家“五常”与之对应了起来。《抱朴子》曰:“夫木行为仁,为青,凤头上青,故曰戴仁也。金行为义,为白,凤颈白,故曰缨义也。火行为礼,为赤,凤背赤,故曰负礼也。水行为智,为黑,凤胸黑,故曰尚智也。土行为信,为黄,凤足下黄,故曰蹈信也。”可见,无论是内,还是外,凤凰都具有各种象征寓意。

总之,凤凰是中华文化中的一个重要符号。它是祥瑞,也是古代各阶层都喜欢的吉祥物。至今,这一符号在我们的生活中也是极为常见的,如我们熟悉的地名凤凰古城,一些住宅小区也称“凤凰城”,等等,这正是凤凰择地而居的寓意。实际上,以凤凰为地名,早在唐代就有了。李白《登金陵凤凰台》曰:“凤凰台上凤凰游,凤去台空江自流。”据说凤凰台在金陵的凤凰山上。《江南通志》说这一地方在南朝宋元嘉十六年出现了三只鸟,“文彩五色,状如孔雀,音声谐和,众鸟群附,时人谓之凤凰”。于是在这里搭建了高台,“起台于山,谓之凤凰山,里曰凤凰里”。另外,凤凰作为一种吉祥装饰,还常常被应用于中式婚礼当中,凤冠霞帔依旧流行。凤凰作为一种审美标志,又为凤凰卫视所借鉴,而一听凤凰这名字,也就知道是中国的了。龙是中国的标志,凤凰也具有同样的象征性。

龙生九子：龙真的只有九个儿子吗？

传统说法中龙的九个儿子都有谁，它们都出现在什么地方，有什么作用？《西游记》中两次出场的妖怪是谁，它跟龙子有什么关系？龙有没有龟儿子？《红楼梦》中，林黛玉初到荣国府见到三间兽头大门，这个神兽是什么？除了九子，还有谁也被看作是龙子？《西游记》中说的“龙生九子”都是谁，谁跟孙悟空打了一仗？

俗语说：“龙生九子不成龙，各有所好。”又说：“龙生九子，子子不同。”《红楼梦》第九回《恋风流情友入家塾　起嫌疑顽童闹学堂》也说：“原来这学中虽都是本族人丁与些亲戚的子弟，俗语说的好：‘一龙生九种，种种各别。’未免人多了，就有龙蛇混杂，

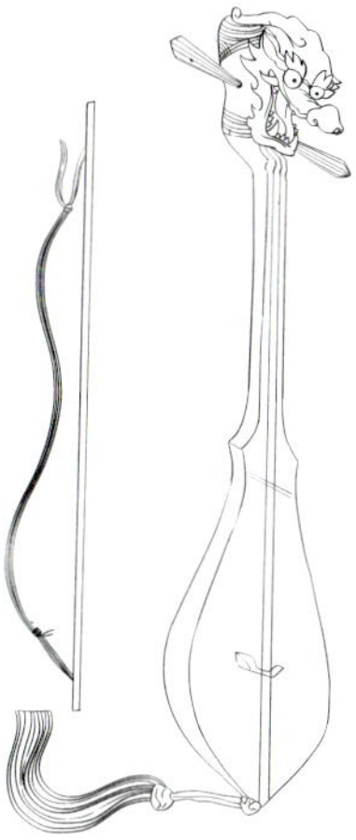

左图：

手绘，胡琴上的“囚牛”。

右图：

明代仇珠绘《女乐图》局部，故宫博物院藏。《孔雀东南飞》曰：“十五弹箜篌，十六诵诗书。”箜篌这种乐器的头部，早期常装饰凤鸟特征的动物，随着龙子囚牛传说的流行，其形状变得似鸟似兽。

下流人物在内。”“龙生九子”作为一句俗语，似乎有贬义，但作为装饰，则每一个“龙子”又都是吉祥元素。

东晋葛洪《西京杂记》曰：“有蛟龙从九子自决中逆上入河。”蛟龙是龙的一种，这里说河水决堤，蛟龙有九子跟随着它逆流入河，可见“龙生九子”的说法由来已久，但之后，并没有文献指出这九子都是谁。到了明朝，大量笔记小说中才出现了对“龙生九子”的总结，如陆容《菽园杂记》、李东阳《怀麓堂集》等，但各有各的说法。综合各家，简述如下：

老大囚牛，明人李东阳《记龙生九子》说：“囚牛，龙种，平生好音乐，今胡琴头上刻兽是其遗像。”它的形状为有鳞角的黄色小龙，喜欢音乐，因而它的塑像蹲立于琴头。我们常说的“龙头胡琴”，胡琴头部的小怪兽就是它。彝族的龙头月琴、白族的三弦琴等乐器上也有囚牛的造型。

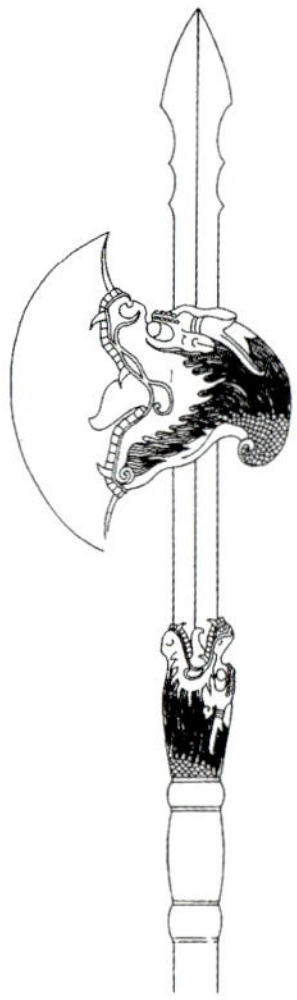

睚眦，日本野崎诚近著《吉祥图案解题》，出版于民国初期。睚眦一般位于剑柄、刀柄处。

关于囚牛，彝族还有个民间故事：有个彝族姑娘爱弹月琴，囚牛特别喜欢她的琴声，因此爱上了她。囚牛爱上凡人，犯了天条，要被处斩，囚牛请求将自己的头挂在琴头上，以保护自己心爱的女人，玉帝同意了。后来月琴上就出现了囚牛的头像，妖魔鬼怪不敢靠近，弹奏出的音乐如同天籁之音。

老二睚眦（yá zì），嗜杀喜斗，常刻镂于刀环、剑柄吞口。传说商朝末年，神兽睚眦出现，用匕首在石头上画地图帮助周文王谋定天下，后来武王伐纣成功，睚眦不辞而别。武王乃命工匠铸睚眦像于刀剑吞口，世代相传，以谢龙子睚眦辅周之恩。我们常见的刀剑把手处的小怪兽就是睚眦。有个成语叫“睚眦必报”，睚眦是指怒目而视，后来人们用它命名了刀剑上的小怪兽，大概是觉得二者在形象上有相似之处。

老三嘲风，《坚瓠集》曰：“三曰嘲风，性好险，殿角走兽是。”老三平生好险，殿角上的走兽是它的遗像。脊兽也是一种等级符号，只有达官贵人的建筑才能有，而且从兽的数量还可以看出建筑的等级以及主人的

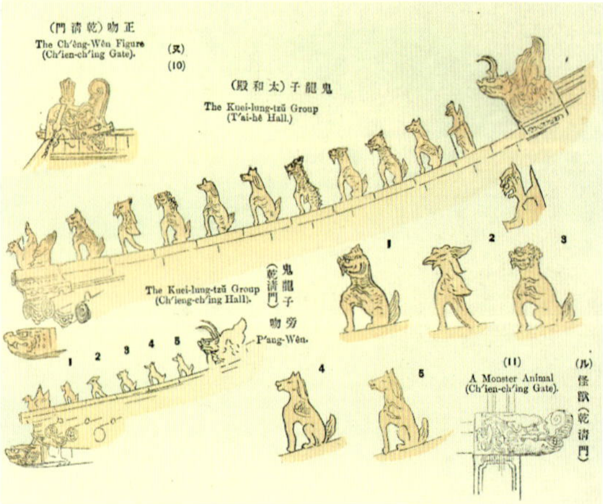

1905年外国人描绘的骑凤仙人、脊兽与嘲风，打头的仙人与最后的嘲风都不算在脊兽数量之内。一般脊兽为单数，只有太和殿为十个，寓意“十全十美”。

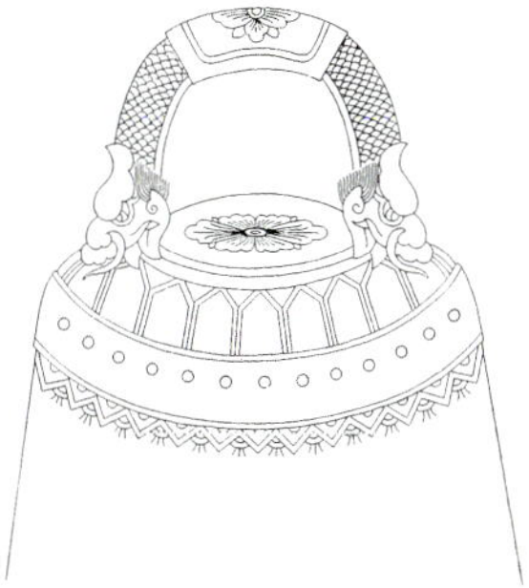
蒲牢，日本野崎诚近著《吉祥图案解题》。蒲牢一般位于铜钟之上。

身份，如等级最高的太和殿垂脊上骑凤仙人后面有十个兽，是最全的。它们是龙、凤、狮子、海马、天马、狎鱼、狻猊、獬豸、斗牛和行什。在这些脊兽之后，离它们不远，还有一个“小怪兽”就是“嘲风”。

四子蒲牢，又名徒劳，形状像盘曲的龙。三国薛综《西京赋》注曰：“海中有大鱼曰鲸，海边又有兽名蒲牢，蒲牢素畏鲸，鲸鱼击蒲牢，辄大鸣。凡钟欲令声大者，故作蒲牢于上，所以撞之者为鲸鱼。”是说海中有大鱼叫作鲸，海边有兽即蒲牢，蒲牢非常害怕鲸，只要鲸一攻击，蒲牢就大声吼叫。于是人们根据蒲牢的生性，制作能发出大声响的钟时，就铸造蒲牢的塑像在上面，而把敲钟的木杵做成鲸鱼形状。敲钟时，让鲸鱼一下又一下撞击蒲牢，就能发出洪亮的声音了。古代的钟上几乎都有蒲牢的造型，故而蒲牢成为钟的别名。

明代《狻猊图》，台北“故宫博物院”藏。狻猊是从狮子演变而来的，后来被附会为龙子。

五子狻猊（suān ní），又名金猊、灵猊，形如狮，是人们最早对狮子的称呼。它喜欢烟，喜欢坐姿，它的塑像往往倚立于香炉之上，随之吞烟吐雾。五台山有座“五爷庙”，里面供奉的据说就是狻猊。五台山是文殊菩萨的道场，这位“老五”，也是文殊菩萨的坐骑。

在《西游记》中，文殊菩萨的坐骑是“青毛狮”，它曾经夺了乌鸡国国王的王位，孙悟空到了狮驼岭遇到的青毛狮子，实际上也是它。“凿牙锯齿，圆头方面。声吼若雷，眼光如电。仰鼻朝天，赤眉飘焰。但行处，百兽心慌；若坐下，群魔胆战。这一个是兽中王，青毛狮子怪。”这大概是《西游记》中唯一出场两次的妖怪了。“仰鼻朝天，赤眉飘焰”，这形象与我们常见的香炉上的狻猊很接近。

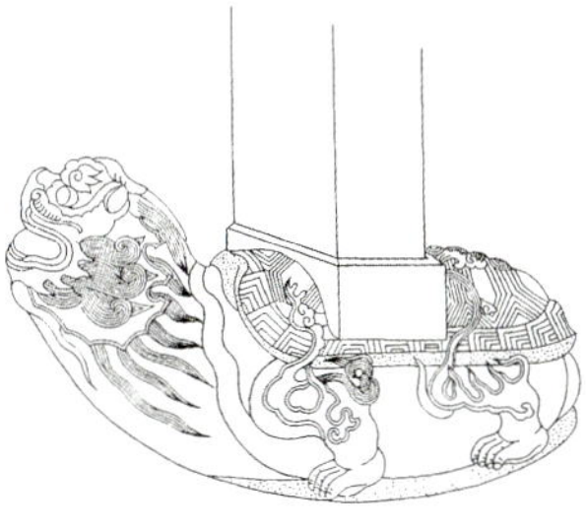
赑屃，日本野崎诚近著《吉祥图案解题》。赑屃一般位于石碑之下。

六子赑屃（bì xì），又名霸下，喜欢负重。传说它曾兴风作浪，后被大禹收服，帮助大禹治水，而治水成功后，大禹怕它继续四处破坏，就把记功的石碑让它驮着。古代一些石碑的基座往往都是赑屃。因为传说是龙子，所以明清时期的赑屃往往是龟身而龙头，故宫太和殿的铜龟也是这样的造型，但实际上早期的赑屃就是一只大乌龟，现在流传下来的宋代实物也可以证明这一点。

宋代《营造法式》也说:“其首为赑屃盘龙,下施鳌座。”“上作盘龙六条相交。”也就是说最初石碑上面用于装饰的盘龙称赑屃,而下面的龟称鳌座。但因为“积非成是”,古人渐渐把下面的龟当成了赑屃,碑下面的基座就称为赑屃,而又因为龟以长寿著称,所以民间便有了“触摸赑屃可得福”的说法,如:“摸摸赑屃头,万事不发愁;摸摸赑屃背,长命到百岁。”虽然明清时期成为龙子的赑屃有了龙头,但其龟的特征还是很突出的。

北宋李成绘《读碑窠石图》局部,日本大阪市立美术馆藏。在宋代的时候,驮着石碑的就是一只“乌龟”。到了明代“龙生九子”的说法兴起,人们认为驮着石碑的也是龙子之一,于是乌龟的头部逐渐变成了龙头。

在《西游记》中,用于驮重物的仍是龟。孙悟空遇到红孩儿,去请观音菩萨帮忙,观音菩萨把净瓶往海里一扔,那净瓶“这一时间,转过了三江五湖,八海四渎,溪源潭洞之间,共借了一海水在里面”,连孙悟空都拿不动,而将其驮上来的是一只乌龟。

> 行者仔细看那驮瓶的怪物,怎生模样:根源出处号帮泥,水底增光独显威。世隐能知天地性,安藏偏晓鬼神机。藏身一缩无头尾,展足能行快似飞。文王画卦曾元卜,常纳庭台伴伏羲。云龙透出千般俏,号水推波把浪吹。条条金线穿成甲,点点装成彩玳瑁。九宫八卦袍披定,散碎铺遮绿灿衣。生前好勇龙王幸,死后还驮佛祖碑。要知此物名和姓,兴风作浪恶乌龟。

这大概正是受到了赑屃负重的影响。

七子狴犴(bì àn),又名宪章,形似虎,有威力,好讼。古时牢狱的大门上,一般刻有狴犴头像,因此监狱俗称“虎头牢”。除了监狱大门,官衙大堂两侧,也都有它。衙门里的“肃静”“回避”牌上端的怪兽就是狴犴,它虎视眈眈,维护公堂的肃穆。

狴犴,日本野崎诚近著《吉祥图案解题》。狴犴好讼,威严,位于衙门里的“肃静”“回避”牌上。

《封神演义》中元始天尊说王魔等人的坐骑都是龙子。“元始曰:九龙岛王魔等四人在西岐伐你,他骑的四兽,你未曾知道。此物乃万兽朝苍之时,种种各别,龙生九种,色相不同。”杨森的坐骑是狻猊,高友乾的坐骑是花斑豹,李兴霸的坐骑是狰狞,而王魔的坐骑就是狴犴。

八子负屃,像龙,传说它爱好书法文章,经常盘绕在石碑头顶,甘愿衬托石碑上的传世墨宝。

螭吻,日本野崎诚近著《吉祥图案解题》。位于屋脊之上。

老九螭吻,又名鸱尾、鸱吻、好望等,形象为长有鱼尾的龙,

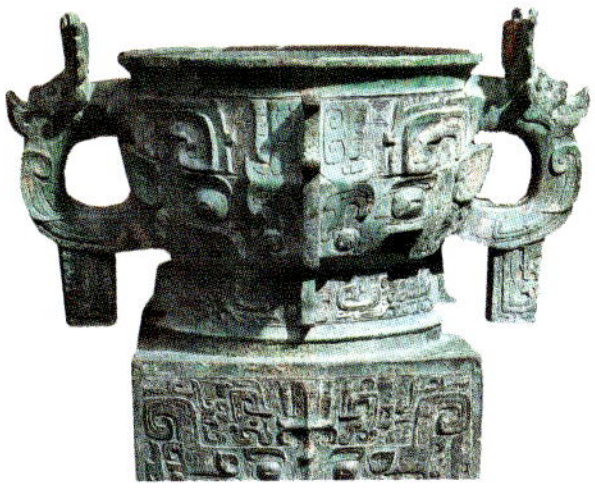

饕餮纹方座簋，西周早期。簋是古代用来盛放食物的器物，所以北京有饮食一条街叫“簋街”。在古代簋是重要的礼器，常与鼎组合使用，天子是最高等级的“九鼎八簋”。在鼎与簋上，最常见的纹饰就是饕餮纹。

生性喜欢站在高处眺望，可以降雨，所以常把它雕刻在房屋的屋脊处，据说有镇宅、灭火的功效。

《西游记》中，收了白龙马之后，唐僧、悟空师徒二人继续赶路，下一难就是观音禅院丢袈裟。到达观音禅院之前，唐僧说前面有一户人家，可以在那里借宿。孙悟空说那不是庄家户，肯定是一个寺院，这个寺院就是观音禅院。孙悟空是根据什么判断的呢？“行者道：‘人家庄院，却没飞鱼稳兽之脊，这断是个庙宇庵院。’”“稳兽”就是“鸱吻”，孙悟空正是根据“吻兽”的等级规定判断的，只有宫殿、寺庙、贵族之家才可以有脊兽。

龙生九子，实际上“九”在中国古代指的并不是确数，而是有很多的意思，因而除了以上龙子，还有其他被列入龙家族的神兽。

椒图，日本野崎诚近著《吉祥图案解题》。椒图一般位于大门门环上。

饕餮，传说是神人缙云氏的一个“不材子”。饕餮这种怪兽贪吃无厌，连自己都吃，最后吃得只剩一个头部，所以落下个“有首无身”的名声。饕餮纹的特征是兽头从中一分为二，两半各向一边展开，在鼻子中央接合，如果将两半合起来看，就是一个十分完整的饕餮。从正面看，两眼、两耳、两角和下颚表现了两次，若遮住一半，便是一条龙的侧影。这类纹饰常位于青铜器上，盛行于商及西周早期。

椒图，也叫铺首，形似螺蚌，好闭口，性情温顺，不喜欢别人或者外物进其巢穴，因而人们常常将其放在大门的门环上，大门上的衔环兽就是它，有些挡门的石鼓上也有它，主要起到镇宅的作用。

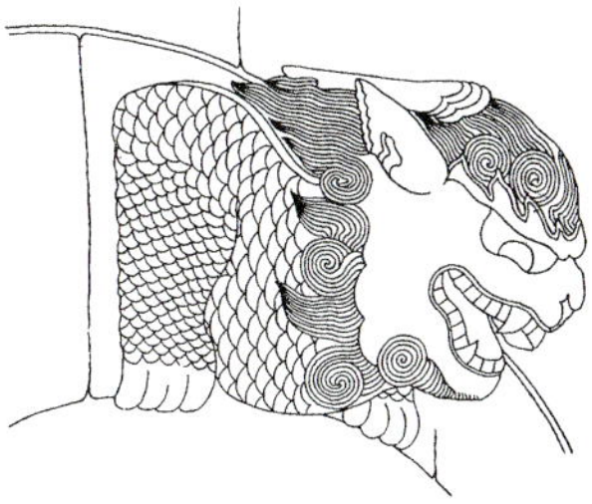

蚣蝮，日本野崎诚近著《吉祥图案解题》。蚣蝮常位于石拱桥上。

《红楼梦》写林黛玉初到荣国府，“又行了半日，忽见街北蹲着两个大石狮子，三间兽头大门，门前列坐着十来个华冠丽服之人”。兽头大门就是装饰有铺首的大门，既有实用、装饰作用，也有辟邪作用。清代府第建筑有着严格的等级规定，二品以上才可以安置兽头，这里以此来表示贾府是贵族豪门。

蚣蝮，明代杨慎《升庵外集》曰：“蚣蝮性好水，故立于桥柱。”石拱桥上的兽头就是它，也是龙子之一。

螭首，台基上的石雕兽头，主要用于排水，据说也是龙子之一。古代很早就提到了螭龙，如东汉高诱注《吕氏春秋·举难》就说："螭，龙之别也。"螭被看作是龙的别种，或龙子，这大概也是台基石雕兽头被命名为螭首的来历。

犼，俗称为望天吼、朝天吼。传说是龙王的儿子，有守望习惯，所以又称为登龙。华表柱顶上的神兽就是望天吼，传说它可以上传天意，下达民情。观音菩萨的坐骑即为"朝天吼"，《西游记》中第七十一回《行者假名降怪犼　观音现象伏妖王》写观音菩萨的这一坐骑拿着"铃儿"下界在朱紫国为妖之事。

麒麟，是古代传说中的一种仁兽，形如鹿，尾巴似牛尾，性情温和，雄的名麒，雌的名麟，麒有独角，麟无角。和"雄凤雌凰"的凤凰一样，人们常常以麒麟合称这一

清代康熙年间，五彩凤凰麒麟盘。麒麟与凤凰都是祥瑞的象征。

明人绘《瑞应麒麟图》局部。实际是一场"乌龙"，人们把长颈鹿当成了麒麟。当时"拍马屁"者还写了赞美的文章《瑞应麒麟颂》。

清代任熊绘《群仙祝寿图》局部。后面是鳌鱼，中间是赑屃，前面是龙，都成了神仙的坐骑。龙带着两个龙子一起“工作”。对于龙为何能生出如此多的不同种类的儿子，民间流行一种说法：龙跟母龙生了囚牛，这大概是因为囚牛最像龙；龙跟狼或豺生了睚眦；龙跟鸟生了嘲风，这实际是把嘲风当凤凰了；龙跟蛤蟆生了蒲牢；龙跟狮子生了狻猊；龙跟乌龟生了赑屃；龙跟老虎生了狴犴；龙跟鱼生了鸱吻或鳌，等等。这都是近现代才出现的附会之说，是人们根据龙子的说法，又从形象上来推测它们的母亲，在古代实际上并没有相应的故事依据。

神兽。麒麟是祥瑞的象征，据说只有太平盛世或者圣人出世，它才会出现。被看作是龙子的麒麟，与一般的麒麟造型相较，往往会加上一些龙的特征。

明代有外国使者进献了一只神兽，时人以为是麒麟，举国轰动，实际上是长颈鹿。《瑞应麒麟图》即为当时的人所画，《瑞应麒麟颂》是相应的赞颂诗篇。

鳌鱼，传说其本身为鲤鱼，有的鲤鱼跳过龙门而成为了龙，有的鲤鱼则因为偷偷吞吃了海里的龙珠而变成了鳌鱼。《淮南子·览冥训》中有“女娲炼五色石以补苍天，断鳌足以立四极”之说，因为共工撞倒了支撑天的不周山，导致天倾西北，地陷东南。为了不让天继续倒下来，女娲就抓了一只巨鳌，把它的四足砍下来作为支撑天的柱子，所以鳌鱼是社稷支柱的象征。鳌也被看作是龙子之一，最初是由它负责背负石碑，后来变成了赑屃。古代宫殿台阶上往往有鳌鱼的浮雕，科举考中的状元常常在上面迎榜，这就是“独占鳌头”。四海龙王名字被称为敖广、敖钦、敖顺、敖闰，大概也跟鳌鱼的“鳌”有关。

金吾，传说其为龙子之一，形似美人首，鱼尾，有两翼。其习性是通灵，不眠，可以整夜不睡觉，所以被用于夜间巡逻警戒。古时宵禁的仪仗棒就叫作金吾，负责皇帝、大臣警卫、仪仗，以及徼循京师、掌管治安的武职官员也叫金吾或执金吾。

与文人笔记搜罗记载不同，“龙生九子”在《西游记》中还有一个另类故事。第四十三回《黑河妖孽擒僧去　西洋龙子捉鼍回》写唐僧师徒在黑水河遇阻，孙悟空去找西海龙王。

> 龙王道：“舍妹有九个儿子。那八个都是好的。第一个小黄龙，见居淮渎；第二个小骊龙，见住济渎；第三个青背龙，占了江渎；第四个赤髯龙，镇守河渎；第五个徒劳龙，与佛祖司钟；第六个稳兽龙，与神宫镇脊；第七个敬仲龙，与玉帝守擎天华表；第八个蜃龙，在大家兄处，砥据太岳。此乃第九个鼍龙，因年幼无甚执事，自旧年才着他居黑水河养性，待成名，别迁调用；谁知他不遵吾旨，冲撞大圣也。”

> 行者闻言笑道：“你妹妹有几个妹丈？”敖闰道：“只嫁得一个妹丈，乃泾河龙王。向年已此被斩，舍妹孀居于此，前年疾故了。”行者道：“一夫一妻，如何生这几个杂种？”敖闰道：“此正谓龙生九种，九种各别。”

这“九子”都是那位被魏徵在梦中斩了的泾河龙王的后代。其中“徒劳龙”大概就是“蒲牢”，“稳兽龙”大概就是“鸱吻”，“敬仲龙”大概就是华表柱上的盘龙。除了这几个传统“龙子”，这里又“多”出来了小黄龙、小骊龙、青背龙、赤髯龙、蜃龙、鼍龙。骊龙是纯黑色的龙，黄、黑、青、赤，再加上小白龙，大概又与象征阴阳五行的五龙制有关。

与孙悟空在黑水河打架的是龙子老末鼍龙，也是传说中早就有的一种龙。李时珍《本草纲目》记载：鼍龙又名鮀鱼，俗名土龙，“鼍形如龙，声甚可畏。长一丈者，能吐气成云致雨”。《西游记》第五十回，孙悟空还详细介绍了龙子“蜃”：

> 你知道龙生九种，内有一种名“蜃”。蜃气放出，就如楼阁浅池。若遇大江昏迷，蜃现此势。倘有鸟鹊飞腾，定来歇翅。那怕你上万论千，尽被他一气吞之。此意害人最重。那壁厢气色凶恶，断不可入。

佛教四大天王中广目天王拿的就是“蜃”，“四大天王”组合一起，寓意是“风调雨顺”，宝剑其锋谐音“风”，琵琶象征“调”，伞象征“雨”，而“蜃”谐音“顺”。

总之，中国古人汇集了古文献中的怪异神兽，将它们归为龙子，这是以“龙”这一最高等级的符号来突出它们的地位。这些龙子作为一种装饰符号，常常出现在古代的建筑、器物或重要场所，它们在人们心目中常常起到消灾去祸、趋吉避凶的作用。

四灵：由天象“导航”演化出来的四方神兽

在古代，北斗是如何“导航”的？四灵是从何发展而来的？青龙、白虎、朱雀、玄武作为方位的象征，玄武门是哪个方向的门，朱雀桥是哪边的桥，林冲误入的白虎堂是哪个方向的堂？《水浒传》《三国演义》《西游记》中，二十八星宿与四灵都是如何“出场”的？四灵中，玄武龟蛇的造型是如何发展而来的？四灵组合，早期并不是青龙、白虎、朱雀、玄武，还有哪些神兽曾经入选过“四灵”？

古人没有“导航”，夜晚迷路了怎么办？尤其是在海上，一个重要的方式就是观察星象，找北极星。地球围绕地轴自转，北极星恰好与地轴的北部延长线非常接近，所以从北半球上看，它的位置几乎不变，找到北极星，面对的方向就是北边了。如何找北极星呢？可以先找更容易看到的北斗七星。将北斗星斗口的两颗星天璇、天枢进行连线，顺着线延长约五倍距离就能看到北极星了，亮度与北斗星差不多。

北斗七星运行图

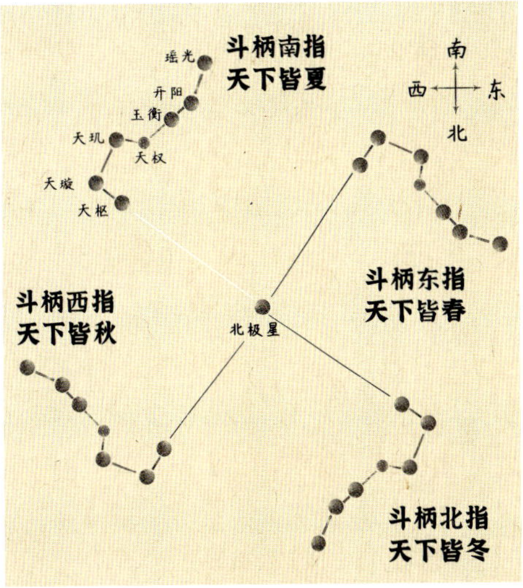

北斗七星本身也是“导航”。北斗由天枢、天璇、天玑、天权、玉衡、开阳、瑶光七星组成，古人将其想象成勺子或斗，天枢、天璇、天玑、天权组合为斗身，古曰魁，玉衡、开阳、瑶光组合为斗柄，古曰杓。先秦时期人们就发现了其斗转星移的秘密：斗柄东指，天下皆春；斗柄南指，天下皆夏；斗柄西指，天下皆秋；斗柄北指，天下皆冬。（《鹖冠子》）如何辨别东南西北呢？在北半球，看到北斗七星，前方（向下）就为北方，身后（向上）为南方，左边为西方，右边为东方。在春分、夏至、秋分、冬至之后，北斗七星的斗柄会在一定时间段内指向属于自己季节的方向。人们可以根据时令，结合斗柄指向来辨别方向。除了用北斗"导航"，还可以找四象，即东方青龙、西方白虎、南方朱雀、北方玄武。

作为方位象征符号的"四灵"

青龙、白虎、朱雀、玄武被称为四灵，也叫作四象、四神、四神兽。一说四灵起源于星象，在二十八星宿中，古人将东方七宿角、亢、氐、房、心、尾、箕的组合想象成龙的形象。我们常说"二月二，龙抬头"，这个"龙"实际指的就是这一星宿组合，在冬季的时候，人们是看不到这条"龙"的。《说文》说："龙……春分而登天，秋分而潜渊。"当地平线上渐渐露出龙"角"，说明春天来了，这就是民谚所言的"龙抬头"。对于这一星宿组合，古人按阴阳五行给五方配色之说，认为东方为木，属青色，故名"青龙"或"苍龙"。西方七宿奎、娄、胃、昴、毕、觜、参，其组合形如虎，西方为金，属白色，故名"白虎"。北方七星斗、牛、女、虚、危、室、壁，其组合形如龟，北方为水，属黑色，故曰"玄武"。"武"一说通"冥"，玄武是由玄冥而来。也有说法说"武"与龟甲有关，《礼记·曲礼》曰："玄武，龟也，龟有甲，能御侮用也。"南方井、鬼、柳、星、张、翼、轸，联为鸟形，南方为火，属红色，故曰"朱雀"。有了"四灵"的形象，夜空里，群星便呈现出秩序，人们能够按各星团的主宿形象而辨别方向了。

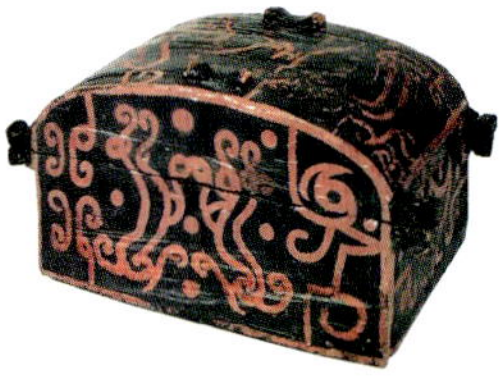

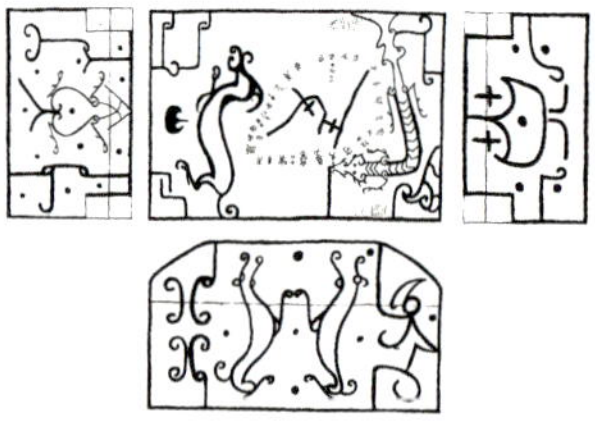

曾侯乙墓星象图，战国早期。中间图中白虎在西，苍龙在东，中间以一个硕大的"斗"代表北斗，四周为二十八星宿名。

古人常常以四灵象征四季或四方。曹植《神龟赋》曰："苍龙虬于东岳，白虎啸于西岗，玄武集于寒门，朱雀栖于南乡。"

青龙代表东方，青龙镇就位于东海之滨。

朱雀代表南方，古代城南的大门往往都以朱雀命名，如六朝古都金陵的朱雀门就是南门，而与之相邻的桥也被命名为朱雀桥。金陵怀古诗《乌衣巷》曰："朱雀桥边野草花，乌衣巷口夕阳斜。旧时王谢堂前燕，飞入寻常百姓家。"这里说的朱雀桥就是南门的桥。

白虎被奉为西方之神，代表西方。汉章帝在白虎观聚集诸多学者，讲五经同异，成《白虎通德论》，白虎观就在未央宫中的西边。《水浒传》中“豹子头（林冲）误入白虎堂”中的“白虎堂”实际上就是西堂。《西游记》第二十七回《尸魔三戏唐三藏　圣僧恨逐美猴王》写白骨精变成一个美女，诱骗唐僧。白骨精说自己的家在白虎岭的正西面，“那妖精见唐僧问他来历，他立地就起个虚情，花言巧语来赚哄道：‘师父，此山叫作蛇回兽怕的白虎岭，正西下面是我家。’”有学者考证，白骨精实际是脱胎于《大唐三藏取经诗话》中的“白虎精”。这一段描述一方面可见其原型的影响，同时也可见作为方位符号的“白虎”的影响。

玄武代表北方，如南京的玄武湖，东晋初年曾被称为北湖；唐朝长安的玄武门也指北门，玄武门之变就是北门之变；故宫的北门是“神武门”，实际也是“玄武门”避讳所改。

在古典小说中，“四灵”作为方位的象征符号常常被应用于阵法。《水浒传》第七十六回《吴加亮布四斗五方旗　宋公明排九宫八卦阵》写宋江两赢童贯，梁山排兵布阵，霹雳火秦明带领人马在正南，打的是朱雀旗；大刀关胜带领人马在东边，打的是青龙旗；林冲在西边，打的是白虎旗；双鞭呼延灼在后面，打的是玄武旗。第八十八回《颜统军阵列混天象　宋公明梦授玄女法》写宋江征辽，提到辽军的“太乙混天象阵”。

（辽兵）前军尽是皂纛旗……正按北方斗、牛、女、虚、危、室、壁。……按上界北方玄武水星。……左军尽是青龙旗……正按东方角、亢、氐、房、心、尾、箕。……按上界东方苍龙木星。……右军尽是白虎旗……正按西方奎、娄、胃、昴、毕、觜、参。……按上界西方咸池金星。……后军尽是绯红旗……正按南方井、鬼、柳、星、张、翼、轸。……按上界南方朱雀火星。

《三国演义》中，描述诸葛亮借东风，其坛也借用了四灵与方位的关系。

孔明辞别出帐，与鲁肃上马，来南屏山相度地势，令军士取东南方赤土筑坛。方圆二十四丈，每一层高三尺，共是九尺。下一层插二十八宿旗：东方七面青旗，按角、亢、氐、房、心、尾、箕，布苍龙之形；北方七面皂旗，按斗、牛、女、虚、危、室、壁，作玄武之势；西方七面白旗，按奎、娄、胃、昴、毕、觜、参，踞白虎之威；南方七面红旗，按井、鬼、柳、星、张、翼、轸，成朱雀之状。

可见，二十八星宿分成的东方青龙、西方白虎、南方朱雀、北方玄武是象征四方方位的重要符号。

明代仇英绘《五星二十八宿神形图》，美国大都会艺术博物馆藏。绘五星二十八宿神共三十三人，神人旁的神兽是与二十八星宿匹配的神奇动物，象征着各神的神力。

《西游记》第四十五回《三清观大圣留名　车迟国猴王显法》，写虎力大仙与孙悟空比求雨，其搭建的法坛“插着二十八宿旗号”。这个台子大概和诸葛亮借东风的高台相似。二十八星宿又都是神仙，孙悟空大闹天宫的时候，他们包围了花果山。

> 四渎龙神分上下，二十八宿密层层。角亢氐房为总领，奎娄胃昴惯翻腾。斗牛女虚危室壁，心尾箕星个个能。井鬼柳星张翼轸，抡枪舞剑显威灵。

清人绘斗木獬。斗是二十八星宿之一，木是七曜之一的木星，獬是匹配二十八星宿的动物之一。

当然，二十八星宿后来也没少帮孙悟空的忙，孙悟空在小雷音寺被黄眉大王的金铙罩住出不来，他们就全员出动来帮忙。最后孙悟空在亢金龙的角上钻了个眼儿才出来。

《西游记》第九十二回《三僧大战青龙山　四星挟捉犀牛怪》，写孙悟空大战住在青龙山的三个犀牛精——辟寒大王、辟暑大王、辟尘大王，为了降服三个妖精，孙悟空请来了二十八星宿中的“四木”——角木蛟、斗木獬、奎木狼、井木犴。

> 及至宫外，早有二十八宿星辰来接。天师道：“吾奉圣旨，教点四木禽星与孙大圣下界降妖。”旁即闪过角木蛟、斗木獬、奎木狼、井木犴应声呼道：“孙大圣，点我等何处降妖？”行者笑道：“原来是你。这长庚老儿却隐匿，我不解其意。早说是二十八宿中的四木，老孙径来相请，又何必劳烦旨意？”四木道：“大圣说那里话！我等不奉旨意，谁敢擅离？端的是那方？快早去来。”行者道：“在金平府东北艮地青龙山玄英洞，犀牛成精。”

清人绘《西游记》，井木犴。井是二十八星宿之一，木是七曜之一木星，犴是匹配二十八星宿的动物之一。

在这一回，证道本夹批：“四木禽星，藏头语自妙，却与三羊开泰不同。”当时的人们应该都熟悉有个词语叫“四木禽星”。明代的《禽星易见》说角、斗、奎、井这四个星宿，都有降服山禽的本事，可以说都是犀牛的克星。而角、斗、奎、井分别是四灵四组星宿中的第一位，都属于木，青龙五行也属于木，青龙山地名的设定，大概正与东方木有关，所以让“四木”到青龙山降妖非常合理。在《西游记》中，四灵中的“玄武”也有出场，只不过已经变成了真武大帝，但仍能看出早期神话传说的影响，如其手下有龟蛇二将。

四灵的神兽造型

大约到了汉代，代表四方的星象成了四方神，与四种神兽发生了联系。《论衡·物势篇》中说道：“东方木也，其星苍龙也；西方金也，其星白虎也；南方火也，其星朱鸟也；北方水也，其星玄武也。天有四星之精，降生四兽之体。”

“四灵”中，青龙的地位最高，它的形象是一条腾空而起的飞龙，头有双角，蛇的身子，尾巴巨大，四脚三爪，全身都是鳞甲，吞云吐气，有目空一切、傲视天下的气概。白虎的形象是一只张牙舞爪的百兽之王，它怒目圆睁，作腾云驾雾之势。朱雀的形象有如凤凰，它昂首展翅，翘足扬尾。最初，玄武是一只龟的形象，后来逐渐演变为一条大蛇紧缠一头巨龟。

西汉，四神瓦当及其拓片，瓦当为陕西省文物局藏。

至于玄武为什么是这样的造型，有各种说法。学者冯时《中国天文考古学》认为其与星宿造型有关。还有学者认为，玄武作为龟蛇组合的造型与图腾有关，是龟图腾与蛇（龙）图腾部落的结合。一说二者都是水神，一说二者都是长寿的象征，因为有相似性而被组合在了一起。还有一种说法，人们认为龟没有雄性的，雌性的龟与蛇是一对，龟蛇都冬眠，有时甚至在同一穴，所以二者组成了一个组合形象；相反的说法是，二者是天敌，有一种摄龟喜欢吃蛇，二者缠绕在一起争斗，正体现了“武”。更有学者说玄武是根据鳄鱼的形象发展而来的，等等。后来“玄武”这一神兽逐渐神人化，变成了真武大帝，龟与蛇又分开变成了真武大帝的两个手下，有的民间传说又说龟和蛇都是真武大帝的肚肠变的，等等。

明代鎏金铜玄武，湖北省博物馆藏。蛇躯紧缠龟体，两尾相交，蛇头耸立，龟首反顾，似相持。

早在“青龙、白虎、朱雀、玄武”这一组合定型之前，在《周礼》中，代表四方神的四灵的组合是交龙、鸟隼、熊虎、龟蛇。熊虎不是白虎，这很可能与早期的熊崇拜有关，早在新石器时期人们就把熊当作主神来尊崇。熊能成为天神，大概有这样几个理由：一、熊是定时冬眠的动物，被古人视为知时之兽，又称“蛰兽”；二、熊威猛，在《山海经》中，熊是守护神；三、熊可能是黄帝部落的图腾，史载“黄帝有熊氏”，“本是有熊国君之子”。

北宋青白釉褐彩朱雀

除了《周礼》中“交龙、鸟隼、熊虎、龟蛇”的组合,《礼记·礼运》说:“麟、凤、龟、龙,谓之四灵。”这一“四灵”组合没有虎,有麒麟。西汉中期卜千秋墓壁画上的四象是双龙、白虎、朱雀和麒麟,麒麟又代替了玄武。在海昏侯刘贺墓葬出土的当卢上,四灵又是龙、朱雀、虎、鱼,代替玄武的是鱼。可见,除了后来我们说的青龙、白虎、朱雀、玄武,早期加入“四灵”的,还有熊虎、麒麟、鱼等。它们的出现,大概跟早期的图腾信仰与神灵崇拜有关,而之所以组合是“四”个,这又源于四方空间意识与信仰。总的来看,四灵之说经历整合与定位,大约在两汉之际逐渐尘埃落定,“龙、虎、凤、龟蛇”胜出,成为定说,青龙、白虎、朱雀、玄武的神兽形象成为具有灵异性的神圣符号。

总之,四灵最初应该是源于二十八星宿,它是四方的一个符号象征,其后逐渐由天上的星宿变成了四种与之相对应的神兽。四灵这一组符号,在古代的影响极为广泛:首先,作为方位的象征符号,它被用来辨别东、南、西、北,被用于命名建筑或地方,在明清古典小说中,又常常被作者借去描述一种神秘而强大的阵法,等等。其次,其神兽造型在审美上也有着广泛的应用,南北朝以后,在墓室里绘上“四灵”的风气非常盛行,自唐宋以后各朝,“四灵”形象也常用作服饰、旗帜等图案,更常常制作于圆形筒瓦当之上,装饰在屋顶之端,增加建筑的工艺美,等等。此外,从信仰上来看,魏晋时期,道教兴起后“四灵”就被纳入到了神仙体系中。东晋葛洪《抱朴子·杂应》描绘太上老君出场时说:“左有十二青龙,右有二十六白虎,前有二十四朱雀,后有七十二玄武。”四灵作为护卫之神出现,是用来撑场面的。道教后来在北玄武的基础上生发出了一个重要信仰,那就是由神兽变为神人的真武大帝,与此同时,神兽玄武又反过来成了真武大帝的符号,凡是有真武大帝的地方,往往都会看到龟蛇的组合。

貔貅：有口无肛的招财神兽，本来是战神？

上古神话中有哪些神兽？哪些神兽成为了神人的符号象征？《西游记》中，牛魔王的辟水金睛兽有原型依据吗？在古代文献中，貔貅象征着什么？《封神演义》中有貔貅出场吗？古代的貔貅并不是现在的貔貅？貔貅的造型借鉴了哪种神兽？

古典文献中的神奇动物

中国古代神话传说中有不少神兽，如猰貐（yà yǔ）、梼杌（táo wù）、驺虞（zōu yú）、穷奇、麒麟、饕餮（tāo tiè）、凿齿、毕方、天马、修蛇，等等。人们对于这些神奇动物的造型与神性有着丰富的想象，如穷奇，《山海经》说它长得像老虎，有翅膀，东汉高诱注解《淮南子》的时候又说它是北方的天神。

明代《山海经百灵图》局部，美国弗利尔美术馆藏。绘有长角的老虎、一只眼的牛、一只眼的豹子、九条尾巴的山羊等神兽。

猰貐，传说原本也是天神，后来被邪恶势力谋害而死。黄帝让巫师用不死药救活了它，但它吃了药后，变得极为疯狂，掉进了昆仑山下的弱水里，从而变成了人首牛身的妖怪，叫起来像婴儿啼哭。

凿齿住在畴华之野，它长着野兽的头，牙齿形状像凿子，能把金石贯穿。

据说洞庭湖一带有修蛇（巴蛇），经常吞吃其他动物，甚至连大象都吃。《山海经·海内南经》曰："巴蛇食象，三岁而出其骨。"巴蛇把大象吃了，三年才吐出了骨头。《淮南子·本经训》中说因为修蛇危害人间，后被射日的后羿所斩杀。后世又传说，修蛇的尸体变成了一座山丘，即现在的巴陵。

驺虞，又叫驺吾，传说它长得像虎，五彩斑斓，尾巴比身体还长，它最大的神奇之处是可以作为坐骑，据说骑着它可以日行千里。以某种神奇的动物为坐骑的想法起源很早，在河南小屯村1号墓曾出土了一件战国骑兽人形玉佩。玉人双手前伸抓着兽耳，该兽双目前视，其形如伏虎，周围有祥云，玉人驾着的应该就是神兽。

上古时期对各种神奇动物的想象，深深影响了后世的文学与文化。

在古典文学作品中，神兽常常被描述为护法或坐骑，这是以其在人们心目中形成的威武的形象和神性来衬托主人翁。曹植《洛神赋》曰："六龙俨其齐首，载云车之容裔。"洛神坐在六条龙驾着的云车上。《封神演义》中，神兽屡屡出场，甚至成了某个仙人的符号标志了，如元始天尊的九龙沉香辇，姜子牙的四不相，闻太师的墨麒麟，黄天化的玉麒麟，申公豹的白额虎，赵公明的黑虎，等等。

实际上，这些神兽成为坐骑也有传统因素的影响。早在大约成书于魏晋时期的《汉武帝内传》中就有对神兽坐骑的详细描写了，如西王母乘九色斑龙拉的紫云车辇，其他众仙或驾龙虎，或乘狮子，或御白虎，或骑麒麟，等等。另外，《封神演义》中慈航道人收服金光仙为坐骑，普贤真人收服灵牙仙为坐骑，文殊广法天尊收服虬首仙为坐骑，又是借鉴了佛教中的造型，如观音菩萨的坐骑是金毛犼，普贤菩萨的坐骑是白象，文殊菩萨的坐骑是青狮，等等。

在《西游记》第六十回《牛魔王罢战赴华筵　孙行者二调芭蕉扇》中，辟水金睛兽是牛魔王的坐骑。唐代刘恂《岭表录异》说岭表这个地方有一种犀牛，称为辟水犀，“此犀行于海，水为之开”，也就是说此兽行走在海里，水就会避开。从神性上来说，辟水金睛兽和它差不多。

可见我们后来听闻的神兽往往都是有原型借鉴的，那么，近现代以来流行的貔貅（pí xiū），其形象以及神性又是从何而来的呢？

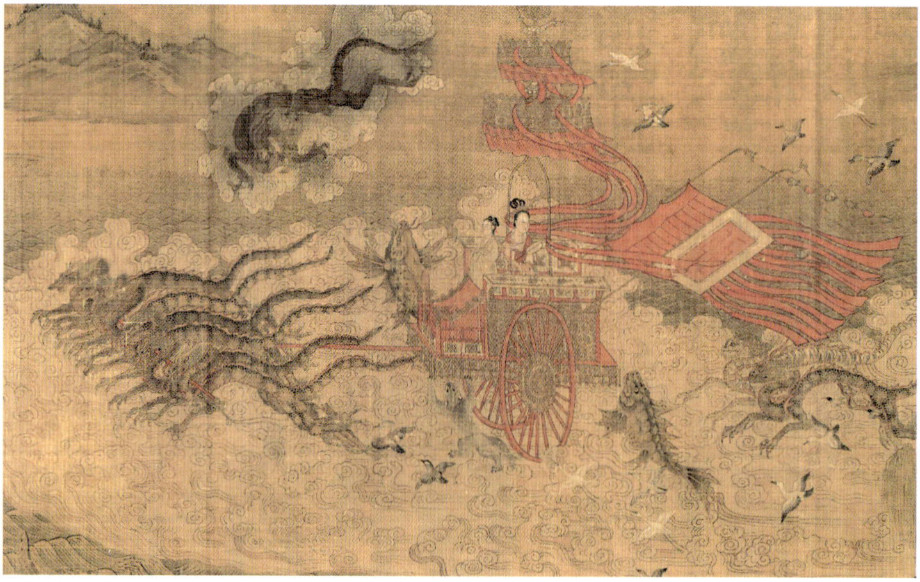

东晋顾恺之绘《洛神赋图》局部，故宫博物院藏。图为以龙为坐骑的洛神。

1 | 2 | 3
4

1 清人绘《西游记》，拿着可以放火的摇摇铃的就是观音菩萨的坐骑金毛犼。

2 明代法海寺壁画，普贤菩萨的坐骑是六牙白象。六只象牙象征着佛教的六道轮回。

3 元代，文殊菩萨与狮子坐骑。这头狮子是《西游记》中唯一两次出场的“妖精”，一次是在乌鸡国，一次是在狮驼岭。

4 清代丁观鹏绘《法界源流图》，吉林省博物馆藏。从坐骑上即可分辨出哪位是文殊菩萨，哪位是普贤菩萨。

《怪奇鸟兽图》局部，日本成城大学图书馆藏。此图包含了《山海经》中大量的神兽，如穷奇、驺虞、白泽，等等。

貔貅的造型依据

“貔貅”这一名字早就出现了。《逸周书·周祝》说：“山之深也，虎豹貔貅何为可服？”这意味着，在古人心目中，貔貅是如同虎豹一样的猛兽。人们对貔貅的敬畏与崇拜，大概源于对动物图腾的信仰。《史记·五帝本纪》记载：“（黄帝）教熊、罴、貔、貅、貙、虎，以与炎帝战于阪泉之野，三战，然后得其志。”这里的貔、貅很可能是和熊、罴相似的图腾部落，黄帝和炎帝在阪泉大战，黄帝因为有了貔、貅等部族的帮助而最终取得了胜利。

貔貅逐渐在后世成为“战神”“军队”的代名词。元代王实甫《西厢记》提到：“羡威统百万貔貅，坐安边境。”明代张瓒《东征纪行录》云：“十万貔貅入播来，秋毫无犯市门开。此行本为安边计，说与诸夷莫浪猜。”清代毕著《纪事》诗言：“乘贼不及防，夜进千貔貅。”这些诗词中貔貅都是指军队。小说《封神演义》中也屡次出现貔貅，也都是对战士的代称。第二回写苏护与崇侯虎两家交兵，“灯影战马，千条烈焰照貔貅；火映征夫，万道红霞笼獬豸”。第六十六回夸赞洪锦的十万雄师说“人似貔貅猛，马似蛟龙雄”，等等。

古代没有对貔貅形象进行描述的文献，也没有实物。我们现在见到的貔貅，其原型基础实际上是古代的“辟邪”，把“貔貅”这一名字与其联系起来只不过是近代以来的事。

貔貅，在远古时期被当作部族的图腾，寓意其有庇护族众的功能。在其脱离图腾状态之后，庇护与辟邪的作用相同，因而人们就把一个叫“辟邪”的神兽与传说中的貔貅联系了起来，这就赋予了“貔貅”形象。

那么，神兽辟邪又是什么呢？托名汉东方朔《海内十洲记》曰：“聚窟洲在西海中申未地……有狮子、辟邪、凿齿、天鹿、长牙铜头铁额之兽。”到了汉代，随着狮子传入中国，人们就以狮子为原型，加入龙、虎、鹿等动物的特征，新造出了一头神兽，取名“辟邪”，而它的神性，也和它的名字一样，可以辟邪，是守护神。

我们现在常见的貔貅，其形象基础就是辟邪。辟邪的形象也经历了漫长的历史变化，西汉时期，多匍匐状，东汉时期开始变得昂首挺胸，朝天吼，两汉南北朝时期，人们往往在墓室旁塑造辟邪像，将其作为陵墓的守护神及引导人升仙的使者，也就有了羽翼。我们常见的是以狮子为原型，集龙、虎、狼、鹿等动物特征于一身的辟邪，其形象看起来凶猛而威武。

六朝时期的白玉辟邪，形似狮子。

与狮子最大的不同是，辟邪往往有角。根据角数量的不同，又有不同的名称。《汉书·西域传》说：“一角者或为天禄，两角者或为辟邪。”一只角的，被称为“天鹿”或“天禄”，其形象大概是借鉴了獬豸（古人认为獬豸可以辨忠奸，审案的时候，它会用角去顶说谎者，所以在古代獬豸是司法公正的象征，法官头上戴的帽子叫獬豸冠），有两只角的仍被称为“辟邪”，两者是一雌一雄。东汉年间的天禄辟邪石础现藏于四川省博物院，天禄、辟邪，角一独一双，雌雄相依，威而不怒。

武威磨嘴子汉墓出土木獬豸，甘肃省博物馆藏。形似羊，一只角。

貔貅不仅继承了辟邪的形象，也转化了其神性。人们认为貔貅能招来财源滚滚，守住财富，实际上这是根据辟邪“守护神”的神性转化而来的。民间有“一摸貔貅运程旺盛，再摸貔貅财运滚滚，三摸貔貅平步青云”的说法。人们根据人的五官的功能，又提出很多禁忌，比如不要轻易去抚摩貔貅的眼睛、嘴巴，眼睛是用来寻财的，嘴巴是用来叼财的。传说貔貅是龙王的九太子（这又是把明代以来“龙生九子”的故事加进来了，貔貅作为龙王九子之一，头部更像龙），玉皇大帝很喜欢他，但他因为年纪小，特别淘气，喜欢吃金银珠宝，而且吃了就拉，随地大小便，玉帝一生气打了他屁股，不想用力过大，把肛门封起来了，从此貔貅成了个有口无肛、只进金银珠宝而不出的招财神兽。在这种传说的影响下，貔貅的形象有所改进，变得更为华丽精巧。人们根据貔貅“只进不出”的特点，认为貔貅的摆放，应将头向门外或窗外，使其可以吸收四面八方的财富。

手绘，貔貅。貔貅除了是招财神兽，也是战神。

总之，作为一种文化符号，瑞兽貔貅的形象基础是辟邪，并且由“战神”的神性发展出招财进宝、吸纳四方之财的神性。另外，人们对辟邪的喜爱，还在于其审美的一面，古代玉器、砚台等物件上往往装饰有辟邪的图案。台北“故宫博物院”就藏有一件汉代玉辟邪，刻有“乾隆御玩”字样，是乾隆极为喜爱的一件器物。还有一些建筑旁，除了摆放石狮子，也摆放辟邪以壮威严。而在辟邪基础上形成的貔貅，其形象更为华美精巧。随着俗文化的发展，貔貅俨然财富的象征，更加受到人们的偏好，“貔貅”这一名号大有取代“辟邪”之势。

狮子：为什么大门口要摆两个石狮子？

狮子是中国本土的动物吗？石狮子和真狮子有何不同？石狮子的造型有哪些符号寓意？人们为什么喜欢摆放石狮子，石狮子整体上有哪些象征寓意？《红楼梦》中提到的石狮子有何寓意？

清代《万国来朝图》，故宫博物院藏。太和门前有两个铜狮子。

古代大门以两扇、四扇居多，普通人家不能用六扇门，因为用六扇门的是衙门。大门颜色，黄色为皇家专用，普通人家用黑色，贵族官宦则以朱红色为尊。杜甫说："朱门酒肉臭，路有冻死骨。"能用朱红色大门的都是当时的贵族之家。作为贵族之家的象征，人们还常常在大门外摆放石狮子，这其中也是具有重要的等级意义的。

狮子是很晚才从西域传入中国的一种动物，所以十二生肖中没有它，"四灵"中也没有它，早期汉字中也没有"狮"字。明人李时珍在《本草纲目》中考证说："狮子出西域诸国，为百兽长。"史书记载中国有狮子是在东汉时期，《后汉书·西域传》记载章和元年（87），安息国"遣使献狮子"，轰动京城。此后越来越多的国家向中国进奉狮子，直到元代还有记载狮子被当作贡品而进入中国。在狮子进入中国之后，它逐渐融入中国的神话传说中，成为神灵之物。中国古代的宫殿、府衙等建筑的大门前，往往都摆放一对石狮子，这正是对此神灵进行崇拜的一种反映。

石狮子的造型符号

石狮子的造型经历了漫长的历史演变。因为狮子不是中国所产，所以工匠们在雕刻狮子的时候，根据中国“神兽”文化的特点，使其与真狮子有所区别。石狮融合了龙、虎、麒麟、饕餮等动物的特征，有阔及两鬓的方口，大而突出的鼻子，以及和真狮子最不一样的地方——短尾，等等。

中国现存最早的石刻狮子，是东汉王朝的遗物。汉代石狮子身上往往雕刻双翼。早期的石狮子主要被当作宫室、陵墓的守护者，大约到了辽金时期，石狮子的用途变得更为广泛，桥头及护栏石柱上开始出现它们的身影。这些石狮子往往造型各异，生动活泼，如北京卢沟桥上的石狮子，就是这一时期的代表。宋代以后的石狮子造型趋向秀丽，脖子上有了装饰以及响铃。到了明清两代，石狮子的造型随着符号寓意的形成而最终定型。

北周，蹲狮子。唐以前的狮子还没有铃铛之类的装饰。

大门前的石狮摆放一般是有规矩的，成对称性，位置与男左女右的习俗相同，即当人走出大门时，雄狮安放在人的左侧，而雌狮在右侧。右侧雌狮左前爪往往抚摸幼狮或者两前爪之间卧一幼狮，左侧雄狮则往往右前爪玩弄绣球或者两前爪之间放一个绣球，二者相合，象征“代代相传”。天安门前的石狮子，就是这一时期的代表，距今近六百年。

此外，不同身份地位摆放的石狮子在造型上又有区别。故宫里的石狮子，头上有四十五个卷毛疙瘩，象征九五之尊。据说，一品王公大臣府邸门口的石狮子是十三个卷毛疙瘩，这样的石狮子又被称为“十三太保”，品级每低一级就少一个卷。

石狮子的整体寓意

古人认为，石狮子有着未卜先知的功能。据说洪水或者地震发生前，石狮子的眼睛就会变成红色，人们可以凭此“预警”提前避难。而在石狮子有此功能之前，这一功能的象征物实际是中国本土的石龟。古人用龟甲进行占卜，以测吉凶。司马迁在《史记·龟策列传》中说："王者决定诸疑，参以卜筮，断以蓍龟，不易之道也。"因而在人们心目中，龟有着预知吉凶的功能。

《搜神记》还记载了这样一个故事：古巢那地方，有一天江水暴涨，江水退去后，小河湾里留下了一条大鱼。这条大鱼有一万多斤重，挣扎了三天后才死去。全城的老百姓都来割鱼肉吃，只有一位老妇人于心不忍。那条鱼的父亲很感激老妇人，说如果城东门的石龟眼睛发红，这座城池就要陷没了，到时候赶紧逃。后来一个孩子偷偷拿朱砂涂在石龟眼睛上，老妇吓得急忙出城逃难，等她登上高山，待回头看时，整座城已沦陷为湖。

明代小说《南游记》第三回，龙王太子变成鲤鱼在扬州江上戏水，不料扬州百姓误将其肉"俱皆割尽"，老龙王一怒之下水淹扬州。这个故事大概就是本源于此，只不过小说中没有提到作为"预警"系统的石龟。宋以后，石龟的造型主要与石碑联系在一起，成为一种纪功的基座。元代以来，龟常常成为世俗讥讽嘲笑的卑物，石狮子逐渐代替了它预测的功能，成为自然灾害预警员。

狮子很早就有了避邪驱恶的功能。明代陈耀文撰《天中记》引《益州名画录》记载："梁昭明太子偶患风恙，御医无减，吴兴太守张僧繇模此二狮子，密悬寝堂之内，应夕而愈。故名曰辟邪，有此神验久矣。"梁武帝朝著名画家张僧繇画过狮子，传说他画的狮子图有辟邪驱灾的功能。古人认为路口是鬼怪南来北往的地方，因而在乡间的丁字路、三叉路口，会设立石狮子，以辟邪和保佑村落平安。

石狮子还被摆在中药店铺的柜台上，人们认为石狮子能通药性。民间传说，神农尝百草的时候，就是靠着獐狮来辨别草药有没有毒。还有一个相似的传说：少昊帝有个石狮子，懂得药性。吃中草药时，它若点头，就无毒，人就可以吃；它若摇头，就有毒，食后要中毒丧命。这应该是石狮子避邪驱恶功能的延伸。

狮子的这种护持作用，在宗教中也有所体现。寺庙或道观大门前往往有石狮子，这是起到护法的作用。狮子一般是佛家的坐骑，文殊菩萨的坐骑就是青狮子。在佛教中，坐骑一般也是护法，这体现的正是狮子庇护的象征意义。在《西游记》中唯一出现两次的妖精就是文殊菩萨的狮子精，一次是在乌鸡国，一次是在狮驼岭。

道教也有以狮子为坐骑的神仙。在《西游记》中有一只妖怪连孙悟空都怕他，那就是九灵元圣，又叫九头狮子，是太乙救苦天尊的坐骑。九灵元圣法力甚大，能以头生擒孙悟空与沙僧，令孙悟空闻声而逃，是《西游记》中少有的厉害角色。传说九头狮子一声吼，可以打开九幽地狱的大门，也就是地狱的最深层，从而帮助太乙天尊救苦度亡。

清人绘《西游记》,假扮乌鸡国国王的青狮精。

清人绘《西游记》,狮驼岭的青狮精。

脊兽中的狮子,也是取其威力无边,护持院落,去除邪祟之寓意。

石狮子作为装饰还是一种等级符号,是身份的象征,古人常常在宫殿、王府、衙署、宅邸等处摆放守门石狮,既能保佑平安,又能彰显主人的权势和尊贵。《红楼梦》中多次提到贾府的石狮子,而且每每出现石狮子,总有一种"陪衬"或"对比"。

第三回写林黛玉初到贾府,"又行了半日,忽见街北蹲着两个大石狮子,三间兽头大门,门前列坐着十来个华冠丽服之人"。除了身份的象征,这里又借林黛玉的视角突出了石狮子看家护院的象征意义:一个刚刚离开自己家的人,来到了别人的家,最先见到的就是两个石狮子,门前的十来个人也如同石狮子一样,守护着大门。

第六回写刘姥姥初到荣国府,"来至荣府大门石狮子前,只见簇簇的轿马,刘姥姥便不敢过去,且掸了掸衣服,又教了板儿几句话,然后蹭到角门前,只见几个挺胸叠肚指手画脚的人,坐在大凳上,说东谈西呢"。这是借刘姥姥的视角突出了石狮子作为富贵身份的象征意义,那几个指手画脚的人大概也与"石狮子"的威严是一样的。

清人绘《西游记》，九头狮子。道教的这位“九头狮子”很可能是从佛教九只狮子演变来的，佛教中的九只狮子的传说变成了一只狮子九个脑袋。

第六十五回，柳湘莲说：“你们东府里，除了那两个石头狮子干净，只怕连猫儿狗儿都不干净。我不做这剩忘八。”这是借柳湘莲之口，以石狮子的“干净”，来对比东府里的“不干净”。这里没有直接说“石狮子”，而是说“石头狮子”，实际上强调石狮子之所以“干净”，是因为它是不会动的“石头”。

第七十五回，写道：“尤氏因见两边狮子下放着四五辆大车，便知系来赴赌之人所乘，遂向银蝶众人道：‘你看，坐车的是这些，骑马的还不知有几个呢！马自然在圈里拴着，咱们看不见。也不知道他娘老子挣下多少钱与他们，这么开心儿！’”这里提到了来赌博之人“娘老子”留下的家业，而石狮子又何尝不是贾府家业的象征呢？在尤氏看来，石狮子和旁边四五辆大车的主人都是一样的，这些人花着娘老子的钱，寻着开心，败着家。

如今在银行、商铺门前也常见石狮子，这是因为石狮子除了寓意平安吉祥，还有招财的功能。宋朝京都汴梁（开封）龙亭附近午朝门外的一对石狮子，民间传说它们是财神手下的散财童子变的。此外，《天中记》引《冥报记》说石狮子不断从嘴里吐出宝珠，因此人们认为石狮子象征财施不穷。

总之，狮子作为中国“神兽”中的一员，并非起源于中国，而是随着丝绸之路开辟，被引进到了本土。进入中国传统文化的石狮子，其造型又与真狮子有别，被赋予了中国传统的审美特征，后世又赋予其造型以符号寓意，寄托的是人们的美好愿望。在中国一些地方，还有这样的说法：“摸摸石狮头，一生不用愁；摸摸石狮背，好活一辈辈；摸摸石狮嘴，夫妻不吵嘴；摸摸石狮腚，永远不生病。从头摸到尾，财源广进如流水。”可见，在人们的心目中，石狮子有着辟邪平安、富贵生财、子孙繁盛等吉祥寓意。

金蟾：三条腿的“蛤蟆”是如何形成的？

古人为什么喜欢蟾蜍，蟾蜍有何寓意？“刘海戏金蟾”是出于误解？三足蟾是怎么回事，古人为什么喜欢“三”？金蟾的造型有何寓意？

上古时期，中国就有对蟾蜍的信仰。大概蟾蜍的繁殖能力很强，因此寄托了人们多子多孙的美好愿望。良渚文化遗址曾出土了兽面纹蛙形玉冠饰以及玉蛙，距今已四五千年。

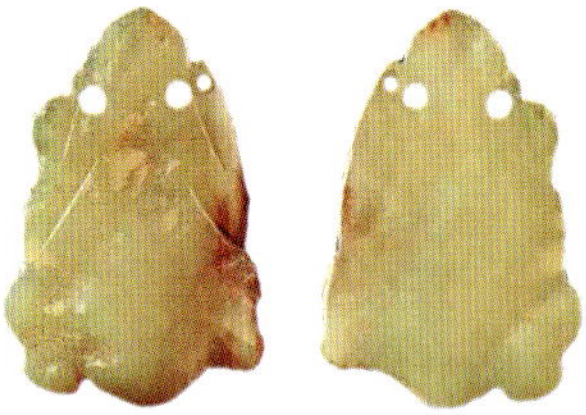

良渚文化遗址出土玉蛙，新石器时期，南京博物院藏。

大约在汉代的时候，蟾蜍还有长寿的象征寓意。山东嘉祥出土的汉画像石《西王母仙境图》中就有蟾蜍的形象，蟾蜍与掌管不死药的西王母联系在一起，也就被人们看作是长生不死的象征或者升仙使者了。目前出土的汉代蟾蜍形象的灯具有七件，也多是将蟾蜍视作长寿的象征。《太平御览》引《玄中记》云：“蟾蜍头生角，得而食之，寿千岁，又能食山精。”传说吃了长角的蟾蜍可以长寿一千岁。

马家窑蛙纹瓶，新石器时期，故宫博物院藏。

传说月宫中有蟾蜍，蟾蜍又是月亮的象征。《淮南子》记载：“月中有蟾蜍。”人们又说月亮中的蟾蜍是嫦娥变的。《初学记》卷一引古本《淮南子》，于“姮娥窃以奔月”句下，尚有“托身于月，是为蟾蜍，而为月精”十二字，是说嫦娥到了月宫，最后的结局是变成了蟾蜍。《论衡》记载：“日中有三足乌，月中有兔、蟾蜍。”在南阳汉代墓画中，有大量三足乌与蟾蜍同框的画像。三足乌代表太阳，是阳，而蟾蜍代表月亮，是阴，二者同在，表示阴阳关系。月亮中的金蟾此时还是四条腿，大概受到三足乌等原因的影响，后来民间出现了三足蟾，而且说月亮中的这只蟾是三足蟾。清代东轩主人《述异记》曰：“古谓蟾三足，窟月而居，为仙虫。”实际上，三足蟾是很晚才出现的。

月宫除了蟾蜍，还有桂树。《淮南子》说：“月中有桂树。”旧时称科举高中为“蟾宫折桂”，又“桂”与“贵”同音，大概因此蟾蜍纹饰或造型成为贵族的重要装饰。东汉以后，蟾蜍就又逐渐成为富贵的象征。唐代张读《宣室志·李揆》记载了这样一个故事：唐代的李揆任职礼部侍郎时，有一次白天坐在屋子前的栏杆上，忽然听到屋里有震动之声，他跑进屋里一看，原来是一只大蟾蜍，长得非常奇怪，他就让家人用大缸把它盖住。有人解释说，蟾蜍是月中的精灵，是天使，今天到你家来，想必是上帝有升官的密令要告诉你吧？不久之后，李揆果然升官了。

元代《刘海戏金蟾》，台北“故宫博物院”藏。刘海手持一只三足蟾，腰间挂着铜钱。

出于对蟾蜍的崇拜，到了唐代，人们常将金色的蟾蜍（雄性的蟾蜍背面多呈橄榄黄色）称为“金蟾”，或者以“金蟾”直接代替月宫中的蟾蜍，而“金”是钱财的象征，所以后世又因为“金”这个形容词而逐渐突出了金蟾招揽财货的象征寓意。

明清时期，“刘海戏金蟾”的说法家喻户晓。明代世情小说《金瓶梅》提到了一种花灯，“刘海灯，背金蟾戏吞至宝”。明代李日华《六砚斋笔记》说有人拿来四位仙人的古像，其中就有海蟾子，他张着口，蓬发，脑袋上蹲着一只蟾。明代赵麒所画的《蟾蜍仙人图》（现藏日本根津美术馆）中的刘海，手拿仙桃，抱着蟾蜍。常见的形象是，刘海前额宽阔，手舞钱串，前面是一只金蟾。与刘海在一起的金蟾，其象征寓意是招财进宝，而这样的造型与寓意都跟“刘海戏金蟾”的故事传说有关，而这个故事实则出于一种“误解”。

刘海系五代十国人，本名操，当过大官，后来当了道士，道号“海蟾子”，人多呼其为刘海蟾，或刘海。他得道成仙后被列为道教全真教派北五祖之一。《中国名人大辞典·神仙列卷》中记有：“刘海蟾，（后梁）陕西人，名哲，字元英。事燕王刘守光为相，喜黄老之学。一日有道人自称真阳子来谒，假事设譬，海蟾大悟，遁迹终南山下，丹成，化鹤飞去。道家南宗奉以为祖。”后来人们根据他的道号“刘海蟾”，逐渐将他与金蟾的故事附会在了一起，于是变成了刘海戏金蟾。清代《通俗编》说："今演剧多演神仙鬼怪，以眩人目。然其名多荒诞，张果曰张果老，及刘海蟾曰刘海戏蟾，此类甚多。"刘海蟾愣是被人们从名字里摘出一个字而编成了一段神话故事。

关于刘海与蟾蜍的故事，《古今图书集成·神异典》引《邵武县志》说："刘海蟾，名元英。……或曰：元英本名海，尝以道力除蟾祟，故称为海蟾云。"后来经过不断的演绎，人们又认为刘海戏的是"三足蟾"，这一造型变得很流行。清初褚人获在《坚瓠五集》中说："今画蓬头跣足嬉笑之人，持三足蟾弄之，曰此刘海戏蟾图也。直以刘海为名，世无有知其名者。"

为什么是三足金蟾呢？民间传说刘海是吕洞宾的弟子，法力高强，喜欢周游天下，降魔伏妖，造福人世。有一次，他降服了长年危害百姓的金蟾妖精。在打斗中，金蟾受伤断其一脚，所以日后只余三脚。金蟾被刘海收服后，常常帮助刘海叼来金银财宝帮助穷人。这不仅编出了刘海戏金蟾的详细故事，又为"三足蟾"的出现找到了一个说法。实际上早在"刘海戏金蟾"的故事出现之前，就已经有了关于"三足蟾"的传说了。

民间谚语曰："三条腿的蛤蟆不好找。"实际上也与三足的金蟾有关系。不好找，意味着神秘、珍贵。古代神兽往往通过增加或减少器官，或替换某些部位突显与众不同。三足金蟾受到三足乌的启发，大概也正是如此。从出土文物图像来看，汉代的蟾蜍形象尚多为四足（学界目前对七星堆的一座汉墓中发现的硬陶三足蟾砚滴有争议，有学者认为此出土器物应属于宋代）。

南宋的《赤城志》第一次提到了三足蟾："三足者，名蟾蜍。"《事文类聚》也说："蟾蜍，三足虾蟆也。"除了三足乌、三足蟾，古代文献记载中还有三足龟、三足虎、三足鹿，等等，这又与古人对数字"三"的崇拜有关。三极为神秘，《周易》中有天地人三才，《道德经》说："一生二，二生三，三生万物。"在道教中，有三官、三清，佛教有三生、三界，等等。

明代刘俊绘《刘海戏蟾图》，河北省石家庄文物管理所藏。刘海持金蟾渡海，意态从容。

明代张路绘《神仙图册》之《刘海戏金蟾》。刘海背负金蟾，地上有一串铜钱。民间有“刘海戏金蟾，步步钓金钱”之说。

明代商喜绘《四仙拱寿图》，台北“故宫博物院”藏。坐在金蟾上的是刘海，脚踏拐杖的为铁拐李，铁拐李背着一串小葫芦，另外两位为寒山、拾得，即和合二仙，四人望着骑鹤的寿星。

明代吴伟绘《刘海蟾图》，台北“故宫博物院”藏。仙人刘海蟾弯首斜身坐岩上，目视前方三足蟾蜍。

金蟾通过三条腿的形象，突出了其独一无二的神秘感，成为供人崇拜的神灵。

现存三足金蟾的图像多为明清时期的文物，如藏于台北“故宫博物院”的明代吴伟的绢本水墨画。这幅画描绘了仙人刘海蟾弯首斜身坐岩上，目视前方三足蟾蜍，此图亦出现在明末清初的景德镇青花瓷纹饰上。“刘海戏金蟾”，顽童刘海的形象象征长寿，金蟾象征财富。脱离了“刘海”而独立的“金蟾”，也由多子多孙及长寿等寓意过渡为富贵的象征。

独立的金蟾的造型之一就是三足，金色，口中含住钱币，从腮帮左右穿过两串由辟兵缕系着的铜钱，背部刻着北斗七星，脚踏元宝或写有“招财进宝”“乾隆通宝”“宣统通宝”等字样的铜钱之聚宝座。据说，金蟾嘴上衔着的铜钱也有多层含义：一是钱入口，稳赚不赔；二是紧紧叼住钱，把握机会；三是寓意一本万利，等等。没有了“刘海”的金蟾，又与“金钱”发生了联系，二者共同组成了一组符号信仰，寄托着人们发财致富的美好愿望。

蝙蝠：为什么和珅的恭王府到处都是蝙蝠的纹饰？

古代有蝙蝠神吗，如果有，会负责管理什么？蝙蝠自身的寓意是什么？蝙蝠与其他符号可以组合成哪些“密码”，你能破解吗？《红楼梦》中，为何宝琴放的风筝是一只大红蝙蝠，意味着什么？和珅的“风水宝地”恭王府有多少只蝙蝠装饰？

二十八星宿与蝙蝠神

冯梦龙的《笑府》讲了一个“蝙蝠骑墙”的故事：凤凰是飞禽之长，麒麟是走兽之长。凤凰过生日，蝙蝠不去，理由是自己有四足，是兽不是禽；后来麒麟过生日，蝙蝠也不到，理由是自己有翅膀，是禽不是兽。蝙蝠既像兽，又像飞禽，且在夜晚活动，总给人一种毛骨悚然的感觉。然而，蝙蝠在道教神仙体系中，是主人间福气的，它是二十八星宿神之一女土蝠的标志。

清人绘女土蝠。女是二十八星宿之一，土是七曜之土星，蝠是为该星宿匹配的动物蝙蝠。

二十八星宿源于古人的星空崇拜。在神化的过程中，古人又将二十八星宿与七曜结合。《史记·天官书》记载：“天有五星，地有五行。”天上的“五星”对应着金、木、水、火、土五行，也就是后来被称为金星、木星、水星、火星、土星的五大行星，再加上日、月，这就是古人信奉的七曜，七曜也是来自对星象的观察。人们将二十八星宿先分为东南西北四组，也就是东方青龙、南方朱雀、西方白虎、北方玄武，每一组七个（如北方玄武：斗、牛、女、虚、危、室、壁），然后再将其中每一组中的星宿与七曜（木、金、土、日、月、火、水的顺序）对应起来，其中北方玄武第三宿女宿（其星群形状像“女”字而得名）就属于土。二十八星宿与二十八

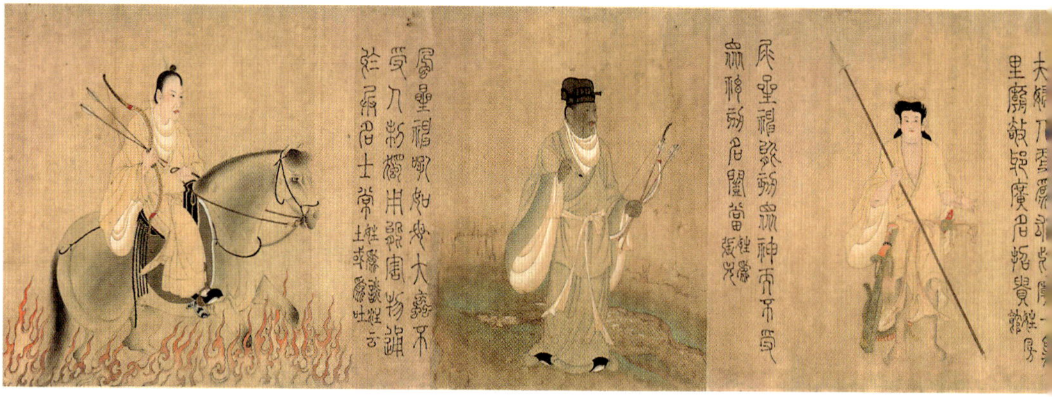

南宋《摹梁令瓒星宿图》局部，台北“故宫博物院”藏。此图包含了五星以及二十八星宿中的十二宿神。其中人骑马、手持弓箭的风宿与古希腊神话中半人半马的射箭人以及西方射手座形象相似。

种动物相匹配，其中女宿对应的是蝙蝠（明代《禽星易见》一书说这二十八种动物是相生相克的），于是就有了女土蝠这一神仙。

《西游记》中奎木狼的名字也是这么来的，奎宿，属木，匹配狼。昴（mǎo）日星官实际是二十八星宿中的昴日鸡，昴宿，属日，匹配鸡，所以在降服蝎子精的时候，昴日星官现出本相，变成了一只大公鸡。

清人绘《西游记》，昴日星官。昴日星官又叫昴日鸡，昴是二十八星宿之一，日是七曜之日，鸡是为该星宿匹配的动物公鸡。

《西游记》中，女土蝠没有单独出场，而是与其他星宿一起出现，曾在小雷音寺帮助孙悟空大战黄眉大王。

在古典小说《说岳全传》中有一个关于女土蝠的故事：在西方大雷音寺，如来佛正在讲经说法，正说得天花乱坠、宝雨缤纷之际，一个星官女土蝠在莲台下一时忍不住放了一个臭屁。我佛慈悲，毫不在意。然而却惹恼了佛顶上的一位护法——大鹏金翅明王，他飞下去一嘴就啄死了女土蝠。那女土蝠后来到东土转世，就是秦桧之妻。如来掐指一算，知道有这么一段恩怨，就让大鹏也去投胎，这就是岳飞，字鹏举。

这里的星官女土蝠，形象不是很光彩，但在民间信仰中，留给人们的印象很好。古人认为二十八星宿轮流值班，

如果这一天恰好是某吉星神值班，那就是吉日。女土蝠正是吉星神，所以她值班那一天往往被看作是吉日。民谚曰：“女宿值日吉庆多，起造兴工事事昌。葬埋婚姻用此日，三年之内进田庄。”

为何女土蝠会是吉星呢？大概有这样几个方面的原因：第一，经验总结，每当这一星宿“值班”，即在对应的时间段内，发生的灾祸比较少；第二，从形象上来看，其星群组合形状又像簸箕，古人常用簸箕去除五谷中的糟粕，留下精华，故认为此星宿多吉；第三，与女土蝠的读音有关，蝙蝠的“蝠”与福气的“福”读音相同，古人认为，蝙蝠来了就是“福”来了。

五福捧寿，五只蝙蝠中间捧一“寿”字，寓意多福多寿。

在西方文化中，蝙蝠或者如吸血鬼，是恐怖的化身；或者如蝙蝠侠，是正义的化身。而在中国古代，因“蝠”谐音“福”，“蝙蝠”也就成为一种吉祥符号，它还常常和其他符号相搭配，共同生成一种象征寓意。如“五福捧寿”图，是五只蝙蝠中间捧一“寿”字，寓意多福多寿。蝙蝠的“福”“寿”组合各式各样，如“福寿万代”，“万”字和蝙蝠组合在一起；“福寿延年”，把蝙蝠刻在一只寿桃上；“多福多寿”，多只蝙蝠与寿桃刻在一起；“福禄寿喜”，蝙蝠和梅花鹿、寿桃、喜鹊（或直接刻一“喜”字）组合在一起；“福寿三多”，蝠、桃、石榴或莲组合，“石榴”“莲子”均寓多子之意，即福多、寿多、子多；“福寿双全”，蝙蝠、寿桃、古钱，“钱”音近“全”，“二”义同“双”。实际上，蝙蝠除了象征“福”，本也有

明代张路绘福神，以蝙蝠作为身份的象征。

长寿的寓意。东晋葛洪《抱朴子》说："千岁蝙蝠……令人寿万岁。"晋代《古今注》说蝙蝠活五百岁变成白色。《灵芝图说》也说："蝙蝠，服之，寿万岁。"因而，蝙蝠这一符号可以说其本身就寓意"福寿双全"了。

器物上的蝙蝠"密码"

在古代，蝙蝠的出镜率极高，岁朝图、瓷器、门神、年画、家居、玉石等几乎都有它的画像。明朝皇帝朱见深曾画了一幅"岁朝图"，就用了"福在眼前"这样一种符号密码。"岁朝"即正月初一，在新年前后，上自帝王公卿，下至白衣秀士都会画一些吉祥图互相赠送，以表达新年的喜悦和祝福。

朱见深这幅《岁朝佳兆图》的右上方有"柏柿如意。一脉春回暖气随，风云万里值明时。画图今日来佳兆，如意年年百事宜"的御笔亲题。图上那个戴帽子的老头是钟馗。宋代吴自牧《梦粱录》记载，在新年的时候，民间有"净庭户，换门神，挂钟馗，钉桃符"的习俗。传说钟馗能捉鬼，是人间的保护神，因而在过年的时候，钟馗的形象多出现在门神或者有赐福寓意的年画当中。此画中，钟馗一手持玉如意，一手扶在小鬼的肩上，小鬼双手捧着盛有柏枝和柿子的托盘，"柏"谐音"百"，"柿"谐音"事"，连在一起即寓意"百事如意"。钟馗的目光投向了右上角的一只蝙蝠，即"福到眼前"。除了用蝙蝠

明宪宗朱见深绘《岁朝佳兆图》，故宫博物院藏。钟馗的目光投向了右上角的一只蝙蝠，寓意“福到眼前”。

飞到眼睛前，象征“福到眼前”，蝙蝠和金钱搭配也可以构成这样一种寓意。

与眼睛望着蝙蝠表示“福到眼前”构图相似，但寓意不同的是“福从天降”，即蝙蝠在一娃娃的头顶上方。还有更为相似的是“翘盼福音”：童子仰望飞来蝙蝠的纹图。北京故宫博物院收藏有一件乾隆时期的珐琅彩婴戏纹双连瓶，上面绘有一个童子，童子抱着宝瓶，瓶中飞出五只红色蝙蝠，这既象征“翘盼福音”，又有“鸿福齐天”的寓意。

唐代《北户录》记载古代有“红蝙蝠”，用红皮或糖色来巧雕红色蝙蝠，寓意“鸿福齐天”或“鸿福无量”。《红楼梦》中写大观园众人放风筝，“宝琴也命人将自己的一个大红蝙蝠也取来”。宝琴的风筝是一个大红蝙蝠，也是取“鸿福齐天”之意。薛姨妈曾对贾母说：“可惜这孩子（宝琴）没福，前年他父亲就没了……他母亲又是痰症。”作者安排没有“福”的宝琴放了一个求福的风筝。

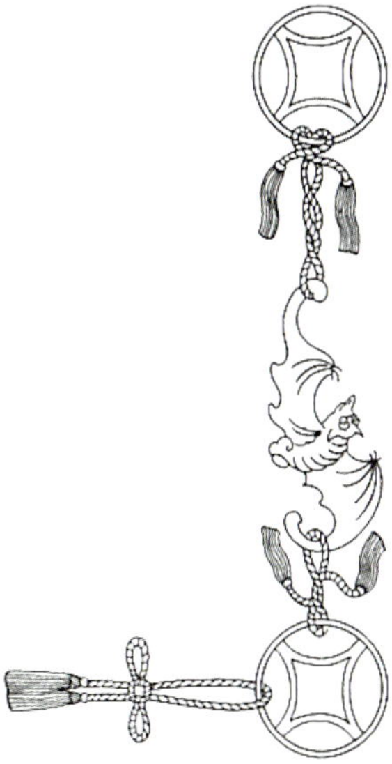

日本野崎诚近著《吉祥图案解题》，寓意“福在眼前”。

清代康熙年间，画珐琅桃蝠纹瓶。桃象征长寿，福寿双全，鸿福齐天。

年画上常有“福增贵子”的蝙蝠密码，即蝙蝠与桂花相组合，桂花的“桂”与富贵的“贵”同音，寓意“贵子”。古人认为添子是“福”，所以生了孩子，亲朋祝贺，要说“福增贵子”。河南朱仙镇“天仙送子”主题的年画，其画面一般为天仙娘娘骑着麒麟正在为人间送来聪明俊美的贵子，怀中抱的婴儿皆身穿红衣，手拿牡丹花，象征着富贵，婴儿为一男一女，空中又点缀着飞翔的蝙蝠，寓意婴儿长大后有福，定可大富大贵。

有的门神画像也搭配蝙蝠密码，如“福禄如意”门神，即一文官的门神，身穿大红袍，头戴乌纱，手持托盘，右上角有蝙蝠、如意，暗示是从盘中而来，寓意就是“福禄如意”。有从宝瓶或盘子里飞出来的蝙蝠，也有的年画图案是几个童子拿着蝙蝠往一个坛子里装，这叫“纳福迎祥”。

古典家具上也常出现蝙蝠密码，如“流云百蝠”，即蝙蝠与云纹相组合，“云”象征着“绵延不断”，又形似“如意”，象征幸福如意。《红楼梦》第十七回写大观园修好后，贾政带着贾宝玉等人来参观。

> 只见这几间房内收拾得与别处不同，竟分不出间隔来的。原来四面皆是雕空玲珑木板，或“流云百蝠”，或“岁寒三友”，或山水人物，或翎毛花卉，或集锦，或博古，或卍福卍寿，各种花样，皆是名手雕镂，五彩销金嵌宝的。

其中提到的“流云百蝠”，即云纹蝙蝠。

北京的恭王府原来是和珅的府邸，里面的走廊、窗棂等处的装饰都是蝙蝠，据说总共有9 999只。北京人常说：“到故宫要沾沾王气，到长城要沾沾霸气，到恭王府就一定要沾沾福气！”当然，恭王府有“福气”，不仅是因为这里“蝙蝠”多，还因为这里有“天下第一福”的福字石碑。康熙帝在祖母孝庄太后六十大寿的时候，写下这个“福”字。康熙这个“福”字和民间称作“衣禄全、一口田”的福字截然不同。右上角的笔画像个“多”字，下边像“田”，整体像“寿”，而左偏旁极似“子”和“才”，整个“福”字可分解为“多子、多才、多田、多寿、多福”，巧妙地构成了福字的含义。

明代商喜绘《福禄寿》，台北“故宫博物院”藏。蝙蝠象征福，鹿谐音禄，桃子象征寿。

日本野崎诚近著《吉祥图案解题》，寓意“纳福迎祥”。

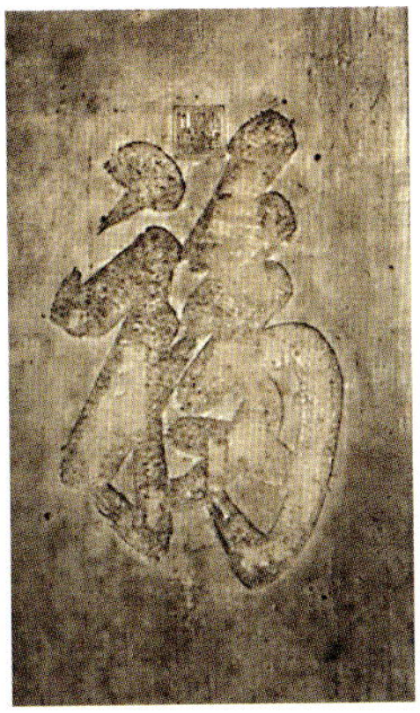

左图：

福石碑。康熙帝在祖母孝庄太后六十大寿的时候，写下这个“福”字。

右图：

天下第一福。康熙所写“福”字，右上角的笔画像个“多”字，下边像“田”，整体像“寿”，而左偏旁极似“子”和“才”，整个“福”字可分解为“多子、多才、多田、多寿、多福”。

恭王府里，9 999只蝙蝠再加上这个“福”字，正好是“万福”。《诗经 · 小雅 · 蓼萧》曰：“和鸾雝雝，万福攸同。”享受万福是人们的美好愿望，而真正能不能得“福”，还得看人的所作所为。

清代孟超然在《亦园亭全集 · 瓜棚避暑录》中曾感言：“虫之属最可厌莫若蝙蝠，而今之织绣图画皆用之，以与‘福’同音也；木之属最有利莫如桑，而今人家忌栽之，以与‘丧’同音也。”蝙蝠虽然作为一种动物令人感到厌恶，但因为它的名字与“福”有联系，结果成为一种吉祥符号。

十二生肖：你的“守护神”与哪位古人一样？

十二生肖是什么时候出现的？十二生肖的来源，有哪些说法？传说中，十二生肖的排序是怎么确定下来的？作为十二生肖的十二种动物符号，它们都有什么象征寓意？古代有哪些名人，与你有相同的生肖？

十二生肖在古代有很多叫法，如十二禽、十二兽、十二神、十二物、十二虫、十二属，等等，民间俗称十二属相。十二生肖是中国悠久的民俗文化符号，十二种动物依次为鼠、牛、虎、兔、龙、蛇、马、羊、猴、鸡、狗、猪。原来人们认为最早记载与今相同的十二生肖的传世文献是东汉王充的《论衡》，而1975年在湖北云梦睡虎地出土的一批秦简中，发现已经有十二生肖了，这就将十二生肖出现的时间上推了约三百年。然论其起源，仍众说纷纭，莫衷一是。有的说源于二十八星宿，有的说源于十二辰，还有的说从图腾崇拜转化而来，也有外来说，等等。

关于十二生肖的排序，后人的解释也是大费周折。有的说与阴阳五行有关，有的说与动物的活动规律有关，如“子时”老鼠最活跃，“丑时”牛开始反刍，“寅时”常听到虎

明代朱瞻基绘《苦瓜鼠图卷》，故宫博物院藏。苦瓜与老鼠都是多子的象征。

啸，"卯时"兔子出窝，"辰时"多晨雾，疑似龙在其中，"巳时"蛇出洞，"午时"太阳最烈，与马的烈性气质相当（地支与马联系在一起可能相当早，如《诗经·吉日》曰："吉日庚午，既差我马。"），"未时"适合放羊，"申时"是猴子喜欢的时间段，"酉时"鸡回窝，"戌时"狗开始活跃，"亥时"猪拱槽，等等。这可能是十二生肖排列先后的较为合理的推测。

十二生肖中，每一种动物都是一个象征符号。

鼠。老鼠是聪明的象征，尤其在保全性命上，老鼠更是表现出非同一般的智慧和才能。苏轼的《黠鼠赋》讲了这样一个故事：一只老鼠钻进袋子出不来，就先叫，把人吸引来，然后装死，等人把它倒出来，马上就逃跑了。老鼠还象征富足，民间常说"仓鼠有余粮"，家里有粮食，老鼠才会多，所以在吉祥文化中，人们又反过来认为，老鼠多，是家庭富裕的象征，一些地方甚至将老鼠奉为"财神"。老鼠还是多子多福的象征，据说一只母老鼠一年可生育5 000只左右幼鼠，因而民间常将鼠作为生殖崇拜的象征。在吉祥画中，几只老鼠嗑瓜子，就象征着多子，老鼠与葫芦、葡萄、石榴等多籽植物也可组成具有这样象征寓意的吉祥图案。老鼠嫁女的年画和剪纸，也表达的是多子多孙的美好愿望。

古代属鼠的名人主要有：陶渊明、魏徵、骆宾王、王之涣、杜甫、刘禹锡、白居易、蔡襄、李清照、戚继光、郑成功、龚自珍等。

牛。中国是农耕文化，因而中国人对牛感情很深。牛是吉

唐代韩滉绘《五牛图》，故宫博物院藏。目前所见最早作于纸上的画作。

祥的象征，古人用牛祭祀，用牛的肩胛骨占卜，牛具有沟通天人的作用。牛是力量的象征，一些地方往往喜欢以牛头、牛角作装饰，祈求用牛的强壮和力量禳灾避邪。《西游记》中的牛魔王，本相是一只大白牛，本事高强，可以与孙悟空相匹敌，被称为大力王，"四海有名称混世，西方大力号魔王"，"大力"二字，正是体现了牛的特征。牛还是踏实与奉献的象征，《左传》记载，春秋时期的齐景公特别爱自己的小儿子，他常常俯身扮成牛和自己的儿子做游戏，这就是鲁迅说的"横眉冷对千夫指，俯首甘为孺子牛"中的"孺子牛"的典故。

古代属牛的名人主要有：霍去病、苏武、刘备、孟浩然、王维、李白、柳宗元、范仲淹、苏轼、顾炎武、谭嗣同等。

清代马负图绘《虎图》，台北"故宫博物院"藏。清人绘的一只胖胖的老虎，样子虎头虎脑的。

虎。虎作为百兽之王，常被民间视为勇猛、阳刚的象征，所谓虎虎生威，百兽震恐。所以古代"虎"的符号经常与军事有关，如虎旗、虎符、虎将等，都是取虎威猛的寓意。虎还有庇护和辟邪的象征寓意，《山海经》中记载西王母早期的形象："人面虎身……豹尾虎齿而善啸，蓬发戴胜。"西王母与虎有关，而西王母又是掌管不死药的，可以使人长生，所以古人认为虎可以庇护小孩子成长，满月时要给小孩子戴虎头帽，穿虎头鞋等。

古代属虎的名人主要有：张衡、阮籍、顾恺之、张九龄、归有光、宋濂、汤显祖、唐伯虎、文徵明、李时珍、魏源、严复等。

清代冷枚绘《梧桐双兔图》，故宫博物院藏。

兔。兔是月亮的象征，汉代刘向《五经通义》说："月中有兔与蟾蜍。"这是认为月中有兔子和蟾蜍两种精灵。在西汉帛画中，月亮上确实有一只大蟾蜍，旁边还有一只奔跑的兔子，那么，这只兔子是如何到了月亮上的呢？闻一多在《天问·释天》中指出，最初的神话传说中，月亮上实际只有一只蟾蜍，"兔"完全是出于读音的误会。"盖蟾蜍之蜍与兔音易混，蟾蜍变为蟾兔，于是一名析为二物，而两设蟾蜍与兔之说生焉。"但发展到后来，大概人们喜欢兔子而不太喜欢蟾蜍这种动物，"玉兔"的形象就逐渐压倒蟾蜍，成了月亮的代称。

兔还是善良的化身，它几乎和其他任何一个生肖都能"合得来"。在汉画像石中，兔和牛同处一个画面上；古人常说"蛇盘

南宋陈容绘《九龙图》局部，波士顿艺术博物馆藏。龙爪持龙珠。

兔，必定福”，认为男属蛇、女属兔是最为理想的婚姻。兔子行动敏捷，“动如脱兔”，人们希望马像兔子一样快，所以飞兔、赤兔等马皆以兔命名。在婚姻上，古代还有“青兔黄狗古来有，万贯家财足百斗”的说法，认为属兔和属狗的婚姻也很般配，等等。

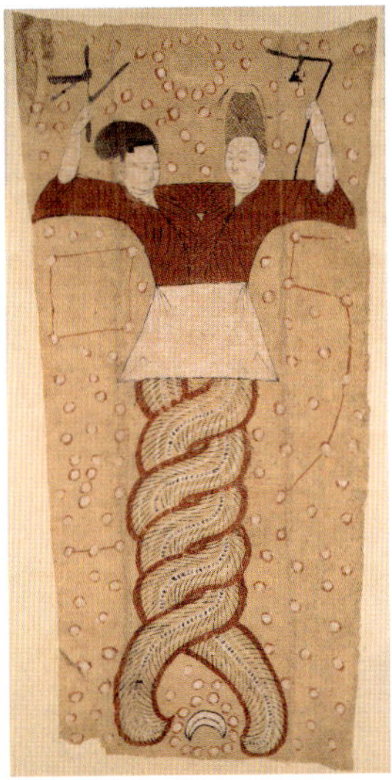

唐代《伏羲女娲图》。伏羲、女娲均人面蛇身交尾，周围有日月以及二十八星宿。

古代属兔的名人主要有：曹丕、司马昭、李靖、狄仁杰、苏辙、郭守敬、戴震、段玉裁等。

龙。龙集牛、马、虎、鹿、骆驼、蛇、兔、蜥蜴等动物的特征于一身，它不是自然界的生物，而是人们创造的动物形象。龙是男性的象征，《周易》中把“乾”作为男性的象征，而乾卦即是“龙卦”。龙是皇权的象征，帝王常常宣称自己是“神龙在世”，是“真龙天子”，以此来博取人们的信任和支持。龙还是成功的象征，“望子成龙”是中国人的传统观念，考试高中则称“跳龙门”，等等。龙还是中华民族的象征，华夏儿女都是“龙的传人”。

古代属龙的名人主要有：刘向、扬雄、班固、李商隐、温庭筠、朱元璋、王阳明、蒲松龄、纪昀等。

蛇。在中国神话中，人类的始祖女娲和伏羲均为人首蛇身，可见蛇地位之高。在上古时期，蛇是通神的象征，《山海经》中山神往往都要拿着蛇，蛇是神的标志。蛇还是青春永驻的象征，古人看到蛇蜕皮，认为它能死而复生。蛇还是吉祥的象征，《诗经》中的《斯干》说梦到蛇是一种吉祥的预兆。闽越人对蛇极为崇拜，福建简称“闽”，便是门里奉蛇的造型。

古代属蛇的名人主要有：孔融、陆机、王羲之、祖冲之、周敦颐、黄公望、徐渭、于成龙、林则徐、章炳麟等。

马。古人崇拜马，《山海经》中有许多“人面马身”“马身龙首”的神灵。马奔越驰骋，飘逸的造型象征狂放不羁、气势非凡。《易经》云：“乾为马。”马还是君主的象征。正因为马有这些特征和寓意，历代君主将帅都以拥有骏马为荣。传说周穆王有八骏，秦始皇有“追风”，项羽有“乌骓”，唐太宗钟爱“六骏”——飒露紫、拳毛騧、青骓、什伐赤、特勒骠、白蹄乌，他将这些马的造型刻在昭陵以表彰战功。古代的很多大诗人也都赞美过马，如杜甫《房兵曹胡马诗》曰：“胡马大宛名，锋棱瘦骨成。竹批双耳峻，风入四蹄轻。所向无空阔，真堪托死生。骁腾有如此，万里可横行。”老杜喜欢的是瘦马。古代的很多著名画家也喜欢画马，如唐代的韩干专门给唐玄宗画马，他被誉为“画马鼻祖”。

古代属马的名人主要有：张良、李世民、康熙、章学诚、康有为等。

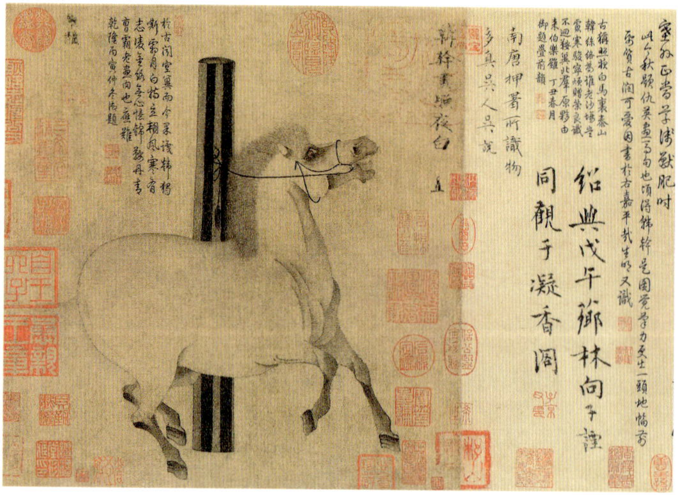

唐代韩干绘《照夜白图》局部，美国大都会艺术博物馆藏。此马名“照夜白”，是唐玄宗李隆基的坐骑。

明代朱瞻基绘《三羊开泰图》，台北“故宫博物院”藏。寓意“三阳开泰”。

羊。羊是人类最早驯服的家畜之一。羊是吉祥的象征，许慎《说文解字》曰：“羊，祥也。”在铭文中，“羊”字往往直接代替“祥”。明清木雕、瓷器中多有“三羊开泰”的图案，描绘母子三只羊在红日下的纹图，象征祥瑞安和。除了“三羊开泰”，还有“五羊”的说法，广州就是五羊之吉。传说有五个仙人带来了五只羊，带来了五谷丰登和祝福，广州将“五羊”奉为五谷之神，广州也被称为“羊城”。

《诗经》中有一篇《羔羊》，国君让大臣穿上洁白柔顺的羔皮衣服，是希望他们的品德操行如同羔羊那样，节俭正直，表里如一。还有一篇《羔裘》，也以羔裘朝服为喻，认为君子应该具有正直刚强的美德。可见在人们心目中，羊还象征中正和平、刚柔相济。羊又是子女孝顺的标志，有一个成语叫“羊羔跪乳”，小羊羔在吃奶的时候跪在母亲面前。此外，羊还是美善的象征，《说文解字》对“美”的解释为：“美，甘也。从羊，从大。”古代视羊为“德畜”，善群、好仁、死义、知礼。善群指羊喜欢聚群；好仁指羊善良，有角但不好斗；死义指羊被宰前很安静，视死如归；知礼指羊羔跪乳，不忘母恩。

古代属羊的名人主要有：曹操、卢照邻、贺知章、元稹、杜牧、杨玉环、岳飞、司马光、欧阳修、曾巩、王夫之、焦循、曾国藩、李鸿章等。

清代沈铨绘《蜂猴图》，故宫博物院藏。蜜蜂与猴子组合，寓意“封侯”。

猴。一提到猴，人们首先想到的是顽皮、聪明，“猴精猴精的”是常挂在嘴边的一句话，这正是它的品性。此外，因为猴与“侯”同音，猴还是侯爵的象征。在吉祥画中，猴子骑马，寓意“马上封侯”；猴向枫树上挂印，寓意“封侯挂印”。猴爱吃桃，桃子象征长寿，民间剪纸也常见“猴桃瑞寿”图案，猴子与“仙桃”组合在一起形成长寿的寓意。另外，明清时期，随着《西游记》的传播，美猴王孙悟空的形象深入人心，猴子也逐渐有了神通广大、不畏强暴等象征寓意。

古代属猴的名人主要有：司马迁、武则天、韩愈、辛弃疾、文天祥、徐达、袁崇焕、阮元、孙诒让、左宗棠、黄遵宪等。

鸡。鸡象征光明，太阳东升西落，而鸡则早鸣晚栖，因啼叫而唤出太阳，所以人们往往将鸡和太阳联系起来。《太平御览》

宋代李嵩绘《明皇斗鸡图》，纳尔逊阿特金斯艺术博物馆藏。

引《春秋说题辞》称："鸡为积阳，南方之象。火，阳精，物炎上。故阳出鸡鸣，以类感也。"鸡和太阳都属于火，以类相感，所以太阳一出，鸡就叫。雄鸡勇斗，《风俗通》曰："以雄鸡着门上，以和阴阳。"《花镜》曰："雄能角胜，目能辟邪。"鸡还被看作有辟邪的神异，古人结拜兄弟时宰雄鸡，在酒里滴鸡血，对天发誓，将血酒饮尽。此外，"鸡"因为谐音"吉"，常被作为吉祥元素。在吉祥画中，画一只站在石头上的大公鸡，就是"室上大吉"之意；因为公鸡打鸣，画一只大公鸡与牡丹，寓意又是"功名富贵"，等等。

我们熟悉的一个词叫"金鸡报晓"，金鸡在古代也是一个重要的符号。古代在大赦天下的时候，其仪式是立一长杆，杆头设一黄金冠首的金鸡，口衔绛幡，把罪犯带到金鸡下面，宣布赦免的命令，所以金鸡又象征着大赦。李白《流夜郎赠辛判官》诗曰："我愁远谪夜郎去，何日金鸡放赦回。"正是取此意。《水浒传》第七十二回，燕青引宋江见李师师，李师师款待他们，并在席间唱了苏东坡《念奴娇·赤壁怀古》。宋江乘着酒兴，填写了一首词呈给李师师，其中有这样一句："六六雁行连八九，只待金鸡消息。"这里的金鸡，也是大赦之意。六六三十六，八九七十二，加起来正好一百零八。宋江传达给李师师的意思是自己与众兄弟想获得招安，获得赦免，希望李师师能把自己的心意传达给上驾。明白了“金鸡”的这一符号寓意，才能明白宋江的意图。总之，在古代，鸡是极为吉祥的一种形象。

古代属鸡的名人主要有：杨坚、李隆基、颜真卿、郭子仪、寇准、王安石、苏洵、黄庭坚、张居正、郑板桥、张之洞、梁启超等。

狗。狗是人类最忠诚的朋友，象征忠诚，俗话说“儿不嫌母丑，狗不嫌家贫”。狗又象征财富，狗忠实于主人，更通人性，很多人喜欢给自己的狗起个亲昵、吉祥的名字：旺财。据说广东人和香港人最早把狗叫旺财，“旺财”也是“旺旺”的意思。狗还象征吉祥，“天狗守吉祥”和“天狗保平安”成为对联中常用的话。

古代属狗的名人主要有：孔子、董仲舒、司马相如、李渊、朱熹、黄宗羲、皮锡瑞、洪秀全等。

南宋《犬戏图》，美国大都会艺术博物馆藏。

宋代《二郎神搜山图》局部，故宫博物院藏。这是二郎神带领神将搜山降魔的故事，图中神将猪擒拿住了妖魔。此画一个特征是神将往往是动物造型，样子凶神恶煞，妖怪反而是美女的形象。

猪。在民间，猪被称为“福运使者”，象征富足、吉祥、富贵。在新石器时期的河姆渡文化中出土了一只陶猪，此猪头肥大，憨态可掬。我们常说“耳大有福”，崇尚大耳的习俗其实就是源于远古时期对猪神的崇拜。古代对大耳的崇拜多见于诗文，如《长歌行》中描写“仙人骑白鹿，发短耳何长”，《三国演义》中说刘备的长相是“两耳垂肩，双手过膝”，等等。

猪还是福运的象征，唐代的时候，中了进士，学子要到大雁塔题名，须用“朱笔”，于是人们常用“朱笔题名”象征高中，而因为“猪”与“朱”、“蹄”与“题”谐音，所以在民间形成习俗，亲友们给赶考的人赠送红烧猪蹄，预祝赶考人“朱笔题名”。此外，猪还是财富的象征，猪被称为“金猪”“乌金”，唐代笔记小说《朝野佥载》说：“洪州有人畜猪以致富，因号猪为乌金。”

古代属猪的名人主要有：房玄龄、包拯、方以智、毛奇龄等。

总之，这十二种动物，每一种都积淀了丰富的传统文化因素，有着吉祥的寓意。作为一个整体，十二生肖不仅被广泛应用于装饰，如著名的圆明园十二生肖兽首，还与十二地支相结合而被用于纪年。于是，每个中国人出生后都会有一个属于自己的属相，属相就如同个人的“守护神”，人们往往会不自觉地对其进行崇奉，而这其中蕴含的正是人们对每种动物文化品性的认同。

岁寒三友：士大夫崇拜与民间俗信

松、梅、竹是如何组合成“岁寒三友”的，魏晋时梅花曾遭轻视？“岁寒三友”这一词是什么时候出现的？文人士大夫所推崇的“岁寒三友”，寓意为何？梅和竹在“岁寒三友”和“四君子”不同组合中的象征寓意有差别吗？在神话传说中，有没有松、梅、竹修炼成精怪的故事，《西游记》中有他们出场吗？《红楼梦》中，“岁寒三友”的装饰符号出现在哪里？民间为何喜欢用“岁寒三友”的装饰图案？

松、梅、竹

孔子说：“岁寒，然后知松柏之后凋也。”司马迁在《史记·伯夷列传》中说伯夷、叔齐这样的贤人却饿死首阳山，颜回好学却短命受穷，强盗杀人反而得以寿终，怎么解释这种现象呢？他引用了孔子上面那句话，并在后面加了一句：“举世混浊，清士乃见。岂以其重若彼，其轻若此哉？”不是好人没好报，而是你认为的那种“好报”，好人根本就不看重。任世事变幻，君子们不忘初心，坚韧不拔，不屈不挠，如同在寒风中挺立的松柏。可见，松经冬不凋的意象在秦汉时期已经成为士人自我砥砺的精神寄托。

魏晋南北朝时期赞颂松、竹抗寒品质的诗篇有很多。鲍照《中兴歌》曰：“梅花一时艳，竹叶千年色。愿君松柏心，采照无穷极。”赞美了松与竹的岁寒不改，千年一色。但我们同时看到，在这一时期，梅花还没有和松、竹形成共同耐寒的意象群，从而成为诗人赞美的对象，梅花意象反而是松、竹的对立面，是“一时之艳”而已。吴均《梅花诗》也持这种态度：“梅性本轻荡，世人相陵贱。”魏晋南北朝时期人们对待梅花居然是这样一种轻视的态度。

到了唐代，人们不再感叹梅花是易落的“一时之艳”，而是看到它和松、竹一样具有坚韧耐寒的品质，进而争相赞颂。张谓《早梅》曰：“一树寒梅白玉条，迥临村路傍溪桥。

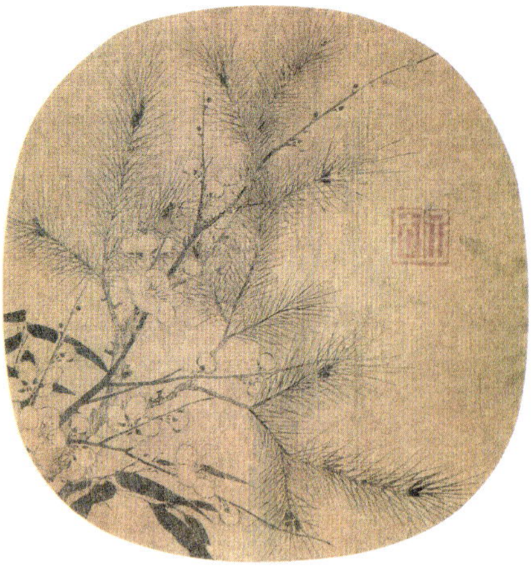

南宋赵孟坚绘《岁寒三友图》，上海博物馆藏。

宋徽宗赵佶绘《梅花绣眼图页》，故宫博物院藏。一只绣眼俏立梅花枝头，与清丽的梅花相映成趣，上书“御笔”“天下一人”。

明代文徵明绘《岁寒三友图》，台北“故宫博物院”藏。

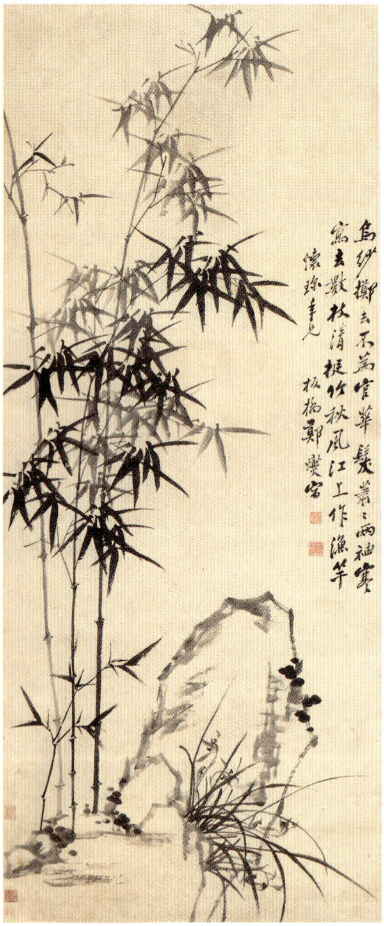

清代郑板桥绘《兰竹图》，美国大都会艺术博物馆藏。

不知近水花先发，疑是经冬雪未销。”疑白梅作雪，既赞美了梅的白，也赞美了它的耐寒。

从唐代开始，根据其共同品性，诗人们又往往将松、梅、竹进行意象的整合。李颀《望秦川》曰：“秋声万户竹，寒色五陵松。”这是松竹并举。钱起《宴崔驸马玉山别业》曰：“竹馆烟催暝，梅园雪映春。”刘言史《竹里梅》曰：“竹里梅花相并枝，梅花正发竹枝垂。风吹总向竹枝上，直似王家雪下时。”这都是竹梅并举。朱庆馀《早梅》曰：“天然根性异，万物尽难陪。自古承春早，严冬斗雪开。艳寒宜雨露，香冷隔尘埃。堪把依松竹，良涂一处栽。”这是把松、梅、竹一起放在了严冬之中，可以说是“岁寒三友”的雏形了。

“岁寒三友”类似说法大约出现在两宋时期。周之翰《爇梅赋》曰：“春魁占百花头上，岁寒居三友图中。”王炎《题徐参议画轴三首・岁寒三友》曰：“玉色高人之洁，虬髭烈士之刚。可与此君鼎立，偃然傲睨冰霜。”张元幹也有《岁寒三友图》，其曰：“苍官森古鬣，此君挺刚节。中有调鼎姿，独立傲霜雪。”这些显然都是对图画的描述。到了稍微晚一辈儿的葛立方，其《满庭芳・和催梅》在内容中出现了“岁寒三友”：“梅花，君自看，丁香已白，桃脸将红，结岁寒三友，久迟筠松。”

总之，“岁寒三友”的说法很可能源于绘画作品，宋代及之后，以“岁寒三友”为主题的绘画作品极多，且名家辈出，如宋代赵孟坚的《岁寒三友图》，明代文徵明的《岁寒三友图》，明末清初八大山人的《岁寒三友图》，等等。

从“岁寒三友”到“四君子”

除了松、梅、竹称“岁寒三友”，梅、兰、竹、菊又称“四君子”。松、梅、竹组成“岁寒三友”，源于它们本身都有坚韧耐寒的品质，而“四君子”的组成则受传统“比德”思想影响。《礼记・玉藻》曰：“君子于玉比德焉。”君子的德行可以通过物的比拟而呈现。明代何景明《玉冈黔国地种竹》曰：“比德亮无瑕，抱节诚可久。”梅、兰、竹、菊被赋予了不媚世俗、高洁坚贞之品德。

梅，象征君子冰清玉洁。元代王冕《白梅》曰：“冰雪林中著此身，不同桃李混芳尘。忽然一夜清香发，散作乾坤万里春。”兰花，象征君子遗世独立。明代薛纲《兰花》曰：“我爱幽兰异众芳，不将颜色媚春阳。西风寒露深林下，任是无人也自香。”竹子，象征谦谦君子。宋代王安石《咏竹》曰：“人怜直节生来瘦，自许高材老更刚。曾与蒿藜同雨露，终随松柏到冰霜。”菊，花之隐逸者，象征君子淡泊名利。宋代郑思肖《寒菊》曰：“花开不并百花丛，独立疏篱趣未穷。宁可枝头抱香死，何曾吹落北风中。”

清代恽寿平绘《山水花卉》之菊花。

可见，“岁寒三友”不惧严寒，以喻士人在恶劣环境中不屈不挠的斗志，“四君子”不媚世俗，以喻士人在大环境中不堕落，坚守自我。无论是“岁寒三友”还是“四君子”，这些植物图案形成了固定的文化符号，它们是高雅的象征，代表着古人的审美情趣和愿望。

神话传说中的“岁寒三友”

“岁寒三友”——松、竹、梅是士大夫最喜欢的“励志”植物，它们身上充满了士大夫精神的人格投射，而在《西游记》中松、竹、梅也曾“修炼”成精怪。

《西游记》中，唯一一次写植物成精的是，师徒们到了荆棘岭，这里有十八公（松）、孤直公（柏）、凌空子（桧）、拂云叟（竹）、赤身鬼（枫）、杏仙（杏树）、女童（腊梅）等几个藤精树怪，他们并不想吃唐僧，而是与唐僧一起写诗谈情，显示出文人墨客的雅趣。拂云叟（竹）诗曰：

岁寒虚度有千秋，老景潇然清更幽。
不杂嚣尘终冷淡，饱经霜雪自风流。

七贤作侣同谈道，六逸为朋共唱酬。
戛玉敲金非琐琐，天然情性与仙游。

诗篇突出了竹子坚韧耐寒的品性，还用了几个典故，七贤指的是竹林七贤，六逸指的是李白等竹溪六逸。对诗的时候，劲节十八公（松）说："春不荣华冬不枯，云来雾往只如无。"也突出了自己耐寒的一面。

《西游记》里"梅花"的戏份不多。古代专门有一篇小说表现了梅花精的品质高雅，那就是宋代刘斧的《摭遗·红梅传》。红梅化作的女子极善吟诗写字。这部小说后世影响很大，明代《国色天香》《绣谷春容》等笔记中收录的《古杭红梅记》即改编于此。改编的故事还加入了一段恋情，即唐朝贞观年间郡守王瑞之子王鄂与红梅仙子相遇相知的故事，红梅仙子也是善于作诗的。可见，即便成了精怪，松、竹、梅依旧很高雅。

松、竹、梅修炼成的精怪往往是才华横溢的伴侣或者萍水相逢的朋友，而现实中把植物当作伴侣，最有名的当是宋代的林逋了，"梅妻鹤子"说的就是他。清代吴之振辑《宋诗钞·和靖诗钞序》说："逋不娶，无子，所居多植梅畜鹤。"植梅放鹤，终身不娶，以梅为自己的妻子，以鹤为自己的孩子，"结庐西湖之孤山，二十年足不及城市"。古往今来，爱梅的文人墨客不计其数，而林和靖之后，再无人敢提自己爱梅爱得深沉。他的《山园小梅》写道：

众芳摇落独暄妍，占尽风情向小园。
疏影横斜水清浅，暗香浮动月黄昏。
霜禽欲下先偷眼，粉蝶如知合断魂。
幸有微吟可相狎，不须檀板共金樽。

这个独身主义者说"梅"在众芳摇落的时候独暄妍，而这不正是他自己"独"善其身的精神写照吗？"独"这样一个身份，在林和靖这里，不是宗教信仰的驱使，也不是社会道德的逼迫，而是对生活的一种主动的选择。你有你的"赚得小鸿眉黛也低颦"（晏几道语），他则有他的"水边篱落忽横枝"，独自的他守着独开的梅，将其视为自己的伴侣一般。

孔子说："益者三友……友直，友谅，友多闻，益矣。"更多的文人士大夫是将松、竹、梅作为自己的"朋友"。物以类聚，人以群分，有了这样的朋友，自然就可以表现自己的品位了。宋代苏轼就曾说："风泉两部乐，松竹三益友。"王十朋也有诗曰："南来何以慰凄凉，有此岁寒三友足。"等等。

吉祥图案中的“岁寒三友”

松、竹、梅因耐寒，迎雪而立，经冬不凋，其顽强的生命力成为士大夫争相赞颂的文化符号，也是他们坚韧不屈精神寄托之所在。除此之外，“岁寒三友”还有一种民间俗信，那就是作为吉祥图案而出现。

在古代，很多艺术品上都绘有这一组合图形。《红楼梦》第十七回写大观园修好后，贾政带着贾宝玉等人来参观，“只见这几间房内收拾得与别处不同，竟分不出间隔来的。原来四面皆是雕空玲珑木板，或‘流云百蝠’，或‘岁寒三友’，或山水人物，或翎毛花卉”。第二十五回写道：“又有各色旧窑小瓶中都点缀着‘岁寒三友’、‘玉堂富贵’等鲜花草。”“岁寒三友”即松、竹、梅，“玉堂富贵”即玉兰、海棠和牡丹。

古代服装也有以“岁寒三友”为纹饰的。《金瓶梅》第八回写道：“妇人向箱中取出与西门庆上寿的物事，用盘盛着，摆在面前，与西门庆观看。却是一双玄色段子鞋，一双挑线香草边阑、松竹梅花岁寒三友酱色段子护膝……”

这些艺术品上的“岁寒三友”与士人追寻的松、竹、梅三者耐寒坚韧品性不同，民间追寻的是其吉祥的象征寓意：松长青，是长寿的象征；梅能老干发新枝，象征着生命力旺盛，梅花瓣为五，民间以其象征“福、禄、寿、喜、财”五福；竹子成长快，竹笋的“笋”谐音“孙”，寓意子孙多。

总之，松、竹、梅作为符号，既寄托了士大夫不屈不挠的精神信仰，是一种高雅的象征，同时也有民间对吉祥寓意的追求，是民众美好愿望的寄托。

花仙子：牡丹是如何成为花王的？

古代传说中有哪些花精的故事？修炼成精的花与人的关系怎么样？牡丹为何叫“牡丹”，牡丹的地位是如何一步步提高的？牡丹有哪些象征寓意？《红楼梦》中，为什么牡丹是薛宝钗的象征？牡丹与其他符号相组合，可以形成哪些吉祥征兆？

树怪花精

在神话传说中，除了人，似乎动物最容易修炼成精怪，如狐狸精、狮子精、豹子精，等等，好像很少见植物修炼成精怪或者成仙得道。实际上，古代文学作品中表现树怪花精的神话故事并不少。

南朝梁任昉《述异记·小儿果》记载，有一种神奇的果实，长得像小孩，还会笑，但一旦被人摘取，果实就死了。这大概就是《西游记》中人参果的原型。唐代柳祥《潇湘录》写贾秘在古洛阳道见到一群人唱歌跳舞，实际上这七人乃是松、柳、槐、桑、枣、栗、樗等七种树木精灵的化身。《西游记》中，唐僧师徒到了荆棘岭，遇到了十八公（松）、孤直公（柏）、凌空子（桧）、拂云叟（竹）、赤身鬼（枫）、杏仙（杏树）等几个藤精树怪。

关于花精，《聊斋志异》中提到了荷花变的荷花三娘子，牡丹花变的葛巾、玉版和香玉，菊花变的黄英，等等。这些花精并不害人，反而充满了生活气息，帮人致富，与人谈起了恋爱，如痴爱牡丹花的书生常大用与牡丹仙子葛巾相恋，常大器与牡丹花精玉版相知，等等。

花精与人亲近的形象，在唐代就出现了。《博异志·崔玄微》讲述了一个故事：书生崔玄微于春季月夜独自在院子中喝酒，忽然来了一群美女，绿衣杨氏、白衣李氏、绛衣陶氏、绯衣小女石醋醋等，原来她们都是众花之精。后来又来了封十八姨，大家都很怕她。“封”就是“风”，“十八”是“木”，八卦五行属风，封十八姨也就是风神。在宴会上，众花精与风神发生了冲突，不欢而散。为了防止封十八姨报复，众花精求书生帮助，最终合力抵挡了封十八姨的摧残。这个故事一出，在诗词中就出现了花与风的典故。宋代范成大的《嘲风》曰：“纷红骇绿骤飘零，痴呆封姨没性灵。”清代纳兰性德《满江红》词：“为问封姨，何事却、排空卷地。又不是、江南春好，妒花天气。”

明清时期，道教出现了“百花神”之说，民间形成了“十二月花神”的符号。有一种说法是：正月梅花神寿公主，二月杏花神杨玉环，三月桃花神息夫人，四月牡丹花神丽娟，五月石榴花神卫氏，六月荷花神西施，七月葵花神李夫人，八月桂花神徐贤妃，九月菊花神左贵嫔，十月芙蓉花神花蕊夫人，十一月茶花神王昭君，十二月水仙花神洛神。每一植物都有其适应的月份，也正因此，每一花神又成了每个月份的符号，如“二月”被称为“杏月”，“三月”被称为“桃月”，等等。

清代李汝珍的小说《镜花缘》也写了诸多花仙、花神。嫦娥希望百花仙子能在王母娘娘蟠桃盛会上让百花都开放以助兴，百花仙子解释说每种花各有其开放季节，不能乱了时节。风姨与月宫交好，趁机煽风点火说：“但梅乃一岁之魁，临春而放，莫不皆然。何独岭上有十月先开之异？”百花仙子解释说这是地域温差所致。

正因为有了这段“争吵”，才有了后面整个故事：心月狐奉玉帝诏下凡，临行时，嫦娥告诉她，当令百花齐放，以显威名。心月狐托生为武则天，后来当了皇帝，一日，天降大雪，她因醉下诏百花盛开，不巧百花仙子出游，众花神无从请示，又不敢违旨不遵，只得开花。当其他花都开的时候，牡丹花没有开，武则天大怒，想烧毁牡丹，公主劝道：“此时众花即放，牡丹为花中之王，岂敢不遵御旨。但恐其花过大，开放不易。尚望主上再宽半日限期。倘仍无花，再治其罪，彼草木有知，谅亦无怨。”后牡丹花虽开，但武则天仍下旨将其贬至洛阳，所以直到现在，洛阳的牡丹最好看，“日渐滋生，所以天下牡丹，至今惟有洛阳最盛”。

不仅《镜花缘》，在“三言二拍”、《聊斋志异》等小说中，牡丹的地位都甚高，这实与古人对牡丹文化的推崇有着莫大的关系。

牡丹的地位与吉祥寓意

牡丹在古代被誉为花中之王，深受人们的喜爱。人们喜爱牡丹，不仅因为其植物特性之美，更因为其被赋予的文化符号。

唐以前，牡丹是一种籍籍无名的小花，常常和芍药混为一谈。宋代郑樵《通志》曰：

“牡丹初无名，故依芍药以为名……牡丹晚出，唐始有闻。”牡丹和芍药很像，但二者最大的不同是一个是木本植物，一个是草本植物，所以牡丹也被称为“木芍药”。到了唐代，“牡丹”一词出现了，之所以被叫作牡丹，是因为人们发现牡丹主要是通过根上生茎进行繁殖的，而不是靠结籽。人们认为植物靠结籽繁殖的是雌，不靠结籽繁殖的就是雄，也就是牡。事实上，牡丹是雌雄同花植物，并无雌雄之分，只是随着人工的改进，一些牡丹失去了结种籽的能力，这也符合“牡”，即雄株植物的特性。丹，一说与牡丹的花色有关，实际上早期的牡丹花色多为白色，所以“丹”很可能指的是牡丹根的颜色，最初牡丹是被当作药用，主要是其根部，中药名称为“丹皮”，是泛红色的。

从唐代开始，牡丹的地位开始提高，人们开始崇尚牡丹。刘禹锡《赏牡丹》曰：“唯有牡丹真国色，花开时节动京城。”牡丹天然娇美，是“国色天香”。牡丹地位的这种变化，大概一方面与牡丹花品种的改善有关。欧阳修《洛阳牡丹记》就说一般洛阳人家家都有牡丹花，但很少有大棵的，原因是牡丹要嫁接才好，否则可能会退化，“大抵洛人家家有花，而少大树者，盖其不接则不佳”。另一方面则应该是得益于统治阶层的喜好与倡导。武则天就特别爱牡丹，所以才有了后世贬牡丹到洛阳的故事。唐玄宗也甚爱牡丹，唐玄宗和杨贵妃月下于沉香亭赏牡丹，李白据此还写了一组《清平调》：

其一

云想衣裳花想容，春风拂槛露华浓。
若非群玉山头见，会向瑶台月下逢。

其二

一枝红艳露凝香，云雨巫山枉断肠。
借问汉宫谁得似？可怜飞燕倚新妆。

其三

名花倾国两相欢，长得君王带笑看。
解释春风无限恨，沉香亭北倚阑干。

这是用牡丹花来衬托和比喻杨贵妃的美貌。

自李唐来，世人甚爱牡丹。舒元舆《牡丹赋·序》记载，当时士人爱牡丹达到了如痴如狂的状态。王睿《牡丹》曰：“一国如狂不惜金。”王建《闲说》曰：“王侯家为牡丹贫。”白居易《牡丹芳》曰：“花开花落二十日，一城之人皆若狂。”李肇《唐国史补》曰：“京城贵游尚牡丹，三十余年矣。每春暮，车马若狂，以不耽玩为耻。执金吾铺官围外，寺观种以求利，一本有直数万者。”可见唐时的社会风气。到了宋代，牡丹最终确立了王者至尊的地位，成了“花王”。韩琦《赏北禅牡丹》曰：“一春颜色与花王。”韩琦《北第同赏牡丹》曰：“正是花王谷雨天。”

宋人绘牡丹，故宫博物院藏。

牡丹成为富贵的象征，一方面是因为其颜色艳丽，花形硕大，雍容华贵，得到统治阶层的喜好；另一方面也因为牡丹生性娇弱尊贵，很难培植，要驱虫，要按时浇灌，对环境、土壤、气候等都要求比较高，“弄花一年，看花十日”，所以要想养好牡丹，非得花大的精力，大的价钱不可。在唐代，还出现了炒作，形成达官贵人有意抬高牡丹身价的社会风气。柳浑《牡丹》曰：“近来无奈牡丹何，数十千钱买一棵。”随着牡丹“花王”地位的确立，到了宋代，牡丹作为富贵的象征，也最终成为共识。正如周敦颐《爱莲说》所说：“牡丹，花之富贵者也。”

唐代周昉《簪花仕女图》局部，辽宁省博物馆藏。从左到右，第一位簪牡丹，第二位簪海棠，第三位簪荷花，第四位是挥扇侍女，扇子上为牡丹图案，第五位簪红瓣花枝，第六位簪芍药。

当牡丹成为一种吉祥元素后，瓷器、金银器、刺绣、绘画等艺术品中，都出现了大量的牡丹图纹，“牡丹之爱，宜乎众矣”。通过分析唐宋时期的各种艺术品，我们发现，到了唐宋，牡丹逐渐取代自南北朝以来莲花的地位，占据了主流，并一直延续到元明清时期。

牡丹很早就进入了绘画领域，唐代《刘宾客嘉话录》记载：“北齐杨子华有画牡丹。”中唐画家周昉的《簪花仕女图》中一仕女髻插牡丹，另一仕女穿着牡丹团窠纹饰服饰，还有一侍女拿有一个绘有牡丹的团扇，这都反映出唐人对牡丹的推崇。

宋代诗人李唐《题画》曰：“雪里烟村雨里滩，看之容易作之难。早知不入时人眼，多买胭脂画牡丹。”李唐初到杭州，生活困难，靠卖画为生，可惜人们不喜欢雪里烟村雨里滩，而喜欢牡丹，早知如此，就多买点颜料，画牡丹了。很多古人都喜欢画牡丹，如宋徽宗有《牡丹蜂蝶图》，苏汉臣有《五瑞图》，陈淳有《陈道复牡丹花卉图轴》，徐渭有《四时花卉图卷》，赵之谦有

左图：

清代赵之谦绘《牡丹图轴》，辽宁省博物馆藏。区分牡丹和芍药最好的方式是看根茎结构，牡丹（木本）的根像树，芍药（草本）的根像草。

右图：

五代徐熙绘《玉堂富贵图》，台北"故宫博物院"藏。玉兰、海棠、牡丹组合，寓意"玉堂富贵"。

《牡丹图轴》，等等。

除了艺术品，在文学作品中，牡丹的形象也常常出现，如诗词中，徐凝、白居易、欧阳修、苏轼等人都写过有关牡丹的诗篇。据学者统计，《全唐诗》咏牡丹的有160首，《全宋诗》咏牡丹的有850首，《全宋词》中与牡丹有关的有158首，可见牡丹的兴盛也为诗词的创作带来了新的题材与意象。

汤显祖的《牡丹亭》中，有一段我们熟悉的经典段落："原来姹紫嫣红开遍，似这般都付与断井颓垣。良辰美景奈何天，赏心乐事谁家院。朝飞暮卷，云霞翠轩，雨丝风片，烟波画船，锦屏人忒看的这韶光贱。"后面紧接着还有一段："遍青山啼红了杜鹃，那荼蘼外烟丝醉软，那牡丹虽好，它春归怎占的先。"富贵的牡丹虽好，可惜不如杜鹃开得早，言外之意大概是杜丽娘在感叹自己还不如普通人家的女孩子能早早找到自己的归宿吧。

小说《红楼梦》中，宝玉生日，群芳开夜宴。大家行酒令抽签，宝钗抽到的就是牡丹。

> 宝钗便笑道："我先抓，不知抓出个什么来。"说着，将筒摇了一摇，伸手掣出一根，大家一看，只见签上画着一支牡丹，题着"艳冠群芳"四字，下面又有镌的小字一句唐诗，道是："任是无情也动人。"又注着："在席共贺一杯，此为群芳之冠，随意命人，不拘诗词雅谑，道一则以侑酒。"众人看了，都笑说："巧的很，你也原配牡丹花。"

杨贵妃曾被比喻为牡丹，而《红楼梦》将薛宝钗比为杨贵妃，所以用牡丹这朵花来象征薛宝钗再合适不过了。"任是无情也动人"也是一句与牡丹有关的诗句，出自唐代罗隐的《牡丹花》："似共东风别有因，绛罗高卷不胜春。若教解语应倾国，任是无情亦动人。""任是无情也动人"与薛宝钗冷美人的形象也是很匹配的。

总之，牡丹作为一种吉祥符号，富丽堂皇，是富贵繁荣的象征。牡丹与玉兰、海棠组合在一起形成吉祥元素，就是"玉堂富贵"，与荷花、瓶子组合就是"富贵和平"，与水仙组合就是"先富贵"，与公鸡组合就是"功名富贵"，等等。牡丹虽然花期短，但植株却可以活很长，所以缠枝纹牡丹又被称为"万寿藤"，是长寿的象征。有的吉祥元素是将牡丹与柏树组合，寓意"百年富贵"，牡丹与猫蝶（谐音耄耋）或寿山石组合起来，寓意"富贵寿考"。

清代《牡丹与猫》，牡丹与猫、寿山石组合起来，寓意"富贵寿考"。

牡丹雍容饱满，花好月圆，又是幸福美满的象征。唐代有一个三彩双凤耳牡丹大瓶，是凤与牡丹的组合，雄凤雌凰，凤代表男性，牡丹的"牡"谐音"母"，这种凤与牡丹组合的吉祥造型或纹饰往往表示和谐美满。牡丹与桂圆组成的吉祥图也与姻缘幸福有关，象征"富贵姻缘"，而与双喜字结合就是"富贵双喜"，与白头鸟组合就是"白头富贵"，等等。吉祥元素牡丹是古代艺术品中占据主流的植物装饰图纹，被广泛应用于瓷器、建筑、服饰之中，其他艺术形式也甚爱牡丹，如文学作品、绘画，等等。可以说，被赋予吉祥征兆的牡丹符号，影响了传统文化的方方面面。

莲：民间吉花与佛教圣花

人们从什么时候开始喜欢上莲的？莲和女孩子有什么联系，《红楼梦》中哪个女孩子与莲有关系？莲和士大夫精神有什么联系？民俗中，“莲”作为吉祥元素，可以组合成哪些吉祥图式？莲为何在佛教中地位很高，它的象征为何？佛教的莲与传统的莲在造型上有何区别？

莲又称莲花、荷、荷花、水芙蓉，等等，其花叶甚美，其根藕和莲蓬都可以食用。古人爱莲的时间很早，《诗经》《楚辞》中都有对莲的赞美，春秋时期的莲鹤方壶更是以莲花作为装饰。

莲因其美以及形成的独特风光而深受古代文人喜爱。杨万里《晓出净慈寺送林子方》曰：“毕竟西湖六月中，风光不与四时同。接天莲叶无穷碧，映日荷花别样红。”西湖六月之美在于莲叶荷花，这是以莲展现自然意象的生态之美。还有一首汉乐府《江南》描写了采莲时看到的美好景象：“江南可采莲，莲叶何田田。鱼戏莲叶间，鱼戏莲叶东，鱼戏莲叶西，鱼戏莲叶南，鱼戏莲叶北。”近代有学者指出“鱼喻男”“莲喻女”，鱼与莲相伴，展现的是一派和谐愉快的场景，这是以莲寓情爱之美。

唐代周昉绘《簪花仕女图》局部，辽宁省博物馆藏。仕女头上簪莲花。

莲花不仅形象美，而且意态美，古人往往将它与女子联系起来，如形容天生丽质的女子是“出水芙蓉”。《聊斋志异》中有一个荷花三娘子，是荷花变成的美女。《杜十娘怒沉百宝箱》介绍杜十娘长

南宋吴炳绘《出水芙蓉图》，故宫博物院藏。此为故宫博物院收录最早的荷花绘画。

相的时候，说她“脸如莲萼，分明卓文君”。这些虽说都是借莲花来赞美女子，但又何尝不是用美好的女子来赞美莲花呢？杨万里的《红白莲》就说得比较直接了：“红白莲花开共塘，两般颜色一般香。恰如汉殿三千女，半是浓妆半淡妆。”点明了莲花像美女。朱自清先生的散文《荷塘月色》对莲的描写可以说正是这一传统的接续：“曲曲折折的荷塘上面，弥望的是田田的叶子。叶子出水很高，像亭亭的舞女的裙。层层的叶子中间，零星地点缀着些白花，有袅娜地开着的，有羞涩地打着朵儿的；正如一粒粒的明珠，又如碧天里的星星，又如刚出浴的美人。”这也是直接以美人来赞美莲。

莲因其品性而深受士大夫的喜爱。北宋的周敦颐曾写过一首《爱莲说》：

> 水陆草木之花，可爱者甚蕃。晋陶渊明独爱菊。自李唐来，世人甚爱牡丹。予独爱莲之出淤泥而不染，濯清涟而不妖，中通外直，不蔓不枝，香远益清，亭亭净植，可远观而不可亵玩焉。予谓菊，花之隐逸者也；牡丹，花之富贵者也；莲，花之君子者也。噫！菊之爱，陶后鲜有闻。莲之爱，同予者何人？牡丹之爱，宜乎众矣！

清代吴应贞绘《荷花图》，故宫博物院藏。夏日荷池，鱼戏莲叶间。

菊花因为陶渊明的喜好而有了隐逸者的寓意，牡丹花作为富贵的象征为世人所知，而经过周敦颐这篇文章的推崇与赞美，从此莲出淤泥而不染、不蔓不枝、可远观而不可亵玩等品格与君子德行紧密地联系在了一起。“出淤泥”的“出”，与儒家的积极“入世”相仿，因而士大夫往往用莲表现自己的高尚品格和追求。尤其是身处逆境的时候，人们想到的是莲对淤泥的突破；当政治黑暗的时候，莲又成了有志之士不同流合污的象征；面对义与利、生与死等问题，莲又是可爱而不可亵渎，士则是可杀而不可辱。贺铸在《踏莎行》中说：“当年不肯嫁春风，无端却被秋风误。”这就是借赞美莲花高洁不肯嫁春风，表达自己不愿阿谀权贵的例证。

另外，莲也受到世俗的喜爱，这和它的吉祥寓意有关。《红楼梦》中袭人给贾宝玉绣了一个鸳鸯戏莲图案的肚兜，鸳鸯是一对，象征着夫妻，而莲有“连”的谐音，寓意“连心”，整体寓意就是“夫妻相伴”。

作为吉祥元素的“莲”，常和其他符号组合在一起成为带有某种美好寓意的吉祥图式。如一只喜鹊落于莲蓬上啄其颗粒果实，旁有芦草衬托，这叫“喜得连科”。古代科举考试有乡试、会试、殿试三级，“喜得连科”就是连连考中之意。莲花又名“荷花”，因而又有谐音“和”“合”“河”的吉祥图案，如“鸳鸯戏莲”又称“鸳鸯戏荷”，取“和美”“和合”之意，又如荷花、海棠、燕子即可组成“河清海晏”的吉祥图式，等等。

莲花在佛教中有着极高的信仰地位。这是因为，首先，人们认为莲花与释迦牟尼有关系，据说释迦牟尼一出生就能行走，行经之处，步步生莲花，蕴含灵性与晓悟之意。青海省塔尔寺广场上建有八座佛塔，其中一座名叫“莲聚塔”，就是为纪念释迦牟尼降生时步步现莲花的奇观。又传说释迦牟尼出生的时候，舌根上放射千道金色光芒，之后这些光芒竟然转化成了一朵白莲花，有一位小菩萨盘脚坐在其中。后来，释迦牟尼的座位即被称作“莲花座”，相应的坐姿也叫“莲花坐势”，即两腿交叉，双脚放在相对的大腿上，足心向上。观想时常念的六字大明咒——嗡嘛呢叭咪吽，意思就是“向持有珍宝莲花的圣者致敬”。

其次，在佛教徒看来，出污泥而不染的莲花与出“世俗”而修行的僧尼，都具有圣洁的品格，因此莲花如同圣物，其品性可以寄托佛义。《无量寿经》云：“清白之法最具圆满……犹如莲花，于诸世间，无染污故。”

再次，在佛教徒看来，莲花随生随死的现象体现了修行的过程。尚未绽开的花蕾象征前世的灵魂，未来有可能舒展绽放，而绽放之后的莲花花虽死但根不死，来年又生发，象征在生死烦恼中出生，而不为生死烦恼所缚。

此外，佛教重视莲花，还有一种说法，说菩萨能用莲花导引佛教徒登西方极乐世界，而西方极乐世界也充满了莲花景象。《阿弥陀经》描绘说：“极乐国土，有七宝池，八功德水，充

清代上官周绘《庐山观莲》，中国美术馆藏。图画描绘的是东晋僧人慧远于庐山结白莲社，坐蒲团的为慧远，持如意者为大文学家谢灵运。

法国吉美博物馆藏伯希和敦煌绢画《莲上化生童子》。童子站在莲花上，寓意“连生贵子”。

满其中，池底纯以金沙布地……池中莲华，大如车轮，青色青光，黄色黄光，赤色赤光，白色白光，微妙香洁。”总之，莲是佛教的重要象征符号，佛或者菩萨一般都有莲花宝座，讲习佛法被称为“口吐莲花”，寺院又叫“莲境”，等等。

佛教的莲对传统的莲有两个影响：一是造型，佛教中的莲花瓣比较多，这影响了后来中国莲纹的样式。二是内涵，佛教有“化生童子”的故事，传说有一童子在莲花中诞生，这影响了后来出现的吉祥画“连生贵子”的图式——一个胖胖的小孩儿立在莲花中，象征连连得子，多子多孙。莲那种纯洁与生生相续的宗教象征寓意，与传统的吉祥文化相融合了。

总之，莲在古人的日常生活中，主要表现出士大夫的审美趣味以及世俗的吉祥文化特征，往往成为高洁志向与美好愿望的寄托。在佛教中，莲也是重要的符号，随着佛教的传播，莲被赋予了更多深刻的寓意，并成为中国传统文化的一部分，从而更为人们所喜爱。

神奇的葫芦：为什么好多神仙的法器都是葫芦？

葫芦在古代都有哪些名字？伏羲女娲是“葫芦精”？为什么葫芦可以作为药幌子？“不知道葫芦里卖的什么药”这句话是怎么来的？《西游记》中“叫你一声，你敢答应吗”，那个装人的葫芦是什么颜色的？什么颜色的葫芦法器最厉害？有人做了一个火神山的标志，其中用到了葫芦，葫芦跟火神有什么关系？民间喜欢葫芦，是因为它象征着什么？

不知道大家是否还记得，小学语文课本有一篇课文叫《我要的是葫芦》。故事讲的是一个人贪心想要大葫芦，结果叶子遭了虫子，邻居提醒他，他却说自己要的是葫芦，管它叶子有虫子干什么，结果小葫芦没有长大就都落了。

这个人为什么想要葫芦呢？可能是想用它作器皿，可能与葫芦的寓意有关，想用其作为装饰，或者以此卖钱。那么，在传统文化中，葫芦都有哪些寓意呢？

葫芦的原始寓意

葫芦在古代有很多名字，如“匏（páo）”“瓠（hù）”“壶”“壶卢”“胡卢”，等等，“葫芦”这样一种称呼大约是从唐代开始流行的。

《论语》里面提到了“匏”这个名字。《论语・阳货》曰：“吾岂匏瓜也哉，焉能系而不食？”匏瓜是早期对葫芦的称呼，从名字可知，它被认为属于瓜类，但味苦。孔子这里打了一个比方，说自己怎么能像葫芦这样的瓜，中看不中吃，只能系置不用呢，这是希望自己能去做官，施展抱负。

因为孔子的这样一个比喻，后世就有了两个关于葫芦的典故，即“系匏”和“匏瓜徒悬”，比喻隐居或弃置。孟浩然《将适天台留别临安李主簿》曰：“枳棘君尚栖，匏瓜吾岂系。”孟浩然表示自己和孔子一样，不想如同匏瓜被弃置，想入仕途去做一番事业。他的《望洞庭湖赠张丞相》曰：“欲济无舟楫，端居耻圣明。坐观垂钓者，徒有羡鱼情。”也表达了这样一种心愿。

南宋马远绘《舟人形图》，日本东京国立博物馆藏。老者身边有一大酒葫芦。

盛唐气象，很多著名诗人都做过官，但孟浩然总是在入仕和隐逸之间充满了矛盾，最终还是选择了以布衣终老。当然，他不是没有机会，据说韩朝宗曾想推荐他。李白当年写求官信《与韩荆州书》给韩朝宗，说凡是韩朝宗推荐的人，都能飞黄腾达，希望韩朝宗也推荐一下自己，但韩朝宗没有推荐李白。就是这样一个被人们视为入仕敲门砖的人物，曾想推荐孟浩然，与孟浩然约好时间一起去京城求官。到了约定的时间，孟浩然正好和朋友们一起喝酒，“会友人至，剧饮欢甚”。有家人告诉孟浩然时间到了，韩朝宗在等他，结果他却说，“业已饮，遑恤他”，我都已经开始喝酒了，正喝得开心呢，哪里顾得上别的事情！于是，他就这样错过了一次大好的机会，但他从来不以为意。

清人绘《西游记》，唐僧师徒乘着葫芦渡过流沙河。

大概正因为这样一种洒脱的性格与李白相通，所以在杜甫梦李白、念李白、怀李白的时候，李白却大呼：“吾爱孟夫子，风流天下闻。”李白、孟浩然都是“系匏”，没有实现做大官的政治抱负，以世俗的价值观念衡量，他们是失败的，但后世谁不知道这两位诗人，多少达官贵人化为了烟尘，他们却有着“千秋万岁名”。

《庄子》里面提到了“瓠”。《庄子·逍遥游》记载：“惠子谓庄子曰：魏王贻我大瓠之种，我树之成而实五石。以盛水浆，其坚不能自举也。剖之以为瓢，则瓠落无所容。非不呺然大也，吾为其无用而掊之。”惠子告诉庄子，魏王给了我葫芦种子，我种上后，结出的果实有五石容积。它太大了，用它去盛水浆，可是它的坚固程度承受不了水的压力；把它剖开做瓢也太大了，没有什么地方可以放得下。根据这个故事，后世就常用“魏王瓠”或“魏瓠”表示大而无用之物。

庄子是怎么回答惠子这个问题的呢？他说："今子有五石之瓠，何不虑以为大樽而浮乎江湖，而忧其瓠落无所容？"你拿它当过河的工具不就挺好的吗？可见葫芦除了作为容器，还有其他一些用途。庄子经常提到有用无用的问题，他举了很多例子，如"不龟手之药""大樗树"等，太大有太大的用途，太小也有太小的用途，有用和无用得看你自己是什么态度。

开篇讲到的小学课本里那个想要大葫芦的人，其结果只得到了一些小葫芦。谁能想到，如今市场上正流行的就是这类文玩小葫芦呢，其价值甚至超过了一些大葫芦。

从名字的称呼出发，闻一多指出葫芦与人们早期的信仰人物伏羲、女娲有关。上古发不出"fu"的音，往往将"fu"音的字读为"bao"，所以伏羲又被叫作"庖牺"或者"包牺"，与"匏"相近，女娲之"娲"又与"瓜"音近。在《伏羲考》中，闻一多列出了与葫芦相关的神话49种，指出伏羲、女娲很可能就是葫芦的化身，"总观以上各例，使我们想到伏羲、女娲莫不就是葫芦的化身，或仿民间故事的术语说，是一对葫芦精。于是我注意到伏羲、女娲二名字的意义。我试探的结果，伏羲、女娲果然就是葫芦。……至于为什么以始祖为葫芦的化身，我想是因为瓜类多子，是子孙繁殖的最妙象征，故取以相比拟"。

葫芦除了做瓢、当腰舟等实用价值，在先秦时期就有一原始的意义，即子孙繁盛的象征，其多籽，中空，大概很容易与生育联系起来。同时，葫芦也与婚姻有关联，葫芦本为一体，可一分为二，各自为用，又可合二为一体，为葫芦状，有生育之象征，所以古人结婚的时候，有合卺（jǐn）的礼仪。卺就是一种葫芦，结婚时人们用它作盛酒器。合卺在周朝的时候就已经出现了，仪式中是把一个葫芦剖成两个瓢，而又以线连柄，新郎新娘各拿一瓢饮酒。同饮一卺，象征婚姻将两人连为一体。

道教的葫芦

道教兴起后，葫芦成为道教重要的象征符号或法器，这主要与人们在原始意象之上想象出各种神奇葫芦有关系。

西晋张华《博物志·物理》曰："庭州灞水，以金银铁器盛之皆漏，唯瓠叶则不漏。"对于这个可以装神水的葫芦，南朝刘敬叔《异苑》卷二补充写道："西域苟夷国山上有石骆驼，腹下出水，以金银及手承取，即便对过（漏），唯瓠芦盛之者，则得。饮之令人身体香净而升仙，其国神秘不可数遇。"喝葫芦里装的神水可以成仙，这就把葫芦与修仙，与仙药联系在了一起。东晋王嘉《拾遗记》卷一《丹丘之国》曰："三壶则海中三山也：一曰方壶，则方丈也；二曰蓬壶，则蓬莱也；三曰瀛壶，则瀛洲也，形如壶器。”这就又把仙人的居所与葫芦联系了起来。

《后汉书·方术列传·费长房传》记载，费长房有一次在街市上看到一个卖药的老头，老头悬挂一个葫芦，每天做完生意就跳进葫芦里。费长房感觉此人不一般，就想拜他为师，后来老头带费长房一起进入葫芦，原来里面别有洞天。这大概也是古人把仙人居所与葫芦联系起来的一个影响或者表现。后来费长房得其真传，为了表达对老人的感激，就随身带着一个葫芦。因为这样一个故事，就有了常带一葫芦行医的“壶公”的传说，就有了“悬壶济世”之说，也使得后世将葫芦作为了药铺的幌子。

清末周培春绘，药铺幌子。“悬壶济世”之说让葫芦成为了药铺的幌子。

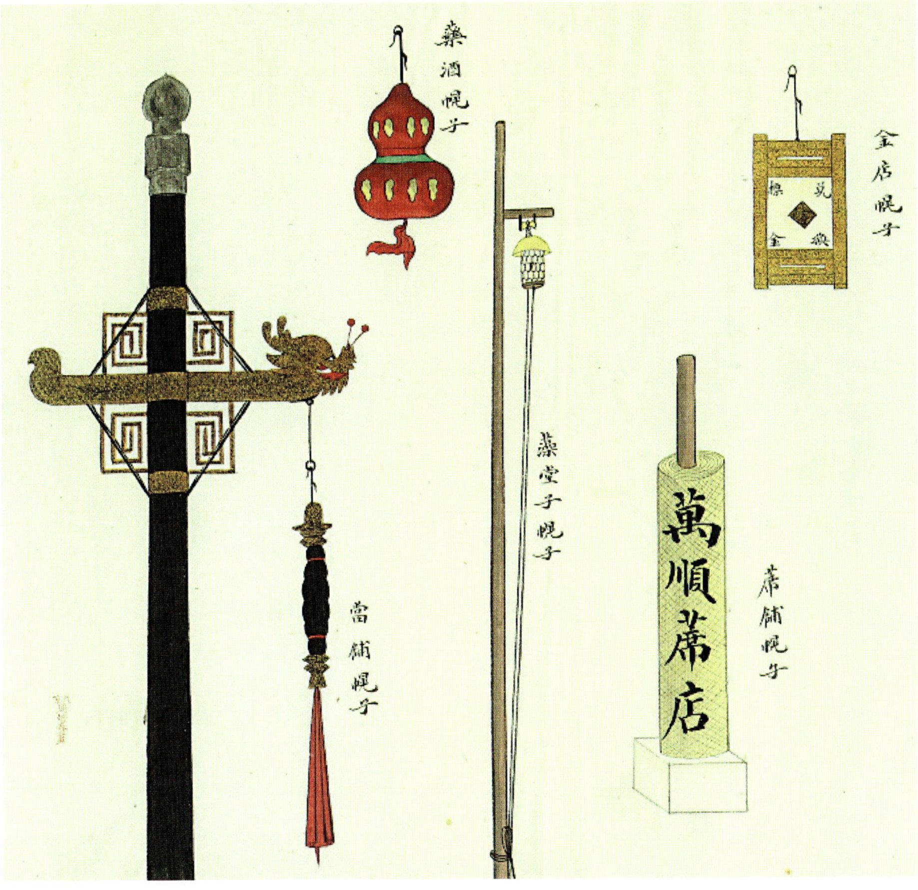

原始意象中的葫芦，有创世（除了伏羲女娲，有学者指出盘古也与葫芦有关）、再生（一些少数民族神话传说中，葫芦是大洪水时的救命器物）、生育等意象，是生命延续的体现，本身带有一股神秘性。

神话传说中装仙药的葫芦大概与道教炼丹药有关。炼丹是为了长生不老，葫芦以其美观、便于携带，成为盛放丹药的器皿，这让葫芦进一步神秘化，于是产生了不少与仙人有关的葫芦。葫芦在道教中越传越玄妙，在八仙中，铁拐李有一个大葫芦，据说里面有取之不尽的灵丹妙药。人们觉得他有灵丹妙药包治百病，却不能治好自己的瘸腿，所以留下一句歇后语：铁拐李的葫芦——不知卖的什么药。我们常说的“闷葫芦”比喻极难猜透的事或不言不语的人，大概因“不知卖的什么药”而得名。

在《西游记》中，葫芦是太上老君用来装仙丹的。第五回写道：“这大圣直至丹房里面，寻访不遇，但见丹灶之旁，炉中有火。炉左右安放着五个葫芦，葫芦里都是炼就的金丹。”太上老君的葫芦很厉害，《西游记》里有个斗法的场面，银角大王的“我叫你一声，你敢答应吗”，大家都熟悉，叫你的名字，你要是答应了，就会被装进葫芦里。显然，葫芦不仅可以盛丹药，还是一种重要的法器，这也是道教的影响。因为道教经常将其作为一种修仙用的器皿，于是葫芦就被赋予了辟邪等寓意。唐宋以后，一些道教的神仙也被赋予了葫芦这样一种法器。尤其是一些特殊颜色的葫芦，比如红葫芦，《西游记》第三十三回，在平顶山，装孙悟空的那个葫芦就是一个红葫芦。明代黄济《砺剑图轴》中就有一赤脚神仙，也腰挎着红葫芦。

《封神演义》第三回苏全忠与崇黑虎大战，也提到了一个神奇的红葫芦。

> 黑虎闻脑后金铃响处，回头见全忠赶来不舍，忙把脊梁上红葫芦顶揭去，念念有词。只见红葫芦里边一道黑气冒出，化开如网罗大小，黑烟中有噫哑之声，遮天映日飞来，乃是铁嘴神鹰。

这只从红葫芦里出来的铁嘴神鹰把苏全忠的马啄瞎了，苏全忠因异术而被俘，而崇黑虎因为有这么个红葫芦，最后才被消灭。

《封神演义》中最厉害的法器之一就是葫芦，尤其是陆压道人的红葫芦。后来这个葫芦给了姜子牙，在第九十三回，姜子牙大战白猿的时候，红葫芦协助杀敌，威力无穷。

> 子牙取出一个红葫芦，放在香几之上，方揭开葫芦盖，只见里面升出一道白线，光高三丈有余。子牙打一躬：“请宝贝现身！”须臾间，有一物现于其上，长七寸五分，有眉有眼，眼中射出两道白光，将白猿钉住身形。子牙又打一躬：“请法宝转身！”那宝物在空中将身转有两三转，只见白猿头已落地，鲜血满流。众皆骇然。有诗赞之，诗曰：“此宝昆仑陆压传，秘藏玄理合先天。诛妖杀怪无穷妙，一助周朝八百年。”

明代黄济绘《砺剑图轴》，故宫博物院藏。图中有一赤脚神仙，腰上挎着红葫芦。

古代火神的专用法器就是红色火葫芦。《西游记》第五十一回中火德星君帮助孙悟空大战青牛精，说他“火车儿推出，火葫芦撒开”。这种带葫芦的火神是唐宋以后才有的，火葫芦成了火神的“标配”，这又反过来影响了唐宋以前传统火神祝融的形象。早在先秦时期，《山海经》中就有了火神祝融的传说，其形象没有火葫芦，但在明代蒋应镐绘的《山海经》插图中，祝融身边就多了一个拿着火葫芦的部下，这正是道教中葫芦信仰的一个影响。

火神的火葫芦这一造型，大概影响了古典小说中一种放火的火器。《水浒传》中有一个情节，即拿葫芦放火用。第六十六回写道：“军士背上各拴铁葫芦一个，内藏硫磺、焰硝、五色烟药。”

《三国演义》第一百二回写孔明排兵布阵。

> 又唤张嶷分付曰：“汝引五百军，都扮作六丁六甲神兵，鬼头兽身，用五彩涂面，妆作种种怪异之状。一手执绣旗，一手仗宝剑；身挂葫芦，内藏烟火之物，伏于山傍。待木牛流马到时，放起烟火，一齐拥出，驱牛马而行。魏人见之，必疑是神鬼，不敢来追赶。”

这些可能都是受到了火神火葫芦造型的影响，在“应用”这些火葫芦的时候，往往要“装神弄鬼”一番。

除了明代的小说，在清代的章回小说中，“火”葫芦也经常出现。《乾隆下江南》第十九回写一个道士从葫芦内放出无数火龙、火虎、火枪来作战；《薛刚反唐》第八十三回写何昌的葫芦可以飞出红光，变为一条放火的火龙；《绿野仙踪》中的冷于冰从道士那儿得到一个出于火的葫芦，这个葫芦可以收服鬼怪，把他们烧死；《草木春秋演义》中的萎蕤道人用葫芦收了几千万乌鸦神兵；《说岳全传》中一个道士的葫芦内飞出铁嘴火鸦，可啄伤敌人眼目；《薛丁山征西》提到一个葫芦，藏南山之火，可放出大量火鸦伤人眼目，还提到一位道人的葫芦中直接放出无数烈火来打击敌军；《锋剑春秋》第十三回也写一个道人，有象鼻葫芦，可喷出神火，打败敌军；《八仙全传》中太上老君送给铁拐李的葫芦，“能生炎火，发大水，火烈时可以比一座火焰山，水大时可抵全个的东洋大海”，等等。

葫芦除了是道教的符号，在佛教中也备受推崇。《西游记》中在收服沙悟净的时候，孙悟空去找观音菩萨帮忙，也提到了一个红葫芦。第二十二回写道：

> 菩萨即唤惠岸，于袖中取出一个红葫芦儿，吩咐道：“你可将此葫芦，同孙悟空到流沙河水面上，只叫‘悟净’，他就出来了。先要引他皈依了唐僧，然后把他那九个骷髅穿在一处，按九宫布列，却把这葫芦安在当中，就是法船一只，能渡唐僧过流沙河界。”

这只红葫芦被当作法船，帮助唐僧师徒渡过了弱水。《红楼梦》第一回提到一座庙："这阊门外有个十里街，街内有个仁清巷，巷内有个古庙，因地方窄狭，人皆呼作葫芦庙。"小说的开篇以一个葫芦庙开始，是为了说一个葫芦僧办了一个糊涂案。这里作者主要是想借用葫芦的谐音"糊涂"。在民间信仰中，人们崇拜葫芦，将其作为吉祥文化，也与谐音有关，只不过是另一个谐音。

民间信仰中的葫芦

在葫芦众多的名字中，人们更喜欢的名字还是"葫芦"。因为葫芦谐音"福禄"，得福得禄是每个人的愿望，葫芦也就成为大众追求富贵的一种符号寄托了。《西游记》中福禄寿三星的装扮，就有葫芦，"执星筹，添海屋，腰挂葫芦并宝箓"。明代张路《麻姑献寿图》中麻姑的形象也是腰间挎着一个葫芦。麻姑是一位象征长寿的仙人，《列仙传》中说她的模样虽然是十八九岁的样子，但"已见东海三次变为桑田"，我们常说的"沧海桑田"就与这位仙人有关。古人常喜欢把"福禄寿"联系在一起并称，而《麻姑献寿图》中有麻姑、鹿、葫芦，这一组合正体现了这一吉祥寓意。

明代张路绘《麻姑献寿图》，故宫博物院藏。麻姑腰间挎着一个葫芦。

古代很多建筑都以葫芦为造型。《西游记》第四回写孙悟空第一次上天庭，看到天庭的装饰为"上面有个紫巍巍，明幌幌，圆丢丢，亮灼灼大金葫芦顶"。《封神演义》第十二回，哪吒上天庭，见到的情景也是"上面有紫巍巍，明晃晃，圆丢丢，光灼灼，亮铮铮的葫芦"。这正是葫芦信仰与古代建筑相结合的一种反映，有彰显福禄、富禄之寓意。

总之，在中国传统文化当中，葫芦有着诸多的寓意与应用，至今影响我们的生活。人们在日常生活中仍喜欢葫芦的装饰，立春的时候，一些地方还保留着在门窗上贴红葫芦的习俗，一些地方结婚的时候要有葫芦器物，我们喜欢看的动画片《葫芦娃》，葫芦变成会各种法力的小孩子，等等，都是葫芦文化的体现。

神秘三星堆：原始信仰中的动植物符号

三星堆是什么时期的历史？它出土的青铜人是外星人吗？为什么青铜人的眼睛那么大？三星堆有哪些神奇的动植物？鸟有何象征？神树有何寓意？三星堆还有哪些未解之谜？

1929年，四川广汉市太平镇月亮湾的村民燕道诚在浇灌农田的时候，锄到了一块石板，发现石板下面有大量玉石器，于是偷偷地、陆陆续续地将这些宝物倒卖。这些造型新奇的古玉先是引起一位传教士的注意，后来为更多的考古界人士所关注。沉睡数千年的三星堆，因为一次偶然，向世人打开了大门。

三星堆得名于"三星村"，"三星村"得名于附近有三个稍稍隆起的小土堆，人们想象它们是天上的三颗星辰（对应"月亮湾"这个名字，"三星伴月"，于是就有了"三星"这个想象），其实这三个土堆就是古城墙的残留。

三星堆属于古蜀文化。古蜀国很可能是一个延续了三千年至四千年的王国，根据传说，主要经历了五个王朝：蚕丛王朝—柏灌（一作柏濩）王朝—鱼凫王朝—杜宇王朝—开明王朝。《太平御览》引扬雄《蜀王本纪》曰："蜀之先称王者，有蚕丛、柏濩、鱼凫、开明。是时人萌，椎髻左衽，不晓文字，未有礼乐。从开明已上至蚕丛，积三万四千岁。""蜀王之先名蚕丛，后代名曰柏濩，后者名鱼凫，此三代各数百岁，皆神化不死。其民亦颇随王化去。"

李白《蜀道难》曰："蚕丛及鱼凫，开国何茫然！尔来四万八千岁，不与秦塞通人烟。"从蚕丛到鱼凫，属于"茫然"的时代。鱼凫大约在殷商时期，杜宇大约是西周到春秋早期，开明已经到了春秋战国。公元前316年，蜀国被秦国所灭。

古蜀人的构成很复杂，有说是古蜀国氐人，后人是至今生活在四川平武、九寨沟县及甘肃文县的白马氐人，有说是舜驱赶的一群人迁徙而来的，有说是夏商时期从外地迁

大禾人面方鼎，湖南省宁乡县黄村寨子山出土，湖南省博物馆藏。浮雕式人面，很写实，鼎腹内壁铸“大禾”两字铭文。

1986年，三星堆遗址二号祭祀坑，出土了三件青铜纵目兽面具。龙晦先生《广汉三星堆出土铜像考释》认为，这种青铜面具是人鸟合体的表现，体现了鸟崇拜，耳朵类似杜鹃鸟的翅膀，鼻子类似鹰隼一类的鸟。

青铜太阳轮形器，三星堆博物馆藏。状若车轮或方向盘，用途未知。

徙而来的民众与本土民众的融合，等等。

《华阳国志·蜀志》曰：“蜀之为国，肇于人皇，与巴同囿。至黄帝，为其子昌意娶蜀山氏之女，生子高阳，是为帝颛顼，封其支庶于蜀，世为侯伯。”古蜀人是黄帝的孙子颛顼帝旁支后代，古蜀人与我们同属于“炎黄子孙”。

三星堆出土的器物虽然与中原文化有相似的地方，如器物造型与纹饰有夏文化、商文化的特点，但同时也有其独特性。赵殿增《三星堆考古发现与巴蜀古史研究》一文指出，三星堆文化重视人像及动植物造型，这与中原商周文化注重礼器，缺少人像及动植物造型大不相同。三星堆人像有立像、跪像、坐像、人头像、面具、面罩、眼泡等，动植物像有龙、虎、蛇、鸡、鸟兽、神树、果实等，非常丰富。

先来说说人像。中原文化很少有青铜人像，有一个商代的大禾人面方鼎，已属罕见。三星堆出土了大量青铜人像，造型极为夸张神秘。

其中一种造型是眼球突出。为何眼睛如此夸张，学者们有不同的解释：一说是图腾崇拜，“眼睛”是古蜀国的图腾。一说是太阳崇拜，天之眼就是太阳，夸张的人眼象征太阳。大立人青铜像头顶花冠的正中，有一个圆形的代表太阳的标志，还有青铜太阳轮形器，大概都是太阳的象征。一说是对蚕丛氏的祖先崇拜，《华阳国志·蜀志》曰：“有蜀侯蚕丛，其纵目。”纵目就是眼球在眼眶之外。蚕丛是古蜀第一个王，传说他发明了养蚕，有功于人民，有功于后人，被古蜀后来的王朝当作祖先神来尊崇。（一如周人祭祀自己的祖先后稷，说其种植五谷的技术养活了全天下的人，有功于天下。）出于对他的崇拜，有了对“纵目”，即夸张的“眼睛”的崇拜，这种夸张的“眼睛”是祖先神灵的象征。

为何蚕丛氏会“纵目”？有学者说是“甲亢”导致的，这种眼球突出后来就被神化了；还有的说其实是对蚕丛氏眼睛炯炯有光的艺术夸张，也就是上古时期人们信仰的“千里眼”。

三星堆最有名的青铜人造型大概要数青铜大立人像了。

大多数学者认为这是大巫师，是“群巫之长”，也是“国王”。

除了这个祭祀的“指挥者”，三星堆还出土了其他青铜立人像、青铜人头像以及小型人像：服饰有的左衽，有的右衽，发型有的有辫子，有的无辫子，可能是来自不同民族或部落。他们共同构成庞大而有序的巫师集团，垄断知识，占有财富，既是部落的族长，也是通神的巫师，简言之是三星堆神权的实际统治者。

青铜大立人像，通高262厘米，现存最高、最完整的青铜立人像，被誉为“世界铜像之王”。此像原型很可能为古蜀王之一。

除了青铜人像，三星堆中的各种动植物也有着神秘的象征符号。

三星堆出土的金杖上有鸟与鱼，其象征寓意颇多争议。有学者认为是某种功能或者仪式的象征：一说鸟和鱼象征金杖具有上天入地的功能，是蜀王通神的法器。一说鱼被射杀，鸟又连箭杆，带鱼成队飞来，是蜀人刻出的希望通过巫术成功捕鱼的渔猎祈祷图。

更多学者认为是族徽的象征，至于是哪个王朝的，又充满了异议。有学者认为这是鱼图腾的部落与凫鸟图腾的部落不断融合的象征，最终组合成了“鱼凫”王朝。赵殿增《三星堆考古发现与巴蜀古史研究》一文指出，众多的鸟头形长柄器，特别是祭祀坑中巨大的青铜鸟头，金杖上的鱼鸟图案，可能是鱼凫族的族徽标志。胡昌钰、蔡革《鱼凫考——也谈三星堆遗址》一文则认为此图象征鱼凫王朝的灭亡。武家璧《古蜀的“神化”与三星堆祭祀坑》一文指出此图象征柏濩王朝的灭亡，金杖上的鱼是蜀王“鱼凫”的象征，鸟为鹳，是另一位蜀王“柏濩”的象征，蜀王“鱼凫”以射鱼为标志，取代了蜀王“柏濩”，但祭祀柏濩为他们的祖先神。在青铜立人像上，也有鸟纹，武家璧认为这也是伯鹳，此人就是蜀王“柏濩”本尊。还有学者认为这是杜宇王朝灭亡之后形成的，鸟是杜宇王朝的象征，传说杜宇死后化为杜鹃鸟，鱼则是杜宇之后的开明王朝的象征，传说鳖灵是其图腾，等等。

黄金权杖，三星堆博物馆藏。里面是木头，已经腐蚀，外面包裹的是金箔，长143厘米。在先秦，以鼎为权力的象征常见，以金杖为权力的象征则实属罕见。

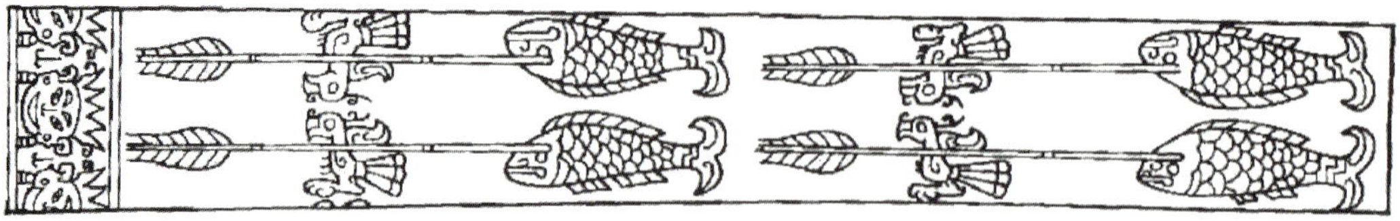

三星堆金杖上的纹饰，鱼鸟组合，可能是鱼凫族的族徽标志。

鹳鱼石斧图彩陶缸，中国国家博物馆藏。仰韶文化时期器物，其图案组合为鹳、鱼、石斧。有学者指出，石斧是权力的象征，以鹳为图腾的部落战胜了以鱼为图腾的部落。

三星堆青铜大鸟头，通高40.3厘米。三星堆出土了很多动物造型的器物，而鸟又是三星堆文化的核心。

三星堆人首鸟身像，通高12厘米。三星堆出土的小型青铜树上，有不少人首鸟身的神像。有学者认为这是太阳之神，也有人认为这是人们希望借助鸟通神。

三星堆一号青铜神树，复原高度为396厘米，树的顶部残缺。有学者认为最顶端原来可能还有一只更大的托盘、果实或神鸟，总的高度可能会突破4米。三千年前有这么高的青铜器，实属罕见。

鸟是古蜀国重要的图腾信仰，蚕丛、柏灌、鱼凫，以及后来的杜宇（号望帝，李商隐《锦瑟》诗云：“望帝春心托杜鹃。”）等，实际都与鸟有关系。除了金杖上有鸟，在三星堆还出土了青铜圆雕鸟脚人像、青铜浮雕鸟身戴冠人头像、青铜圆雕鸟身人头像，等等，可见，鸟是古蜀人主要膜拜的对象。

三星堆出土的另一件重要器物——大型青铜神树上也出现了鸟。

三星堆出土的大神树，树上有九鸟、十二个桃形果、一条龙，还有短剑、人手（古蜀人可能也对“手”有崇拜，青铜大立人像的手也很大）、火焰状圆盘、山形底座、云雷纹等装饰。

鸟或者金乌，往往是太阳的象征，这在汉画像中比较多见。在马王堆帛画中，有一棵树，上边就有九个太阳，其中最上边的太阳中有金乌。古人为何会把鸟和太阳联系起来呢？可能因为鸟和太阳都在天上“飞”，有相似性。太阳没有翅膀，怎么能飞呢？信仰鸟图腾的古人可能就又想象是鸟驮着太阳飞的，再加上古人可能已经发现太阳中有黑点，即我们所说的黑子，所以就想象出了背着太阳升起的金乌。

三星堆神树上的鸟，很可能也是太阳的背负者。如果这种

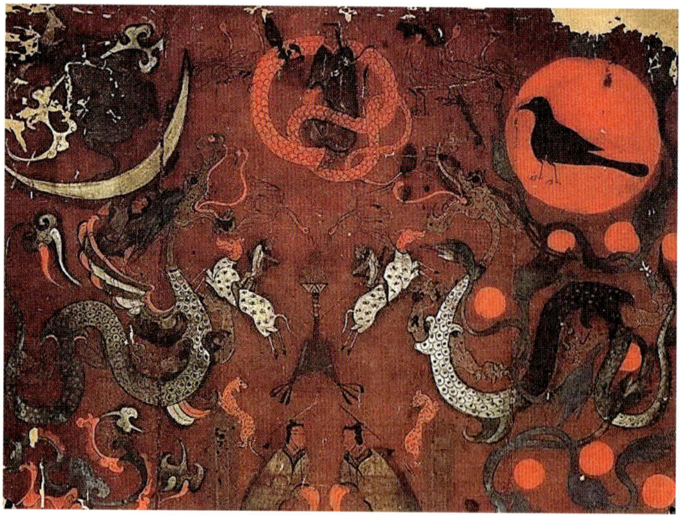

长沙马王堆一号墓T形帛画全图与局部图，创作时间为汉文帝时期，是迄今发现的汉代最早的独幅绘画作品。

推测是真的，那么《山海经》中记载的扶桑树，其原型很可能就是参照三星堆神树。《山海经·海外东经》曰："下有汤谷，汤谷上有扶桑，十日所浴，在黑齿北。居水中，有大木，九日居下枝，一日居上枝。"《山海经·大荒东经》曰："汤谷上有扶木，一日方至，一日方出，皆载于乌。"这里说扶桑树上有十个太阳，有金乌背着太阳轮流"上班"。

除了树上的鸟，这棵神树也充满了象征寓意。有学者说三星堆神树可能是扶桑，也可能是若木。《淮南子·地形训》曰："若木在建木西，末有十日，其华照下地。"若木是十个太阳休息的地方。也有人说此神树是建木，登天用的。《淮南子·地形训》曰："建木在都广，众帝所自上下。"神人们通过神树可以登天。还有学者说，树本是沟通人天的途径，后来工具变成了对象，神树变成了"树神"。树木是生长、繁衍的象征，人们对其尊崇，表现了对生命力和生殖力的崇拜。

赵殿增、袁曙光《从"神树"到"钱树"——兼谈"树崇拜"观念的发展与演变》一文指出，三星堆除了高大的神树，还有一些一米多高的神树，其象征意义有如下说法：一则神树可能为神灵或者神的使者的居住地；二则四米高的神树或为登天的天梯；三则神树上有"供品"，或许整棵树就是祭祀神灵的祭台；四则神树本身象征大地之母，是人们所崇拜的对象，等等。

神树上除了鸟，还有一条龙，马面，蛇身，龙头朝下。《山海经·大荒北经》记载："西北海之外，赤水之北，有章尾山。有神，人面蛇身而赤，直目正乘，其瞑乃晦，其视乃明。不食，不寝，不息，风雨是谒。是烛九阴，是谓烛龙。"烛龙是"直目"，郭璞注云："直目，目纵也。"即眼睛在眼眶之外，这跟传说中蚕丛为"纵目"是一样的。有人指出，烛龙或是古蜀人的祖先或图腾，神树上的龙很可能也是某个原始图腾的一种反映。

三星堆铜鸡，造型写实，工艺精细。鸡身有火纹，或为部落图腾。

中原器物多饕餮纹（青铜立人像底座也是饕餮纹），而三星堆鸟形器物最多，其次是羊、龙等动物，此外还出土了蛇、鸡、鹿、水牛头、怪兽以及鲶鱼等动植物精灵神像。赵殿增《三星堆文明原始宗教的构架特征》一文说："三星堆青铜器群中有鸟、鹰、鱼、龙、蛇、虎、鸡、牛、羊等等，大都代表着各氏族各民族崇拜的图腾,它们是前来参加祭祀活动的各个氏族部落的标志物。各种图腾的汇集表明这些民族参加了三星堆古城的祭典集会,共同构成了三星堆庞大的民族集团。”也就是说,这些动物造型很可能是各个部落图腾信仰的反映。

从图腾的角度解读三星堆,只是自圆其说,属于“合理”阐释的一个方面,未必准确。神秘的三星堆实际上还存有诸多的未解之谜,如:为何青铜人像的眼睛中没有眼仁?二号坑出土的大型青铜立人像,握成环状的大手究竟握着什么?祭祀的形式与目的是什么?古城是什么样子的?三星堆文明的主要创造者是鱼凫还是杜宇?三星堆古国为什么消失了?大量神器、祭器为什么被打碎焚烧,埋藏到了祭祀坑中?器物出土的地方是埋葬祭祀物品的地方,被命名为“祭祀坑”并不准确,祭祀场所可能在别处,在哪,不得而知。没有文字,出土的那些金面具是如何按照比例精确制作出来的也是一个谜团。另外,三星堆有夏文化、商文化的影响,同时还有南亚、西亚的文化影响,金杖与金面罩就是例证。这些文化是怎么传进来的,三星堆文化的来源是什么,等等,都值得思考。

画中有话：动植物组合图式的吉祥寓意

吉祥图式可以推源于何时？《山海经》最早是图画还是文字？中国传统吉祥图式什么时代最流行？有哪些动植物符号组合可以象征考试高中、富贵长寿？有哪些动植物符号组合可以象征幸福平安、吉祥如意？传统吉祥图式中蕴含了哪些“秘密”，你能破解吗？

我们常常看到一些商场或者企业在院落里有一个池塘，里面养满了金鱼。实际上金鱼不仅可以作为观赏鱼，也蕴含了中国传统的吉祥文化：金玉满堂。其寓意有两个，一是财富很多，满堂都是金玉之物，二是比喻富有才学。古代夸一个人有才学，可以说他“金玉满堂”，如《世说新语》说：“刘真长可谓金玉满堂。”这种在院落中用金鱼作为装饰的设计，实际是中国传统吉祥图式文化的一种体现。

探究吉祥图式的起源，大概可以追溯到先秦时期。《左传》记载：“铸鼎象物，百物为之备，使民知神奸。”将一些妖魔鬼怪的形象或者名字铸造在青铜器上，让人们记住这些妖怪，以此控制它们。可见，这一时期，人们对图的崇拜，往往是出于畏惧，是为了避免灾害。《山海经》中也记载了形形色色的“妖怪”，其作用大概和“铸鼎象物”一样。

有学者研究，《山海经》其实就是一本巫师的工作手册。上面记载了许多妖怪的名字，并且详细描述了它们的形象，这就为人们如何避开危害或者从“妖怪”那里获得帮助，或者祭祀它们以祈求保佑，提供了使用说明书。

先秦时期是一个从图到文字的过程，《山海经》最初大概也是图。朱熹在《记山海经》中说：“《山海》诸篇记诸异物飞走之类，多云‘东向’，或云‘东首’，皆为一定而不易之形。疑本依图画而为之，非实纪载此处有此物也。”朱熹怀疑《山海经》是以图为据的记录。胡应麟也持有相同的看法，认为《山海经》可能是先有图，后有文字，“经载叔均方耕，驩兜方捕鱼，长臂人两手各操一鱼，竖亥右手把算，羿执弓矢，凿齿执盾，此类皆与纪事之词大异……意古先有斯图，撰者因而纪之，故其文义应尔”。总之，《山海经》大概源于古代的图像记录，战国时期才被转录成了文字，描述“只能是出自一幅四四方方的画面”。因而,《山海经》也可以看作是吉祥图式的源头之一。

从汉代开始,吉祥文化进入到一个从文字转换为图像的时代。人们根据各种神仙方术的传说,在砖瓦等载体上绘制了各种用于辟邪或者祈福的图像,如“四灵”等。魏晋南北朝时期,随着佛道二教的兴盛,龙虎、翔鹤、生肖及神人、神话传说成为吉祥图案的素材。唐代流行贴门神,出现了连理枝、同心结等吉祥图案。宋元时期,吉祥图案以珍花异草、祥禽瑞兽为主题。到了明清时期,对吉祥图案的推崇达到高潮,这一时期“图必有意,意必吉祥”,除了保有传统中对四灵、神仙、佛陀等图画的崇拜外,又生成了诸多脱离宗教信仰,寄寓世俗美好祝愿的吉祥图案,这就是由传统动植物组合形成的吉祥图式。

传统动植物组合形成的吉祥图式,往往借助比拟、借喻、双关、象征、谐音等表达方式,形成特定的吉祥语,即画中暗含有“话”。其寓意有些是有着具体的“诉求”的,如婚姻幸福、科举高中、富贵长寿,等等,现举如下:

“双喜鸳鸯”:由喜鹊和鸳鸯组成的图。“鸳鸯”象征夫妻恩爱,西晋张华《禽经》载:“鸳鸯,匹鸟也,朝倚而暮偶,爱其类也。”所以民间结婚喜绣鸳鸯的吉祥图案。民间有“喜鹊叫,喜事到”的说法,所以产生了很多与喜鹊有关的吉祥图案,如“喜上眉梢”,一只喜鹊和一树梅花;“同喜”,梧桐树上落喜鹊;“报喜”,喜鹊和豹子。

“喜得连科”:一只喜鹊落于莲蓬上啄其颗粒果实,旁有芦草衬托。取连连考中之意,这是对读书人的美好祝愿。与之相关的“喜报三元”,是由一只喜鹊和三个桂圆或三个元宝构成图像。读书人到省里参加乡试,第一名称为解元,各省的举人到京城参加会试,第一名称为会元,全国的贡士举行殿试,天子要亲自参加,第一名称为状元,三元即指解元、会元、状元。又,“莲”与“廉”音同,往往画一只莲花,表示“一品清廉”等。而莲花又名“荷花”,因而谐音“和”的吉祥图案,如“和合万年”等也用莲花表示。

“马上封侯”:猴子骑于马上。猴谐音“侯”,马上有“立刻”之意。古代还常用猴子、蜜蜂、印章构成“封侯挂印”等吉祥图案。

“白头富贵”:由叫白头翁的鸟和牡丹花构成,喻夫妻白头偕老,富贵到老。白头有长寿之意,牡丹有富贵的寓意。周敦颐《爱莲说》曰:“牡丹,花之富贵者也。”牡丹的“富贵”之意,在吉祥图中应用极为广泛,如牡丹与打鸣的公鸡组合在一起的图式就是“功名富贵”,牡丹与海棠组合在一起的图式称为“富贵满堂”,牡丹与玉兰花、海棠组合在一起的图式就是“玉堂富贵”,牡丹与月季(又称长春花)组合在一起的图式就是“富贵长春”,等等。

左图：

明代袁尚统绘《天中得喜图》，台北“故宫博物院”藏。两只喜鹊寓意“双喜”，一只嘴中叼着几枚枇杷，寓意“天中得喜”。

右图：

清代高其佩绘《梧桐喜鹊图》。梧桐树上落喜鹊，寓意“同喜”。

元代赵雍绘《马猿猴图》，日本东京国立博物馆藏。御苑马厩中的名马，身上趴一猿猴，寓意“马上封侯”。

清代居廉绘《富贵白头》，故宫博物院藏。白头鸟与牡丹组合，寓意“白头富贵”。

清代胡湄绘，天津博物馆藏。玉兰、牡丹、雉鸡、山石、灵芝组合，寓意“玉堂富贵”。

明代沈周绘，台北“故宫博
藏。玉兰与寿山石组合，寓意“
其寿”。

“必得其寿”：由玉兰花和寿石构成，配以飞舞的蝴蝶和瓜蔓不断的南瓜。玉兰花又名木笔花，“笔”与“必”谐音，石头长久，有长寿的寓意，所以称为寿石，象征人必然得到长久的寿命，其中瓜蔓不断的南瓜表示子孙绵延不绝。同样，葫芦也可以表示子孙万代，石榴也有多子之意，佛手、桃子、石榴结合在一起，寓意“多福多寿多子”。

“寿居耄耋”：由寿石、菊、猫和蝴蝶构成。菊谐音“居”，猫谐音“耄”，蝶谐音“耋”，“耄耋”古代指的是八九十岁，指代长寿。《礼记》说：“八十曰耄，九十曰耋，百岁曰期颐。”古代表现长寿祝福的吉祥图式极多，除了用谐音寓意，有的则直接用长寿动物，如长鹤被视为长寿之鸟，于是就有了“长鹤”的贺寿图，龟也表示长寿，龟与鹤的组

南宋韩祐绘《螽斯绵瓞图》，台北“故宫博物院”藏。《诗经》曰：“螽斯振振。”“瓜瓞绵绵。”螽斯特别能繁殖，瓜连绵不绝，寓意“多子多孙”。

南宋鲁宗贵绘《吉祥多子图》，波士顿艺术博物馆藏。画面中央堆满了橘子、葡萄和石榴，这三种水果均有吉祥的寓意，石榴、葡萄是多子多孙之意。

明代陆治绘《久安大吉图》，台北“故宫博物院”藏。葫芦除了象征福禄，多籽也是多子孙的象征。

合就是“龟鹤齐龄”，等等。

传统动植物组合图式中，还有一些内容，其寓意表现得比较宽泛，主要是对幸福平安、吉祥如意的祈福，如：

“平安知足”：菊花与瓶子的组合，“菊”古音与“足”谐韵，瓶子寓意平安。菊花和牡丹、莲花一样，也是被广泛应用于吉祥图式的植物，如菊花与柿子组合图式的寓意为“事事知足”，菊花与柏树、柿子组合图式的寓意为“百事知足”，菊花与雄鹰组合图式的寓意为“英气十足”，等等。此外，菊又谐音“居”，由鹌鹑、菊花、枫叶组成的纹图称为“安居乐业”，枫叶有落叶之美，落叶谐音“乐业”。

“太平有象”：由象和宝瓶组成，一般是一头体形硕大、憨态可掬的大象，背搭锦袱，上驮一宝瓶，瓶中还插有花卉作装饰。“瓶”与“平”谐音，“象”即“祥”，太平有象，即天下太平、吉祥平安的意思。民间有一说法：“国有象，则天下太平；家有象，则吉祥平安。”童子持如意骑大象叫作“吉祥如意”，“骑象”谐音“吉祥”。

“岁岁平安”：花瓶内插爆竹和九个麦穗，爆竹代表年岁，“穗”谐音“岁”。瓶作为“平安”的象征，在古代被广泛应用，除了“平安知足”“太平有象”，还有“四季平安”，即花瓶插满月季或四季花，“吉庆平安”，即由“戟”“磬”和花瓶组成，“戟”，古代的一种兵器，谐音“吉”，“磬”，古代宫廷打击乐器，谐音“庆”，等等。

宋徽宗赵佶绘《耄耋图卷》局部，台北“故宫博物院”藏。猫与蝴蝶组合，寓意长寿。

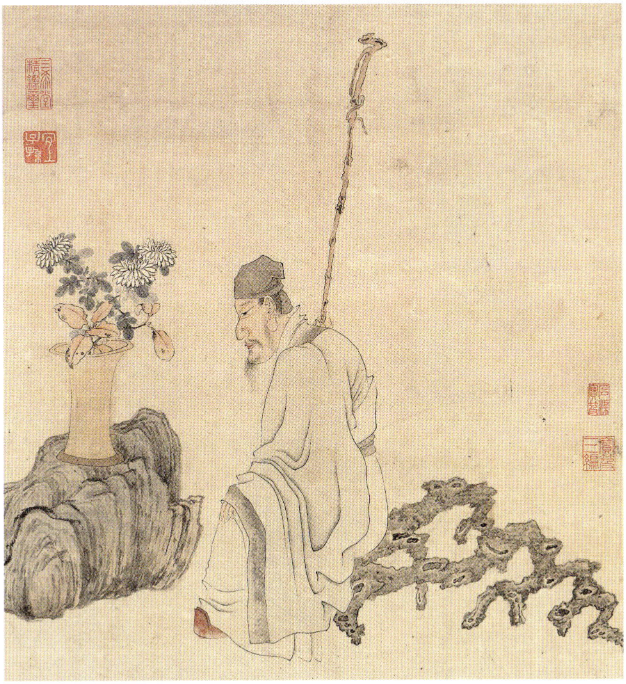

左图：

清人托名北宋范宽绘《海山图》，台北“故宫博物院”藏。龟与鹤组合，寓意“龟鹤延年”“龟鹤齐龄”。

右图：

明代陈洪绶绘《玩菊图》局部，台北“故宫博物院”藏。菊花与瓶子组合，寓意“平安知足”。

元代《太平有象图轴》局部，台北“故宫博物院”藏。一头大象驮着一个宝瓶，寓意“太平有象”“吉祥平安”。

“年年大吉”：鲶鱼和公鸡或橘子组成的吉祥图案，“鲶”谐音“年”，“鸡”“橘”谐音“吉”。“橘”作为“吉”的符号象征物，还可以与栗子组成“大吉大利”的吉祥图，与柿子组成“事事大吉”的吉祥图，与百合根或柏树、柿子组成“百事大吉”的吉祥图，等等。

“室上大吉”图案是一只雄鸡站在一块石头上，“石”与“室”谐音，“鸡”与“吉”谐音，寓意合府安康，生活富裕，大吉大利。

“三羊开泰”：一般是母子三头羊，在山上吃草。“羊”与“阳”同音，“三阳开泰”又被称为“三阳交泰”。古人将每个月都和卦联系起来，正月就是泰卦，卦象由三个阳爻和三个阴爻组成，此时冬去春来，阴消阳长，有吉亨之象，寓意祛尽邪佞，吉祥好运接踵而来。所以古人往往用“三阳开泰”作为新年的称颂之语，祈求平安如意。《易·泰》：“泰，小往大来，吉亨。”“泰”卦代表吉祥好运。有个成语叫否极泰来，就是说逆境达到极点，就会向顺境转化。

《逸周书·武顺》：“礼义顺祥曰吉。”《说文》：“吉，善也。”“祥，福也。”吉祥通俗来说就是指美好的预兆。中国传统吉祥文化图式有三种表现形式：一是以比拟、借喻、双关、象征、谐音表示，如

明代陈洪绶绘《四季平安》。四季花朵与花瓶的组合，寓意“四季平安”。

清代《弘历岁朝行乐图像》局部，故宫博物院藏。挂于戟上的玉磬与旁边的花瓶组合，寓意“吉庆平安”。

左图：

清代陈舒绘《新年大吉图》，台北“故宫博物院”藏。鲶鱼与公鸡组合，寓意“新年大吉”。

右图：

明代唐寅绘《鸡图》，台北“故宫博物院”藏。一只鸡站在石头上，寓意“室上大吉”。

上所述；二是以纹样形象表示，如龙纹、凤纹、卍、八卦、祥云、宝相花、蔓草、回纹、联环、曲水纹、盘长结、中国结等；三是以文字来说明，如福、禄、寿、喜、双喜、财、吉、和等字。

吉祥图案作为一种约定俗成的图式，是一种特殊的象征符号，尤其是动植物图纹组合，隐含的是动植物意象的文化积淀，载有的是人们所公认的一种象征寓意。人们将功名富贵、健康长寿、吉祥平安寄托其中，体现的又是心理欲求的表达与对吉祥图式形成的某种神秘力量的崇奉，这其中自然也包含对这些动植物的崇奉。总之，动植物符号形成的吉祥图式，是传统吉祥图案文化中的精髓，它们被广泛应用于年画、石刻、剪纸、窗棂、家具、屏风、砚台、铜器、瓷器、建筑等形式中，至今都影响着我们的生活。

辑二 守·护

自天佑之，吉无不利。
——《周易》

雨师风伯：靠天吃饭，祈祷风调雨顺

社稷坛是祭祀谁的？天坛是干什么的？古代帝王为什么要亲自求雨？求雨的时候人们需要说些什么？古代有哪些求雨或止雨的“咒语”？雨神是谁？古人在祈雨的时候敢“吓唬”神？风神是男是女？《西游记》中的风神是谁，小说中提到了哪些止风的方式？

清代《雍正帝祭先农坛图》局部。先农传说是最先教人们耕种的农神，每年开春，皇帝要带领文武百官在先农坛祭祀先农神。先农坛附近有一亩三分地，祭祀农神之后，皇帝还要在此亲耕，表示对农业的重视。我们常说的“一亩三分地”就是来源于此。

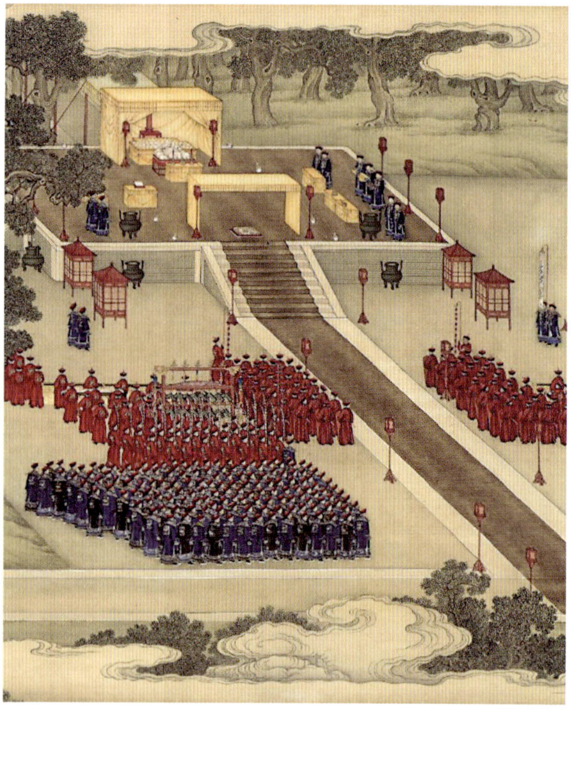

我们常说“江山社稷”，其中“社”是土地神，“稷”是谷神，这都是与古代农耕生产相关的神。社稷坛即是对他们的祭祀之处，新皇帝登基往往要先去祭祀社稷，表示自己承天之命而有天下。天下是百姓之天下，有了天下，还要治天下。中国古代是农耕文明，农业是立国之根本，古代帝王为了农业发展的需要，往往要在特定的时期去祭祀与农业相关的神，以求风调雨顺，五谷丰登。天坛祈年殿，就是明清帝王祈祷丰收之所。

明清两代的皇帝一般会在农历二月（仲春）和八月（仲秋）举行与农事相关的常规祭祀。除此之外，如某个时间段突遇旱涝等自然灾害，君主往往也要亲自去“求告”相关的神，一方面是向世人宣誓自己有这一权力，另一方面也是为了安抚人心。

帝王主持祭祀，"求告"农业生产相关神的这种习俗起源很早。据说商汤时期有七年大旱，商汤本人就剪断头发，剪掉自己的指甲，以自己作为祭品而求雨，也终于迎来了大雨。

早期往往都是巫师之长与君主为一体，商汤既是部族的首领，同时也是群巫之长，他掌握并垄断着"通天"的权力，必须带头去求雨，如果求不来，那也很有可能就真的会被杀掉而献祭于天。所以在享受某一权力带来的好处的同时，又往往会受到另一种力量的制约，亘古不变。后世君主虽然不会因为求不来雨而其身被献祭，但也仍有一种观念成为牵制王权的力量。

《诗经》中有一篇《云汉》，据学者们考证，主题应该是周宣王忧旱祷雨。诗篇主要是用于求雨的祭典，即雩祭。其诗曰：

> 倬彼云汉，昭回于天。王曰：於乎！何辜今之人？天降丧乱，饥馑荐臻。靡神不举，靡爱斯牲。圭璧既卒，宁莫我听？
>
> 旱既大甚，蕴隆虫虫。不殄禋祀，自郊徂宫。上下奠瘗，靡神不宗。后稷不克，上帝不临。耗斁下土，宁丁我躬？
>
> 旱既大甚，则不可推。兢兢业业，如霆如雷。周余黎民，靡有孑遗。昊天上帝，则不我遗。胡不相畏，先祖于摧？
>
> 旱既大甚，则不可沮。赫赫炎炎，云我无所。大命近止，靡瞻靡顾。群公先正，则不我助。父母先祖，胡宁忍予？
>
> 旱既大甚，涤涤山川。旱魃为虐，如惔如焚。我心惮暑，忧心如熏。群公先正，则不我闻。昊天上帝，宁俾我遁？
>
> 旱既大甚，黾勉畏去。胡宁瘨我以旱？憯不知其故。祈年孔夙，方社不莫。昊天上帝，则不我虞。敬恭明神，宜无悔怒。
>
> 旱既大甚，散无友纪。鞫哉庶正，疚哉冢宰。趣马师氏，膳夫左右。靡人不周，无不能止。瞻卬昊天，云如何里！
>
> 瞻卬昊天，有嘒其星。大夫君子，昭假无赢。大命近止，无弃尔成。何求为我？以戾庶正。瞻卬昊天，曷惠其宁？

在古人的观念中，水旱灾害都是政治上有所失误所致，因而如果发生灾难，统治者必须找到原因，加以改正。统治者在祭祀的时候，通过相关祈祷的词语，又往往能巧妙地转移这种指责。如上面这首诗中，周王主持祭祀，曰“憯不知其故”，说自己并不知道原因。诗篇随后又说：“旱既大甚，散无友纪。鞫哉庶正，疚哉冢宰。趣马师氏，膳夫左右。靡人不周，无不能止。瞻卬昊天，云如何里！”大臣左右皆舍禄救灾，然亦无效，发生这样的大旱，老天可能并不是只针对我，也可能是你们这些官员的原因。王又说：“何求为我？以戾庶正。”求雨，不是为了我自己，而是为了百官。这实际是对天降丧乱进行了重新的阐释，同时也把天灾转变为了王室与贵族官员们共同面对的一种危机。

先秦时期还有一篇《祭辞》，其辞曰：

> 皇皇上天，照临下土。集地之灵，降甘风雨。庶物群生，各得其所。靡今靡古。维予一人某，敬拜皇天之祜。薄薄之土，承天之神。兴甘风雨，庶卉百谷。莫不茂者，既安且宁。维予一人某，敬拜下土之灵。维某年某月上日。明光于上下，勤施于四方，旁作穆穆。惟予一人某，敬拜迎于郊。以正月朔日迎日于东郊。

这首《祭辞》句式类似于《诗经》中的雅颂，但与《诗经·云汉》不同的是，祭祀者并没有通过言辞转移什么，而是强调自己的承担，表现自己与天命的关系。这篇祭辞很可能是常规祭祀之用，如同明清皇帝固定在春秋时节的天坛祭祀，而非真正发生了自然灾害，需要来祭祀祈祷。

这样一篇《祭辞》到了民间，就逐渐演变为一个请雨的“咒语”了，主要用于真正遇到旱灾的时候。晋代的《博物志》记载求雨的祭辞是：“皇皇上天，照临下土。集地之灵，神降甘雨。庶物群生，咸得其所。”这完全是脱胎于《祭辞》，但又明显去掉了表示一人承担的部分。不下雨不行，下多了也不好。《博物志》中还记载了一条“止雨”的咒语：“天生五谷，以养人民，今天雨不止，用伤五谷，如何如何！灵而不幸，杀牲以赛神灵，雨则不止，鸣鼓攻之，朱丝绳萦而胁之。”这是软硬兼施，要是听我的好好下雨，就杀牛宰羊祭祀神；如果不听我的，还继续下雨伤我们的庄稼，就鸣鼓而攻之了。

靠天吃饭，求雨祭祀言辞往往都是直接指向“天”，而除了“天”这个无所不能的最高神，在民间信仰中，谁是具体来实施下雨工作的呢？

在中国神话中，掌管下雨的除了龙，还有一位被称为“雨师”的神。《山海经·大荒北经》曰：“蚩尤作兵，伐黄帝，请风伯雨师，纵大风雨。”蚩尤跟黄帝干仗，请来了风伯雨师来帮忙。这个“雨师”的职位，换了好几届。《楚辞》中称雨师名“玄冥”“萍翳”“屏翳”，《搜神记》说“赤松子者，神农时雨师也”。唐代的李靖据说当过“代雨师”。《集说诠真》说雨师叫陈天君，其形象是“乌髯壮汉，左手执盂，内盛一龙，右手若洒水状”。

榆林窟第25窟，中唐，行云布雨的龙王。这是佛教的龙王与中国本土龙结合形成的信仰。

古代的“雨师”虽多，但在民间，时代越往后影响越小。主要原因是，唐宋以后，从佛教中脱胎出来的龙王崇拜逐渐取代了雨师的位置，成为普天施雨这一农耕大事的主要负责人。《帝京景物略》记载了古人求龙王下雨的情景：凡岁时不雨，贴龙王神马于门，磁瓶插柳枝挂门之旁，小儿塑泥龙，张纸旗，击鼓金，焚香各龙王庙，群歌曰：“青龙头，白龙尾（声作以）。小孩求雨天欢喜。麦子麦子焦黄，起动起动龙王，大下小下，初一下到十八（声作巴），摩诃萨。”

此外，民间有些地方还有抬着关帝祈雨的习俗。《仓县志》记载：“四之日，乃出巡，意使关帝见旱槁之景象也。先一人执大锣，带黄纸符数十张，书‘祈雨’二字，入村粘树上或人家门户。大群之行前，二人鸣锣开道，一品执事列其后。再后为童子扮雷公、闪将、风婆、云童，壮者肩之行。再后十余鼓，再鼓铙钹四五随之，再后为龙公龙母……”这可能又是借着关老爷的威严来命令掌管下雨的龙王了。

《程氏墨苑》中明人绘周公故事。周公受了冤枉，天刮起反常的大风，这是最早的“天雷报”的原型，后来《窦娥冤》“六月飘雪”与此类原型故事一脉相承。

除了雨，风的大小、强弱也与农事收成息息相关。《尚书·金縢》记载，周公受了冤枉，这一年就刮大风，把所有庄稼都刮倒了。后来周成王为周公平反，于是狂风突然反方向刮，倒了的庄

宋临摹本《洛神赋图》中的风神屏翳。曹植《洛神赋》曰：“屏翳收风，川后静波。”在古代其他文献中，屏翳还是雨师、云神、雷师，等等。

稼又全部被吹起来了,这一年的年成又是个大丰收。

这样一个故事,既显示出风对收成的影响,也显示出在古人的观念中,风能不能保障庄稼的长势,又与人事相关。那么,除了"老天爷",谁可以具体控制风呢?

古人认为刮狂风要么是风神在呼吸,要么是风神在散步。《山海经·北山经》提到狱法之山,"有兽焉,其状如犬而人面","其行如风,见则天下大风"。这是先秦时期对风神的一种描述,一只长着人面的狗,他走路,就是刮风,而民间流传的"杀狗止风"的习俗,大概也即源于此。

有一种说法说风伯名飞廉,是一种怪兽,鹿身,头如雀,有角,蛇尾豹纹。他和蚩尤是师兄弟,曾帮助蚩尤一方参加华夏九黎之战,他一呼吸,就会"狂风骤发,石燕纷飞"。还有一种说法说风神本是天上的箕星,汉代应劭《风俗通义》称:"风师者,箕星也。箕主簸扬,能致风气,故称箕伯。"后来星宿人格化,变成了人的模样,成了风神。

在唐代《博异志·崔玄微》中,风神是一个女性,被称为封十八姨。"封"就是"风","十八"是"木",八卦五行属于风。她经常发脾气,摧残花朵,于是花仙子们找到了一个叫崔玄微的书生来帮忙,让他制作了一面红色的旗,上面画日月五星之文,借此止住了狂风。

敦煌壁画,抱着风口袋的风神。

这个故事之后,封十八姨也成为了一个典故。宋代范成大《嘲风》曰:"纷红骇绿骤飘零,痴呆封姨没性灵。"清代纳兰性德《满江红》词曰:"为问封姨,何事却、排空卷地。又不是、江南春好,妒花天气。"在清代小说《镜花缘》中,"封姨"又被称为"风姨"。李汝珍塑造的这位女性风神,也是一个专找花仙子们麻烦的神仙,体现了风与花之间的"世仇"。

风神在《西游记》中也有出场,在第四十五回《三清观大圣留名　车迟国猴王显法》中,虎力大仙与孙悟空斗法,其中就有请风神的一段故事。先是虎力大仙登台,不久半空里悠悠的风色飘来。然后孙悟空变了一个假悟

重庆大足石刻，拿着风口袋的风神。

空在地上，自己飞上天查看究竟。

他的真身出了元神，赶到半空中，高叫："那司风的是那个？"慌得那风婆婆捻住布袋，巽二郎扎住口绳，上前施礼。行者道："我保护唐朝圣僧西天取经，路过车迟国，与那妖道赌胜祈雨，你怎么不助老孙，反助那道士？我且饶你，把风收了；若有一些风儿，把那道士的胡子吹得动动，各打二十铁棒。"风婆婆道："不敢，不敢。"遂而没些风气。

拿着风口袋放风的风神形象，在南北朝时期的石窟壁画中就出现了。在《西游记》中，掌管风的有两个人，一个是风婆婆，在电视剧《西游记》中是个女性，而实际上古代道教宫观供奉的风伯，塑像常作一白发老人，左手持轮，右手执扇，作扇轮子状，称风伯方天君。

清人绘《西游记》，风婆婆抱着一条狗。《山海经》中说有一只长着人面的狗，他走路，就是刮风。

《西游记》中还提到风婆婆有一个助手，叫巽二郎。巽卦在《周易》中代表着风，"郎"应该是个男的。《事物异名录》却说："风神名巽二，又名风姨。"说巽二就是上文提到的"风姨"，应该是个女的。从名字上来看，似乎《西游记》正好颠倒了二者的性别，按照一般说法，风婆婆应该叫风伯，为男，巽二郎应该叫巽二，为女。当然，《西游记》或另有所本，或作者独创，也未必不可。

暮春之际，风乎舞雩，古人是欢喜的，而面对可以摧残花朵、庄稼、房屋的怒号的狂风，却又总是希望能有一个法宝或者法术制止住它。唐代的《博异志》说日月五星旗可以止住狂风。

《西游记》中提到的止风宝器是"飞龙杖"和"定风丹"等。第五十九回《唐三藏路阻火焰山　孙行者一调芭蕉扇》，写孙悟空大战铁扇公主时，铁扇公主取出芭蕉扇，对着孙悟空用力一扇，狂风大作，把孙悟空一下子刮到了三千里外的小须弥山，正好遇到灵吉菩萨，灵吉道：

我当年受如来教旨，赐我一粒定风丹，一柄飞龙杖。飞龙杖已降了风魔，这定风丹尚未曾见用，如今送了大圣，管教那厮扇你不动，你却要了扇子，扇息火，却不就立此功也？

灵吉菩萨说“飞龙杖已降了风魔”，指的是第二十一回《护法设庄留大圣　须弥灵吉定风魔》灵吉菩萨用飞龙杖降服黄风怪之事。

战不数合，那怪吊回头，望巽地上，才待要张口呼风，只见那半空里，灵吉菩萨将飞龙宝杖丢将下来，不知念了些甚么咒语，却是一条八爪金龙，拨喇的抡开两爪，一把抓住妖精，提着头，两三摔，摔在山石崖边，现了本相，却是一个黄毛貂鼠。

和铁扇公主打斗这一回，孙悟空得到灵吉菩萨的“定风丹”，含在嘴里，任由铁扇公主连着扇了几扇，仍在狂风中岿然不动。

清人绘《聊斋志异图册》局部，祈求风调雨顺。

《南游记》中华光在对付铁扇公主的时候，也有类似的止风宝物，最后华光靠此打败了铁扇公主，让她做了自己的妻子。

《封神演义》中风神叫菡芝仙，“且说子牙大战闻太师，菡芝仙把风袋抖开，一阵黑风卷起。不知慈航道人有定风珠，随取珠将风定住，风不能出”。在神话小说中，放风与止风往往是一个重要的“斗法”场面。

无论是文学作品，还是生活仪式中展现出来的调控风雨的愿望，都是人们“风调雨顺”信仰的一种反映。除了将这一信仰寄托于传统的老天爷、风伯、雨师、龙王、菩萨等神灵，到明代人们又赋予佛教的护法——四大天王一个新的职责，即司风调雨顺，《西游记》《封神演义》都提到他们的这一职责。更早，北京居庸关元代天王壁画中，四大天王的塑像，每个人的脚下往往都踩着一个神灵，分别是风伯、雨师（也可能是龙王）、雷公、电母，可能象征四大天王对风雨的控制。总之，这些神都是与古代农业生产息息相关的信仰符号，中国农耕文明孕育出的“风调雨顺”信仰，广泛地影响了我们的文学及生活。

雷神：惩罚罪恶的正义之神

中西方都有雷神，中国的雷神都有哪些？《西游记》中，他们有出场吗？他们的形象是什么样子的？《封神演义》中的雷震子是雷神吗？雷神都有哪些职责？

出于对大自然“雷”的畏惧，先民早就形成了雷神信仰，这种信仰是极普遍的，中西方都有。如在希腊神话中，最高神就是雷神，即宙斯。北欧神话有个著名的雷神，就是拿着锤子的托尔。中国也有雷神，也用锤子，“雷公”是民间对雷神的一种普遍称呼。清代《聊斋志异》中有一篇故事叫《雷公》，说：“值小雨冥晦，见雷公持锤振翼而入。”雷神的兵器也是一把锤子。

左图：

娄叡墓壁画中的“雷公”。法器是锤子，人们认为他用锤子击鼓发出的声音就是雷。

右图：

明代《雷神图》，美国大都会艺术博物馆藏。

和西方不一样的是，中国的雷神不止一两个。《西游记》第四十五回，孙悟空与虎力大仙在车迟国斗法求雨时，就召唤出了雷神。

> 那道士心中焦躁，仗宝剑，解散了头发，念着咒，烧了符，再一令牌打将下去。只见那南天门里，邓天君领着雷公电母到当空，迎着行者施礼。行者又将前项事说了一遍，道："你们怎么来的志诚！是何法旨？"天君道："那道士五雷法是个真的。他发了文书，烧了文檄，惊动玉帝，玉帝掷下旨意，径至九天应元雷声普化天尊府下。我等奉旨前来，助雷电下雨。"

这段对雷神的描述，借鉴了民间信仰。最高的雷神是九天应元雷声普化天尊，中层领导是邓天君，他的手下是最底层执行任务的雷公。

最高的雷神九天应元雷声普化天尊，其传说来源有三：一说他是元始天尊的后人；一说黄帝就是此天尊（《道法会元》）；明清时期受《封神演义》的影响，又以太师闻仲为此尊，是雷部的总司令。

《封神演义》第九十九回《姜子牙归国封神》说："特敕封尔为九天应元雷声普化天尊之职，仍率领雷部二十四员，催云助雨，护法天君，任尔施行，尔其钦哉！"九天应元雷声普化天尊手下有二十四员大将，这些神灵帮助他布雨兴云，保佑好人，惩处奸邪——"布雨兴云助太平，滋培万物有群生；从今雷祖承天敕，锄恶安良达圣明"。在道教中，一说他的部下有三十六员大将。

邓天君即九天应元雷声普化天尊的手下大将之一，是首将。在《西游记》中他的名字叫邓化，第五十一回，在与青牛精的金刚镯对战中，他再次出场，"传旨教九天府下点邓化、张蕃二雷公，与天王合力缚妖救难。……邓、张二雷公，在空中暗笑道：'早是我先看头势，不曾放了雷捎，假若被他套将去，却怎么回见天尊？'"在《封神演义》中，他的名字变成了邓忠。一般在道观中，称呼其为邓元帅。

比元帅再低一等的就是普通的工作人员雷公了，就是经常和电母一起出现的那个雷公，有时候他也单独执行任务。在民间信仰中，他们并不总是高高在上的，古人编了不少故事来调笑这类"基层公务员"。宋代洪迈《夷坚戊志》说有一个雷神把自己的兵器斧子丢了，被一个凡人藏起来，他就找不到了。清代袁枚《子不语》说有一个老妇人出门倒马桶，以马桶秽物泼了雷神，雷神就从天下掉了下来。还说有一次雷神在执行任务的时候，有一户人家正好生孩子，他不小心沾了秽物，不能飞上天了，只能在树上等着晾干，结果这户人家出了十两银子，找了一个瓦匠爬上房，把雷公的法器锤子偷下来了。

雷公长什么样子呢？《山海经·海内东经》说其状如牛，一足，名字叫夔，后来其皮

河南南阳汉画像中的雷神。一人驾龙车拉着云，另一人是雷神，负责击鼓。

被黄帝做成了鼓，声音很大，后人认为此神兽就是雷神。还有半人半兽造型的雷神，《山海经·海内东经》曰："雷泽中有雷神，龙身人头，鼓其腹则雷。"

因为雷来自天空，所以有一类雷神长着鸟的翅膀。清代《集说诠真》记载："状若力士，裸胸袒腹，背插两翅，额具三目，脸赤如猴，下颏长而锐，足如鹰鹯，而爪更厉，左手执楔，右手持槌，作欲击状。自顶至傍，环悬连鼓五个，左足盘蹑一鼓。"

敲鼓的雷神形象，最为常见。东汉王充《论衡·雷虚篇》曰："图画之工，图雷之状，累累如连鼓之形。又图一人，若力士之容，谓之雷公，使之左手引连鼓，右手推椎，若击之状。其意以为雷声隆隆者，连鼓相扣击之意也。"敦煌莫高窟中就有类似的形象。日本的雷神即是受到了中国文化的影响，如京都三十三间堂中的雷神造型即如此。

从相貌上来说，还有一类雷公似乎与孙悟空长得很像。《西游记》中孙悟空闯地府，小鬼报告阎王说："大王！祸事！祸事！外面一个毛脸雷公，打将来了！"后面也是多次提到他长得和雷公相似。第十四回说："腰系着一块虎皮，好似个雷公模样。"第十六回说："那些和尚一见了，唬得跌跌滚滚，都爬在地下道：'雷公爷爷！'行者道：'雷公是我的重孙儿哩！'"第十七回说："大王！佛衣会做不成了！门外有一个毛脸雷公嘴的和尚，来讨袈

敦煌莫高窟第249窟壁画的雷神。雷神背生双翅，有一圈鼓围着，取连鼓相扣击之意。

京都三十三间堂雷神，镰仓时代。面似猴，与中国文献及敦煌壁画中描绘的雷神相像。

《风神雷神图屏风》局部之雷神，日本江户时代，东京国立博物馆藏。

裟哩！”第十八回说：“那怪转过眼来，看见行者咨牙俫嘴，火眼金睛，磕头毛脸，就是个活雷公相似。”

周世荣《马王堆汉墓的“神祇图”帛画》曾提到在出土的汉代帛画上有一种雷公的形象，其造型是“面似猴，头戴幞头，巨眼圆睁，口似鸟喙，着短裙。上空飘着彩云状线条，仿佛闪电雷鸣，震荡着天空”。可见这种造型起源很早。雷公面似猴，而孙悟空又尖嘴猴腮，所以人们才觉得他们相像。

在《封神演义》中，有一位“雷震子”，他偶然吃了两颗杏，背上就长出了翅膀，相貌也发生了变化。《封神演义》第二十一回说：“原来两边长出翅来不打紧，连脸都变了，鼻子高了，面如蓝靛，发若朱砂，眼睛暴突，牙齿横生，出于外，身躯长有二丈。”师父云中子给他一只翅膀上写上“风”，一只翅膀上写上“雷”，他就飞了起来。背生双翅、青面獠牙的形象，显然是受到了传统雷神造型的影响。他的法器是一条黄金棍，这大概又是受到了长得像雷神的孙悟空的影响。雷震子助武王伐纣成功，但并未被姜子牙封神。他潜心修炼，肉身成圣后，神职不明。他的名字虽然跟“雷”有关，模样也好似雷神，但并不是雷神。

古人信仰雷神，不光因为打雷就会下雨那么简单，雷神还有保佑好人、惩罚坏人的职责。对于坏人，可以雷击他，所谓“天打五雷轰”。宋代洪迈《夷坚甲志》卷三“熊二不孝”条就记载了一个叫熊二的人因不孝顺被雷劈死的故事，雷神还在他的背上留下了四个朱红大字：“不孝之子”。

对于好人，如果受了不白之冤，雷神也会出来主持公道。《二刻拍案惊奇》卷三十八就写了雷神为好人平冤昭雪的故事：一个叫李三的人，被一个叫孔目的人冤枉，当李三被戴着枷锁示众的时候，“忽然阴云四合，空中雷电交加，李三身上枷杻尽行脱落。霹雳一声，当案孔目震死在堂上，二十多个吏典，头上吏巾皆被雷风掣去。县官惊得浑身打颤，须臾性定，叫把孔目身尸验看，背上有朱红写的‘李三狱冤’四个篆字”。县官终于知道李三有冤，而后为其平反了，“这个李三若非雷神显灵，险些儿没辨白处了”。

除了惩恶扬善，雷神还有保护民众、祛邪等职责。《西游记》中所谓的“三灾”就是这一信仰的反映。孙悟空学艺的时候，菩提祖师告诉他，即便寿命长了，还是会有“三灾”的考验，其中第一个考验就是雷：“丹成之后，鬼神难容，虽驻颜益寿，但到了五百年后，天降雷灾打你，须要见性明心，预先躲避。躲得过，寿与天齐；躲不过，就此绝命。”妖魔鬼祟，到一定时间就会自然被雷神击杀，以保证人间太平。

2020年武汉在抗击新冠肺炎疫情时，紧急建设了火神山和雷神山医院，这其中就寄托着今人美好的意愿。在古代文化中，这两位都是人们信仰的正神，发生瘟疫的时候，人们就祭祀火神或雷神。

宋元时期的《太上三洞神咒》中“治寒病咒”曰:“火铃火山神,烧鬼化为尘。风病从风散,气病气除根。瘟疫诸毒害,寒热速离身。疾痛从此散,男女保安宁。急急如律令。”“摄邪雷公咒”曰:“都天大雷公,霹雳震虚空。精兵三十万,煞气遍乾坤。扬沙飞走石,掣电破群凶。铁面扫妖氛,狼牙啖疫瘟。黑天雷鼓震,万里绝无踪。号令传天敕,炎散空洞中。上至魁罡界,下至九泉宫。都天雷火敕,永为清净风。急急如律令。”

从这两条道教咒语中可以看出,火神、雷神这两位神灵都能克制瘟疫。武汉给两家应急医院取名火神山、雷神山,大概正是在南方传统火神、雷神文化的影响下,人们希冀能尽快驱散邪恶,以正压邪。

另外在八卦上,这两个名字也有寓意。南方火在八卦中是离卦,雷在八卦中是震卦,震属于东方木,木生火,二者相应,而火克金,金在中医中对应肺。另外,“山”在八卦中是艮卦,艮是止的意思,以山为名,希望病毒到此为止。同时,在八八六十四卦中,火神山,火与山是上离下艮的“旅”卦,《周易》曰:“小亨,旅贞吉。”雷神山,雷与山是上震下艮的“小过”卦,《周易》曰:“亨,利贞。”这又都有一种吉祥寓意。

总之,雷神信仰在中国古代极为广泛,同时作为一种信仰符号,在传统文学作品、绘画中,都占据着一席之地。

火神：那么多火神，为何只有“祝融”命名火星车最合适？

为了治疗新冠肺炎，湖北武汉建设的“小汤山”模式医院命名为火神山。火神的符号是火，火克金。按照中医阴阳五行理论，人的肺部属于金。大概火神山命名即有此寓意，但更重要的是南方自古就存有火神信仰这一文化基础。中国探测火星的火星车命名为“祝融”，祝融是中国本土信仰中最早，也是最有名的一位火神，这位大神、正神作为火星车的名字再好不过了，而除了祝融，还有别的火神，为何其中一些火神不适合作为下一代火星车的名字？在现代人的意识中，好像火神并不“火”，实际上在古代，他深受欢迎，至今在民间一些地区仍保留着诸多明清时期的火神庙以及祭祀火神的习俗。那么，火神究竟是谁呢？中国古代有多少火神？传统火神的职责主要是什么？这一信仰经过了怎样的发展变化？火神的造型是什么样的？这一信仰对古典文学有哪些影响？《西游记》中的火神地位如何，他曾帮过孙悟空什么忙？除了《西游记》，古代还有一部《南游记》，三只眼的火神就是这部小说的主角。我们常说“马王爷三只眼”，这位马王爷跟火神又是什么关系呢？《封神演义》中的火神，其造型也是三目，会三头六臂变化，这种描述是有着信仰依据的，而这类火神信仰的造型又是从何而来呢？

早期中国本土火神信仰

《诗经》曰：“七月流火。”大火星可以成为指导农业的一个标志，以火为名，显示出人们对“火”的崇拜。古人对火的自然崇拜很容易孳乳出神人崇拜。燧人氏、炎帝都与火有关系，被奉为火神。《淮南子·天文训》曰：“南方火也，其帝炎帝。”中国本土对火神的信仰起源很早，上古时期人们信仰的另一位火神叫祝融。《左传·昭公二十九年》记载：“社稷五祀，是尊是奉。……火正曰祝融。”《山海经·海内经》记载祝融的出身：“炎帝之妻，赤水之子听沃，生炎居，炎居生节并，节并生戏器，戏器生祝融。”祝融是炎帝的第五代孙。《左传·昭公十七年》记郯子曰：“炎帝氏以火纪，故为火师而火名。”“以火纪”说明这个族群以火作为标志，而祝融也是负责管理火的，大概因此人们将祝融看作炎帝的后代（古代还有将祝融系于黄帝一脉的说法）。

那么祝融的后代又是谁呢？南方属火，祝融在上古时期又常被视为南方之神，南方在春秋战国时期主要是楚国（包括今湖南、湖北等地）的地盘，湖北荆门包山二号楚墓出土的楚简记载楚人认为自己的祖先之一就有祝融：“祝祷楚先老童、祝融、鬻熊。”战国屈原的《远游》也赞美过自己的这位先祖：“祝融戒而跸御兮，腾告鸾鸟迎宓妃。”

当代学者马承源在《中国古代青铜器》一书中指出：“祝融既为传说中帝喾的火正，则他首先应是商民族所崇拜的火神；其次，祝融又是楚民族的先祖，当然也是楚民族所奉祀的对象。在商代早期、商代晚期青铜器纹饰中的太阳纹或火纹如此之多如此之广泛，是与崇拜火和火神密切相关。”

杨宽《中国上古史导论》中指出了祝融、殷商人、楚人的信仰关系：“祝融即朱明昭明，本殷人东夷之日神火神，楚本亦殷人东夷之族，及其南迁，遂自以为火正祝融之后。”因为楚人与祝融的关系，这一地区形成了广泛的火祭、火神、火官、火正等信仰。

火神信仰在南方的影响一直很大。道教刚刚创立的时候崇奉三官大帝，即天官、水官、地官，三官信仰在后世也一直流传，很多地方建有三官庙。唯有汉口有一座四官殿，除了三官大帝，又补充进一个火官，这大概正是南方传统火神祝融信仰影响所致。只不过后世的火神本领变大，不仅管理火情，还作为与火相关工作的人的保护神，还能为人们驱灾祛病、降妖除魔，等等，成了万能神。

早期祝融有哪些本领呢？我们熟悉火神祝融与水神共工大战的神话。实际上，《山海经·海内经》记载：“祝融降处于江水，生共工。”共工是祝融的儿子。《山海经·海内经》记载：“帝令祝融杀鲧于羽郊。”大禹的父亲鲧治水不利，天帝下令让祝融杀了鲧。《墨子·非攻下》中还记载了祝融参与的另一场战争：“天命融（祝融）隆（降）火于夏城之间西北之隅。”是说夏朝末年，祝融曾帮助商汤用火烧了夏的城池。

古人称火星为“荧惑”，赋予其刀兵的象征。要想征服这样一颗星，非得厉害的祝融不可，所以火星车命名为祝融再好不过了。

早期火神信仰中，除了祝融，吴回、回禄、阏伯等也都曾被视为火神。下一代火星车用这几个命名可以吗？

吴回，一说是祝融的别名，一说是祝融的弟弟。《山海经·大荒西经》曰：“有人名曰吴回，奇左，是无右臂。”他只有左臂，没有右臂。郭璞注：“吴回，祝融弟，亦为火正也。”吴回谐音“无回”，不宜作为下一代火星车的名字。

回禄一说是吴回的别称，一说是祝融的弟弟，后来也做了火正，当了火神。后世称火灾为“回禄之灾”，回禄主要是火灾的象征，缺少像祝融那样的保护神形象，因此也不宜作为下一代火星车的名字。

在先秦时期，阏（yān）伯也被视为火神。他的名字叫契，阏伯可能是他的封号。传说简狄吞了鸟蛋，怀孕了，然后生下了他。简狄是殷商人的女始祖，生下的阏伯就是男始祖，这大概是只知其母不知其父的母系社会的影响。进入父系社会，又有一种说法，说他的父亲实际是帝喾，他的同父异母的哥哥就是尧，他还有个同父同母的弟弟叫实沈。

《左传·昭公元年》记载，亲哥俩关系很不好，经常动刀兵，于是帝喾就将阏伯封迁于商（今河南省商丘市，他死后此地就命名为“商丘”，此丘据说是他观察天象的天文台，死后葬在此台下），把实沈封迁至大夏（今山西太原），将他们分开，避免了不断的纷争，从此两个人老死不相往来。他们死后，一个变为商星，一个变为参星，在天空中，这两颗星往往一颗升起，另一颗就会落下，永远不会同时“在线”，这就是杜甫在《赠卫八处士》一诗中所说的“人生不相见，动如参和商”。

商星是二十八宿中的心宿第二颗，红色，也称“大火星”，“七月流火”说的就是它。六月的黄昏它常出现在正南方，到七月就偏西了，所以黄昏时看到处在偏西的大火星，就知道秋天要到了，天气要凉了。这颗星星对于指导人们的生活有着重要的意义。

传说阏伯观察大火星的运行规律而创制了历法，所以后世视他为火正，是管理大火星的神。《左传·襄公九年》曰：“陶唐氏之火正阏伯，居商丘，祀大火，而火纪时焉。相土因之，故商主大火。”后来又传说阏伯保存了火种，阏伯就从星宿的火神进而演变为管理一切与火有关的事物的神。至今商丘还有祭祀阏伯的火神庙，其中阏伯的造型是一个普通的老人，面相和蔼，手持笏板，这种形象显然受到了道教的影响。

祝融是帝喾时代的火正，阏伯是继祝融之后尧舜时代的火正，后都为火神，但阏伯也不宜为下一代火星车的名字。火星因离地球远，忽明忽暗，星光迷惑，故称“荧惑”。如果荧惑靠近心宿中的大火星，就会出现一个天文现象——“荧惑守心”。守就是停留，心就是心宿，两颗最红的星都在黄道附近运动，一颗象征着刀兵，一颗象征着祭祀（阏伯管理的这颗大火星在后世被赋予的一种象征寓意），两颗星靠近，古人认为不吉。当然，我们现在对此不再迷信，但从传统文化的角度来说，阏伯名字不够响亮，事迹不够霸气，寓意也不够和谐。在这些火神当中，名气最大、地位最正、信仰最广泛的火神还是祝融，所以下一代火星车或可命名为祝融二号。

总的来说，放火是火神的符号，此形象在后世也一直存在。南宋陆游《予数年不至城府丁巳火后今始见之》曰：

> 陈迹关心已自悲，劫灰满眼更增欷。
> 山川壮丽昔无敌，城郭萧条今已非。
> 窣堵招提俱昨梦，祝融回禄尚余威。
> 故交减尽新知少，纵保桑榆谁与归？

城市被大火烧毁，这是火神的威力。在古人的笔下，祝融、回禄往往成为大火、火灾等自然现象的符号代称。吴回、回禄、阏伯等火神有个共同点，即常以放火者的形象出现，大约到了隋唐，有的转变为了灶神，有的则被新的火神信仰所压倒了。

祝融形象如何？《山海经·海外南经》曰："南方祝融，兽身人面，乘两龙。"这是早期的祝融形象。到了宋代，华岳《嘲热》曰："南方有神名祝融，发赭面丹唇朱红。执鞭入海驱赤龙，火车勒驾烧长空。"可以看出，人们对早期的本土火神造型的描述往往很简单，祝融有火车、火龙，整体色彩通红，仅此而已，与《山海经》介绍的祝融形象相差无几，祝融的形象早已定型。唐宋时期，开始出现新的火神信仰，新的火神图像、造像开始广泛流传，其造型在文学作品中的展现要比祝融这类火神形象复杂而神秘得多。

新的火神形象

唐宋以后，上古信仰与道教、佛教、祆教等信仰相互影响而生成了新的火神形象，出现了祭祀火神的庙宇，火神的画像、造像也随之多了起来。因为信众的增加，火神信仰文化的广泛存在，火神从文人士大夫的诗词开始走向大众艺术，成为话本、杂剧、小说等文学类别的素材。

最为民众普遍认知，且为官方认可的新火神，大概就是火德星君了。这个名字来源于阴阳五行与星象的结合，与之为同一命名方式的就是大家熟悉的西方金星，即太白金星。火德星君是南方火星。

约成书于唐宋间的道教典籍《太上洞真五星秘授经》记载：

> 南方火德真君，主长养万物，烛幽洞微，如世人运气逢遇，多有灾厄疾病之尤，宜弘善以迎之。其真君，戴星冠，蹑朱履，衣朱霞寿鹤之衣，手执玉筒，悬七星金剑，垂白玉环珮。

这位火神可以长养万物，还能救苦救难，相较于传统火神，其职责明显扩大。

约成书于宋金时期的《洞微集》卷七记载：

> 南方火德，荧惑星君，火之精，赤帝之子，执法之星。……星君戴星冠，蹑朱履，衣朱霞鹤寿之衣，执玉简，垂七星金剑，白玉环珮。

火德星君是从荧惑，即我们现在称之为火星的星球演变而出的一位火神。荧惑火星有着惩罚、刀兵等象征，所以这里说火德星君是执法之星，还是监察神。火德星君与火德真君实际是一回事，二者的造型是一致的。可以看出，唐宋时期以火德星君为代表的火神形象造型往往是戴星冠，蹑朱履，衣朱霞寿鹤之衣，执玉简，悬七星金剑，垂白玉环珮。这主要是受道教影响，融入本土审美特征的打扮装饰，朱红色是其主要的符号象征。

火德星君在民间有着极为广泛的信仰，因而在文学作品尤其是元明清通俗故事中，有着极多的“戏份”。如在《三国演义》第十回《刘皇叔北海救孔融　吕温侯濮阳破曹操》说：“我乃南方火德星君也，奉上帝敕，往烧汝家。感君相待以礼，故明告君。君可速归，搬出财物，吾当夜来。”糜竺在路上遇到化身美女的火德星君，目不斜视，以礼相待，美女告知他自己是火德星君下凡，本来要去烧他家的，因为他的知礼，特意告诉他，让他早做准备，糜竺因此避免了一场火灾损失。这里的火德星君很可能即是受到了早期本土火神放火职责的影响。

北京什刹海火神庙供奉的火德星君。该庙兴建于唐代，后经历代修缮。

在《西游记》中，也多次提到了这位火神。第三十二回《平顶山功曹传信　莲花洞木母逢灾》写唐僧师徒在平顶山遇到金角大王、银角大王之前，孙悟空先遇到一个樵夫，樵夫劝他们不要前行，因为前面有妖怪，孙悟空说，遇到妖怪也不怕，自己认识各路帮手。

> 行者道：“若是天魔，解与玉帝；若是土魔，解与土府。西方的归佛，东方的归圣。北方的解与真武，南方的解与火德。是蛟精解与海主，是鬼祟解与阎王，各有地头方向。我老孙到处里人熟，发一张批文，把他连夜解着飞跑。”

孙悟空说要是南方的妖怪，就让火德星君来管。这里显然是将火德星君看作南方之神，其地位之高，大概也是受到了人们早期将火神祝融看作南方之神的影响。

火德星君的本领，在《西游记》中也得到过展现。第五十一回《心猿空用千般计 水火无功难炼魔》写孙悟空等人遇到太上老君的坐骑青牛精下界为妖，青牛精有个金刚镯可以套取各类兵器，李天王认为水火无情，水神、火神或许可以降服此妖，于是孙悟空决定去请火德星君来放火。

> 行者道："老孙这去，不消启奏玉帝，只到南天门里，上彤华宫，请荧惑火德星君来此放火，烧那怪物一场，或者连那圈子烧做灰烬，捉住妖魔。一则取兵器还汝等归天，二则可解脱吾师之难。"

《西游记》中的细节很有意思，孙悟空也曾找过北方真武大帝，是从北天门进，而找火神火德星君是从南天门进。孙悟空请来的火德星君，也有放火的本领。

> 这高峰上火德星君，忙传号令，教众部火神，一齐放火。这一场真个利害。好火！
>
> 经云："南方者，火之精也。"虽星星之火，能烧万顷之田；乃三气之威，能变百端之火。今有火枪、火刀、火弓、火箭，各部神祇，所用不一。但见那半空中，火鸦飞噪；满山头，火马奔腾。双双赤鼠，对对火龙。双双赤鼠喷烈焰，万里通红；对对火龙吐浓烟，千方共黑。火车儿推出，火葫芦撒开。火旗摇动一天霞，火棒搅行盈地燎。……
>
> 那妖魔见火来时，全无恐惧。将圈子望空抛起，呼喇一声，把这火龙、火马、火鸦、火鼠、火枪、火刀、火弓、火箭，一圈子又套将下去，转回本洞，得胜收兵。

火德星君放火的法器有火龙、火马、火鸦、火鼠、火枪、火刀、火弓、火箭、火葫芦、火旗，等等，这些大概正是根据唐宋以来火神庙里的火神形象而来的。宋元时期的《太上三洞神咒》"都天大雷火咒"中对火德星君的描述，也基本都提到了这些法器。可以说《西游记》借鉴了民间流传的火神艺术形象。

从道教的典籍到文学作品可以看出，火神在道教本土审美装饰的基础上，其形象不断得到完善，除了固定色彩可以表明其身份外，主要是增添了诸多法器，而这些法器也逐渐成为火神的身份象征。

稍晚于《西游记》成书的《封神演义》，也提到了火德星君。他本是火龙岛焰中仙，曾放火烧西岐，可见其对传统火神放火者的形象也有继承，后来被封为南方三气火德星君正神之职，法器与《西游记》中的火德星君差不多。"且说罗宣将万鸦壶开了，万只火鸦飞腾入城，口内喷火，翅上生烟；又用数条火龙，把五龙轮架在当中。只见赤烟驹四蹄生烈焰，飞烟宝剑长红光。"但小说对其造型的描述，也有一些变化："戴鱼尾冠，面如重枣，海下赤髯，红发，三目，穿大红八卦服，骑赤烟驹。"火神罗宣有了三只眼睛，还有三头六臂的造型："现出三首六臂，一手执照天印，一手执五龙轮，一手执万鸦壶，一手执万里起云烟，双手使飞烟剑，好利害。”这一形象实际上又受到了另一类火神造型的影响。

三只眼造型的火神形象，在明清时期极为多见。明代万历年间的小说《南游记》塑造了另一个火神——华光，也是三只眼睛，其与《封神演义》中塑造的火德星君造型大概有着相同的信仰依据。华光最初主要是佛教人物，南北朝时期的《妙法莲华经》最早提到了这位华光佛，华光在元明时期已经有了广泛的信仰。

《水浒传》第三十七回张横划船唱了一首歌就提到了华光：“老爷生长在江边，不怕官司不怕天。昨夜华光来趁我，临行夺下一金砖！”

《西游记》第九十六回出现了华光行院。“长老至前，见是一座倒塌的牌坊，坊上有一旧匾，匾上有落颜色积尘的四个大字，乃华光行院。长老下了马道：‘华光菩萨是火焰五光佛的徒弟，因剿除毒火鬼王，降了职，化做五显灵官。此间必有庙祝。’”

华光早期为佛、为菩萨，后来又与民间的五显灵官信仰结合，人们认为五显灵官就是华光。

此外，民间也还一直流传着华光作为火神的信仰，这大概跟华光的名字有关。最早在元代《西游记》杂剧中，就出现了华光作为火神的造型。华光自称：“某乃佛中上善，天下正神。”这是其佛教的身份。华光又高唱：“宣灵王将火部驱，胡总管将火律掌。火鸦鸣振惊天上。火瓢倾卒律律四远光芒。火丹袖五百，火轮踏一双。火葫芦紧缚师旷，使离娄拖定金枪。神中号作华光藏，佛会称为妙吉祥，正授天王。”火鸦、火丹、火轮之类是火神的法器，华光已经具备了火神的符号，这位火神是保护唐僧取经的神灵之一，火神保护神的职责得到了突显。

清末周培春绘，马王爷，一面三眼四臂。图上题写：“此是马王爷，手拿双刀，粮店车店人供之。”

明末余象斗的《南游记》中，华光成为了主角，这位火神降妖除魔的本领又得到了淋漓尽致的展现。华光的法器与《西游记》杂剧中的描述基本一致，只是华光变成了三只眼睛。作者在解释他三只眼的来历的时候，说他本是佛灯，幻化为如来佛身边的妙吉祥童子，因和毒火鬼王比火的法力，而杀死毒火鬼王。如来赐给他天眼，让他投胎赎罪。他投胎为马耳娘娘的儿子，名三眼灵光，也就是我们常说的“马王爷三只眼”的那位马王爷，这实际借鉴了民间将马王也看作火神的信仰。

在余象斗之前，也确实有将马王爷视作火神的记载。明初的《道法会元》说他三头九目，六臂，两手拿火铃、火索，两手拿金枪、金砖，两手斗诀，仗剑，青面，赤须，竖立的红发，足踏火轮，白蛇绕轮，中吐火。背负火瓢，火鸦万群，部领十二员副将，是南方火帝。他之所以姓马，也有缘故：“元帅本无姓氏，南方属午，午属马，故借马字为姓。”大概因为名字里有了“马”，后世就将他当作了马神（早期有别的马神信仰），实际最初可能是火神。

大约成书于嘉靖年间的《三教源流搜神大全》卷五《灵官马元帅》对马王爷的描述与《道法会元》中的记载基本相似，但多了一些故事情节，说他“以服风火之神而风轮火轮之使，收百加圣母而五百火鸦为之用”，各种降妖除魔，并且三次投胎。余象斗借鉴了《道法会元》中马元帅的形象以及《灵官马元帅》的故事，把马元帅的故事全部搬到了华光身上，也把马王三只眼的造型移植到了华光身上。

《封神演义》中的火德星君也是“三目”，大概也是受到类似于马王形象的火神的影响。那么，火神马王的三只眼又是

敦煌莫高窟第384窟，8世纪，赤发三眼四臂明王。

敦煌莫高窟第148窟，四臂火天神。

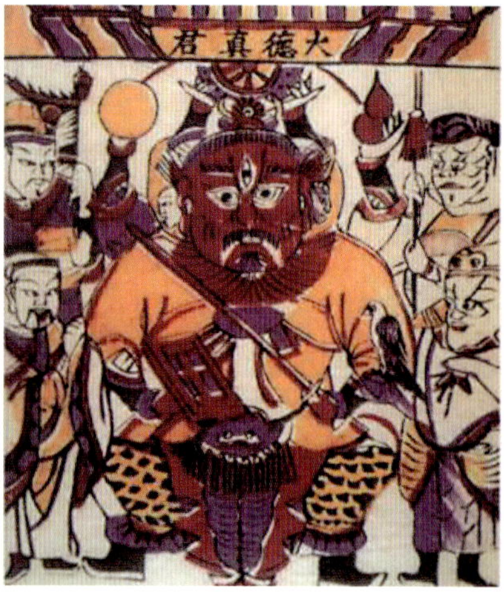

左图：

清代火德真君版画，三头六臂，一面上三只眼，有火鸦、火葫芦等法器。

右图：

清末周培春绘，火神爷。图上题写：“此是火神爷，手拿金鞭，遇火灾，民商供之。”

怎么来的呢？《道法会元》说马王“三头九目六臂”，古代还有一面三眼四臂的马王造型，这些造型大概是受到了佛教等外来宗教的影响而形成的，这是他者的特征。如敦煌莫高窟中就有一赤发三眼四臂的明王像，如果往更远了追溯，印度教的湿婆也有一面三眼四臂的造型。

唐宋时期，更是有多眼多臂而与火有关的外来神灵的传入。在敦煌莫高窟中就有一约绘于8世纪70年代的四臂火天神，是佛教吸收的婆罗门火神。流行于唐代的袄教，即拜火教，其风神与圣火之神，往往也是三目或三头六臂的造型。大概正是此类多眼多臂的造型，且与火有关的信仰的传入，影响了唐以后新火神形象的生成，尤其是马王这一类火神的造型。

总的来说，唐宋以后，除了道教典籍中描述的“戴星冠，蹑朱履，衣朱霞寿鹤之衣”带有本土审美特征的火德星君形象，受佛教等外来宗教影响而生成的多眼多臂的火神形象也极为流行，马王可能只是其中之一。（应该还有很多造型相似而名称不同的火神，如约成书于元末明初的《法海遗珠》“灯烬烧鬼咒”中，说火神叫宋无忌，其形象是“青面三头六臂，遍身流火，执火枪、火索、火剑、火铃”。）《封神演义》中的火德星君，其造型为一面三目，三头六臂，显然与唐宋时期道教典籍《太上洞真五星秘授经》《洞微集》中提到的火德星君形象已经大不同了，而其与宋无忌、马王、华光等造型可能有着相同的现实依据。

总之，早期本土火神奠定了火神信仰的基础，其形象与造型还比较简单，其职责也比较单一。唐宋以后，在本土火神信仰的基础上，道教、佛教、袄教、民间信仰等各类因素影响下，形成了新火神信仰，其对古典文学作品产生了重要的影响。在火神职责方面，《西游记》《封神演义》中的火德星君，继承了本土传统火神放火的形象，而在新火神信仰的影响下，其放火的方式、场面变得复杂，这是受到新火神装饰法器增多，并逐渐符号化的影响，此外，火神职责除了管理火，还能驱灾除恶，降妖除魔等，《西游记》杂剧中的火神华光，其保护神的职责就得到了突显，《南游记》中的火神华光其降妖除魔的本领也得到了淋漓尽致的展现；在造型方面，新火神身体特殊构造等造型为人们所广泛接受，《封神演义》《南游记》等文学作品中神秘、神奇的火神造型都受到了现实信仰的影响，而这些文学作品的流传，又进一步促进了新火神造型的传播，尤其是多眼或多眼多臂这一类造型。

河神与海神：河伯信仰的消失，妈祖信仰的兴起

黄河被誉为中国的母亲河，古代以“河”相称的河流往往特指黄河，那么古代的河神都有谁呢？为什么河伯信仰在宋以后逐渐消失了呢？《西游记》中黄河之神有出场吗？《西游记》中的巨灵神又是谁呢？他与我们熟悉的《好汉歌》又有什么联系？在希腊神话中，有著名的海神波塞冬，那么，中国古代神话传说中的海神是谁呢？

河伯的消失

从现代考古成果看，大汶口文化、仰韶文化、龙山文化、二里头文化、马家窑文化等都散落于黄河流域。传说中的三皇五帝，夏商周王朝的建立，也主要是在黄河流域。有意思的是，春秋五霸的崛起也是从黄河下游齐桓公到中游晋文公，再到上游秦穆公的过程。可以说整个先秦时期，中华文化奠基之地都与黄河有关，黄河也因而被称为“中国古代文化的发祥地”或“中国古文化的摇篮”，中国人又称其为“母亲河”。由黄河生发出来的“河伯”“河神”信仰，也是中华文化中的重要符号。

明清之际《九歌图》中的河伯，美国弗利尔美术馆藏。

古代很多文献都记载了河伯的事迹。《庄子》说秋水至，百川灌河，地面上很多水都流进了河里，河伯自以为浩然广袤，欣然自喜，结果到了北海，见到海神若，才知道什么是无边无涯，什么是差距。屈原《九歌》描述了河伯的风流倜傥：“鱼鳞屋兮龙堂，紫贝阙兮朱宫，

灵何为兮水中。”

我们熟悉的一篇文章《西门豹治邺》，还提到了河伯娶妻的故事。在先秦时期流传着一个传说，河伯冯夷的妻子是洛水水神，河伯冯夷贪财好色，洛水女神就不喜欢他，跟着羿私奔了。屈原《天问》中提到羿用箭射了河伯，抢走了他的妻子：“帝降夷羿，革孽夏民。胡射夫河伯，而妻彼雒嫔？”对于失去妻子，河伯很生气，所以向人间索求美女，这就是《西门豹治邺》中河伯娶妻故事的信仰背景。

关于河伯的形象，西汉司马相如《大人赋》曰：“使灵娲鼓瑟而舞冯夷。”唐代刘禹锡诗云：“冯夷蹁跹舞渌波，鲛人出听停绡梭。”在文人的笔下，河神冯夷是一个能歌善舞的形象。而其具体的造型，除了有普通人形，唐代《酉阳杂俎》说“河伯人面，乘两龙”，又说他“人面鱼身”，等等。

唐以前，无论是官方还是民间，都有祭祀河伯的传统，但宋以后这种信仰就逐渐消失。在明清时期，少量小说中还有关于河伯的记载。如《西游记》第五十一回孙悟空遇到法宝厉害的青牛精束手无策，李天王以为水火无情，不会被金刚镯套住，孙悟空去找水德星君帮忙，水德星君就让黄河水伯神王拿一半的黄河水去助阵，河伯也就只此一提而已。

宋代赵彦卫《云麓漫钞》说：“《史记·西门豹传》说河伯，而《楚辞》亦有河伯词，则知古祭水神曰河伯。自释氏书入中土有龙王之说，而河伯无闻矣。”这是说“河伯”信仰消失的直接原因是佛教传入后“龙王”的出现。另一个间接原因则可能与唐朝加封河渎神而与河伯形成竞争关系有关。河渎即黄河，唐代封河渎“灵源公”，宋代真宗封其为“显圣灵源公”，仁宗诏封其为“显圣灵源王”，等等。加封河渎带个“灵”字，很可能又是受到了另一个黄河神的影响，即巨灵神。

另类河神巨灵神

汉代有一些纬书记载了有关“巨灵神”的条目，说他能造山川、出江河。在东汉张衡《西京赋》中，巨灵神也是一个开辟大神的形象。古时的黄河常常因为不定期的泛滥、改道造成灾害，所以人们对“河伯”的信仰，最初往往是出于畏惧。汉代出现巨灵神，则是人们对改造自然的向往。

汉以后《搜神记》《水经注》等书也有巨灵神的记载，巨灵神成了河神。在崤函、桃林附近，黄河流淌之初，被一座大山阻隔了，黄河之神便用手脚将山分成两半，使河水从中间穿山而行，人们为这样的力量所震惊，称其为巨灵神。“二华之山，其本一山也。当河，河水过之而曲行。河神巨灵，以手擘开其上，以足蹈离其下，中分为两，以利河流。今观手迹于华岳上，指掌之形具在。脚迹在首阳山下，至今犹存。”

上海美术电影制片厂《大闹天宫》图集手绘版巨灵神。巨灵神是黄河神之一。

如今去华山旅游，在华山北峰、苍龙岭一带东望华山著名景观“仙人仰卧”，传说即是开山导河功成后，巨灵神仰卧入睡，化为了此山峰。而首阳山根有一个脚印的形状，华山东峰崖壁上有一手掌形状，这都是巨灵神的遗迹。

到了唐代，巨灵神有了名字，叫秦洪海，大概是“擒洪水入海”之意。《法苑珠林》卷五十二记载，在陕西省户县北有一座山，黄河经过此地，被此山阻挡而形成了一个内海，称为西海。巨灵神秦洪海行到此处，担心会发生水患，就用力将此山从中间劈开，使得黄河东流入汪洋。李白《西岳云台歌送丹丘子》有诗赞叹曰：“巨灵咆哮擘两山，洪波喷流射东海。”河伯与巨灵在文人的笔下，成为两个不同的形象：河伯能歌善舞，有阴柔之美；巨灵神因其开山导河的气象，显得大气磅礴。

据文献记载，巨灵神最迟东汉就出现了，那么他的原型是谁呢？

“巨灵神”有个“巨”字，我们不妨看看西汉以前的大力神。《列子》中记载了愚公移山的故事：北山愚公欲平太行、王屋二山，感动了上天，于是上帝命令夸娥氏的两个儿子搬走了两座大山，为愚公打通了道路。茅盾在《茅盾说神话》一书中认为“夸娥”即“夸父”。《山海经》《列子》中记载了“夸父逐日”，“夸”，《说文》曰：“奢也，从大于声。”夸父，也就是巨人的意思。我们常以为这是讲一个有力气使不完的人没事追逐太阳的故事，据现代学者考证，“夸父逐日”其实是驱逐太阳的一种巫术。夸父是水神，具有管理河流、下雨驱除干旱的职责。“渴欲得饮，赴饮河渭。河渭不足，将走，北饮大泽，未至，道渴而死”，正是对干旱的反映。夸父到了河渭，最后渴死，《山海经·海外北经》说夸父临死前，将其杖化为一片桃林，“弃其杖，化为邓林”。毕沅注曰：“邓林即桃林也，邓、桃音相近。”

比较一下巨灵神与夸父：

第一，从名字来看，二者都是巨神。

第二，巨灵神与河伯同为黄河神。何光岳《河神的崇拜及河伯族的来源与迁徙》一文中认为河伯最初是一个部族，是东方民族的一支，夏代之前，河伯族人曾帮助大禹在黄河下游治水。《山海经·大荒北经》曰："后土生信，信生夸父。"《山海经·海内经》则曰："炎帝……生后土。"由此可知夸父是炎帝之后裔，也是东夷人。

第三，夸父渴饮河渭，竹杖化为桃林，巨灵神开山也发生在河渭流域桃林塞边。

第四，巨灵神开导山川的职责大概源于夸父渴饮河渭。《晏子春秋》卷一说齐国大旱，齐景公找人占卜，结果说是高山广水作祟，齐景公就想要祭祀高山、河伯。《穀梁传》记载成公五年，梁山崩塌，黄河断流，晋国的国君便去祭祀河神，后来河水就真的被疏通了。大概西汉时期，黄河之神就已经具备了"移山"而解决干旱的功能了。《禹贡》中大禹开山治水、秦汉时期帝王开凿山道以及华山的特殊地貌等，又为巨灵神开山导水提供了神话组合的要素。

总的来看，从人物原型上来说，巨灵神更多地受到了夸父神话的影响。

夸父神话在汉以后唐以前有着极大的影响。《列子》讲夸父有两个大力士儿子，成书于六朝时的《神异经·东南荒经》记载了夸父和他的媳妇都是巨人，职责是开山导水，可是两个人都太懒了，因而受到上天的惩罚，需等到黄河澄清了，才能恢复他们的职责。

> 东南隅大荒之中，有朴父焉。夫妇并高千里，腹围自辅。天初立时，使其夫妇开导百川，懒不用意。谪之，并立东南，男露其势，女露其牝。不饮不食，不畏寒暑，唯饮天露。须黄河清，当复使其夫妇导护百川。

夸父有时作"博父"，与此段中"朴父"的繁体字形相近，二者很可能即是说的一人或者同一个族群。这就又将夸父与疏导黄河联系了起来。只不过这一时期因为有了巨灵神，其他巨神被闲置起来。而在后来的发展中，"巨灵神"与"河伯"一样，随着其他河渎的兴起，其开山导河的功能也逐渐消失了。

巨灵神的形象是常见的。在《西游记》中，孙悟空大闹天宫的时候，巨灵神曾是李天王的先锋，与孙悟空交过手。明代的传奇《钵中莲》也提到了巨灵神。百草山旱魃化身为王大娘，取死人噎食罐炼成了黄瓷缸，藏身缸内，可以避天谴的雷击。后来，缸为巨灵神所撞裂，王大娘找人修补，观音派土地神化为补锅匠，假意修补，趁机将缸打碎。王大娘恼羞成怒，要与之大战，这时候，观音又命二郎神前来，将此妖铲除了。至今民间一些地区还保留着这样的曲目，后来有人将其中《王大娘补缸》的小调拿来重新填词，作成新歌，这就是《好汉歌》。

海神的兴起

《北堂书钞》引《太公金匮》说上古时期的四海之神分别是南海祝融、东海句芒、北海玄冥、西海蓐收。而《山海经》中说禺京是北海海神，不廷胡余是南海海神，等等。对于这些上古神话中的海神，我们可能已经不太熟悉，而我们也有一个熟悉的海神，那就是妈祖。

妈祖是中华民族文化认同的一个标志性符号。妈姐又称天妃、天后、天上圣母、娘妈等，俗称“海神娘娘”。

妈祖，原名林默，南唐人，从小生活在海滨，乐于助人。传说她十六岁时，得到了仙人的指点，通晓天文地理，精通医学，有驱邪治病和泅水航海的本领，而且能“预知休咎事”，预测船只在海中的吉凶。她成仙后经常救助海中遇难的船只，因而生活在海边的人们极为崇拜她。

最早的记载来自宋代方志《仙溪志》，说她是林家的姑娘，有巫术，可以预测祸福，死后人们立祠祭祀她，她对航海者有求必应。自北宋始，林默就神格化了，被称为妈祖，这是当地人对女性祖先的一种尊称。相传，她曾在海上显灵，庇佑出使高丽的官员平安归来，后来又协助宋兵战胜了金寇，等等。

在宋朝，妈祖逐渐由一个地方神成为国家祭祀的对象。在信仰发展过程中，妈祖不断有新的传奇故事，被不断赋予新的神异功能，除了祈雨、护佑航海，还向求子、助战的全能女神转变，并被道教和儒家赋予伦理道德色彩，如生前身份卑微，死后利国利民，救苦救难，等等。

从北宋到南宋，中国古代的经济重心完成了南移。走南闯北、浮河渡海的商业活动有很多不安全性，人们出于保障自身安危和商业利益的信念，便将保佑平安和发财致富的愿望寄托在宗教的信仰和神仙的庇佑上。妈祖救厄而平波息浪，正是人们希望冥冥之中有神仙排遣茫然、恐惧，化解灾难等观念的反映。妈祖信仰在宋代出现后，其信仰圈不断扩大，由沿海扩大到了内地，甚至远及边塞地区。到了不同地区，她又有了不同的“职责”，在沿海她是海神；在内地，她是江河湖海水运交通的保护神。

李少园《论宋元明时期妈祖信仰的传播》一文指出：“妈祖信仰的传播，进入一个空前繁荣的拓展期。其特点是朝廷为祈求神女对王朝生命线漕运的庇佑，首次把封号提高到当时至高无上的‘天妃’，褒封的规格有质的飞跃，从而将妈祖在宋代与诸多海神

清代传教士绘，天后娘娘。

等同的地位，突出到统御全部海神的最高地位。”

在宋代，妈祖还只是海神之一，到了元代，妈祖已经上升到众海神之上，被封为“天妃”。统治者利用妈祖的精神信仰推崇自身，表示其统治是受到神灵认可的，以此来教化民众。到了明代，随着郑和下西洋，妈祖的信仰范围进一步扩展，明成祖永乐七年加封妈祖为“护国庇民妙灵昭应弘仁普济天妃”。

对于妈祖信仰的推崇，不仅提高了她的地位，也使得在民间信仰的“八仙”中多了一位女仙，何仙姑的入选即是受到当时社会推崇女仙风气的影响。

郑和《天妃之神灵应记碑》说自己下西洋那么顺利，就是因为受到了妈祖的保佑，“而我之云帆高张，昼夜星驰，涉彼狂澜，若履通衢者，诚荷朝廷威福之致，尤赖天妃之神保佑之德”。到了清代，随着施琅收复台湾、出使琉球，又掀起信仰妈祖的热潮，正是在这一时期，妈祖被赋予了“国家大一统”的象征意义。

清代，妈祖奇迹。妈祖显灵，救助航海者。

清朝来自关外，为了确立自己的正统地位，屡次加封妈祖，以建立自己与神的关系。有清一代，统治者累计褒封妈祖十五次之多，累封至“天后”，达到了极高的地位。

从宋代开始，随着信仰的扩大，妈祖成了文人诗词中的一个表现符号。北宋黄公度的《题顺济庙》赞扬了她为国效力的精神：

枯木肇灵沧海东，参差宫殿崒晴空。
平生不厌混巫媪，已死犹能效国功。
万户牲醪无水旱，四时歌舞走儿童。
传闻利泽至今在，千里桅樯一信风。

对普通百姓来说，妈祖作为航海保护神，象征平安与仁慈。在明清笔记中，有很多关于她的传说。明代谢肇淛《五杂组》记载，大海上有天妃神，经常帮助航海者，如果在风涛之中，忽然出现两只蝴蝶，或者半夜出现一盏红灯，那么就不用害怕了，即便风浪再大，也不会有危险，因为这是天妃在保护着船。清代纪昀《阅微草堂笔记》记载，有一次出海，突然起了大风，眼见船快要翻了，这时候忽然看到有几十只小鸟环绕在旗杆上，船上的人大喜，说“天后来救我们了”，果然，风马上就停了，大家安全抵达了澎湖。

关于妈祖的风俗以及文献记载很多，至今世界各地还存在大量与妈祖信仰相关的宫庙、祠堂、会馆、碑刻、壁画、石雕等。如今，妈祖信仰已经入选人类非物质文化遗产代表作名录，妈祖符号也实现了现代化与全球化。妈祖成为“海上女神”“和平女神”“万能女神”，也成为家族、民族团结的一个纽带。总之，与妈祖相关的民俗文化在社会符号等级体系中占有重要的位置。

城隍爷、土地公与灶王爷：地域守护神

在希腊神话中，城邦都有自己的守护神，而中国古代神话中也有相似的神，他们都是谁呢？《西游记》中，观音菩萨到长安寻找取经人，暂时住在哪一位守护神家里了呢？什么样的人才能成为一个城市或一方土地的守护神呢？《水浒传》中，李师师说李逵长得像土地庙的小鬼，为何土地庙里会有判官和小鬼？《西游记》中，师徒四人谁长得像灶王爷？

清代传教士绘，城隍。城隍身边有马面，台阶下有白无常，可见城隍不仅是阳间城市的保护神，也是鬼魂的管理者。

在希腊神话中，一些重要的城邦往往都有自己的守护神，如雅典的守护神是雅典娜，而雅典城内的守护神还有提修斯，雅典郊区法勒龙地区的守护神是英雄法勒罗斯。此外，一些家族又有自己家族的守护神，等等。与之相似，中国古代的民间信仰中，也有类似的城邦、乡村以及家庭守护者。

一般认为中国传统文化的主体是儒释道，实际上民间还有"第四空间"，即民俗信仰。在民间的日常生活中，步步都离不开对各路神仙的膜拜，而且往往都是寻求"多重保险"，如除了"福禄寿喜财"以及与科举有关的魁星、文昌等某方面的"专职"神仙，人们还信奉一些空间上的"区域"保护神。人们认为一座城池有城隍爷，是城市的守护神；一方土地有土地公，负责保佑乡村平安，等等。

《西游记》第八回写观音奉旨上长安：

他与木吒离了此处，一直东来，不一日就到了长安大唐国。敛雾收云，师徒们变作两个疥癞游僧，入长安城里，竟不觉天晚。行至大市街旁，见一座土地神祠，二人径进，唬得那土地心慌，鬼兵胆战，知是菩萨，叩头接入。那土地又急跑报与城隍、社令及满长安各庙神祇，都知是菩萨，参见告道："菩萨，恕众神接迟之罪。"菩萨道："汝等不可走漏消息。我奉佛旨，特来此处寻访取经人。借你庙宇，权住几日，待访着真僧即回。"众神各归本处，把个土地赶到城隍庙里暂住，他师徒们隐遁真形。

观音菩萨到了长安暂时住在了土地庙，而土地去了城隍那里暂住。

城隍

城隍这个词本指的是防守城池的护城河，后来成了城市守护神的称呼。城隍不是一个神，而是一个神职。清代赵翼《陔余丛考》中有"城隍神"条，对城隍信仰的发展进行了详细介绍：城隍信仰始于六朝，唐宋以后，得到普遍祭祀。城隍如同人间的郡县长官，根据城市级别大小，分成不同的等级，如有省会大城市一级的都城隍，有市一级的府城隍，还有县一级的县城隍，等等。

《西游记》第三十七回写唐僧到了宝林寺，乌鸡国真国王的鬼魂给他托梦伸冤，说他的拜把子兄弟把他害死，推到了井里，变作了他的模样，坐了他的江山。国王说那妖怪"神通广大，官吏情熟，都城隍常与他会酒，海龙王尽与他有亲"，这里提到的是都城隍。第五十六回，孙悟空打死了几个强盗，唐僧不满，对着强盗的尸体念经，说他们的魂魄要去告状，就去告孙悟空，而孙大圣也对强盗们的坟堆说：

尽你到那里去告，我老孙实是不怕：玉帝认得我，天王随得我；二十八宿惧我，九曜星官怕我；府县城隍跪我，东岳天齐怖我；十代阎君曾与我为仆从，五路猖神曾与我当后生；不论三界五司，十方诸宰，都与我情深面熟，随你那里去告！

清末周培春绘，城隍爷。图上题写："此是城隍爷，手拿佛牌布，清明时军民奉祭。"

《考城隍》，清代石印本《聊斋志异图咏》。城隍也要通过考试来选拔。

这里提到了府县城隍，而且城隍是与东岳天齐并列的，这是因为城隍不仅是阳间城市的保护神，也是鬼魂的管理者，与东岳大帝的职责差不多。《西游记》中说唐僧的父亲陈光蕊被刘洪打死，抛入江中，尸体被龙王手下巡海夜叉发现了，龙王想问问怎么回事，于是“差夜叉径往洪州城隍、土地处投下，要取秀才魂魄来，救他的性命。城隍、土地遂唤小鬼把陈光蕊的魂魄交付与夜叉去”。西安有座城隍庙，是朱元璋在位时期修建的，其中城隍神位于大殿正中，两边是判官、牛头、马面、黑白无常等，这体现的正是城隍管理鬼魂的职责。可见《西游记》虽是小说，却往往有着现实的民俗依据。

什么样的人才能担任城隍呢？《聊斋志异》中有一篇《考城隍》，写两个秀才在活着的时候，突然有一天被抓到一个地方参加考试，到了那地方，见到很多考官，但都不认识，只认得关老爷。考题是“一人二人，有心无心”，其中一个秀才考得不错，答的是：“有心为善，虽善不赏；无心为恶，虽恶不罚。”意思是说，有的人故意做好事，虽然做了好事，但不应该奖励他；有的人不小心做了坏事，虽然做了坏事，但不应该惩罚他。考官们看了他的答案之后，都交口称赞，于是就想让他当某个城市的城隍。这个秀才知道后吓了一跳，哭求说自己家有老母需要照顾，后经查，原来他还有九年阳寿，于是经关老爷开恩，他又在人间活了九年，最终才赴任做了某地城隍。

在古人的观念中，要想做城隍，必须是死后。城隍作为一个城邦的守护神，必须做到公正严明的审判。有才华而正直的人，死后可以通过考试成为城隍，另外，历史上的贤达或儒家典范也能选为城隍，如苏州城隍为战国的春申君黄歇，杭州城隍为文天祥，柳州城隍为柳宗元，南昌城隍为灌婴，等等。各个地区的城隍也可以更换，明代冯应京《月令广义》说文天祥曾做过北京的城隍，而一个姓白的人做过苏州的城隍，杭州的城隍最近也换了人，“天下城隍名号不一。世传燕都城隍为文丞相，苏州城隍姓白，杭州城隍即胡总制，近更周御史”。

在一些地区，城隍爷还有“老伴儿”——城隍奶奶。这与人们对土地公的民间信仰有点相像，宋以前只有土地公，宋以后有了土地婆。

土地神

土地公信仰源于上古时期的“社神”崇拜。《说文解字》说：“社，地主也。”《周礼》说：“二十五家为社，各树其土之所宜木。”在秦汉以前，社神的地位极高，但大约从南北朝开始，土地神的地位越来越卑微。明清时期，人们往往认为土地公是乡下或者郊区的守护神，是最基层的地仙，而因其与人们的生活联系最为紧密，土地庙也最为多见。《西游记》中，孙悟空与二郎神斗法时，孙悟空变的那个庙就是土地庙。

清末周培春绘制，土地爷。图上题写："此是土地爷，手拄拐杖，人人供之。"

在《西游记》中，土地公的出场也极多，如有作为特殊区域守护神的土地公，像蟠桃园的土地、火焰山的土地。有给孙悟空送信帮忙的土地，如遇到红孩儿的时候，孙悟空就把附近的山神、土地叫出来，众神向他介绍说：“上告大圣，此山唤做六百里钻头号山。我等是十里一山神，十里一土地，共该三十名山神，三十名土地。”也有跟孙悟空捣乱的土地，如在车迟国，孙悟空与虎力大仙比砍头，当孙悟空的头落在地上的时候，虎力大仙暗暗把土地叫出来，对他说：“将人头扯住，待我赢了和尚，奏了国王，与你把小祠堂盖作大庙宇，泥塑像改作正金身。”结果土地真的听了他的话，还好孙悟空会七十二变，又变出一颗头颅来。

清人绘《西游记》，孙悟空变成了土地庙。

在《西游记》中，土地是个不起眼的小神，但在民间有着广泛的信仰基础，土地庙和土地公信仰在乡村极为多见。这是因为土地神不仅是地方的守护神，俗语称“土地灵，则虎豹不入境”，还是财神之一，这源于土能生金生财的观念。不仅如此，人们又称土地为福德正神，凡是考试、求福、求吉利的事情，他都能管。此外，民间还认为，人死之后，也要先去土地庙报到，所以土地庙又有着主管人生死的职责。

《水浒传》中宋江等人见到李师师，“李师师便问道：‘这汉是谁？恰像土地庙里对判官立地的小鬼。’众人都笑。李逵不省得他说。宋江答道：‘这个是家生的孩儿小李。’”李师师把李逵比作土地庙里的小鬼。土地庙里还有判官和小鬼，一方面这正反映了民间认为土地庙有管生死等职责，另一方面也反映了民间对阴间神鬼的供奉。除了个别地区，判官、阎罗王一般没有专门供奉的寺庙，有的判官被安排在土地庙里，有的阎罗王和城隍或者东岳大帝共享香火。

什么人能做土地神呢？晋朝干宝《搜神记》中说一个叫“蒋子文”的自称为土地神，这大概是最早的土地公。后来各地往往将对当地有功的人死后奉为土地神，或称其为土地公，如岳飞被看作是杭州太学一带的土地神，韩愈被看作是清代翰林院一带的土地神，等等。本地的乡贤死后被人们奉为土地，所谓“乡村之老而公直者死为之”，等等。还有一些土地往往随地命名，如花园土地、青苗土地。

总的来看，土地神形象的发展有一个历史的演变，最初是直接对着大地祭祀，后来用土堆、石块、树木、木桩代表，最后演变为某个人，以人形代表。天公地母，土地生养万物，所以土地神最初是女的，同样从社神发展出的后土娘娘就是女性。大概因为受到人世间乡绅文化的影响，一方土地往往由有威望的男性长者负责主持公道，于是土地神就变成了白眉毛、白胡子的老头形象。

灶王爷

在民间的空间区域神信仰中，除了一方有一方的土地神，一个城市有一个城市的守护神，一家又有“一家之主”，即灶王爷。传说最早的灶神为炎帝，《淮南子》曰：“炎帝作火，而死为灶。”后来又有不同的人做了灶神，如南朝《荆楚岁时记》说灶神叫苏吉利，唐代《酉阳杂俎》说灶神名隗，状如美女，又说灶神是姓张名单，字子郭，等等。

对于灶神的祭祀应该很早。《论语·八佾》记载：“与其媚于奥，宁媚于灶。”“奥”是地位尊贵的祭祀，而“灶”虽不如“奥”地位高，但灶神主管饮食，有实权，所以有一天王孙贾问孔子，是不是与其讨好尊贵的“奥”，不如讨好当事的“灶”，也就是我们后来所谓的“县官不如现管”之意。孔子认为这样说不对，如果得罪了上天，就没有地方可以祈祷了，“不然，获罪于天，无所祷也”，得罪了“老大”，你即便尊敬手下人又有什么用呢。在后世的民间传说中，灶王爷不仅是负责火灶的灶神，是一家的保护神，同时也是上天派下来的监察神，负责记录自己所在人家一年的所作所为。每年到了一定日子，就会上天去报告这一家人的情况，人们当然希望他能“上天言好事，下界保平安”，所以从后世这种信仰来看，人们确实应该“媚于灶”。

和其他神祇不一样，人们把灶王爷当成了“自己人”，还可以跟他开玩笑。民间习俗，每年腊月二十三要祭灶（一些地区为二十四或二十五）。民谚曰：“腊月二十三，糖瓜粘。”人们往往在这一天，用糖粘在灶上，祭祀灶王爷，希望能用麦芽糖粘住他的嘴巴，不让他乱说。《西游记》中，沙和尚大概脸很黑，长得很像灶王爷，所以第八十八回，众人到了玉华王府，众官见了沙僧之后都叫道：“灶君！灶君！”在这里，孙悟空、猪八戒、沙和尚收了三位王子做徒弟。

清末周培春绘，灶王爷。图上题写：“此是灶王爷，人人供之。”

灶王爷也是有等级的，有家里的灶王爷，还有一个地方统管各家各户的总灶王爷。北京的皂君庙（原来叫灶君庙）即是明清时期供奉都灶王的，现在还残留一块碑，记载了灶王爷的来历：

> 灶神之说，尝见于庄子。而孟夏祭灶，礼经具有明文。盖灶之由来旧矣！民间庖厨之地，例设神位。尊之曰：东厨司命。三伏之月，率三祀焉。至岁暮，则飨以牲醪而送之，俗谓之：醉司命。至正月则迎之，饧箫粥鼓，诗人每著于篇什，而专祠则阙如也。

清人绘，送灶王爷之图。图上题写：“此中国送灶之图，每年十二月二十三日送灶之期。……”

清代董诰绘《黄羊祀灶》，台北“故宫博物院”藏。《后汉书》记载，汉宣帝时，一个叫阴子方的看见了灶神后，杀了黄羊祭祀灶神，从此好运连连。于是，杀黄羊祭灶的风俗就流传下来。鲁迅有诗曰：“只鸡胶牙糖，典衣供瓣香。家中无长物，岂独少黄羊？”

总之，在西方的希腊神话中，有其城邦守护神，而在中国的民间信仰中，城邦守护神往往是“多重保险”，从一座城，一方土，到一个家族都有神仙负责保佑。而在家里，除了这些区域守护神，人们又可以供着关二爷，贴着钟馗门神，或者刻上“姜太公在此”，等等。这些民间信仰，虽然有一些源于封建迷信，但却又深深影响了古代的建筑、绘画、文学以及风俗习惯，它们也是考察地方文化的一种符号依托。

福禄寿三星：为何没有合并成一个福禄寿神？

为什么过年有守岁的习俗，这与求福有关？为什么寿星的鹿是白鹿，白鹿有什么寓意？“禄”“寿”也可以说是属于“福”，为何没有发展出一个福禄寿神，而是三个呢？三星在一起的时候，又如何分辨他们谁是谁呢？《西游记》中也提到了福禄寿三位神仙，猪八戒说他们是人家的奴才，这又是为什么？

古人崇拜星空，认为浩渺无际的星空是众神的居所，“福神”最初也起源于星辰之神——木星。木星每前进一宫，就代表地球度过了一年，所以木星又被称作岁星。

南宋《摹梁令瓒星宿图》中的岁星福神，故宫博物院藏。

南宋马麟绘《三官出巡图》局部，台北"故宫博物院"藏。三官大帝，即天官、地官和水官，是道教最早敬奉的神灵。

从西汉开始，朝廷有专门的庙宇供奉岁星之神，而在民间，传说到了岁首之际，福星就会降福，所以渐渐形成了在除夕守岁的习俗。

东汉，伴随着道教的创立，又诞生了一位福神，那就是"天官"，一说天官就是紫微大帝。紫微大帝是紫微星的转变，紫微星位于上天的最中间，地位最高，永远不动，故被视为最尊贵，是"众星之主"，称"帝星"。民间认为，紫微大帝总主诸天帝王，所以后来很多皇帝都说自己是紫微大帝转世，皇宫被称为紫禁城，也与紫微星的地位有关。

天官实际是"三官"之一，是早期道教的信仰。"三官"即"天官""地官""水官"，道教宣扬"三官"可以赐福、赦罪、解厄。《三国演义》中就有对张鲁倡导的三官信仰的描写：

> 鲁在汉中自号为"师君"……祈祷之法，书病人姓名，说服罪之意，作文三通，名为"三官手书"：一通放于山顶以奏天，一通埋于地以奏地，一通沉于水以申水官。如此之后，但病痊可，将米五斗为谢。

清代传教士绘《天官赐福》。

民间传说，每到了正月十五日，天官就会下凡到人间，开始审核人一年的所作所为，如果没有什么差错，就会赐给他福分，故称"天官赐福"。民间年画中，有四大天官赐福图：有的天官手持大如意；有的身边带着一个童子，童子手捧着花瓶，里面插着玉兰和牡丹，寓意是"子孙平安""玉堂富贵"；有的带五个童子，童子手中分别捧着仙桃、元宝等吉祥物，"五"象征传统的"五福"之说；还有的年画中，天官直接手执"天官赐福"的条幅，等等。

随着道教的壮大兴起，原来的岁星福神也逐渐有了人的形象，木德岁星星君成为道教五星君之一。《洞渊集》描述了他的形象：头戴星冠，脚蹬红鞋，穿着画着鹤的衣服，手拿玉简，佩戴宝剑和玉器。而《太上洞真五星秘授经》详述了他的职责是主管福庆，"主发生万物，变惨为舒。如世人运气逢遇，多有福庆，宜弘善以迎之"，所以古人有了"一路福星""福星高照"等说法。大凡富贵寿考、平安吉庆都可以归福星管理。

《三教源流搜神大全》等文献记载说，汉武帝时期的一位叫杨成的官员被人们奉为福神。他本是道州刺史，道州这个地方畸形儿比较多，有不少侏儒。在古代，侏儒多是供宫廷取乐的杂耍人员，因而道州不得不每年向宫廷进贡大量侏儒这种“土特产”，导致妻离子散，百姓哀号无助。最终，杨成大胆上书汉武帝，据理力争，抵制进贡侏儒，为百姓争取来了安定的生活。百姓感激他，纷纷为他画像立祠。实际上这是唐德宗时道州刺史阳城保护道州百姓的事。

《新唐书·阳城传》记载：“城出为道州刺史，州产侏儒，岁贡诸朝，城哀其生离，无所进。帝使求之，城奏曰：‘州民尽短，若以贡，不知何者可供。’自是罢。”白居易还写过一首赞美他的诗篇叫《道州民》，其中诗句曰：“仍恐儿孙忘使君，生男多以阳为字。”人们为了怀念他的恩德，如果生的是男孩，往往就取字为“阳”。后来阳城逐渐被尊为福神，所以有的福神也是官员的模样。后来福神阳城又从一个地方的信仰，扩展到全国而成为福禄神，这样，阳城（元明时期，又被附会为汉武帝时期的杨成）既是福神也是禄神。

清人绘《西游记》，寿星的坐骑是白鹿。

《史记·天官书》说，文昌宫的第六星为掌管人间职位和利禄的禄星。随着道教的发展，以及科举制的兴盛，文昌帝君成为重要的禄神信仰。当然，历史上对禄神的原型有多重说法，有说张亚子就是文昌帝君，是禄神，有说后蜀皇帝出任了禄神，还有一种说法说禄神为比干，等等。禄神的画像有的是怀抱一个婴儿（有的则是福神抱着婴儿），是送子男，这是将张仙附会为禄神。张仙本是民间信仰的送子神之一。

我们常见的禄神的形象是一个人身穿大红官服，头戴高冠，“冠”谐音“官”，骑在一头鹿上，“鹿”谐音“禄”。另外，也有福禄寿组合画像中，只画一头鹿和福星、寿星在一起，这头鹿就象征禄神。

但在《西游记》中，鹿是寿星的坐骑，而且是白

清代黄山寿绘《麻姑献寿图》。麻姑又称寿仙娘娘，民间流传着麻姑于绛珠河边以灵芝酿酒为西王母祝寿的故事。古人为女性祝寿常常赠送麻姑像，名曰：麻姑献寿。

鹿。第七十九回《寻洞擒妖逢老寿　当朝正主救婴儿》中，寿星的坐骑白鹿下界为妖，做了比丘国国王的老丈人，后来被孙悟空打进洞府，最终为寿星收服带回。白鹿在魏晋南北朝时期就被看作是长寿的符号，《抱朴子》说："鹿寿千岁，满五百岁则其色白。"

中国古代传说中有很多长寿之人，如彭祖，据说活了八百多岁；如麻姑，据说她见东海三次变为桑田。而信仰最为广泛的、最为常见的是寿星，他不仅自己长寿，据说也可以使他人长寿。寿星的形象往往是广额白须，捧蟠桃执杖，寓意长命百岁。唐代司马贞曾将寿星作为主人间福寿之神，他说："寿星，盖南极老人星也，见则天下理安，故祠之以祈福寿。"

寿星本是星名，到了后来的戏曲小说中就变成了神仙名，又传说他就是南极仙翁。《西游记》中描绘他的形象是："霄汉中间现老人，手捧灵芝飞蔼绣。葫芦藏蓄万年丹，宝箓名书千纪寿。……曾赴蟠桃醉几遭，醒时明月还依旧。长头大耳短身躯，南极之方称老寿。"寿星身边常有鹤、灵芝等长寿的象征物。民间向老人祝寿时常用这样一副对联："福似西方弥勒佛，寿如南极老人星。"

明代张路绘寿星。寿星的形象往往是广额白须。

左图：

隋朝《河洛七字文体寿星图碑》拓片。隋朝的时候，寿星就有了一个象征着长寿的大脑门。

右图：

明代吕纪绘《南极老人像》，故宫博物院藏。寿星旁边有一只象征着吉祥与长寿的白鹿。

寿星的画像原型是谁呢？传说宋朝的时候，有一个会占卜而长相奇怪的自称来自终南山的老人私下里见了仁宗皇帝。他离宫后不久，管理观测星相的臣子就来报，说看天象，寿星接近了皇帝。仁宗感到很奇怪，就召集画师们，把那个奇怪老人的形象画了出来。有学者指出，这可能是寿星图最早的雏形。

实际上我们现在又发现一些新材料，早在隋朝的时候，寿星的造型就基本定型了。其主要的特征就是额头特别大，古人往往以前额代表南方，既然是南极老人星，所以寿星的前额就特别突出。

刚开始的时候，福禄寿并不在一起，大约明朝以后，三者成为一个组合，也成为人们最喜欢的神仙组合。三者组合在一起，其形象又都有所变化，如何辨别呢？从具有象征意义的道具上来看，福星的典型形象是手拿一个“福”字或抱着孩子；禄星则是手托金元宝或如意；寿星一般是一手拄着拐杖，一手托着寿桃。从形象与服饰上来看，明朝的李东阳在《三星图歌》中指出了三仙各自的特点：“福星雍容丰且都，翩然骑鹤乘紫虚。禄星高冠盛华裾，浮云为驭鸾为车。寿星古貌长骨颅，渥丹为颜雪鬓须。”

中国的传统文化对日本影响很深。在日本宗教中，有“七福神”，包括六位男神和一位女神，其中有从中国的神话中传过去的信仰，比如福禄寿神和寿老神。从逻辑上来说，禄和寿都属于福，但中国古代为什么没有将三者合为一个福禄寿神呢？第一，福禄寿各自的起源不同，都有着独立的生成体系，只是后来人们才将三者放在了一起；第二，大概是在福气之外，人们又更注重对地位俸禄和健康长寿的愿望，所以最终没有合并为一神；第三，这又可能与对传统的数字“三”的信仰有关，“三”在古代是多的象征；第四，佛教有三世佛，道教有“三清”，一分为三，就有了更多的保障。总之，福禄寿三者在一起，又被称为“三星高照”，人们认为他们可以同时带来更多的幸福、富贵、长寿等吉祥。

古人对福、禄、寿的追求，不仅体现在年画、瓷器、玉器、家具等物件上的福禄寿形象，一些大户人家给奴仆取名字也往往叫“来福”“添福”“添寿”“添禄”或“富贵”，等等。

《西游记》第二十六回《孙悟空三岛求方　观世音甘泉活树》，写孙悟空请福、禄、寿三位仙人先去五庄观替自己把救活人

左图：

美国哥伦比亚博物馆藏中国年画，福禄寿。中间为禄神，抱孩子的为福神，大脑门的为寿星。

右图：

清人绘《西游记》，孙悟空请福、禄、寿三位仙人来五庄观医活人参果树。

参果树的期限延长一些，八戒与他们见了面就开玩笑，说他们都是人家的奴才，其中原委正是如此。猪八戒和三星开玩笑还动手动脚的。

> 那八戒见了寿星，近前扯住，笑道："你这肉头老儿，许久不见，还是这般脱洒，帽儿也不带个来。"遂把自家一个僧帽，扑的套在他头上，扑着手呵呵大笑道："好！好！好！真是'加冠进禄'也！"那寿星将帽子掼了，骂道："你这个夯货，老大不知高低！"八戒道："我不是夯货，你等真是奴才！"福星道："你倒是个夯货，反敢骂人是奴才！"八戒又笑道："既不是人家奴才，好道叫做'添寿'、'添福'、'添禄'？"
>
> ……
>
> 八戒又跑进来，扯住福星，要讨果子吃。他去袖里乱摸，腰里乱吞，不住的揭他衣服搜检。三藏笑道："那八戒是甚么规矩！"八戒道："不是没规矩，此叫做番番是福。"三藏又叱令出去。那呆子蹴出门，瞅着福星，眼不转睛的发狠。福星道："夯货！我那里恼了你来，你这等恨我？"八戒道："不是恨你，这叫做'回头望福'。"那呆子出得门来，只见一个小童，拿了四把茶匙，方去寻钟取果看茶；被他一把夺过，跑上殿，拿着小磬儿，用手乱敲乱打，两头玩耍。大仙道："这个和尚，越发不尊重了！"八戒笑道："不是不尊重，这叫做'四时吉庆'。"

这里作者借猪八戒与福禄寿三星的吉祥寓意，把当时民间流行的谐音吉祥话展示了一番。

总之，福禄寿是中国传统文化中常见的符号，三仙在道教中的地位虽然不是很高，但在社会上却有着广泛的信仰基础。与其他一些主管辟邪的神不同，福禄寿或福禄寿喜财的符号属性完全是和气的、吉祥的。

财神：最受欢迎的财神是怎样炼成的？

古代究竟有多少位财神？太白金星是财神？关羽是如何成为财神的？佛教也有财神吗？《西游记》中，红孩儿被收服后，负责什么工作？如今，我们习惯过完年初六或初七上班，这与财神信仰有什么关系？

财神是中国传统文化中一个主管财源的信仰。财神和一般神仙不一样的地方是，他并不是一位。从财神的类型来说，有文财神、武财神；从财神的地位来区分，又有正财神、偏财神、准财神之别；从信仰的来源上说，有道教的财神，有佛教的财神，还有民间传说形成的财神，等等。

道教的财神

道教最初祭祀的神主要是“三官”，即天官、地官、水官，其中天官赐福，福包含寿、禄、财等，因而天官可以看作道教早期的“财神”。道教在之后的发展中又逐渐吸收了一些神，与管理财富联系了起来。如被民间看作文财神的李诡祖，本是北魏时期的一位官员，因体察民情而受到民众的爱戴，死后，人们立庙祭祀他。民间传说他是太白金星下凡，主金。到了唐朝的时候，李家皇帝将李诡祖视为同宗，加封他为“财帛星君”“神君增福相公”，提高了他的地位。道教经典《三教源流搜神大全》云：“李相公讳诡祖，在魏文帝朝治相府事。白日裁断阳间冤狱，夜间主判阴间是非，兼管随朝三品以上官人衣饭禄料，及在世居民每岁分定合有衣食之禄。至后唐明宗天成元年赠为神君增福相公。”

李诡祖是一位正财神，他的绘像在古代是最常见的，在大多数古版年画、清代的纸钞以及和“福”“禄”“寿”“喜”神列在一起的画像，出现的基本都是他。他的形象一般是红袍玉带，白面长须，慈眉善目，手执“元宝”，上面写着“招财进宝”四字。到了元明时期，道教又吸收了一位财神，那就是武财神，他姓赵名朗，字公明，据说与钟馗是老乡，终南山人氏，其出生年代有商末和秦代两种说法。当今道教宫观中的财神神像一般都是赵公明。他的形象与李诡祖正好相对，是武将的打扮，黑面浓须，威严怒目，一手执银鞭，一手持元宝或聚宝盆，骑黑虎，故又有“黑虎玄坛”之称。

清代传教士绘，财神赵公明。黑虎与钢鞭是财神的标志。

在元代以前，赵公明主要是督鬼之神。东晋干宝《搜神记》曰：“上帝以三将军赵公明、钟士季，各督鬼下取人。”他是取人性命的冥神，被民间视为瘟神。宋代，赵家皇帝将赵公明视为自己的祖先，一去其瘟神的形象，而将其改造成一位神通广大的神圣。

到了元明时期，赵公明不仅是道教的护法神，为人们驱灾避害，又多了管理生意买卖的职责。《三教源流搜神大全》曰：“赵公明，终南山人，头戴铁冠，手执铁鞭，面如黑炭，胡须四张。跨黑虎，授正一玄坛元帅。能驱雷役电，呼风唤雨，除瘟剪疟，祛病禳灾。如遇讼冤伸抑，能解释公平，买卖求财，宜利和合，无不如意。”而且到了元代，已有了明确的“财神”称呼。元杂剧《来生债》唱词曰：“谁待要祭那财神，我则待送那魔君。”这里的财神很可能就是赵公明。《封神演义》中，姜子牙封他为“金龙如意正一龙虎玄坛真君”，由他统领“招宝天尊萧升”“纳珍天尊曹宝”“招财使者陈九公”“利市仙官姚少司”四位神仙。后来人们就认为“招宝”“纳珍”“招财”“利市”这四仙是财神赵公明的帮手，负责迎祥纳福、商贾买卖。因为《封神演义》的影响极为深远，在民间一般供奉的财神像即是道教的“正一玄坛大元帅”赵公明。

清代《封神真形图》，财神赵公明，台湾“国立图书馆”藏。《封神演义》中赵公明被封为“金龙如意正一龙虎玄坛真君”，统领“招宝天尊萧升”“纳珍天尊曹宝”“招财使者陈九公”“利市仙官姚少司”四位神仙，四仙专司迎祥纳福、商贾买卖。因为有了这样四位手下，赵公明也逐渐被视为财神，五人一起被视为“五路财神”。

清代传教士绘《文武财神》。文财神是比干，武财神是赵公明。

清代传教士绘《五路财神》。民间传说正月初五所接的财神是五路财神，东南西北中五路出门都得财。

民间信仰的财神

将负责其他职责的神转化为财神是民间信仰财神的来源之一。如《封神演义》中被妲己陷害剖了七窍玲珑心的忠臣比干，《史记·殷本纪》记载比干为人忠厚耿直，敢于直言相谏。比干在古代被封为“国神”，是国家的保护神，在《封神演义》中被封为文曲星君，后来又被民间视为“禄”神，但又有封号为“天官文财尊神”，可见他也是文财神。但他与太白金星李诡祖的形象不同，他手执如意或官帽，寓意做官如意。《封神演义》深入人心后，“无心”被看作不偏不倚的公正，比干也就渐渐被当作财神供奉。

华光大帝是道教护法四圣之一，相传他姓马名灵耀，因生有三只眼，故民间又称“马王爷三只眼”。在广东、台湾、澳门、江西和福建等地，华光大帝是商贾们敬奉的财神。“有土斯有财”“黄土生金”“有土必有财，悖入财不见”等观念，使得人们也将土地神视为财神。灶王爷作为民间信仰的“一家之主”，也是家财之主，因而被视为准财神。准财神反映的是人们等贵贱、均贫富的观念。而有这样“本事”的，民间信仰的准财神还有头戴“一见生财”帽子的无常鬼、刘海蟾，等等。

民间将保护神发展为信仰的武财神有钟馗和关羽。钟馗本是民间信仰的一个俗神，后来被道教纳入神仙体系。民间认为钟馗是万应之神，要福得福，要财得财，有求必应，所以他也被人们看作“财神”，而他最基本的职责是“捉鬼”，所以是武财神。明代末期，随着商品经济的发展，晋商崛起，而关羽是山西解州人，山西人对这位乡贤特别依赖和感激，于是在全国经商的山西人不断建关羽庙，又因关羽重信守约，且相传他管过兵马站，长于算数，发明了日清簿，全国各地的人们就渐渐将他视为“义财神”以及行业的保护神了。总之，将保护神转为财神，反映了人们希望自己的财产能够在纷乱世道中得到保护的美好愿望。

民间各地还有自己的财神信仰对象，这被看作是对“偏财神”的信仰。如明清以来江浙一带供奉的金元七总管。北京安定门外有五显财神庙，其他地方还有五通、五圣、五哥、五道将军、五盗将军之说，等等。

民间的财神信仰，还包括将对商业发展有理论贡献的历史人物进行神化。《世本》记载说"亥作服牛"，在商朝建立之前，部落君主王亥为自己的部落开创了畜牧业的营生，这促进了物品的流通和商品交易的发展。后世称王亥为华商始祖，称生意人为"商人"，据说就和他奠定的这一基础有关。管仲是春秋时期辅佐齐桓公创立霸业的政治家，他阐述了很多有利于商业发展的理论，如《管子·奢靡》一文总结了消费对生产的促进作用，因而被后世商人视为财神。白圭是战国时期魏国宰相，后来辞官经商，提出了很多经商理论，如智、勇、仁、强，总结了"人弃我取，人取我与"等经验，司马迁在《史记·货殖列传》评价他"盖天下言治生祖白圭"。天下人谈论经商致富之道都效法白圭，可见在汉朝的时候，他就有了很大的影响力。宋朝的时候，宋真宗封白圭为"商圣"，商人们将其作为商业始祖。在神化的过程中，民间将其视为"四面八方一个中"的财神阵容中的西北方向的财神（中是王亥，东是比干，南是范蠡，西是关公，北是赵公明，西南是端木赐，东北是李诡祖，东南是管仲）。管仲、白圭等人都是"智慧"的象征，是为行业立规的典范。

民间信仰的财神还源于对古代品德高尚的商人的崇拜。如孔子的学生子贡在民间被神化，成为财神之一。他复姓端木，字子贡，司马迁在《史记·货殖列传》说："夫使孔子名布扬于天下者，子贡先后之也。"这是说孔子得以名扬天下，是由于有子贡在人前人后辅助他。孔子周游列国，据说就是子贡赞助的。子贡经商，讲究诚信，君子爱财，取之以道，并且能用自己的钱财帮助别人，子贡遗留下来的诚信经商的风气被后世称为"端木遗风"。范蠡在民间，也被神化为财神。他本是越王勾践的大臣，帮助勾践灭吴之后，就辞官做生意去了。他到了陶邑改名叫朱公，因很会做生意，获得了巨万家财，但他常常分钱财给贫穷的朋友和远房同姓的兄弟，为人宅心仁厚，司马迁也高度评价了范蠡，"此所谓富好行其德者也"。后世往往用陶朱公指称富翁。

清末周培春绘，财神。图上题写："此是增福财神，手拿金鞭，人人供之。"

子贡、白圭、范蠡等人之所以能发展为后世的财神，得益于《史记》。司马迁为他们作传，使得他们的事迹和品德名扬天下。

清代传教士绘，沈万三。民间传说朱元璋为了修城墙，冤杀了沈万三，后来心生愧疚，便将沈万三封为财神。据说沈万三死于正月十六，华北一带形成了正月十六这一天接财神的习俗。

司马迁重视商业，一方面源于他个人银铛入狱因交不起钱财赎罪而被迫施行宫刑；另一方面，他真正看到了商业对整个社会发展的重要作用，“仓廪实而知礼节，衣食足而知荣辱。礼生于有而废于无。故君子富，好行其德；小人富，以适其力”。到了东汉，史官由私家的继承变成了皇帝的任命，史书也就变成了皇家立场。班固从维护统治者的角度提出重农抑商，批评司马迁“述《货殖》则崇势利而羞贫贱”，此后官方基本延续了这一观点，对商人采取打压轻视的态度。但《史记》对民间的影响，最终使得《货殖列传》中的商人变成了财神信仰符号。

民间信仰的财神还包括对大财主的崇拜，如石崇、蔡京、沈万三、严嵩、虞洽卿，等等。元末明初的沈万三，传说他富可敌国，他的画像总有一个聚宝盆。此外，民间在万物有灵的观念下，将“狐、黄、灰、柳”的狐狸、黄鼬、老鼠、蛇等，也奉为财神。

佛教的财神

佛教的财神一般指的是北方多闻天王、黄财神和善财童子。北方多闻天王名毗沙门，敦煌壁画里的毗沙门像，画的是他渡海布道、广散金银财宝的故事。在藏传佛教中，还有黄白红黑绿五财神，其中黄财神是诸财神之首，因其身相黄色，故称为黄财神。

他主司财富，发愿使一切众生脱离贫困。

善财童子是观音菩萨身边的童男，传说他出生时，家里突然涌现出许多奇珍异宝，因而取名为“善财”，善，就是多的意思。但他不为富贵所束缚，发誓皈依佛门，历经种种磨难后，经观音菩萨的指点，一说是经普贤菩萨的点化，而修成正果。

《西游记》第四十二回说道：“悟空，我这瓶中甘露水浆，比那龙王的私雨不同，能灭那妖精的三昧火。待要与你拿了去，你却拿不动；待要着善财龙女与你同去，你却又不是好心，专一只会骗人。你见我这龙女貌美，净瓶又是个宝物，你假若骗了去，却那有工夫又来寻你？”可见在《西游记》中，这个“善财”的位置最初是由龙女担任的。而到了收服红孩儿的时候，“菩萨道：‘你今既受我戒，我却也不慢你，称你做善财童子，如何？’那妖点头受持，只望饶命”。红孩儿被观音收服后，做了善财童子。

善财童子的传说很早就有了，《华严经》就记载了善财的故事。我们常见的观音像，两边往往侍立着金童玉女，左边的就是善财童子，右边的则是龙女。民间因为“善财”之名，而把善财童子也看作财神。哪吒被误认为是善财童子。

《三教源流搜神大全》清刻本，观音菩萨两边的就是龙女与善财童子。

清代《封神真形图》，哪吒，台湾“国立图书馆”藏。图上题写：“善财童子哪吒。”其实，哪吒不是善财童子，《封神演义》中也并未将其封为善财童子。红孩儿是从哪吒分化出来的一个人物，《西游记》中红孩儿被观音收为善财童子，因二人相像，故此图作者误以为哪吒即为善财童子。将哪吒视为善财童子，这在民间也有一定的影响。

清代罗聘绘《和合二仙》，南京博物院藏。和合二仙寒山拾得也被视为财神。

美国哥伦比亚大学博物馆藏中国年画，财神。图上题写："聚宝招财。"

此外，与民间信仰合流，佛教也有一尊偏财神，就是和合万回。"昔日寒山问拾得曰：世间谤我、欺我、辱我、笑我、轻我、贱我、恶我、骗我，如何处治乎？拾得云：只是忍他、让他、由他、避他、耐他、敬他、不要理他、再待几年你且看他。"寒山、拾得在明清时被奉为"和合二仙"，又作"和合二圣"，象征着"家庭和合""夫妻和合""朋友和合"。实际上在宋朝以前，"和合"本是一人，名叫万回，其像"蓬头笑面，身着绿衣，左手擎鼓，右手执棒，云和合之神"。传说他是唐朝人，因为兄长远赴战场，父母挂念而哭泣，他就往战场探亲，他往返一日，就带回来了哥哥的亲笔信。一日可行万里，故号为"万回"。万回和合在民间的流传中，逐渐变成喜神，进而又成为了财神。

总之，在古代，财神作为一种象征财富的符号，不是某一位神，而是一个以财神信仰为基础形成的庞杂的财神谱系，反映了不同阶层、不同领域、不同时代、不同地区、不同行业的人在财神身上寄托的财富理想。财神是传统文化中一个吉祥符号，人们既希望得到财神的保护，又希望能致富以提高生活水平，同时也是对公平、公正等品德的宣扬，以及对"礼"和"利"、"益"和"义"等价值观念的平衡。在中国传统民俗中，过春节的时候家家户户都悬挂财神像，走家串户时总会说一句"恭喜发财"。正月初五，是财神的生日，这一天，要燃放鞭炮，搞多种多样的庆祝活动，寓意就是迎接财神的到来。初五又称"破五"，《岁时琐事》记载："欲有所作为，必过此五日，始行之。"人们认为过完初五，方宜工作，这也是为什么至今一般设定初六或初七上班。

门神：名字与画像为何能“召唤”神？

《红楼梦》中，门神是怎样一种符号？最早的门神是谁？钟馗是如何成为门神的，其本是一大木棒？《西游记》中提到的门神都有谁？我们一般看到的门神都是武将打扮，有文人成为门神吗？为什么古人认为，写上神的名字或者将其画像贴在相应的位置就能得到神的保佑？在古人的信仰中，通过名字和图像能“控制”人吗？《西游记》中的“我叫你一声，你敢答应吗”，体现的是古人怎样一种思维模式？《水浒传》中有武松醉打蒋门神，有被视为李逵的影子的鲍旭被称为丧门神，还提到是谁用箭射了门神，这体现了门神怎样的地位？

门神大概是日常生活中最为常见的神仙画像了。古代过年的时候，一个重要习俗就是换门神。明清小说中，对换门神的习俗多有反映，如《红楼梦》第五十三回写贾府过春节，“已到了腊月二十九日了，各色齐备，两府中都换了门神、联对、挂牌，新油了桃符，焕然一新”。门神是古代新年的一个重要符号，换了门神，也就意味着新的一年要开始了。门神可以说是古人信仰的一种寄托，同时也是古人美好愿望的一种展现。

门神有何缘起？最早的门神是没有名字的，就是司门的神。后来出现了第一对有名字的门神，即神荼和郁垒。据汉代王充《论衡》引《山海经》佚文说：在东海有一座山，山上有一棵大桃树，拱形的枝干弯曲到地面，形成一扇大门的形状，妖魔鬼怪都住在大门的里面。为了不让他们出来，天帝派了两个神将去把守大门，一个叫神荼，一个叫郁垒。他们要是发现哪个鬼怪为非

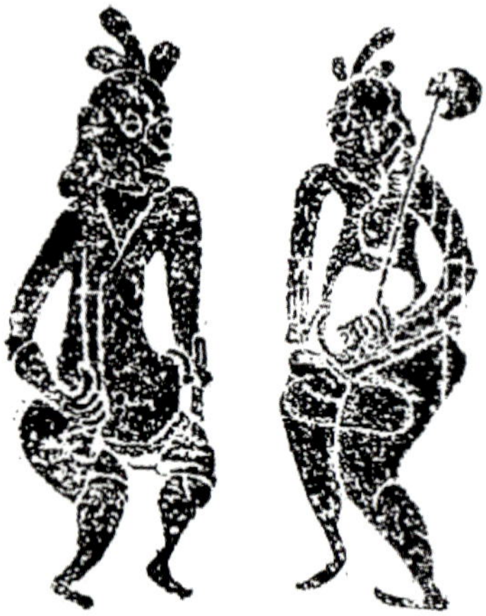

汉代画像石，神荼与郁垒。

清代传教士绘，门神神荼与郁垒。一持宝剑，一拿绳索。

作歹，就会用草绳把他捆起来，然后送去喂老虎。后来形成习俗，人们每逢过年，便用两块桃木刻上神荼、郁垒的像，或写上他俩的名字，挂在门的两边，以示驱灾压邪。东晋干宝《搜神记》曰：“今俗法，每以腊终除夕，饰桃人，垂苇索，画虎于门，左右置二灯，象虎眠，以驱不祥。”南朝宗懔《荆楚岁时记》也说：“岁旦，绘二神贴户左右，左神荼，右郁垒，俗谓之门神。”

“门神”一词正式出现在汉代的典籍中，当时除了神荼、郁垒，还有一名叫成庆的古代勇士被奉为门神，门神开始人格化，也开启了凡人转做门神的神格化历程。《汉书·景十三王传·广川惠王刘越传》曰：“其殿门有成庆画，短衣大绔长剑，去好之，作七尺五寸剑，被服皆效焉。”

我们常见的门神有钟馗、秦叔宝和尉迟恭。先说钟馗，古书上说，齐地的方言常把大木棒，即“椎(chuí)”叫作“终葵”，这个大木棒可以用来驱赶鬼怪，后来以讹传讹就有了一个叫“钟馗”的驱鬼的神。传说唐玄宗曾梦到有鬼奔向自己，这时突然出现一个大汉，把鬼吃了。唐玄宗很感激他，就问他是谁，原来是钟馗，于是，下令画了他的像挂在皇宫中。据沈括《梦溪笔谈》考证，钟馗的传说来源已久，大约南北朝时期就有了。钟馗有画像，则是唐玄宗开元年间的事情，最早由吴道子所画，其形象按照唐玄宗的描述是：一个大汉戴着帽子，穿皮靴，着士人之蓝裳，袒露着一条胳膊。

后来人们又附会钟馗是唐德宗年间的人，传说钟馗在德宗年间参加科考，笔试得了第一名。但殿试的时候，唐德宗发现他相貌丑陋，就不愿意让他当状元，钟馗一怒之下便自刎而死。德宗见此，大惊，为了笼络人心，他下旨将钟馗以状元头衔殡葬。所以我们现在见到的钟馗形象，就有一种是足蹬朝靴，身披大红袍，如官员状，但其相貌较丑陋，豹头环眼如张飞。

大约从唐代开始，钟馗就成了替人们捉鬼的保护神，人们常常将他的画像贴在门上，作为门神。元代以后，则出现了秦叔宝与尉迟恭一对门神。秦琼，字叔宝，人称神拳太保、双锏大将，武器是一对瓦面金锏。尉迟恭，字敬德，和秦叔宝一样都是唐朝的开国大将，武器是一对水磨竹节钢鞭。有的画像则是秦叔宝左手拄长枪，右手瓦面金锏；尉迟恭右手拄大刀，左手竹节钢鞭。

《西游记》吸收了二人作为门神的民间传说。泾河龙王犯了天条，要被魏徵斩首，龙王向李世民求情，李世民满口答应。结果魏徵在梦里斩了泾河龙王，龙王死后有怨气，找到李世民，于是皇宫里夜晚出现了闹鬼之事。李世民被吓醒，后招来秦叔宝与尉迟恭，让二人负责守护皇宫的大门。

> 叔宝道："陛下宽心，今晚臣与敬德把守宫门，看有什么鬼祟。"太宗准奏。……当日天晚，各取披挂，他两个介胄整齐，执金瓜钺斧，在宫门外把守。好将军！你看他怎生打扮——头戴金盔光烁烁，身披铠甲龙鳞。护心宝镜幌祥云，狮蛮收紧扣，绣带彩霞新。这一个凤眼朝天星斗怕，那一个环睛映电月光浮。他本是英雄豪杰旧勋臣，只落得千年称户尉，万古作门神。

这一对门神是最为经典传神的武门神。"户尉"也是门神的

左图：

明代《钟馗骑虎图》。钟馗眼睛望着蝙蝠，寓意"福到眼前"。

右图：

清人绘《西游记》，门神为秦叔宝与尉迟恭。

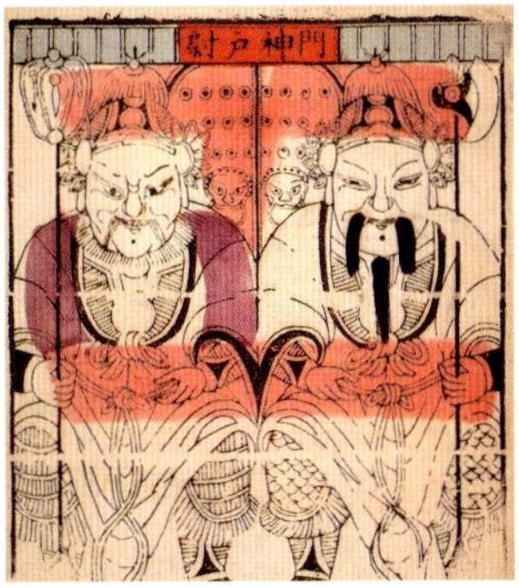

美国哥伦比亚大学博物馆藏中国年画，门神。图上题写：“门神户尉。”户尉是门神的代称，取“护卫”之意。

代称，道教称门神左者为门丞，右者为户尉，大概取护卫之意。有了他们的守护，据说就不怕鬼怪闯入了。到了清代，随着古典小说《隋唐演义》的传播，秦叔宝与尉迟恭的故事流传更为广泛，也使得这一对门神更普遍为人们所接受。

在古代，门神还有孙膑、庞涓、萧何、韩信、赵云、马超、杨延昭、岳飞、孟良、焦赞、赵公明、温元帅等。有智慧谋略、忠肝义胆的历史人物，小说戏剧塑造的武力高强的传奇人物，神话传说中可以驱魔的神仙等都可以成为门神，其形象往往都是披甲执锐，怒目而视，其意在避邪。

此外还有文门神，如正直的海瑞、文天祥等，也被民间奉为门神。与武将形成的武门神不同，明清时期文门神往往面相和善，体态雍容华贵，头戴官帽，身着一品文官绣鹤朝服，手持象牙笏板，或持吉祥器物，其意在祈福。

清代李调元《新搜神记·神考》曰：“今世惜相沿，正月元旦，或画文臣，或书神荼郁垒，或画武将。”这么多门神，怎么区别贴的门神是谁呢？流行的神荼与郁垒、秦叔宝与尉迟恭等都有其象征自身身份的符号，而对于缺少辨别符号的，人们往往会在门神的画像上标注名字，或认知上认为就是某某，这实际也是门神的一个符号。

清代传教士绘，武门神。

清代传教士绘，文门神。贴门神和贴对联一样，贴法有讲究：对联分上下联；门神分左右，要“对脸”贴。

为什么古人认为，门神或者“姜太公在此”之类的保护神，写上名字或者画像贴在相应的位置，就管用了呢？这实与古人的一种信仰有关，古人认为神有神位，每个位置都有神所属，而名字作为一个符号，与人或神是一体的，写下来的文字，可以成为神的凭依，同样，图像也可以为对应的神所附着。早在先秦时期，这样的信仰就有了，如“左昭右穆”，宗庙里面有祖先的牌位；“铸鼎象物”，青铜鼎上刻画有神灵的模样，等等。

民俗信仰中，名字或者画像可以“召唤”神。同样的思维模式，也体现在民间巫术中通过名字或者画像可以“控制”人。弗雷泽《金枝》曾提到，原始民众最初理解世界的方式就是巫术，人们相信自己的意志可以改变或者控制一切。巫术之所以能够“达到”目的，其手段依据有两个，一是相似律，一是接触律。如针扎人形木偶，木偶对应的人就会感到相应的疼痛，这就是相似律。巫术思维认为相似的事物是相通的，因而人们可以通过模仿或者模型、画像实现他想做的事。如果在木偶上加上木偶对应的真人的头发，就会更灵验，这就是接触律。巫术思维认为曾经一体的东西，即便分离，依旧存在着联系。人身体的一部分，如指甲、头发，即便离开身体，依旧能通过这些曾接触过的东西对人施加影响。画像作为神的符号，体现的正是相似律，“门神”通过画像与神联系，而门神的名字，则可以唤起对人物形象的想象，是人物形象的象征。古人极为重视名字的作用，名字就是人的一部分，这蕴含着接触律。

《左传·僖公二十三年》和《国语·晋语九》记载，春秋时期已存在“策名委质”的习俗。当一个人想投靠一个君主的时候，首先就要把自己的名片交上去，这样就表示自己绝无二心，“委质为臣，无有二心”。“书名手册，示必死也”，而君主掌握了这个名片，就相当于掌握了这个人的生死。

在古典神话小说中，这种思维方式尤为常见。《封神演义》第三十六回记载助纣为虐的张桂芳会一种法术，叫“呼名落马”，只要叫某个人的名字，然后说一句“某某不下马，更待何时”，对方就会应声下马。姜子牙的手下大将黄飞虎、周纪、南宫适等人都是如此被擒。后来哪吒来了，张桂芳又使用此法术，结果因为哪吒没有魂魄，他法术失灵，被哪吒打败。

《南游记》中，孙悟空的女儿月孛星也会类似的法术。“那月孛星见父败走了，便将他的骷髅头敲动，叫声华光，华光即刻头痛眼昏，走回山洞。那月孛星的骷髅十分厉害，人被他叫名拷了，三日内自死。”

《西游记》第三十五回有个斗法的场面，银角大王的“我叫你一声，你敢(答)应吗”，大家耳熟能详，叫你的名字，你要是答应了，就会被装进葫芦里，也是这种思维的体现。但《西游记》这里似乎有一个漏洞，就是叫假名字，答应了，也会被葫芦装进去。

《西游记》中也有例证体现了图像对人的巫术控制。同是这一难，金角大王、银角大

清人绘《西游记》，金角大王、银角大王让小妖们拿着画像在路上等着唐僧师徒。

王让小妖们拿着画像在路上等着师徒四人。

> 却说八戒运拙，正行处，可可的撞见群魔，当面挡住道："那来的甚么人？"呆子才抬起头来，掀着耳朵，看见是些妖魔，他就慌了，心中暗道："我若说是取经的和尚，他就捞了去，只是说走路的。"小妖回报道："大王，是走路的。"那三十名小怪，中间有认得的，有不认得的，旁边有听着指点说话的，道："大王，这个和尚，像这图中猪八戒模样。"叫挂起影神图来。八戒看见，大惊道："怪道这些时没精神哩！原来是他把我的影神传将来也！"

猪八戒说自己最近没精神，是因为被别人画了像。古人认为，画像会将人的一缕魂魄附过去。这种控制巫术可以说是名字与图像信仰的另一面向。因为相似、相接，所以相通。人的名字与画像，与人的魂魄为一体，而供奉的神仙的名字与画像，则可视为神仙分身之所在。

总之，名字与图像的"召唤"方式，体现的是古人的一种思维模式。古人设置神的名号牌位，想象其模样，为其画像，想象其造型，为其造像，从而作为信仰寄托，以及用各种神灵的名字或图像作为吉祥元素，实际上都是这一思维模式的体现。古人贴门神是如此，书"姜太公在此"亦如是。

与民众信奉的其他神仙不同，门神在民间的地位并不是很高。清代的《燕京岁时记》曰："夫门为五祀之首，并非邪神，都人神之而不祀之，失其旨矣。"早期门神的地位应该不低，但后来地位逐渐下降，人们敬畏这一神明，却不祭祀他，对他"热情"不高。《水浒传》第三十二回描述了一个情节，宋江在清风山上救了清风寨正知寨刘高夫人，不想那妇人不仅不知恩图报，还想陷害宋江。花荣救出宋江，追兵赶来，小李广花荣通过射箭表演武艺震慑追兵。

> "今日先教你众人看花知寨弓箭，然后你那厮们要替刘高出色，不怕的入来。看我先射大门上左边门神的骨朵头。"搭上箭，拽满弓，只一箭，喝声："着！"正射中门神骨朵头。二百人都一惊。花荣又取第二枝箭，大叫道："你们众人再看：我第二枝箭要射右边门神的这头盔上朱缨！"飕的又一箭，不偏不斜，正中缨头上。那两枝箭却射定在两扇门上。花荣再取第三枝箭，喝道："你众人看我第三枝箭，要射你那队里穿白的教头心窝！"那人叫声"哎呀！"，便转身先走。众人发声喊，一齐都走了。

花荣射门神，这实际也是门神在民间信仰中地位不高的一种表现。近之则不逊，大概越是离着人们生活近的俗神，人们就越较为随意，正如越是亲近的人，越容易为人们所怠慢一样。

魁星与文昌帝君：读书人逢考必拜的神

“魁星”与《西游记》中的奎木狼有什么关系？“魁星”长什么样？《红楼梦》里，贾母为什么送给秦钟一个金魁星？贾敬《阴骘文》的全称实际是《文昌帝君阴骘文》，文昌帝君是谁？魁星与文昌帝君谁的地位高？有了文昌帝君，怎么后来又有文曲星？传说中，都有哪些人是文曲星下凡？武曲星又是怎么来的？《西游记》里面，文曲星官、武曲星君都和孙悟空打过什么交道？

“朝为田舍郎，暮登天子堂”，科举是古人实现阶层跃升的重要途径，也因此衍生出诸多的神灵信仰符号。科举是古代通过考试选拔官吏的一种方式，这种制度从隋朝大业元年（605）开始实行，清朝光绪三十一年（1905）废止，总共延续了1300年。伴随着这一制度，在读书人中兴起了两个信仰崇拜，那就是魁星与文昌帝君。

魁星的起源与造型

“魁星”最早源于“奎星”的形象崇拜。奎星是二十八星宿之一，大约到了东汉时，就出现了奎星主管文章的传说。《孝经援神契》曰：“奎主文章，仓颉效象。”唐宋科举制度兴盛以后，人们对于奎星的崇拜更是普遍，文章写得好的苏轼被称为“奎宿神”。“魁”与“奎”并不是同一个星宿，“魁”是北斗七星第一颗星。《史记·天官书》张守节正义曰：“魁，斗第一星也。”在古代，“魁”有第一、出类拔萃的意思。唐宋时期的科举考试，第一名或者优秀者往往被称为“魁甲”或者“魁首”，因为“奎”与“魁”音同，又与考试有关，人们渐渐就将奎星主管文章的职责转移到了“魁星”身上。而奎星在神话小说中，失去了“文”的一面，渐渐发展成了一员战将，即奎木狼。

在《西游记》中，奎木狼与天庭披香殿侍香的玉女相恋，但天宫禁止谈恋爱，玉女就下界托生于皇宫内院，做了宝象国的公主。奎木狼不负前情，也追随她下界，变作了黄袍怪，从此占山为王，并把公主迎接到了自己的洞府，和她做了十三年的恩爱夫妻，“一饮一啄，莫非前定”。奎木狼被孙悟空打败后，返回天庭，被玉帝贬到了兜率宫给太上老君烧火，后来官复原职。孙悟空与黄眉大王在小雷音寺战斗的时候，被其用金铙罩住，这时候二十八星宿来搭救。奎木狼就是二十八星宿之一，他不计前嫌，特来帮助孙悟空。

清人绘《西游记》，奎木狼。奎木狼变作黄袍怪，掳了宝象国公主，和她做了十三年夫妻。唐僧赶走孙悟空后，奎木狼将唐僧变成了老虎。

此后，孙悟空在取经的路上遇到三个犀牛精，分别唤作辟暑大王、辟寒大王、辟尘大王，孙悟空一人难敌，就上天请得四星神——角木蛟、斗木獬、奎木狼、井木犴，奎木狼再次大显身手，帮助悟空打败妖怪。《西游记》说奎木狼的形象是“青靛脸，白獠牙，一张大口呀呀。两边乱蓬蓬的鬓毛，却都是些胭脂染色；三四紫巍巍的髭髯，恍疑是那荔枝排芽。鹦嘴般的鼻儿拱拱，曙星样的眼儿巴巴。两个拳头，和尚钵盂模样；一双蓝脚，悬崖榾柮杈槎。斜披着淡黄袍帐，赛过那织锦袈裟”，奎木狼狰狞的底色又为魁星神的形象所借鉴。

魁星作为科举神祇，产生于宋朝，是科举考试盛行的产物。宋代以后，人们又根据“魁”这个字，想象创造他的形象。“魁”由“鬼”和“斗”组成，于是一个蓝面环眼，其形如“鬼”的造型就出现了。根据他的造型，民间又附会了他的身世，说他原来是个凡人，长得丑，但有才学、有智慧，发奋考中了状元，后来升天成为魁星，主管功名禄位。

清末周培春绘，魁星。图上题写：“此是魁星，笔墨铺人供之。”

常见的魁星造型是左手持一只墨斗，右手握一管大毛笔，称朱笔。据说魁星手中的朱笔批你是第几名，你就是第几名，因而文人中盛传“任你文章高八斗，就怕朱笔不点头”的说法。魁星左脚扬起后踢，脚上是北斗七星，意指“魁星踢斗”，这也是根据“魁”这个字来的。魁星右脚金鸡独立，脚下踩着海中的一条大鳌鱼的头部，这种形象又借鉴了科举考试中的仪式。

魁星右脚金鸡独立，脚下踩着海中的一条大鳌鱼的头部。

唐宋时期，皇宫正殿台阶正中的石板上雕有龙和鳌鱼图案，殿试结束后，中了状元的，要一脚站在鳌头上亮相，表示“独占鳌头”，后来人们将这种形象与魁星神的造型结合了起来。

除了“丑”的魁星造型，在文学作品中，也有着对魁星的另类描绘。比如在清代小说《镜花缘》中，为了适应女子们科举考试考中的情节，作者描绘出一位魁星夫人来，“忽见北斗宫中现出万丈红光，耀人眼目，内有一位星君，跳舞而出。装束打扮，虽似魁星，而花容月貌，却是一位美女。左手执笔，右手执斗”。据说这位美女就是魁星神的妻子，是一位漂亮的女魁星。

魁星与读书人的才华有关，因而深受读书人的喜爱。商人们也看中了此种商机，不断开发利用。明清瓷器上常有“魁星点斗”“独占鳌头”的图案。明朝夏葵画的《婴戏图》，一个孩子站在凳子上，戴着魁星的面具，拿着笔，扮演魁星点斗。《红楼梦》第八回写秦钟初到贾府，贾母很喜欢他，就送给他“一个荷包并一个金魁星，取‘文星和合’之意”。

可见，魁星不只在大殿中被供奉，还进入到了人们的世俗生活当中。

文昌帝君的起源与造型

文昌帝君，亦称文昌星、文曲星，或文星。这一信仰源于主持文运功名的星宿，人们头上的星空有一个文昌宫，文昌宫里有一颗星是专门管如何获得俸禄的。《史记·天官书》说：“斗魁戴匡六星，曰文昌宫：一曰上将，二曰次将，三曰贵相，四曰司命，五曰司中，六曰司禄。”后来科举兴盛，信徒众多，道教就将星宿人格化，视张亚子为文昌帝君。

张亚子据说最初是张育和亚子两个人，后来才合二为一。《资治通鉴》一百零三卷记载，东晋末年，天下大乱，前秦进逼蜀地，蜀人张育率众起义，最终英勇战死。人们为了纪念他，就在梓潼郡七曲山上建立了张育祠，尊奉他为雷泽龙神。当时，七曲山上还有一座祠，供奉的是梓潼神亚子。因为两祠相邻，后人可

清代《升平乐事图》局部，魁星独占鳌头，台北“故宫博物院”藏。

明代夏葵绘《婴戏图》，美国克利夫兰艺术博物馆藏。一个孩子正站在桌子上，戴着魁星的面具，翘起左腿模仿魁星点斗。

能越来越不了解，就逐渐将两祠合并，以为只有一神，名为张亚子，称为梓潼神。张亚子本是蜀中一个地方的信仰，后来安史之乱，唐玄宗逃到四川，经过张亚子祠时，有感于他英勇抗击敌人的事迹，对他进行了册封。后来唐僖宗避黄巢之乱，也逃经梓潼神庙，梓潼神又得加封。经过皇室的大力倡导，从此，一个地方信仰逐渐扩展到了全国。

在唐宋时期，人们就已经认为梓潼神有掌管考试的职责了。如唐代孙樵《祭梓潼帝君文》中说有一次下大雨，自己正好到了梓潼神庙，后来得到梓潼神的护佑，考中了进士。后来，人们认为如果赶考经过梓潼神祠赶上风雨，就可以高中，这大概因为张育本是雷泽龙神的影子。两宋时期，重文轻武，文治第一，科举选士之风颇为盛行，进一步促进了人们对梓潼神主考试职能的看重。到了南宋，梓潼神逐渐定型为科举之神。而到了元明时期，道教将主管科举考试的文昌星与梓潼神信仰结合了起来。受道教影响，元仁宗封张亚子“辅元开化文昌司禄宏仁帝君”，简称“文昌帝君”，为忠国、孝家、益民、正直之神。随着道教以及官方的推崇，文昌帝君遂成为一个全国性的信仰。

《红楼梦》中提到贾珍想给在都外玄真观修炼的父亲贾敬过生日，结果贾敬说自己清静惯了，不愿意回去，倒是希望他们能把他从前注的《阴骘文》写出来刻了。《阴骘文》是道教的一本劝善书，说冥冥之中有神灵的监督，所以要多做好事，才有好报。而《阴骘文》的全称是《文昌帝君阴骘文》，是南宋道士假托“文昌帝君”的启示所写。这是借了文昌帝君的威名，因为文昌帝君信仰的广泛性，此书在明清时期也流传甚广。

明代，几乎凡读书的地方都供奉文昌帝君。而清代，文昌帝君与关公并列，一文一武，受国家祭祀。每年农历二月初三文昌帝君生日那天，朝廷就会派专人前往北京文昌庙祭祀。此外，民间有谚语曰：“北孔子，南文昌。”可见文昌也常与孔子并列。

在《聊斋志异》中，就有一个文昌帝君与孔子共同主管读书人生死的故事：一个进士去世了，想着投往西土，但一个僧人告诉他，读书人去世之后，必须先去文昌帝君和孔圣人那里销名，才能去别的地方。于是他先去孔圣人那里销了名，然后去找文昌帝君，“见一殿阁如王者居，俯身入，果有神人，如世所传帝君像”。读书人说文昌帝君的模样果然如世所传，看来这位进士在日常生活中也是常见文昌帝君像的。

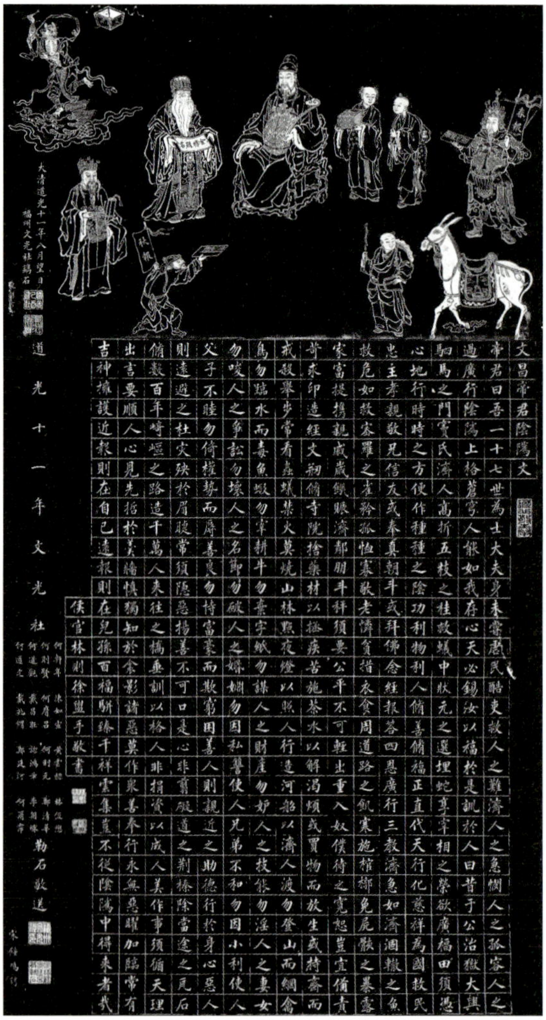

民国拓本，哈佛燕京图书馆藏。左上角为魁星独占鳌头，中间为文昌帝君，两个童子是天聋、地哑，象征考题要保密。图中文字为林则徐手抄《文昌帝君阴骘文》，《红楼梦》中贾敬注解的就是这个。

文昌虽是道教之神，但因为他主管考试命运，主宰士子的功名利禄，带有浓厚的儒家色彩。古代士人仕进，以科举为途径，于是天下府县，处处建立文昌宫，直到现在，一些地方还有文昌阁，又称魁星楼、魁星阁。文昌阁正中是文昌帝君，身边有两个童子，一个叫天聋，一个叫地哑，寓意是不泄露考试机密。到了清代，人们将同等地位的魁星变成了文昌帝君的手下，因而在一些文昌阁中，我们会看到，文昌帝君居中，左右分别是魁星和文曲星两个侍从。

文昌帝君有时候被称为文曲星。《荀子》云：“聚人徒，立师学，成文曲。”文曲由此成为文学的代称，因为文昌星主管科考，人们就将文昌星称为文曲星。但在一些地区，人们又另造出一个文曲星来，这是为什么呢？

在古代民间传说中，人们认为文章写得

明代年画，魁星与文昌帝君。

好，考中科举做了大官的人都是文曲星下凡，如比干、范仲淹、包拯、文天祥、许仙的儿子许仕林等。我们熟悉的《儒林外史》，范进中举后，其岳父就说他是天上文曲星下凡，就是受到了这种传说的影响。文曲星下凡了，天上还得有文昌帝君主管考试才行，于是人们根据这些传说，又另造出一个文曲星的神，以区别文昌帝君。

此外，《水浒传》开篇说："文曲星乃是南衙开封府主龙图阁大学士包拯，武曲星乃是征西夏国大元帅狄青。"这就又依照着"文曲星"而造出了一个"武曲星"来。《封神演义》中以比干为文曲星，窦荣为武曲星。只是古代向来重文轻武，武曲星的普及程度远远比不上文曲星，相关的记载、传说也比较少。

《西游记》中有文曲星官，是专门负责给玉帝写圣旨的。太白金星第一次举荐孙悟空上天做官的圣旨，就是他写的："（玉帝）即着文曲星官修诏，着太白金星招安。"还有个武曲星君，就是他建议玉帝让孙悟空去做了弼马温。

> 玉帝宣文选武选仙卿，看那处少甚官职，着孙悟空去除授。旁边转过武曲星君，启奏道："天宫里各宫各殿，各方各处，都不少官，只是御马监缺个正堂管事。"玉帝传旨道："就除他做个弼马温罢。"众臣叫谢恩，他也只朝上唱个大喏。

在文学作品中塑造出来的文曲星、武曲星、魁星夫人，远没有已经在世俗生活中形成的魁星以及文昌帝君信仰影响大。古代，魁星、文昌帝君这些主管考试的神的塑像到处可见，全国很多地方也都修建有文昌阁。人们读儒家经典，参与科举考试，对这些考试之神的崇拜一点不减，对于读书人来说，考试之神甚至比孔子还受欢迎。

总之，这些主管考试功名的神祇，是科举文化造就的一个符号系统。它们又影响了世俗生活，造就了一种更普遍的吉祥寓意，也影响了古典文学作品，提供了新的角色背景和题材内容。

辑三 神·圣

圣人以神道设教，而天下服矣。

——《周易》

鸿蒙初辟：原始信仰与上古古神

鸿蒙是什么？有哪些故事与鸿蒙有关？盘古与哪些信仰有关？道教是如何间接与直接吸收上古古神信仰的？上古古神的造型一般都是什么样子？儒家对上古古神信仰进行了哪些改造，有什么影响？

道教对上古古神的间接吸收

古人认为在天地形成之前，有一团气，对于这团气人们有不同的称呼，如鸿蒙、浑沌，等等。

早在先秦时期就已经有了鸿蒙的说法。《庄子·在宥》曰："云将东游，过扶摇之枝，而适遭鸿蒙。"云将大概是管理云彩的，他到东游历，遇到了鸿蒙，见鸿蒙正拍着大腿像麻雀一样跳跃着，云将问：老先生是什么人，您为何有这样的动作？鸿蒙继续拍着大腿不停地跳跃，就说了一个字："游。"我玩呢，我玩呢。云将又说：我想向你请教迷惑我的问题。鸿蒙又是一个字："吁！"去去去，不搭理你。然后云将就自顾自讲了一大通："天气不和，地气郁结，六气不调，四时不节。今我愿合六气之精以育群生，为之奈何？"鸿蒙还是继续拍着大腿，说了六个字："吾弗知！吾弗知！"我不知道，我不知道。过了三年，云将又遇到了鸿蒙，云将大喜，这次鸿蒙终于教育了想有所作为的云将一番："……万物云云，各复其根，各复其根而不知。浑浑沌沌，终身不离。若彼知之，乃是离之。无问其名，无窥其情，物固自生。"鸿蒙与云将在这里已经拟人化了，但鸿蒙思想上仍是主张无为，天地万物浑沌为一体。唐代学者成玄英疏曰："鸿蒙，元气也。"鸿蒙实际就是一股元气，只不过《庄子》中这股元气说话了，成为大智慧的发言人。

《庄子》中还提到了浑沌之神："南海之帝为倏，北海之帝为忽，中央之帝为浑沌。倏与忽时相与遇于浑沌之地，浑沌待之甚善。倏与忽谋报浑沌之德，曰：'人皆有七窍，以视听食息，此独无有，尝试凿之。’日凿一窍，七日而浑沌死。”这里提到了三个神，倏与忽，还有浑沌，因为浑沌对倏、忽二帝比较好，所以他们想报答浑沌，报答的方式是为没有七窍的浑沌日凿一窍，然第七日，浑沌死。这里的浑沌也是聚合不分的一个代表。《庄子》说浑沌因为有人为的介入而死了，这可以说是浑沌的结果了。

最原始的那团天地之气，叫鸿蒙也好，叫浑沌也好，其在《庄子》中都被拟人化，都被施加了影响，一个抵制了人为，维护了自己的观念，一个则是在人为中逝去。

后世往往将鸿蒙作为最原始的一种元气看待，而且突出了其被施加影响的一面。人们直接树立一位新神把元气劈开，这就是盘古的诞生。宋代张璪《元气论》曰：

> 洎乎元气蒙鸿，萌芽兹始，遂分天地，肇立乾坤。启阴感阳，分布元气，乃孕中和，是为人矣。首生盘古，垂死化身。气成风云，声为雷霆，左眼为日，右眼为月。四肢五体为四极五岳，血液为江河，筋脉为地里，肌肉为田土，发髭为星辰，皮毛为草木，齿骨为金石，精髓为珠玉，汗流为雨泽。

这里的蒙鸿即鸿蒙。元气鸿蒙在自我运行中分为天地，好比生成了一个“操作系统”，在其中诞生了盘古。盘古在鸿蒙生成的天地当中，又变成了各种“硬件”与“软件”。他呼出的气变成了风云，声音变成了雷霆，左眼变成了太阳，右眼变成了月亮，四肢五体变成了四极五岳，血液变成了江河，等等。盘古的身体变成天地间的万物，万物在天地间互联。

《西游记》第一回说：“混沌未分天地乱，茫茫渺渺无人见。自从盘古破鸿蒙，开辟从兹清浊辨。”这里的鸿蒙，显然都是指天地开辟之前的一种宇宙状态，是盘古打破了这种状态，开辟了一个新的时代。

盘古开天辟地的传说最早出现在三国时期徐整的《三五历记》中。《广博物志》等书描述他的形象为龙首蛇身或人面蛇身，闻一多、常任侠等先生认为盘古实际就是伏羲的音转，盘古很可能是从伏羲信仰分化出来的。盘古信仰后来又影响了另一个信仰，那就是元始天尊。

原始的这团气，除了用鸿蒙未开表示，还可以用“道”来称呼。《道德经》说：“有物混成，先天地生。寂兮寥兮，独立而不改，周行而不殆，可以为天地母。吾不知其名，强字之曰道。”这个“道”在道教发展后，又被拟人化，那就是“太上老君”。后来道教在南北朝时期形成不同的流派，不同的流派又有不同的教主，于是到了隋唐就又有了“一气化三清”之说，也就是天地的那团原始的气，化为了三个人：元始天尊、道德天尊、灵宝天尊。

道教中的这一信仰演变，可以说是对上古古神的间接吸收。道教还直接吸收了不少上古古神，其形象与范围又都基本受到了儒家的影响。

儒家对道教吸收上古古神的直接影响

上古时期，人们对自然、姓氏、图腾和祖先等都存在着一种原始信仰。在这种原始信仰崇拜的影响下，流传下来一些奇妙的人体造型。

凌家滩玉人，头戴圆冠，两臂弯曲，五指张开，两臂上各有八个玉环。红山文化遗址也曾出土了一件玉人，手势与此大致相同，紧闭双目，双手举至胸前，这很可能是原始信仰中沟通天地神灵的巫师。

凌家滩玉人，新石器时期，安徽省凌家滩村出土。玉人背后有钻孔，在技术不发达的上古，如何打磨出理想的造型，至今仍是个谜。

1986年四川广汉三星堆遗址二号祭祀坑出土了青铜人立像。三星堆距今已有5 000至3 000年的历史。该铜人像头戴高冠，细眉大眼，两只大手握成环管状，两臂一上一下。一些学者指出铜人可能手执某物；另有学者认为这就是《山海经》中所说的“操蛇”之人，即操蛇祭祀，可能是国王兼巫师一类的人物，人们有意将其眼睛、手臂夸大，是出于一种原始的崇拜；还有学者认为其手中圆空，是某种虚无的意思，是道家最原始的信仰，等等。总之，三星堆出土的青铜人立像充满了神秘感，给世人留下了诸多未解之谜。

河南曾出土了一件商代晚期的玉人。该玉人极为奇特，从正面看，是老虎的脑袋，人的身体，呈跪坐之势，从背面看，则是一个怒气冲冲的鸮的形状。另外，商代的虎食人卣（yǒu），以虎作为该器物的表面纹饰，虎两耳竖起，牙齿甚为锋利。虎前爪抱持一人，人朝虎胸蹲坐，一双赤足踏于虎爪之上，双手伸向虎肩，虎欲张口啖食人首。美国学者张光直指出“动物张开大口，嘘气成风，帮助巫师上宾于天”，将人兽关系看作人借助动物的力量沟通天地。

虎食人卣，商代。虎前爪抱持一人，人朝虎胸蹲坐，一双赤足踏于虎爪之上，双手伸向虎肩，虎欲张口啖食人首。

这些巫师的形象，反映的正是巫文化。原始文化的代表是“巫”，英国人类学家马林诺夫斯基《巫术科学宗教与神话》说：“巫术没有‘起源’，不曾被创作或发明，一切巫术都只是由起始便‘存在’。”也就是说人类诞生之初，巫文化也就生成了。在巫文化影响下，上古时期形成了不少古神信仰。如神农，丁山《中国古代宗教与神话考》认为其原型为商代的农神，初传闻而为厉山氏之子农，再传闻而为神农氏。又如黄帝，黄帝与蚩尤的大战中，能呼风唤雨，可见是神，而不是人。又如大禹，丁山引丁晏的说法，认为《山海经》提到的九首蛇身的相柳，本是大禹的别名，等等。

在早期，包括后世，一直流传着这些古神异化的造型。《山海经》记载："南方祝融，兽身人面，乘两龙。""东方有句芒，身鸟人面，乘两龙。""东海之渚中，有神，人面鸟身，珥两黄蛇，践两黄蛇，名曰禺虢。"《山海经》郭璞注："女娲，古神女而帝者，人面蛇身，一日中七十变。"《列子》曰："庖牺氏、女娲氏、神农氏、夏后氏，蛇身人面，牛首虎鼻，此有非人之状，而有大圣之德。"东汉王延寿《鲁灵光殿赋》曰："上纪开辟，遂古之初。五龙比翼，人皇九头。伏羲鳞身，女娲蛇躯。"等等。

现代学者闻一多在《伏羲考》一文中指出：

> 颛顼族的图腾是星、龟、鱼、龙、蛇、豕、鸟等，《山海经·大荒西经》说："颛顼生老童，老童生祝融。"祝融八姓中有董姓的豢龙氏，已姓也是龙族，姓中有夔，也是龙族。
>
> 帝喾族的图腾是蟜虫、熊、羊、马、玄鸟、虎、豹、熊、狸、罴、日、月、龙等，其后人尧是龙图腾。
>
> 尧族是龙图腾，《竹书纪年》曰："帝尧陶唐氏，母曰庆都，生于斗维之野，常有黄云覆其上。及长，观于山河，常有龙随之，一旦龙负图而至，其文要曰：亦受天佑，眉八采，须发长七尺二寸，面锐上丰下，足履翼宿，既而阴风四合，赤龙感之，孕十四月而生尧于丹陵，其状如图。"由此观之，尧为龙图腾。
>
> 舜族是龙图腾，《竹书纪年》曰："帝舜有虞氏，母曰握登，见大虹意感而生舜于姚墟。目重瞳子，故名重华，龙颜大口，黑色身长六尺一寸。舜父母憎舜，使其涂廪，自下焚之，舜服鸟工衣服飞去；又使浚井，自上填之以石，舜服龙工衣，自旁而出。"说明舜族内有鸟、龙图腾。
>
> 禹的图腾，母族图腾是星和薏苡，鲧是玄龟（鳖），夏的祖族中有龙图腾。
>
> 共工的图腾是蛇，《山海经·大荒西经》说："共工人面蛇身。"

闻一多从图腾信仰的角度解读了炎帝和黄帝等上古古神的出身与面貌都和龙有关。

袁珂在《山海经校注》中指出：

> 古天神多为人面蛇身，举其著者，如伏羲、女娲、共工、相柳、窫窳、贰负等是矣；或龙身人头，如雷神、烛龙、鼓等是矣，亦人面蛇身之同型也。此言轩辕国人人面蛇

身，固是神子之态，推而言之，古传黄帝或亦当作此形貌也。

可见，在上古传说中，这些古神都有着异貌。

德国哲学家雅斯贝尔斯在1949年发表的《历史的起源与目标》中提出一个概念叫“轴心时代”，是说在公元前800年至公元前200年之间，尤其公元前600年至公元前300年间，在北纬25度至北纬35度，各个文明都出现了伟大的精神导师，如古希腊有苏格拉底、柏拉图、亚里士多德，以色列有犹太教的先知们，古印度有释迦牟尼，中国有老子、孔子，等等。这一时期，这些地方的人们开始用理智的方法、道德的方式来面对这个世界，同时也产生了宗教，它们都是对原始文化的超越和突破。

李泽厚《说巫史传统》说：“西方由‘巫’脱魅而走向科学（认知，由巫术中的技艺发展而来）与宗教（情感，由巫术中的情感转化而来）的分途。中国则由‘巫’而‘史’，而直接过渡到‘礼’（人文）‘仁’（人性）的理性化塑建。”中国在对原始文化突破的过程中没有走向宗教，与孔子关注现实伦理社会有着莫大的关系。

唐代出土绢画，伏羲与女娲。二人人面蛇身，伏羲手执画直角或方形的工具矩，女娲手执画圆的仪器规。

儒家的理性观念，大大改变了上古时期信仰的古神形象。如《太平御览》卷七九引《尸子》：“子贡问孔子曰：‘古者黄帝四面，信乎？’”传说黄帝有四张脸，可信吗？孔子曰：“黄帝取合己者四人，使治四方，不计而耦，不约而成，此之谓四面。”孔子做了理性化的解释，黄帝四面其实是黄帝派遣符合自己心意的人统治四方罢了。

中国文明在原始突破的过程中，受儒家的影响逐渐摈弃了一些荒诞不经的传说，或者是对一些传说进行了历史化的改造。如《山海经》里有个一只脚的怪兽叫夔，“东海中有流波山，入海七千里。其上有兽，状如牛，苍身而无角，一足，出入水则必风雨，其光如日月，其声如雷，其名曰夔”。在上古的文献记载中，又传说夔是尧舜时期的乐官，于是有一次鲁哀公问孔子，我听说“夔一足”，是真的吗？

孔子说，夔是一个人，怎么会只有一只脚呢？“夔一足”指的是有夔一个人就足够了。这也是把奇异进行了合理化的解释。上文提到的“黄帝四面”，黄帝不再是神话中有四个脑袋的人，而是一个普通人的形象。

此外，《大戴礼·五帝德》记载，宰我问孔子：传言黄帝活了三百年，那么黄帝是人还是神呢？孔子说：“生而民得其利百年，死而民畏其神百年，亡而民用其教百年，故曰三百年。”三百年是指人们从黄帝那里受益一百年，他去世后，人们又敬仰了他一百年，后来他的教化又影响了一百年，不是说一个人活了三百年。

儒家注重的上古人物主要是“三皇五帝”，这实际上就为后来道教吸收上古神人确立了范围。关于“三皇”，《尚书大传》认为是燧人氏（燧皇）、伏羲氏（羲皇）、神农氏（农皇），《帝王世纪》以伏羲、神农、黄帝为三皇，《通鉴外纪》又以伏羲、神农、共工为三皇。还有的说法把伏羲、神农与女娲并为“三皇”，等等。关于“五帝”，也有不同的说法。《史记·五帝本纪》列黄帝、颛顼、帝喾、尧、舜为五帝，《礼记》以大皞（伏羲）、炎帝、黄帝、少皞（少昊）、颛顼为五帝，《帝王世纪》则以少昊（少皞）、颛顼、高辛（帝喾）、尧、舜为五帝，等等。

汉代画像砖拓片，轩辕黄帝像。

司马迁在《史记·五帝本纪》中，同样是将这些上古古神进行了历史化的形象改造，黄帝、颛顼、帝喾、尧、舜成为中华文化与民族的缔造者，他们不再是原始信仰中掌握天道的那个神，而是天道在人间的代理人。黄帝的主要功绩是开辟了生存场所，播种百谷，颛顼制定了礼仪，帝喾高辛教化万民，尧制定历法节令，舜德行高尚，等等。总之，与原始信仰中作为某个神的形象，发生了很大的变化，他们成为造福人类的发明者及道德表率。这继承的正是儒家塑造的历史观念，他们作为历史帝王，摒弃了人面蛇身异化的造型，成为和普通人造型一样的人，于是上古古神信仰在儒家逐渐消失了。

明代仇英绘《帝王道统万年图》局部，伏羲，台北“故宫博物院”藏。传说伏羲时，有龙马跃出黄河，身负河图。

明代仇英绘《帝王道统万年图》局部，神农，台北“故宫博物院”藏。神农是农业和医药的发明者，另一种比较流行的造型是人身牛首。

明代仇英绘《帝王道统万年图》局部，少昊，台北“故宫博物院”藏。传说少昊善于观察天象以制定历法，所以此画中绘有观察天象的浑天仪。

清代传教士绘，女娲。此图描绘的是女娲炼石补天。

上古古神因其广泛的信仰基础，在道教以及民间信仰中，其“神”的一部分，则仍是有所保留的。道教直接吸收了这些上古信仰，陶弘景撰《真灵位业图》第三等中就是黄帝、颛顼、尧、舜、禹等。道教中也有“三皇”，一些地方常有三皇殿或三皇庙，主要供奉道统三祖：天皇（伏羲青帝）、地皇（神农炎帝）、人皇（轩辕黄帝）。

闻一多《伏羲考》一文提到：

> 嵩山三皇寨有三皇庙，奉祀伏羲、女娲、神农。上蔡东三十里有伏羲庙。巩义有伏羲台、八卦台和龙马负图处。怀州河内有女娲祠，卫辉有女娲山，其上有女娲祠，灵宝闵乡有娲皇庙。《元丰九域志》载“兖、单皆有伏羲陵”。邹县、凫山、染山有伏羲庙。

可见这些上古古神信仰是广泛存在的。另外，一说道教的“三官”信仰——天官、地官和水官吸收的是“五帝”中的尧、舜、禹。“三官”是道教最早敬奉的神灵，比吸收“三皇”的时间要早。

在神魔小说《封神演义》中也出现了道教信奉的“三皇”，即伏羲、神农、黄帝，“此三圣乃天、地、人三皇帝主”。小说中女娲也有出场，还有具体的造型描述，“忽一阵狂风，卷起帐幔，现出女娲圣像，容貌端丽，瑞彩翩跹，国色天姿，宛然如生，真是蕊宫仙子临凡，月殿嫦娥下世”。作者依据的大概是当时出现的女娲像。可见，道教受到儒家影响，在吸收这些上古古神的同时，同样摒弃了早期传说中的蛇身等形象。

总之，上古古神造型往往是人面蛇身等异化形象，儒家对传说中的荒诞形象进行了改造，同时将“三皇五帝”等上古古神转变为祖先以及道德典范，奠定了广泛的信仰基础。道教受到儒家的影响，同样重视这些人物，间接或直接吸收到了自己的神仙体系当中，同时也摒弃了上古古神早期的传说形象，赋予了神人的装扮。

解密“太公在此”：姜太公给自己封神了吗？

明代戴进绘《渭滨垂钓图》局部，台北“故宫博物院”藏。姜太公在渭水之滨用直钩钓鱼，受到周文王礼贤下士，表达了贤臣明主的风云际会。

作为历史人物的姜太公，有哪些传说？“武圣”的名号为何由姜太公转移到了关羽头上？姜太公是什么神？为什么有了姜太公，可以百无禁忌？为什么姜太公在此，诸神要回避？城隍爷有城隍奶奶，土地爷有土地奶奶，姜太公有“姜太奶奶”吗？

我们经常看到一些民间建筑上有“姜太公在此”几个字。姜太公就是我们熟悉的姜子牙，他本是一个帮助周武王夺天下的历史人物。传说他是炎帝的后代，姓吕，名望，字子牙，号飞熊，人们又称他为吕尚或者姜尚。史书称其为姜太公，民间俗称为姜子牙。

青铜器《天亡簋》记载武王伐纣后，祭祀文王，大臣天亡辅助武王祭祀，因而得到了赏赐。学者杨向奎认为“天亡”即姜尚，周初，“天”“太”不分，“天亡”即“太望”。姜尚作为辅助祭祀的人选，可见他的地位不一般。《诗经》中也提到了他，“维师尚父，时维鹰扬”。“尚父”据说就是姜尚。周人有一套管理贵族的宗法制度，王为姬姓贵族的大宗，周王就是同姓贵族的宗主。对于不是姬姓的异姓，周王室则通过联姻等方式给予“尚父”“伯舅”等称号，也就将其纳入姬姓宗法制体系当中了。

传说姜太公在渭水之滨用直钩钓鱼，“愿者上钩”，就这样遇到了识货的周文王。贤臣明主的这种风云际会，常为后人津津乐道。古代有很多表现这一场面的画作，如明代戴进的《渭滨垂钓图》。

历史上，姜尚是齐国的第一代封君。隔着泰山，齐国旁边就是鲁国。《淮南子·齐俗训》记载武王伐纣成功之后，周公被封在鲁地，姜太公被封在齐地，姜太公问周公打算如何治理鲁地，周公说："亲亲尊尊。"意思是亲近亲近的人，尊敬尊敬的人，依靠自己的宗族。姜太公说："鲁国从此衰矣。"果然，后来鲁国一直是一个弱小的国家，政权被亲戚宗族"三桓"所把持，还出了一个鲁哀公。周公问姜太公如何治理齐地，姜太公说："举贤而尚功。"推荐贤人，崇尚功劳。周公说："后世必有劫杀之君。"后来齐国确实很强大，春秋五霸第一霸便是齐桓公，可是春秋末年，不是自己宗族的人势力坐大，而是外人田氏代齐，国君为卿大夫所杀。

《史记·鲁周公世家》也记载了作为历史人物的姜太公的故事，说齐国和鲁国刚封国的时候，姜太公与周公的儿子伯禽用不同的路线来建设自己的国家。伯禽在鲁国用了三年时间才完成了初步的稳定，而姜太公治理齐国却只用了五个月。鲁国用的时间长，是因为伯禽坚持用周礼治理鲁国，把鲁国当地的习俗都转变过来了。齐国用的时间短，是因为姜太公简化了周的制度，并依照当地风俗来治理封国，"简其君臣礼，从其俗为也"。于是齐国保留下来很多原始的风俗，又因为靠海，神仙巫术极为盛行，所以齐国后来出了很多阴阳家，而后来姜太公的被神化大概也与齐国的习俗有关。

在汉唐时候，姜子牙就已经被神化。《史记·封禅书》说八神将"或曰太公以来作之"，这是说姜太公可以招来神将。《旧唐书·礼乐志》引"太公六韬"说武王伐纣的时候，雪下得特别大，有五辆车两匹马来拜见武王，人们感到很奇怪，因为地上都是雪，可车和马经过的地方都没有留下印迹。姜子牙知道来的人肯定非比寻常，掐指一算，原来是来了五个神将。

姜子牙虽然一直被神化，但明朝以前却并不受重视。明初的时候，朱元璋也很不喜欢他，因为他毕竟参与了"造反"。本来他在明朝以前有"武圣"之称（古代很多兵书都托名姜太公），因为统治阶级的关系，这一头衔被挪到了关羽头上。

随着《封神演义》的流传，姜子牙的地位逐渐提高。聂绀弩《论〈封神榜〉》指出："《封神榜》作为大众读物之一，在中国旧社会里面，占着它确乎不拔的支配地位。'姜太公在此，诸神回避'的纸条儿，到处都可以碰见……中国底旧小说，已经失掉了小说的意义而成为历史的、经典的。"明代出现了诸多与姜太公相关的符号，除了拿着打神鞭的画像或塑像，更多的是诸如"姜太公在此""姜太公在此，百无禁忌"，或者"姜太公在此，诸神回避""姜太公在此，诸神退位"等文字符号。

《封神演义》中姜子牙虽没有封自己为神，但民间认为姜子牙曾当过神界的"组织部长"，能安排众神，他还有"打神鞭"，能震慑凶神煞神，贴上"姜太公在此"的小纸条就能拜托姜太公召神驱魔了。"姜太公在此"这一书写符号的生成，又跟古人的姓名信仰有关。

清代《封神真形图》，姜太公手持打神鞭。

比《封神演义》成书稍早的《西游记》中，第四十四回，车迟国的三个妖精要害和尚，孙悟空解救了和尚们，并给他们每个人发了一截毫毛，告诉他们只要遇到危机，"叫一声齐天大圣，我就来护你"。"众僧道：'爷爷，倘若去得远了，看不见你，叫你不应，怎么是好？'行者道：'你只管放心，就是万里之遥，可保全无事。'众僧有胆量大的，捻着拳头，悄悄的叫声'齐天大圣！'只见一个雷公站在面前，手执铁棒，就是千军万马，也不能近身。此时有百十众齐叫，足有百十个大圣护持，众僧叩头道：'爷爷！果然灵显！'""姜太公在此"的信仰基础实正与此相同。

明清时期，民间除了贴门神，还会在家具或门窗上贴"姜太公在此，百无禁忌"这一符号。"姜太公在此"和门神一样，可以充当保护神，而"姜太公在此，百无禁忌"则是人们将某一具体目的诉诸于姜太公了。"姜太公在此"，监察众神，震慑妖魔，如果自己或者家人言行不慎，得罪了某神，"百无禁忌"，姜太公也能去说个情，从而不至于招来祸端。古代迷信比较多，家里供奉的神仙比较多，禁忌也就比较多，这就给人们的生活带来诸多的不便，"姜太公在此，百无禁忌"这一符号的生成实际反映的是民间抵制各种禁忌的理想和愿望。

清末周培春绘，姜太公。图上题写："此是姜太公，动工人供之。"

我们还常看到"姜太公在此，诸神退位"或"姜太公在此，诸神回避"这样的符号。民间传说，姜子牙命里注定不能封神，但元始天尊看他品德很好，最后封完神，特许姜子牙可云游众神部。相当于钦差大臣，姜子牙可以到所有神仙管理的地方云游，姜子牙到了那儿就是老大，原来的神暂时让位。既然神仙姜子牙都管得了，就更别提那些妖魔鬼怪了。

"太公在此，诸神回避"这一符号的生成，从民间传说的解释上看，似乎与《封神演义》有关，实际上姜太公可以使诸神回避的"身份"，其起源要远比《封神演义》的故事早。东晋干宝《搜神记》记载泰山之女经过的地方往往都会有暴风雨，但即便她是泰山山神的女儿，地位尊贵，也不敢从姜太公所在的城邑经过，有姜太公在，她就不敢给这个地方带来暴风雨。

与民间为城隍爷想象出一个城隍奶奶，或为土地爷想象出一个土地奶奶不同，历史上的姜太公是有真实的妻子的。有一种说法，说他是齐国的“出人”，意思是上门女婿，结果还被人休了。《战国策·秦策五》也说：“太公望，齐之逐夫。”《封神演义》中，姜太公与妻子离婚大概就是本于此，只不过故事偏向于对姜太公妻子的讽刺：姜太公师从元始天尊修道四十年，七十二岁下山，结拜兄弟宋异人做媒，娶了马氏。马氏，六十八岁，非常势利，刚开始姜子牙有富人宋异人的支持，她还比较乐意，后来嫌姜子牙自己不会制产业，太穷，提出离婚，姜子牙百般劝阻无效，最终只能同意。待姜子牙功成名就，马氏后悔，羞愧自尽。姜子牙念及旧情，封她做了扫帚星。后来民间又继续演绎这个故事，说姜子牙曾对这个封了神的马氏说：“有福的地方你都不能去。”这件事传开后，怕受穷的老百姓，往往都会在大门上贴“福”字。姜子牙规定马氏哪里不能去，这实际又是民间信奉姜太公能迫使诸神“回避”的一个表现。

总之，“姜太公在此”“姜太公在此，百无禁忌”“姜太公在此，诸神回避”等符号与辟邪趋吉的文化信仰有关。人们认为只要提起姜太公的名号，就会有姜太公的形象出现，就能得到姜太公的护持。只要姜太公在，不仅各路神仙要给个面子，一切妖魔鬼怪也都会退避三舍。

从道家到道教：老子是如何变成太上老君的?

道教一般把太上老君奉为始祖，而太上老君又被认为是老子，《史记》中的老子不是一个历史人物吗，他是如何成为太上老君的呢？道观中一般都有“三清殿”，供奉的是“三清”，道教的始祖怎么又变成了元始天尊、灵宝天尊、道德天尊（太上老君）这三个人了呢？《西游记》中也提到了“三清”，但在车迟国那一回却又说孙悟空没有认出“三清”，孙悟空会不认识太上老君的塑像？这又是怎么回事？《红楼梦》中提到了“三清”和“玉帝”，相比较，他们谁的地位更尊贵？

从老子到太上老君

司马迁在介绍老子的时候提到了三个人：老聃、老莱子、太史儋。也就是说《史记·老子韩非列传》中有三位“老子”，老子究竟是谁，司马迁的说法模棱两可。好在，现在有了出土材料，出土的楚简提到“仲尼学乎老聃”，也就是说孔子求学的那位老子叫“老聃”。所以，一般认为道家的开创者老子，大约生活于春秋末期，年纪略长于孔子，史官出身，孔子曾向他问过礼。

老子做过周朝图书馆的管理员。《史记》记载老子看到周王室要衰败了，打算隐退，“居周久之，见周之衰，乃遂去”。“古史辨”派认为“见周之衰”并不是泛指周王室的衰落，很可能是实指发生在老子生活时代的王子朝称兵作乱一事。这场叛乱持续了十八年之久，最后以王子朝兵败带走周之典籍奔楚而告结束。老子作为图书馆的管理员，书都被人搬走了，“官守师传之道废”，最后也只能去周归隐。传说老子是骑着牛走的，所以后世画家在画老子像的时候，往往将其与青牛相伴，如北宋晁补之的《老子骑牛图》、明代张路的《老子骑牛图》、明代陈洪绶的《老子骑牛图》，等等。

在道教神话中，太上老君的这头牛也是十分厉害的。《西游记》中它（青牛精）偷了

北宋晁补之绘《老子骑牛图》局部，台北“故宫博物院”藏。老子垂眉眯目，慈祥安宁，牛则怒目回看。二者形成了鲜明的对比，刚柔相济，互相渲染。

明代陈洪绶绘《老子骑牛图》，美国克利夫兰艺术博物馆藏。老子骑在牛背上，身后带着一把蒲扇。

明代张路绘《老子骑牛图》，台北“故宫博物院”藏。此画属于传统吉祥画题材，牛背上的老子眼睛望着一只蝙蝠，寓意“福到眼前”。

清人绘《西游记》。《西游记》第五十二回，青牛精偷走了金刚镯，孙悟空请来各路神仙都无可奈何，后来去找太上老君，老君说：“若偷去我的芭蕉扇儿，连我也不能奈他何矣。”

元代赵孟頫绘，老子像，故宫博物院藏。老子宽袍大袖，手掌上下相握，是一位老人的形象。该像与孔子像相像，很可能受到了儒释道合流的影响。

明代文徵明绘，老子像。传说老子名聃，根据“聃”是大耳朵的意思，人们常将老子画成大耳朵的形象。人一生唯一一直生长的器官就是耳朵，所以人越长寿耳朵越大，据此，人们又反过来认为“耳大有福”。

老君的金刚镯，可以套取任何兵器。孙悟空请来诸多天兵天将都降服不住它，最后还是请来老君，把它带走了。

《史记》说老子到了函谷关，关令尹喜对他说：“您就要隐居了，勉力为我们写一本书吧。”于是老子就撰写了五千言，阐述了道德的本意，这本书后来被称为《老子》或者《道德经》。今本《老子》分上下两篇，《道经》在前，《德经》在后，分为81章。现在出土了好几种《老子》，如1973年长沙马王堆三号汉墓出土帛书《老子》甲乙本，编次为《德经》在前，《道经》在后。1993年在湖北省荆门市的郭店楚墓出土了一批战国的竹简，后来被学界称为“郭店简”，其中就有《老子》甲、乙、丙三篇，不分《道经》和《德经》。2009年初，北京大学抢救收藏一批流失海外的西汉竹书，有《老子上经》和《老子下经》的篇题，分别对应今本《德经》和《道经》。原本《老子》很可能就是《德经》在前《道经》在后，而且不分章，现在所见的版本是经后人整理和修改过的。

《论语·述而》记载：“子曰：述而不作，信而好古，窃比我于老彭。”根据出土的“帛本”《老子》和“简本”《老子》，现代学者考证认为老聃其实就是老彭。孔子说他和老彭一样是“述而不作”，那么《老子》最初应该只是老聃的口述——“嘉言善语”。他的继承者将其记录了下来并加入阐释补充，老莱子和太史儋很可能就是《老子》在流传成书过程中加以阐释、加工、补充和整理的人。伏俊琏等当代学者认为，老聃、老莱子、太史儋三人可能在不同历史时期都对《老子》一书做出过不同的贡献。

关于老子的长相，历代的画家都有不同的发挥，如老聃的“聃”是大耳朵的意思，所以明朝文徵明画的老子，耳朵特别大。

除了山东东平汉墓壁画《孔子见老子》外，基本上古代关于老子的画像，老子是以一位老人的形象呈现的。

“圣人异象”，人们总是想尽各种办法来突出老子形象的不一般，从而突出他的神圣性，如明代临摹唐代周昉之名绘的《老子玩琴图》，南宋法常的《鼻毛老子》等都故意把老子画“丑”，类似“七陋”说影响下同样被“丑”化的孔子。

山东东平汉墓壁画《孔子见老子》。左一为老子，着绿袍；左二行拱手礼者为孔子，着黑袍，学者形象。《史记·孔子世家》记载南宫敬叔向鲁君申请陪同孔子去周都城见老子，鲁君给了一辆车，两匹马，一个仆人。孔子身后的两个人大概就是随行仆人与南宫敬叔。

明代临摹唐代周昉绘《老子玩琴图》。画中老子与王维《伏生授经图》中的伏生相似。青铜器、红珊瑚与古琴等器物，体现的是文人的趣味。红珊瑚还是富贵的象征。

“圣人异象”这种观念在先秦时期就已经出现了。《荀子·非相篇》说：卫灵公的臣子公孙吕很有名望，但长得很奇怪，身高七尺，脸长三尺，脸长差不多是身高的一半；楚国的孙叔敖是个秃顶，左手长于右手，个子很矮，站在车上都够不到车厢上的横木；周公旦身体像一棵折断的枯树；皋陶的脸像削了皮的瓜，是青绿色的；西周的开国功臣闳夭脸上毛多得都看不见皮肤了；大禹瘸着腿；商汤半身不遂；尧和舜一目中都有两个瞳仁；等等。

在整个春秋时代，老子是人，没有任何神性的东西。战国以后，神仙方术渐渐被附会到黄老身上，因为老子思想的鸿蒙难解，玄之又玄，老子本人也开始变得神秘了。时代越往后，老

南宋法常绘《鼻毛老子》。画中老子招风耳，鼻毛外漏，秃头，这是有意将老子画“奇怪”，画“丑”。

子就变得更为扑朔迷离，到了东汉，就成为人们信仰的神人了。《后汉书·楚王英传》曰：“（英）晚节更喜佛老，学为浮屠，斋戒祭祀。”东汉末年，官方还为老子建立了祠堂。《后汉书·孝桓帝纪》记载：“（延熹）八年春正月，遣中常侍左悺之苦县，祠老子。……十一月……使中常侍管霸之苦县，祠老子。”

东晋葛洪的《神仙传》总结了人们早期对老子各类神异的描述，如出生神异，一说他母亲看到一颗大流星就怀孕了，一说他母亲怀了七十二年才生下他，而且他一出生头发就是白的，所以被称为老子。老子为何姓李呢？也有神话传说，说因其母生之于李树下，并且生而能言，指着李子树为姓。此外，《神仙传·老子》还记载说老子可以用符使人长生，等等。这些大概都是从东汉以来就有的传说。

东汉末年，张道陵创立道教，为了吸引教众，他不断宣扬自己的神异，又说自己的神异是从老子那里得来的，这样，就把老子奉为了教主。

张道陵为什么会选择老子呢？第一，已经神化了的老子有助于与当时同样被当作神的“佛”以及其他神仙方术相抗衡；第二，民间流传说老子西出函谷关，化身而为佛陀，说明佛教亦为道家的分支，而史书上又说儒家的创始人孔子曾经向老子学习过，这就又高了儒家一头，于是道教选老子，就有助于在三教的斗争中取得一个有利的位置；第三，汉代独尊儒术之后，儒家思想成为了主流，而道教要想立身，就必须寻找一个能与之相抗争的体系，《道德经》就为道教的创立提供了理论支持。

传说张道陵写了《老子想尔注》，对《道德经》进行注解，把哲学著作《道德经》改造成了宗教经典，尤其是使“道”人格化，他解释成为“吾”“我”，这就把“道”变成了一人格神。《老子想尔注》曰：“一散形为气，聚形为太上老君。”“一”即是道，其散形则为气，凝聚成形就是“太上老君”。“太上老君”的称呼第一次出现了。一直以来，神化了的老子常常被看作是道的化身，而张道陵说道又是太上老君，这样，老子就成了太上老君。

“太上”是什么意思呢？《老子》曰：“有物混成，先天地生。

寂兮寥兮，独立而不改，周行而不殆，可以为天地母。吾不知其名，强字之曰：道。强为之名曰：大。”“大”是对“道”的形容，张道陵把“道”人格化，“大”也随之变成了另一个形容词：“太上”。“太上”是至高无上的意思。《老子》曰：“太上，下知有之；其次，亲而誉之；其次，畏之；其次，侮之。”《左传》说：“太上有立德，其次有立功，其次有立言。此之谓‘三不朽’。”《礼记》记载：“太上贵德，其次务施报。”《淮南子》第一篇《原道训》即讲太上之道，等等。

总之，张道陵尊老子为道教的教主，而且最早把老子尊称为“太上老君”。到了南北朝，道教虽然分裂为各个派别，但基本都认可“太上老君”就是指老子。当然，老子后来还有一些其他的名号，如道德天尊。唐代《酉阳杂俎》总结说：“老君又曰九天上皇洞真第一君、大千法王、九灵老子、太上真人、天老、玄中法师、上清太极真人、上景君等号。”但“太上老君”这一称号，作为老子的代称，具有最普遍的社会认可性。

除了普通教徒尊称老子，统治阶层也对老子极为推崇。唐代皇帝以老子李耳为始祖，于是建太清宫专奉老子，封太上老君为“太清境洞神教主”。到了宋朝，宋真宗加封老子为“太上老君混元上德皇帝”。“教主道君皇帝”宋徽宗，《续资治通鉴》记载他自称曾梦到被太上老君召见，从此对太上老君信奉有加。

唐代，老君石雕像。唐时，对于太上老君的崇拜达到了顶峰。此塑像融合了佛教造像的特点，设置了须弥座。

“三清”的组合造型

早期的道教是不主张为老子塑像的。到了魏晋南北朝时期，佛教造像兴盛，道教为了能与之相抗衡，也为老子塑像。我们现在去一些道观，发现主殿中不仅仅供奉着老子一人，如北京的白云观，在“三清殿”往往会看到三个塑像：中间是元始天尊，手中虚拈，象征着“天地未形，万物未生”时的“无极”；元始天尊左侧是灵宝天尊，手持“阴阳鱼八卦镜”（一些道观是太极图或如意），象征着“太极”；右侧则是道德天尊，即太上老君，手执阴阳扇，象征着两仪。道教信奉的最高神祇是如何一而三的呢？

三清，明代正统年间刻本。中间为元始天尊，手指虚拈，象征着无极，拿扇子的为太上老君，拿如意的为灵宝天尊。

清代传教士绘，元始天尊。《封神演义》中说元始天尊有坐骑“四不相”，后来赠给了姜子牙。诗曰:“麟头豸尾体如龙，足踏祥光至九重。四海九州随意遍，三山五岳霎时逢。”

清代彩绘，灵宝天尊，北京白云观藏。灵宝天尊的特征是手持玉如意。

道教创立之后，张道陵一脉被称为天师正一道。我们常说的张天师，实际就是这一家，他们尊奉太上老君为教主。到了魏晋南北朝时期，随着世家大族在江南的发展，又形成了道教新的派别，如上清派（茅山派）、灵宝派等。与天师正一道吸收底层民众入教不同，这两派多为上层的知识分子。他们参加道教，一是想从老庄中寻找精神寄托，另一则是希望利用道教为封建统治服务。上清派、灵宝派为了与反映底层民众愿望和要求的天师正一道相区别，就又各自发展出自己派别的教主，于是元始天尊、灵宝天尊的早期形象就出现了。

顾颉刚曾提出"历史层累说"，历史越往后，人们越推崇一个比较久远的人或者神，如周代推崇大禹，春秋战国推崇尧舜，到了秦汉信奉黄帝，东汉以后则又创造出了创世大神盘古。元始天尊的原型正是盘古，最初被称为元始天工。葛洪《枕中书》说："天地日月未具，状如鸡子，混沌玄黄，已有盘古真人，天地之精，自号元始天王，游乎其中。"一个开天辟地的创世之神，显然比历史上真实存在过的老子更具有权威和号召力。后来茅山派（上清派）南朝梁陶弘景撰《真灵位业图》就将元始天尊尊为教主，灵宝天尊（太上大道君）排在第二，太上老君只排在第四位。与上清派一样，灵宝派的最高教主也不是太上老君，而是灵宝天尊。

到了隋唐时期，为了梳理混乱的神仙系统，调和各派之间的冲突，就有了"一气化三清"之说。《隋书·经籍志》记载了一种说法，认为三清是由元始天尊一气所化，这种说法显然是茅山派（上清派）主张的。我们现在看到道观中元始天尊居中，实际上即是这一派的影响力在发挥作用。还有一种说法，三清是由老子一气所化，这主要是天师道一派的思想，即老子与道是一而二、二而一的，"道"是天地万物的根源，因而太上老君也就是"混沌之祖宗，天地之父母，阴阳之主宰，万神之帝君"。这种说法更早，但却又没有茅山派的影响大。总之，唐宋以后，"三清"合祭，共同成为道教最高神祇。

明清时期道教日益深入民间，广为传播。《西游记》和《封神演义》中都提到了"三清"。《封神演义》中太上老君是八景宫的最高神祇，是元始天尊、通天教主的大师兄，而且说老子一气化三清，这应该是尊的天师道。《西游记》中，第八十六回《木母助威征怪物　金公施法灭妖邪》，孙悟空对南山大王豹子精说道："这个大胆的毛团！你能有多少的年纪，敢称'南山'二字？李老君乃开天辟地之祖，尚坐于太清之右。"这是将太上老君看成创世神，但又说他在"太清之右"——太清本是道德天尊，即太上老君，这里很可能是笔误，用太清指代元始天尊了。这里是说李老君，即太上老君的地位低于元始天尊，在元始天尊之右，这应该是受到了茅山派的影响。

实际上，关于"三清"，《西游记》中有一个漏洞，在第五回《乱蟠桃大圣偷丹　反天宫诸神捉怪》写孙悟空被封了齐天大圣之后，无所事事，每天到处游玩结交朋友，其中

清人绘《西游记》，“大闹三清观”，中间为元始天尊，拿扇子的为太上老君，拿如意的为灵宝天尊。

就有“三清”。原文曰:“闲时节会友游宫,交朋结义。见三清,称个‘老’字。”而到了车迟国,孙悟空、猪八戒、沙和尚三个变成了“三清”,骗虎力大仙、鹿力大仙、羊力大仙。然而,有个问题,这里孙悟空居然不认识三清的造像,甚至连太上老君的像也没看出来,这是怎么回事?

我们且来看一下原文:

> 这行者却引八戒、沙僧,按落云头,闯上三清殿。呆子不论生熟,拿过烧果来,张口就啃。行者掣铁棒,着手便打。八戒缩手躲过道:“还不曾尝着甚么滋味,就打!”行者道:“莫要小家子行,且叙礼坐下受用。”八戒道:“不羞!偷东西吃,还要叙礼!若是请将来,却要如何?”行者道:“这上面坐的是甚么菩萨?”八戒笑道:“三清也认不得,却认做甚么菩萨!”行者道:“那三清?”八戒道:“中间的是元始天尊,左边的是灵宝道君,右边的是太上老君。”行者道:“都要变得这般模样,才吃得安稳哩。”那呆子急了,闻得那香喷喷供养要吃,爬上高台,把老君一嘴拱下去道:“老官儿,你也坐得够了,让我老猪坐坐。”八戒变做太上老君,行者变做元始天尊,沙僧变做灵宝道君,把原像都推下去。

最后孙悟空还让八戒把这三个塑像搬到了“五谷轮回之地”,即厕所里。那么,这里孙悟空为何不认识“三清”,甚至连太上老君都认不出来呢?要么就是造像与真神的差距太大,要么就是故意装作不认识。

还有一种原因我觉得最有可能,那就是这是在故事文本生成的过程中形成的。吴承恩的《西游记》成书之前,就已经有很多西游故事存在坊间了,当时主要是以话本的形式流传。我怀疑车迟国斗法很可能也是原来流传的一个话本,后来被吴承恩吸收进《西游记》里面了。

民间艺人在讲故事、话本的时候,要让听众听得懂,听得明白,就得详细地介绍情景以及一些人物,这里说书人是借悟空和八戒的一问一答,向听众介绍“三清”。猪八戒曾经是天蓬元帅,对天上神仙的编制更清楚,所以借他之口说出来,也就再好不过

清末周培春绘,太上老君,手持阴阳鱼八卦镜。头上有佛教的万字符“卍”,这是儒释道合流的影响。图上题写:“此是老君爷,手托八卦,面放金炉,铁行人供之。”

了。原来的话本小说，有它的体裁要求，或者说形式，而进入《西游记》，这种向听众介绍背景的方式被保留下来了，因而才出现了孙悟空不认识“三清”的桥段——实际上是说书人为了向听书人介绍背景用的桥段。朝鲜《朴通事谚解》中确实有“车迟国斗圣”的故事残文，是元代或者明初的本子，应该早于吴承恩的《西游记》。这段故事中虽然没有对“三清”的介绍，只是提到了“三清殿”，但口语特征极为明显，不排除仍有类似的话本故事存在。

《红楼梦》中也提到了“三清”，而且道士们将其地位放在玉帝之前。秦可卿去世，贾府做法事的时候，书中写道：“那道士们正伏章申表，朝三清，叩玉帝。”宋以后，玉皇大帝出现，三清在民间的地位有所降低，但在道教中，他们仍是最高神祇，排在玉帝之前，所以《红楼梦》这里写道士们先朝拜三清，再叩请玉帝。

鲁迅先生说：“中国文化的根柢全在道教。”道教的发展历程不仅影响了中国文化，也影响了中国人的思维方式和生活方式。道教从创立以来，对中国古代的文学、艺术、医学等各个领域，几乎都产生过深刻影响。

超凡入圣：孔子的神圣化与历代孔子像

孔子是如何成为圣人的？是谁最早发起了“造圣”运动？民间信奉的“神仙”孔子都有哪些“神异”？孔子究竟长什么样子，历史上都有谁和他长得像？我们常见的孔子像，多是以吴道子的《先师孔子行教像》为底本的，而此画中的孔子手势是什么礼仪？

圣人孔子与政治影响下的孔子像

孔子生于春秋末年，少年时代一直生活在鲁国，三岁丧父，十七岁失去母亲，大约十八岁后在宋，二十岁前回鲁，三十岁左右创办私学，三十四岁问学老子，三十五岁到三十七岁在齐国，三十七岁到五十岁一直在鲁国教书，五十一岁在鲁国做官，五十五岁到六十八岁周游列国，后返鲁。孔子总结自己的一生说：“吾十有五而志于学，三十而立，四十而不惑，五十而知天命，六十而耳顺，七十而从心所欲不逾矩。”

春秋末期，学在官府被打破，文献流散到社会上。孔子掌握了一大批文献，从而开创了私人教学模式，有教无类，弟子众多。他曾带着自己的主张周游列国，但处处碰壁，晚年回到家乡整理《诗》《书》《礼》《易》《乐》《春秋》等文献。六十九岁时，独子孔鲤去世。七十一岁时，得意门生颜回病卒，孔子极度悲伤：“天丧予！天丧予！”这一年孔子正在修《春秋》，有人在鲁国西部捕获了一只叫麟的怪兽，后来听说那个麒麟死了，孔子就停笔不写了，感觉自己的大限也快到了。七十二岁时，突然得知大弟子子路在卫死于国难，哀痛不已。次年，孔子拄着拐杖在院子里，子贡去看他，孔子老泪纵横：“我听说夏人死了要停棺在东阶，周人死了要停棺在西阶，殷商之人死了要停棺在两个门柱之间，我昨晚梦到我坐在两个门柱之间（孔子祖上是宋国人，是殷商后裔），大概我也快死了吧。”七天后，孔子逝世，享年七十三岁。后来儒家亚圣孟子活到了八十四岁，所以民间有句谚语说：“七十三，八十四，阎王不叫自己去。”人们认为圣人都活不过这两个“坎儿”，普通人更是没办法了。

孔子活着的时候，就有人称他为“圣者”。一位官员问孔子的弟子子贡：“夫子圣者与？何其多能也？”孔子是圣人吧，为什么他知道的这么多啊？子贡马上说：“固天纵之将圣，又多能也。”那当然了，老天爷就想让我们老师当圣人。然而，孔子生前一直谦称自己不是圣人。

孔子去世后，他的弟子们发起了一场“造圣”运动。孔子一死，先是出来很多人诋毁他。如《论语》记载，当时的贵族叔孙武叔说：“子贡贤于仲尼。”又记载：“叔孙武叔毁仲尼。”陈子禽谓子贡曰：“子为恭也，仲尼岂贤于子乎？”诋毁孔子的一种方式就是借捧孔子的学生子贡打压孔子的威望。子贡很有钱，也是著名的外交家，很为世人所看重。但子贡对那些诋毁孔子的言论都予以了回击，认为自己的老师如天，如日月，是高不可及的。正是子贡，一直把自己的老师奉为圣人，从而大大提高了孔子的地位，也使得孔子的影响力逐步扩大。到了孟子所处的战国，孔子基本已经被定型为圣人了。孟子称他为“圣之时者”，即最知道什么时候该做什么事情的人。

到了汉代，司马迁《史记》也夸赞孔子是圣人，还把孔子列入“世家”。司马迁评价孔子说：

> 《诗》有之：“高山仰止，景行行止。”虽不能至，然心向往之。余读孔氏书，想见其为人。……天下君王至于贤人众矣，当时则荣，没则已焉。孔子布衣，传十余世，学者宗之。自天子王侯，中国言六艺者折中于夫子，可谓至圣矣！

独尊儒术以后，孔子以及儒学的影响力就更大了。其中一个重要原因是，先秦的儒学在汉代进行了改造。

秦统一六国，“焚书坑儒”，以法家治国。经历暴秦，又经过楚汉争霸，西汉初年，战争终于结束，百姓需要休养生息，而老子的清静无为恰好适应了时代的需求，“黄老之术”成为官方推举的一种治国思想。汉景帝的母亲窦太后极为推崇《老子》，有一次有个儒生来讲学，批评了《老子》，窦太后很生气，把这个儒生扔到了猪圈里，让他和野猪搏斗。

西汉前期中央王朝推行的“无为”思想，虽对社会的恢复有一定的功效，但也有一个弊端，那就是纵容地方势力坐大，使得地方逐渐有了挑战中央的实力，最终在汉景帝时期爆发“七国之乱”。这次叛乱被平定后，统治阶层认识到，必须加强中央集权，因而就需要寻找维护封建大一统的指导思想。这时秦朝的灭亡已经证实单纯依靠法家暴力不可取，“七国之乱”也验证了黄老的“无为”面对现实往往无能为力，于是封建统治者把儒家当作了新的思想武器，用它宣扬“君权神授”等思想来加强专制统治。我们熟悉的“三纲五常”也产生于汉代。“三纲”，即“君为臣纲，父为子纲，夫为妻纲”，孔子实际并没有说过这样的话。《论语・颜渊》中有一句孔子的话：“君君臣臣父父子子。”意思是做君的要像君，做臣的要像臣，父亲要像父亲，儿子要像儿子，是说在其位要谋其政。但这话到了董仲舒嘴里就变了味，成为“三纲”，臣要服从君主的统治，子要服从父亲的命令，妻子要唯丈夫命是从，后来宋儒也继承了这一说法。

总之，儒学经过后代学者、士大夫不断改造与推崇，孔子渐渐成为维护封建统治的一面旗帜，所以历代统治者几乎都有对孔子的褒封，如汉代追称孔子为“褒成宣尼公”，宋真宗尊孔子为“玄圣文宣王”“至圣文宣王”，明世宗嘉靖尊其为“至圣先师”，清世祖顺治尊其为“大成至圣文宣先师”，等等。孔子成为官方世代认可的圣人，不断圣化的同时，也被王化（虽然明清时期取消了“王”的封号，但祭祀孔子的规格却不断提高），成为国家祭祀的公神，于是就有了帝王装扮的孔子像。帝王们实际是为了以此表示自己尊孔，从而借助被改造后的儒学来维护自己的统治利益。

大成殿孔子像。孔子为帝王装扮，身穿最高等级的“十二章纹”服饰。

神仙孔子与三教合流影响的孔子像

不同身份地位，对孔子的历史想象是不尽相同的，如大成殿孔子像，是皇家心目中的孔子，而在民间，他如同老子、释迦牟尼一样，被当作神仙。

孔子虽然不语怪力乱神，但承认鬼神存在对于培养“敬”是有价值的，所以要人们“祭如在，祭神如神在”。他对于鬼神的态度是存而不论，但他也有信仰，那就是“天命”。孔子周游列国遇到危险的时候，总会谈到“天命”。如在匡地被误解，被人包围，孔子说：“天之未丧斯文也，匡人其如予何？”在宋国被桓魋追杀，孔子又说：“天生德于予，桓魋其如予何？”天命在我，谁也不能把我怎么样。这就为后世将孔子封为“素王”，以及将孔子神秘化奠定了基础。

在孔子活着的时候，也有人将其视为天命所在。卫国仪封人曾说：“天下之无道也久矣，天将以夫子为木铎。”木铎是一种木舌的铜铃，古代官员用它来召集民众宣布政令等。仪封人说天下已经混乱很久了，现在老天让孔子出现，就是为了让他引导当今这个世道，做人民的导师。

到了汉代，人们又认为孔子五百年前的所作所为，实际是为汉家立法，所立之法都藏在《春秋》《孝经》中。孔子是上天派下来，专门为汉代的政治制度等各个方面指导方向的，所以人们常根据儒家的文献解读当时的社会状况。汉代以后，孔子变得更为世人推崇，不再是仅为汉代立法，而且被看作是上天的代言人，设计了整个后世。总之，孔子这一“开创人间”的先知形象，如同天命的使者，后人认为，世代更替与发展都在他的掌握当中。

东汉王充《论衡》中记载了孔子的三个预言，把孔子预知未来的“神异”表现得更为直接。一是记载秦始皇到了山东孔宅，大肆破坏，还打开了孔子墓，结果里面有一封谶书，写的是：“不知何一男子，自谓秦始皇，上我之堂，踞我之床，颠倒我衣裳，至沙丘而亡。”秦始皇看罢，很是吃惊，立即让人将孔宅恢复原貌。前面的几句都被孔子说中了，所以秦始皇很担心“至沙丘而亡”这句话，于是在巡视的路线上有意绕开叫“沙丘”的地方，结果还是到了一个叫“沙丘宫”的地方，在此暴病而亡了。

孔子的第二个预言是“董仲舒乱我书”，这是说孔子知道后世会有个叫董仲舒的扰乱他的思想。董仲舒将阴阳家、黄老、法家等融入了儒学，他好讲阴阳五行，大谈灾异及天人感应，充满了神学色彩，孔子自然变得更为神秘。本来子贡、孟子等人说的“圣人”，是指如同尧舜禹一样品德高尚的帝王或君子。董仲舒则认为圣人有知“天命成败”的神异，这实际上把孔子神化了。

第三个预言在《史记》中也有提到，“亡秦者，胡也”。《史记》记载，秦始皇派人到处找仙人，找不死之药。有一个卢生回来交差，说他虽然没有找到不死药，但得了一本神奇的书，上面写着“亡秦者，胡也”，预言灭亡秦朝的是“胡”。秦始皇以为这个“胡”指北方的胡人匈奴，于是派将军蒙恬率兵三十万去攻打，夺取了黄河以南的土地，以绝亡秦之患，又修筑万里长城，以防胡人南侵。秦始皇死后，赵高、李斯等人擅改遗诏，拥立秦始皇少子胡亥为帝，是为秦二世。秦二世暴虐无道，导致了秦朝的灭亡，应验了“亡秦者胡”的预言。原来“胡”并非指的是“胡”族（匈奴），而是名字里带有“胡”字的胡亥。《论衡》记载，当时有人把秦始皇的故事和孔子联系起来，说“亡秦者，胡也”是孔子的预言。从《论衡》中搜集的这些材料来看，孔子是一种巫师的形象，像算卦先生，可以预见未来。

《搜神记》记载，孔子周游列国到了陈国，晚上住在馆舍中，突然闯进一个身高九尺的强人，孔子指挥自己最勇猛的弟子子路与他搏斗，二者战于庭，难分胜负。孔子观察了一会儿，发现了对方有破绽，铠甲和牙床之间不时裂开，于是让子路把手伸到铠甲与牙床之间。对手一下瘫倒在地，现出本相，原来是一条大鳀鱼，长九尺多，那个裂缝大概就是鱼鳃。孔子后面还有一段议论，讲精怪是怎么来的。他说“物老则为怪”，东西年久了，就会变成妖怪。在这个故事里，孔子博学的形象与传统相继，但更突出的是其被描述成了一个懂得妖魔鬼怪的神人。

民间传说中有关孔子的神异故事还有很多。如流行于元明时期的连环画《圣迹图》说孔子是水精之子，出生时，天降异象，身上有文字。孔子完成了著作后，向天祷告，出现了赤虹，赤虹落下来变成了黄玉，等等。其根据多是汉代的纬书。

随着儒释道融合，儒家创始人孔子也越来越与神化了的老子、释迦牟尼相似，反过来影响了民间对“神仙”孔子的信仰，也影响了孔子像。南宋欧阳守道《上吴荆溪乞改塑先圣像公札》记载：“夫口容当止，今像则张颐，手容必恭，今像则左手下凭，右手高举，而尽舒其十指，其作凭几宣说之状，则如道流之奉其师，其盘屈两足，置覆于前，则似释氏之所谓趺坐。”指出岳麓书院的孔子像不合古礼，说其手势如同道教，其盘坐如同佛教。

南宋时期，一些造佛像的工匠在给孔子造像时，往往将佛教的手势加到孔子身上。李龙绘《宣圣及七十二圣贤像》之首部，孔子手势是佛教的“说法印”，以拇指与食指（或中指、无名指）相捻，其余各指自然舒散。

流传日本镰仓时代的孔子像，孔子手中虚拈，这与道教“三清”中元始天尊的手势很像，象征着“天地未形，万物未生”时的“无极”。早在魏晋南北朝的时候，孔子就被道教吸收到了自己的体系当中，被看作是道教的神仙之一。陶弘景《真灵位业图》中孔子排在了第三层左位第二十二位，被称为“太极上真公孔丘”，在老子之下。

南宋李龙绘《宣圣及七十二圣贤像》之首部，石刻在浙江杭州。孔子手势是佛教的“说法印”。

日本镰仓时代的孔子像。孔子手中虚拈，这与道教“三清”中元始天尊的手势很像，象征着“天地未形，万物未生”时的“无极”。

佛道不仅影响了孔子像的造型，也影响了孔子像的装饰。清末周培春绘制了一组民间信仰画像，其中孔圣人画像有三只眼睛，帽子上有个万字符，手上还托着一个“佛”字装饰的砚台。

在民间信仰中，一个读书人要想考中功名，除了拜文昌帝君，还可以供奉“神仙”孔子。周培春绘制的孔子画上就写着：读书人供之。《聊斋志异》中还有一个故事说孔子主管读书人的生死，一个有功名的读书人去世之后，要先去找孔子销名。

除了装扮，人们对孔子具体相貌的描述，也体现出神化孔子的特征。汉以后，随着孔子地位不断被提高，加之受“圣人异象”思想的影响，人们开始对孔子的相貌进行神化。如汉代纬书《孝经纬钩命决》曰:“仲尼斗唇，舌理七重。”“海口、牛唇、舌理七重、虎掌、龟脊、辅喉、骈齿。”宋代，民间又形成了“七陋”说，是对其七窍的描述。民间认为孔子长得不同凡响，“鼻陋”，两个鼻孔朝天，“嘴陋”，两颗门牙是龅牙，“眼陋”，两颗眼球突出，“耳陋”，两只大耳朵下垂，这样一个人显然并不美观。曲阜孔府藏的明代《孔子燕居图》中的孔子就体现出“嘴陋”等特征。

明代张岱《夜航船》根据前代的纬书与传说提到了“四十九表”说：

> 仲尼生而具四十九表：反首，洼面，月角，日准，河目，海口，牛唇，昌颜，均颐，辅喉，骈齿，龙形，龟脊，虎掌，骈胁，参膺，圩项，山脐，林背，翼臂，室头，隆鼻，阜脥，堤眉，地足，谷窍，雷声，泽腹，面如蒙倛，两目方相也，手垂过膝，眉有十二彩，目有二十四理。立如凤峙，坐如龙蹲，手握天文，足履度字，望之如仆，就之如升，修上趋下，末偻后耳，视若营四海，耳垂珠庭，其颈似尧，其颡似舜，其肩类子产，自腰以下不及禹三寸，胸有文曰“制作定世符”，身长九尺六寸，腰六十围。

周培春绘制的三只眼的孔子，可以说是在“七陋”说和“四十九表”说基础上的进一步演化。

清末周培春绘，孔子。孔子有三只眼睛，帽子上有个万字符，手上还托着一个“佛”字装饰的砚台。图上题写：“此是孔圣人，手拿砚台，读书人供之。”

明代《孔子燕居图》。“燕居”是一种闲居在家的状态。图中孔子露出大板牙，是受了“圣人异象”思想的影响，《荀子·非相篇》说孔子的脸好像蒙上了一个难看的驱鬼面具。

先师孔子与时代礼仪变迁影响的孔子像

清代，孔子与弟子神像拓本。孔子居中，弟子陪祀，突出孔子“万世师表”的地位。

孔子是一位博物学家，很多别人不知道的东西，他都知道。《国语》记载，季桓子挖井，得到一个瓦罐样的东西，里面还有似羊的动物。人们都不知道是什么，就去问孔子，而且为了迷惑孔子，还故意说挖井挖出一只狗，结果马上被孔子识破。孔子说，应该是羊，并解释说，山中的怪物叫夔，叫蝄蜽，水中的怪物叫龙，叫罔象，土中的怪物叫羵羊。像这样的例子还有很多。孔子周游列国到了陈国，人们得到一支箭，不知道其来历，孔子说这是肃慎之矢，一查档案，果然如其所言。吴国挖城墙得到了一块大骨头，专门去问博学的孔子，孔子说这是防风氏的骨头，等等。

孔子能博学多识，主要跟他学习、掌握了大量文献有关。孔子之前，学在官府，官府垄断了学校教育和一切学术文化，只有贵族才有机会接受教育。春秋战国之交，天子史官毛伯得等人携周之典籍奔楚，从此史书不再见其名。最讲礼仪的鲁国乐师也同样流离四方：“太师挚适齐，亚饭干适楚，三饭缭适蔡，四饭缺适秦，鼓方叔入于河，播鼗武入于汉，少师阳、击磬襄入于海。”春秋末是“天子失官，学在四夷”，史官地位的下降，各类文献从史官手里流落到社会上，为私学的兴起和士人的问学提供了良好的条件。

孔子正是在这样的环境下，搜集了大量文献，并开始创办私学，有教无类，因材施教，广收门徒，传说弟子有三千。他打破了依靠血统控制的阶级壁垒，学生可以通过读书学习做官。更重要的是，孔子开创了一种新的价值模式，即学习本身就是一种价值，这就为后世做学问的读书人开辟了一条道路。独尊儒术后，后人读的书基本都是儒家经典，后辈优秀的学人中更有不少想着做圣人的传承者，为往圣继绝学，孔子也就顺理成章地被读书人奉为“先师”。孔子作为老师的身份，大概最符合其历史形象。

孔子究竟长什么样子呢？《论语·述而》记载：“子温而厉，

威而不猛，恭而安。”像一位老夫子，但这只是一种大致的性格印象，不是对其具体形象的描述。《庄子·外物》中记载老莱子的弟子描述孔子：“修上而趋下，末偻而后耳。”说他上身占的比例大，身体有些驼背，这大概跟孔子身形高大而常行谦恭之礼有关。孔子身材魁梧应该是没有争议的，《史记·孔子世家》也说：“孔子长九尺有六寸，人皆谓之‘长人’而异之。”

孔子活着的时候，有一个“影子”，名叫阳虎，两人是一辈子的“死对头”。阳虎是鲁国三桓之一季氏的家臣，曾经瞧不起年轻的孔子，大约在孔子五十岁的时候，阳虎发动了一场叛乱，结果自然是失败了，阳虎逃离了鲁国，这之后，孔子才正式出来做官。据说孔子跟阳虎长得很像，“孔子状类阳虎”，而阳虎曾经祸害过匡这个地方，孔子周游列国到了匡，匡人误以为阳虎又来了，就对其进行了围攻。后来孔子证明自己不是阳虎，才最终解除了危机。

据说另一个和孔子长得像的人是孔子的弟子有若。孔子在其弟子心目中有着极为崇高的地位，孔子去世后，有若因为像孔子就被当成了孔子的“化身”，成为其他一些弟子参拜的对象。《孟子·滕文公上》记载：“他日，子夏、子张、子游以有若似圣人，欲以所事孔子事之，强曾子。”子夏、子张、子游都认为有若像孔子。但究竟是哪一方面像，是言语像，还是相貌像，《孟子》并没有明确说明。到了西汉，坐实了有若长得像孔子，《史记》记载：“有若状似孔子，弟子相与共立为师，师之如夫子时也。”到了东汉，赵岐沿袭了这样一种说法：“有若之貌似孔子。此三子者，思孔子而不可复见，故欲尊有若以作圣人，朝夕奉事之。礼如事孔子，以慰思也。”王充《论衡》也记载：“有若在鲁，最似孔子。孔子死，弟子共坐有若，问以道事。……有若，孔子弟子疑其体象，则谓相似。”比孔子小四十三岁的有若，因为长得像孔子，一不小心，就成了早期的“孔子塑像”。但是，有若长什么样，古人实际也是不清楚的，后世画有若的画像，又是以流传的孔子画像为依据的。

关于孔子的长相，每个时代几乎都有自己的理解。除了文献记载，古代还有很多孔子图像，有的图像是受到了文献记载中对孔子描述的影响，也有的是画者本身的一种探索。至于哪一种描述或描绘最接近孔子本人，很难说清。很多孔子像都带有所生成时代的特征。

最著名的孔子画像大概就是《先师孔子行教像》了，传说此画作者为唐代吴道子。

《先师孔子行教像》常被作为其他孔子画像或塑像的底本。画像中，孔子两手交叉，作“天揖之势”，即左手紧紧抓着右手拇指，大拇指向上，小拇指指向右手腕，右手的四个手指伸直。据文献记载，这应该就是叉手礼。南宋陈元靓《事林广记》中“幼学须知”条

唐代吴道子绘《先师孔子行教像》石刻清代拓本，现存于曲阜孔庙。孔子两手交叉，作“天揖之势”，应为叉手礼。

目曰：“凡叉手之法，以左手紧把右手大拇指，其左手小指则向右手腕，右手四指皆直，以左手大指向上，如以右手掩其胸，手不可太着胸，须令稍去胸二三寸许，方为叉手法也。”这种礼仪实际上是拱手礼的变礼，流行于唐宋时期。也就是说，在孔子生活的时代是不可能有这样的手势的。这幅《先师孔子行教像》在古代极为流行，其手势造型渐渐成为表现先师孔子恭敬的符号了。

实际上在孔子生活的时代，表示见面恭敬的手势礼仪主要是拱手礼。《礼记·檀弓上》中记载了这样一件事：“孔子与门人立，拱而尚右，二三子亦皆尚右。孔子曰：‘二三子之嗜学也，我则有姊之丧故也。’二三子皆尚左。”郑玄注：“丧尚右，右，阴也。吉尚左，左，阳也。”当时因为孔子丧礼在身，所以行拱手礼尚右。由此可见，孔子与门人在一起站立的时候，行的是拱手礼，这是一种相见时的礼仪。在早期的孔子像中，如东汉时期的孔子见老子题材的画像，其中孔子的手势就是拱手礼。

《孔子见老子》这幅壁画中，两个老夫子相见了，孔子虽然只呈现一个侧面，但可以看出，其身体前趋，双手抱拳至胸前，应该行的就是拱手礼，做询问状。后世孔子画像与塑像往往呈现孔子与人交流行礼的一种状态，大概是受早期礼仪形式构图的影响。上文提到的行“叉手礼”的孔子像，也是如此。

南宋马远的《孔子像》是现存最早的绢本孔子像。此画像体现出来的孔子也是一位老夫子的形象，但此像比较特殊。此前的画像，从孔子的手势中，可以看出，即便是单人像，也有一种礼仪在，表示孔子与人交流。而马远的《孔子像》形成了一个独

山东东平汉墓壁画《孔子见老子》，这是现存最早的彩绘孔子像。左一为老子，着绿袍；左二为孔子，身体前趋，双手抱拳至胸前，行拱手礼，做询问状。

立的画面，孔子拱手笼袖，一指外露，神情做沉思状。马远被称为“马一角”，因为他的山水画抛弃了全景式的布局，而是常以一个局部的山水作为绘画的重点。“或峭峰直上而不见其顶，或绝壁直下而不见其脚”，据说马远是用此手法来嘲讽南宋是半壁江山。马远的这幅《孔子像》也是“一个人”独立的构图，不知是否与其山水画有着相似的寓意。

有的孔子像为了表现孔子作为老师的形象，常常让孔子的身边有学生跟从。如北宋元祐年间的《宣圣小影》：前面是孔子，后面跟着的是颜回。相传为东晋顾恺之所画，孔子也是行叉手礼。下面还有碑文记载了孔子像的来历，其为孔子第四十七代孙孔若蒙所藏，还说世上流传的孔子画像都讹谬不足考信，只有这个版本可信。元代的孔子画像石与宋代《宣圣小影》有很多相似之处，如《宣圣兖公小影》也是孔子带着学生，只是手势变成了上下相握，左手在上，右手在下，掌心相合。孔子像的礼仪手势随时代发展而发生变化。

总之，孔子像体现出来的是一种文化现象，它带有时代及阶级特征：皇家有大成殿如同帝王的孔子像，学者心目中有如同夫子的孔子像，民间有三教合流如同神仙的孔子像，等等。孔子像代表的是皇家、士人、普通民众对孔子的尊崇。孔子是一个符号，也是一面旗帜。朱熹言：“天不生仲尼，万古如长夜。”时代愈

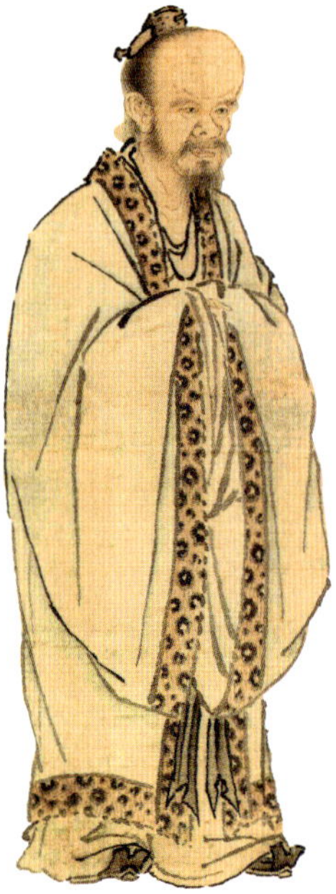

南宋马远绘《孔子像》，故宫博物院藏。这是现存最早的绢本孔子像，孔子拱手笼袖，一指外露，神情做沉思状。

左图：

北宋元祐三年（1088）《宣圣小影》。前面是孔子，后面跟着的是颜回。

右图：

元代《宣圣兖公小影》。孔子手势为上下相握，左手在上，右手在下，掌心相合。

明代《三教图》，美国弗利尔艺术馆藏。老子、孔子、释迦牟尼“同框”，是明代三教合流思想的体现。左侧为老子，手持《道德经》；中间赤脚的为释迦牟尼，印度人模样；右侧为行拱手礼的孔子，脚着赤色鞋子，周朝尚红，赤色鞋子是一种高贵身份的象征。

后，人们愈能认识到孔子的价值。如今，虽然孔子被拉下了“神坛”“圣坛”，但孔子的理念依然影响着我们的现代生活。孔子本身最大的贡献，实际上是奠定了中华民族品格的底色，所谓仁义礼智信、温良恭俭让是也，而现在常见的孔子像，传达的也正是此意。

由人而神：关羽的成圣之路

关羽本是一位历史人物，但我们常见很多道观或寺庙中都供奉着关羽像，关羽是如何由人变成神的呢？为何儒释道都推崇关羽？《三国演义》中哪些事其实并不是历史上的关羽所为？我们常见的关羽造型是身着绿袍，而一些民间团体往往崇拜的是红袍的关公，关羽的红袍是怎么来的，有何寓意？

西晋陈寿的《三国志·蜀书·关羽传》最早记载了关羽的事迹。关羽，字云长，本字长生，今山西运城人。《三国志》评价说："关羽、张飞，皆称万人之敌，为世虎臣。"然建安二十四年（219），在吴军进攻荆州之战中，关羽因故被擒杀于湖北当阳，谥壮缪侯。

关羽生前的地位并不是很高，只是担任过蜀汉的"前将军"等职。关羽死后，魏晋南北朝时期，他在民间的影响也并不太大，只是流传着一些有关他的灵异故事。大约到了隋代，南方一些受传统巫鬼信仰影响严重的地区才出现了专门祭祀关羽的祠。人们对关羽的祭祀最初可能不是求福，而是怕关羽的鬼魂报仇，祭祀他是为了免灾避祸。

官方的打造

从宋代开始，关羽声威大震。北宋面临内忧外患，社会需要一股"强心剂"，而关羽忠义勇武的品质恰恰契合了这一心理需求，于是在宋哲宗时期，关羽被封为"显烈王"，有了"王"的名号，地位大大提高。宋徽宗即位后，为了突出关羽义勇的品格，敕封其为"义勇武安王"。又因为宋徽宗好道，在这位"道君皇帝"的打造下，关羽逐渐成为官方认可的一位保护神。

到了南宋，面对其他政权的步步紧逼，偏居一隅的统治阶层就更需要像关羽一样的忠义和勇武精神了，而且关羽当年就是在南方独当一面的，因而人们就更崇拜关羽，认为他是正义，也是正统，在他身上有了更多的精神寄托。这一时期，各地都开始修建祭祀关羽的祠庙，关羽成了民众心目中的典型英雄和神，民众祭祀他，主要是求其保护。

到了元代，关羽被封为“显灵义勇武安英济王”。统治者对关羽的加封，主要还是为自己的统治寻找保护神，并将关羽作为一种道德典范以教化民众。

到了明代，官方继续打造关羽的形象。永乐皇帝建关帝庙于都城，将关羽视为国家祭祀的高级神祇；信奉道教的万历皇帝，在万历十八年加封关羽为“协天护国忠义大帝”，关羽彻底被神化且上升为帝；万历四十二年，关羽又被封为“三界伏魔大帝神威远震天尊关圣帝君”，地位极尊，民间妇孺皆拜关公。李贽《焚书》卷三《关王告文》说：“盖至于今日，虽男妇老少，有识无识，无不拜公之像，畏公之灵，而知公之为正直，俨然如在宇宙之间也。”

清人绘，关羽。清朝统治者入关后，利用关羽信仰，宣扬其为大清保护神。

清朝统治者入关后，也利用关羽信仰，宣扬其为大清保护神。“桃园结义”的故事，又被借以拉拢蒙、汉。为了宣扬的需要，顺治帝敕封关羽为“忠义神武关圣大帝”，康熙帝将关羽尊为夫子，与孔夫子并列，所以民间有“山东一夫子，山西一夫子”之说。清代的关帝庙达到了最多，洪亮吉《天山客话》曰：“塞外虽二三家，必有关帝庙。”

总的来看，官方打造关羽为社会道德圣贤的同时，也不断神化了他，进而影响了民间信仰。明清时期关羽信仰的扩大及其地位的提高，除了与帝王安定人心、稳定时局的需要有关，又与《三国演义》等民间文学作品的渲染与传播有着莫大的关系。

民间的塑造

北宋时期，民间已有关羽大战蚩尤的故事，如元代胡琦《关王事迹》就记载了这样的故事。蚩尤是邪神，忠而勇的关羽与其大战，并最终战胜了他，从而塑造出关羽主持正义、为民除害的形象。除此之外，当时还有《关大王大破蚩尤》《关云长单刀劈四寇》等相似故事话本在民间广泛传播，关羽因而得到了更多百姓的崇仰和爱戴。

元末明初，《三国演义》引起了巨大的社会反响，人们“争相誊录，以便观览”。以小说《三国演义》为分水岭，文学中的关羽形象取代了历史中的关羽形象：首先，关羽变成了儒将的打扮，呈现出“青史对青灯”的儒家风范。其次，在《三国志》中，对关羽相貌的描写只提到“美须髯”，而《三国演义》中说关羽“身长九尺，髯长二尺，面如重枣，唇若涂脂，丹凤眼，卧蚕眉，相貌堂堂，威风凛凛”，这一描述使得关羽形象从此符号化了，后世关公画像基本都以此为蓝本，在戏曲中，关羽脸谱专用“卧蚕眉”，也是受此影响。再次，关羽具备了忠、义、勇、信等多种人文精神，并通过故事完美体现出来，如“温酒斩华雄”显示了关羽的“勇”，但据《三国志》卷四十六记载，斩华雄本是孙坚之事；“降汉不降曹”“千里走单骑”显示了关羽的“信”与“忠”，华容道放走曹操又显示了他的“义”，但这些都不见于历史记载，《三国演义》作者为了突出关羽的品质，将故事或嫁接或进行了虚构创作，从而使关羽成为忠义勇信的象征。最后，在《三国演义》中，关羽几乎变成了神人一体。第七十七回《玉泉山关公显圣　洛阳城曹操感神》说关羽死后，“往往于玉泉山显圣护民，乡人感其德，就于山顶上建庙，四时致祭”。关羽多次显灵，保护民众，这就奠定了被进一步神化的基础。

总之，《三国演义》塑造的关羽形象，不仅使得官方更加推崇他，以其作为社会的榜样和维护政权的神祇，民间也更加信奉他，以其作为“万能神”，同时，也使得儒释道都以其为“自己人”。

儒释道的推崇

在儒家看来，关羽的事迹，当然主要是《三国演义》中关羽的故事，完全符合儒家倡导的仁义礼智信等观念，再加上过五关斩六将、单刀赴会等故事的影响，关羽被士人尊称为“武圣人”，进入到了儒家的圣人行列。

据说关羽的用兵与忠义都学自《春秋》，而《春秋》是儒家的经典。《荆州府志》曰：“子作《春秋》以维周，关帝奉《春秋》以存汉，其义一也。”孔子作《春秋》是为了维护周朝，关羽以《春秋》为典范是为了维护大汉朝。儒生们将关羽与孔子并称，是因为他们觉得这两位圣人的使命是相同的。

总之，儒家推崇关羽，是因为关羽正是儒家倡导的人格典范，而借助这一符号即可

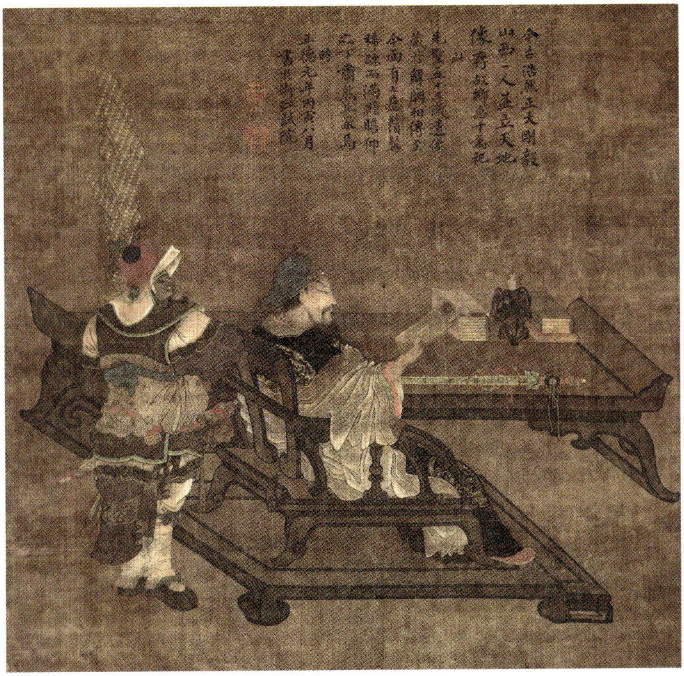

元代赵孟𫖯绘，关羽。关羽是儒将的打扮，一手执书，可能是《春秋》。

进一步宣扬儒家的理念。古代常见的关羽像的造型往往就是儒将的打扮：头顶夫子盔，身着绿袍，一手捋长须，一手执《春秋》。佛道祭祀的关公形象也都受到儒家的影响，也有很多是这样的造型。

佛道二家争相将关羽纳入自己的体系当中，主要是为了壮大自己的声势。在宋元道教雷法中，关羽只列为雷部将帅之一。但到明代，道教发扬了关羽辟邪的传说，关公进入到了道教神仙体系的高层，以伏魔大帝、荡魔真君、协天大帝、四大元帅之一等身份得到供奉。在佛教中，关羽是护法，称为“护法伽蓝”。许多佛寺都有伽蓝殿，里面往往供奉着关羽的塑像。在藏传佛教中，关羽的地位也很高，被奉为八部神之一。北京雍和宫就是著名的藏传佛教寺院，其中的关帝殿中就供奉着一尊关羽铜坐像。相辅相成，关羽为道观与寺院吸引了众多信徒，而进入佛道体系的关羽，其影响力也得到进一步扩大，深入到各个阶层。

团会组织的推举

明代末期，随着商品经济的发展，关羽成为商人的保护神。《三国演义》写刘备、关羽和张飞最初都有经商经历，刘备卖过席，张飞杀过猪，关羽一出场推着一辆车子，逃难江湖，很可能是做一些长途运输生意。人们因关羽重信守约，渐渐就将其当作“财神”以及行业的保护神。明清时期，同籍客商往往会在一地成立商会，建立会馆，作为相互联络的方式和地点。这些地方一般都会供奉关公，会馆的建筑模式也是仿照关帝庙，这最初大概得益于晋商对这位“老乡”的推举。此外，民间传说乾隆曾封关羽为“财神”，关帝庙内“汉为文武将，清封福禄神”的对联即印证了这一传说。

关羽还是一些民间团会组织信奉的主神。《三国演义》中曾说关羽杀豪强扶弱，“因本处势豪倚势凌人，被吾杀了，逃难江湖”，这种江湖侠义使得关羽成为一些漂泊人士心目中“仰之如日月，畏之如雷霆”的偶像。清末民初的义和团、白莲教、天地

明代商喜绘《关羽擒将图》，故宫博物院藏。关羽着绿袍，绿袍是刘备所送，体现关羽忠义之心。

明人绘，红袍关公。《三国演义》中关羽的“标配”武器是青龙偃月刀，这是宋代才流行的长柄大刀。《三国志》说关羽杀颜良时，用的是可以刺的兵器。大约到了南北朝时期，传说关羽使用的是双刀。青龙偃月刀后世称“关公刀”，几乎成为关羽的一种符号，可以衬托其霸气，此造型被民众广泛接受。

会、三合会等，都特别敬重念及手足之情的关羽，社团往往以关羽的忠义作为团结内部的纽带，如天地会祭祀关羽的庙有一诗云："历朝义气关云长，洪家子弟仿忠良。丹心等候明天子，特来结拜共拈香。"向关公表心盟誓，是天地会等社团必需的仪式，"今朝拜把结同心，关圣当前作证盟。谨守十条和十款，自然事事吉星临"。但与我们常见的身着绿袍关公有所不同，这些结社组织崇拜的往往是红袍的关公。

关于绿袍、红袍的故事，《三国演义》第二十五回说：

> 一日，操见关公所穿绿锦战袍已旧，即度其身品，取异锦作战袍一领相赠。关公受之，穿于衣底，上仍用旧袍罩之。操笑曰："云长何如此之俭乎？"公曰："某非俭也。旧袍乃刘皇叔所赐，某穿之如见兄面，不敢以丞相之新赐而忘兄长之旧赐，故穿于上。"操叹曰："真义士也！"然口虽称羡，心实不悦。

关羽被困曹营，曹操见其绿战袍破旧，于是赠送一新袍，但因为绿袍是刘备所送，所以关羽就将新袍穿于内，绿袍穿于外。这段体现关羽忠义的故事，也使得他在民间成为江湖义气的楷模。

和小说中说"异锦"（红袍）穿于内不同，明代的绘画中已经出现了身着红袍的关羽，这大概跟明朝高级官员服饰尚红有关。清代的统治者也曾利用关公的声势为自己的统治服务，乾隆曾将关羽原来的谥号"壮缪"改为"神勇"，并塑造了地安门外关帝庙里的红袍关公，以表示红袍加身的赏赐。

民间团会组织拜红袍的关羽，一方面，大概受到了清代官方推崇的影响，但其寓意可能仍如同《三国演义》中关羽的态度，虽红袍加身，享荣华富贵，但仍不忘绿袍之时的情谊。另一方面，有些组织又可能是出于相反的原因，即受明代红袍关羽的影响，以红（朱）来象征反清复明。此外，"红色"在中国传统文化中象征着"忠义""吉祥""生命"，也有激发勇气、辟邪等作用，这也可能是他们更加崇尚红袍关羽的原因。

郑上有《关公信仰》一书记载，有一武庙楹联写道：

清末周培春绘，关羽。图上题写："此是关圣帝君神像，夜读《春秋》，侧立周仓，手持偃月刀，军民人供之。"

儒称圣，释称佛，道称天尊，三教尽皈依，式詹庙貌长新，无人不肃然起敬。

汉称侯，宋封王，明封大帝，历朝加尊号，矧是神功卓著，真所谓荡乎难名。

关羽是唯一被官方、民间、儒释道三教以及团会组织共同尊崇的神圣。

总之，关羽其形象由历史而进入到了文学、宗教，从而由人而神而圣，成为传统文化中的一个重要符号。他是忠义的化身，也象征勇信，有着护民、护法的职能，还是财神，等等，关涉古人的文化、思想以及习俗的方方面面，直到今日，在汉文化圈仍有着重要的影响。据学者统计，如今在147个国家与地区，都有社团组织将关羽作为共同礼拜的对象。

仙界“拉郎配”：玉皇大帝与王母娘娘真是夫妻吗？

玉皇大帝信仰是什么时候出现的？都有哪些人担任过“玉帝”？为什么民间说玉皇大帝姓张？在正统的道教信仰中，玉皇大帝与王母娘娘毫无关系，那么，他们是夫妻的“绯闻”又是如何形成的呢？

玉皇大帝的出身

上古时期，商人是多神崇拜，如祖先崇拜、各种自然神崇拜，等等。其中占主要地位的是祖先崇拜。商王朝历史悠久，又足够强大，历史上出现了很多英雄，如盘庚、武丁等，商人有很强的部族自豪感，他们认为自己的这些先人足以保护自己。周人则不同，周人历史上一直自称“小邦周”，足见它的弱小。周人为了能联合其他邦族一起对付商，就必须克服自己部族祖先崇拜的局限性，因而更具包容性、显得更为强大的“天帝”的崇拜信仰就被提高了。“天”的观念，是周人独有的，从周初开始，“天帝”成了至高神。《诗经》中的《皇矣》曰：“帝谓文王：询尔仇方，同尔弟兄。以尔钩援，与尔临冲，以伐崇墉。”天帝曾亲自站出来为文王出主意，告诉他如何打败敌人：要与地位相当的国结合起来，要联合同姓兄弟之邦。用爬城钩援和攻城车辆，讨伐攻破崇国城墙。

在春秋战国之际，南方楚地的最高神是“东皇太一”，屈原《九歌》中就有祭歌《东皇太一》篇。汉代依旧把“东皇太一”作为最高神进行祭祀，如《汉书·郊祀志》曰：“天神，贵者太一。太一佐曰五帝。古者天子以春秋祭太一东南郊。”直到北宋，“东皇太一”都是皇家祭祀的最高神祇，但因为只是天子祭祀，所以民间并没普及这一信仰。到了宋代，随着玉皇大帝信仰在社会上的广泛传播，玉皇大帝就逐渐取代东皇太一而成为至尊神。

最早出现“玉皇大帝”的名字，是在南朝时期陶弘景的《真灵位业图》中。其中提到了“玉皇道君”“高上玉帝”，但这二位神仙地位都不高，一个排右位十一位，一个排右位十九位，都属于元始天尊的下属。

到了唐代，道教被奉为国教。封建统治者认为，若把神仙权力系统和君权系统对应起来，就可以利用道教信仰更好地统治百姓。百姓信仰一个最高神，就是对最高权力的崇拜与信服，而皇帝是人间最高权力的拥有者，是最高神在人间的代理人，也就成为人们信仰的对象。不断强调对“最高”的崇拜，也就加强了皇权的威严。

在唐代，随着道教地位的提高，玉帝的声名也呼声日高。王维有诗曰：“翠凤翊文螭，羽节朝玉帝。”李白有诗曰：“入洞过天地，登真朝玉皇。”白居易也有诗曰：“仰谒玉皇帝，稽首前致诚。”此外，还有元稹的“我是玉皇香案吏”，孟郊的“手把玉皇袂”，韩愈的“乘云共至玉皇家”，陆龟蒙的“手把玉皇书一通”，等等。中国传统中盛行玉崇拜，玉既代表一种品德，也代表永久，玉帝也就是品德高尚而永久在位的帝王。

到了宋代，宋真宗将玉帝与上古以来的天帝合二为一，于是玉帝就由呼声的“最高”而真正实现了地位的“最高”。史书记载，有一天，宋真宗告诉大臣，他梦见有神人来传玉帝的命令，要求他们崇奉玉帝，于是他下诏，从此开始祭祀玉帝，并为玉帝造像。宋真宗还封玉帝为“昊天金阙至尊玉皇上帝”，后来又封为“昊天金阙无上至尊自然妙有弥罗至真玉皇上帝”“玄穹高上玉皇大帝”。同样信仰道教的“道君皇帝”宋徽宗，也对玉皇大帝推崇备至，加封玉帝为“太上开天执符御历含真体道昊天玉皇上帝”。

山西永乐宫元代壁画，玉皇大帝。头戴十二行珠冠冕旒，手执笏板。

经过皇家的宣扬，玉帝信仰得到了广泛的传播。但在道教信徒心目中，最高神祇是老子或“三清”。玉帝成为至尊神，并不是道教本身发展的结果，而是在君权之下儒释道三教合流过程中儒家的一种宗教建构。君权是至高无上的，天子的地位是天帝所授，因而在儒家看来，最高神自然就应该是天帝，即玉皇大帝，所以朱熹说：“老聃之流岂可僭居昊天上帝之上哉？”他认为玉皇大帝的地位应该在道祖老子之

左图：

《三教源流搜神大全》清刻本，玉皇大帝。和山西永乐宫元代壁画中玉帝服饰一样，都有方心曲领，即上圆下方的一个装饰，这是宋代服饰的特点，大概跟玉皇大帝信仰在宋代的兴起有关系。在86版电视剧《西游记》中，玉帝的服饰也具有宋朝的特征。

右图：

清代传教士绘，玉皇大帝。

上。这也是后来在道教之外，无论是官方，还是民间，都有的一种普遍观念。随着玉帝信仰的不断完善，玉帝在天庭如同人间帝王一样，有了文武群臣，负责管理各种事务。这就越来越脱离道教寡欲无为的宗旨，而接近儒家治国、平天下的思想了。

上层往往将玉皇大帝作为权力来源的依据，而民间百姓饱受疾苦，往往将其看成是主持正义的最高神，所谓“天上有玉皇，地下有皇帝”。在民间认识中，玉皇大帝关心普通老百姓的疾苦，有求必应，最贤德，最英明，最能辨别是非，常打抱不平，对坏人、坏官员、坏妖怪、坏神仙等进行惩罚。老百姓常说“老天爷”如何如何，实际上也是玉皇这一信仰的潜在影响。

关于玉皇大帝的出身，尤其是民间传说他姓“张”，实源自唐代《酉阳杂俎》中的一个故事：最初坐在玉皇大帝位子上的本是一个姓刘的人，后来被人给替换了。人间有一个叫张坚的人，“少不羁，无所拘忌”，是个纨绔子弟，有一次他抓到了一只白雀，很喜欢，就养了起来。刘姓玉帝和这只白雀有什么过节，就托梦给张坚，责怪他，还要把白雀杀死，而张坚总是想办法保护白雀，让刘姓玉帝无从下手。后来刘姓玉帝干脆亲自下界来找张坚，而张坚见到他，很会来事，就盛情款待他，然后趁着他喝醉之际，偷了他的天车，乘白龙上了天庭。等到刘姓玉帝酒醒，追之不及。张坚到了天庭后，马上改易百官，把原来刘姓玉帝的人都换成了自己的心腹，还派人堵塞进入天庭的北门。于是民间从此盛传玉皇大帝姓张，而原来的玉帝则做了泰山太守，主管人的生死。

《古小说钩沉》记载，晋代有个叫周谓的人，死而复生，被玉帝召见。到了大殿上，他问两旁的人，上面坐的是张大帝吗？有人告诉他说，上古的天帝已经离去了，现在是曹明帝。可见，除了人间皇帝有变换，玉帝也是有更换的。

在《西游记》中，孙悟空说“常言道‘皇帝轮流做，明年到我家’”，不知道古代有没有版本是“玉帝轮流做”，如果有的话，那么就又可以与玉帝身份变换的故事联系起来了。如果更早的话，那就又有可能与《山海经》中记载的“刑天与帝争神”，《淮南子》中“共工与颛顼争帝”等故事联系起来了。

关于玉帝的出身，《西游记》中佛祖说：“他自幼修持，苦历过一千七百五十劫。每劫该十二万九千六百年。你算，他该多少年数，方能享受此无极大道？”这是对玉帝的夸耀，显然又是受到了业已形成的玉帝信仰的影响。自宋代以后，随着玉皇大帝信仰的普及，道教《玉皇经》高度神化了他的身世，说他与生俱来就有成仙的资质。他本是一位遥远国度的王子，“幼而敏慧，长而慈仁”，常常接济穷苦百姓，帮助众生，后来放弃王位进山修炼，经历了三千二百劫，最终修成正果，成为“玉皇大帝”。

虽然道教也塑造玉皇大帝崇高的地位，但与官方、民间信奉的玉皇大帝，其地位与神话传说还是有一些区别的。关于玉帝的出身，道教是参照佛教而设立，官方是将其与传统信仰昊天上帝联系了起来，而民间认为玉帝也像皇帝一样，是可以更换的。这种不同，大概是受限于不同身份、不同视角以及各自的文化传统吧。

王母娘娘与玉皇大帝的“绯闻”

在民间，尤其是明清时期，人们往往会认为玉皇大帝的妻子是王母娘娘，她掌管着蟠桃，与玉帝生了七仙女，等等。而在道教中，实际上玉皇大帝与王母娘娘并无关系。

王母娘娘是民间的说法，她的正名为西王母。这一名字出现的时间要比玉皇大帝早得多。《山海经·大荒西经》曰：“西有王母之山，壑山、海山。”《山海经》里还说她的形象是人身虎齿，豹尾蓬头：“其状如人，豹尾虎齿而善啸，蓬发戴胜，是司天之厉及五残。”这种形象很可能是一个西方部落的图腾。《穆天子传》记载周穆王曾拜访过西王母，西王母的形象很可能已经发展为西方某个部落的首领了。到了汉代，西王母的形象逐渐演变成了一位雍容华贵的妇人。

在正统道教的典籍中，从未提及玉皇大帝与王母娘娘是夫妻，二者的“绯闻”只是民间的说法。人们将这两位神仙联系在一起，是南宋以后，其原因大概有四：

第一，天庭的编制越来越像人间帝王，而皇帝是有皇后的，皇后是后宫之主，玉皇大帝也应该有个与之相配的女神仙。

第二，袁珂《中国神话史》说周穆王见西王母的神话，流传到汉代以后，就演变成了东王公与西王母相会的故事。东王公是男仙之首，西王母是女仙之首，二人常被人们看作是一对。在汉画像中，西王母与东王公往往处于同一幅画中，二者相对。宋代以后，玉皇大帝的地位提高，成为民间公认的众仙之首，而女仙的代表仍是王母，两位神祇的地位有一种“阴阳”的平衡感，容易让人们产生联想。

第三，宋元以后，话本小说流行，神仙故事成为一个重要的题材。其中最喜闻乐见的又是爱情故事，于是就产生了很多描述玉帝子女下凡的传奇。既然玉帝有子女，人们也就顺理成章地把王母想象成了玉帝的配偶。

第四，西王母在战国时期就已经成为长生不死的符号。《穆天子传》中西王母祝周穆王长寿：“将子无死。”《汉武帝内传》说西王母曾给汉武帝带来仙桃，“此桃三千年一生实。中夏地薄，种之不生”。《博物志》也说瑶池有桃树，三千年一结果，这都是后来小说中描绘西王母掌管蟠桃的文献依据。因为王母有着长

西王母历史故事，车骑画像石局部，1978年山东嘉祥宋山村出土。中间是西王母，旁边有羽人侍者，还有捣药的玉兔。

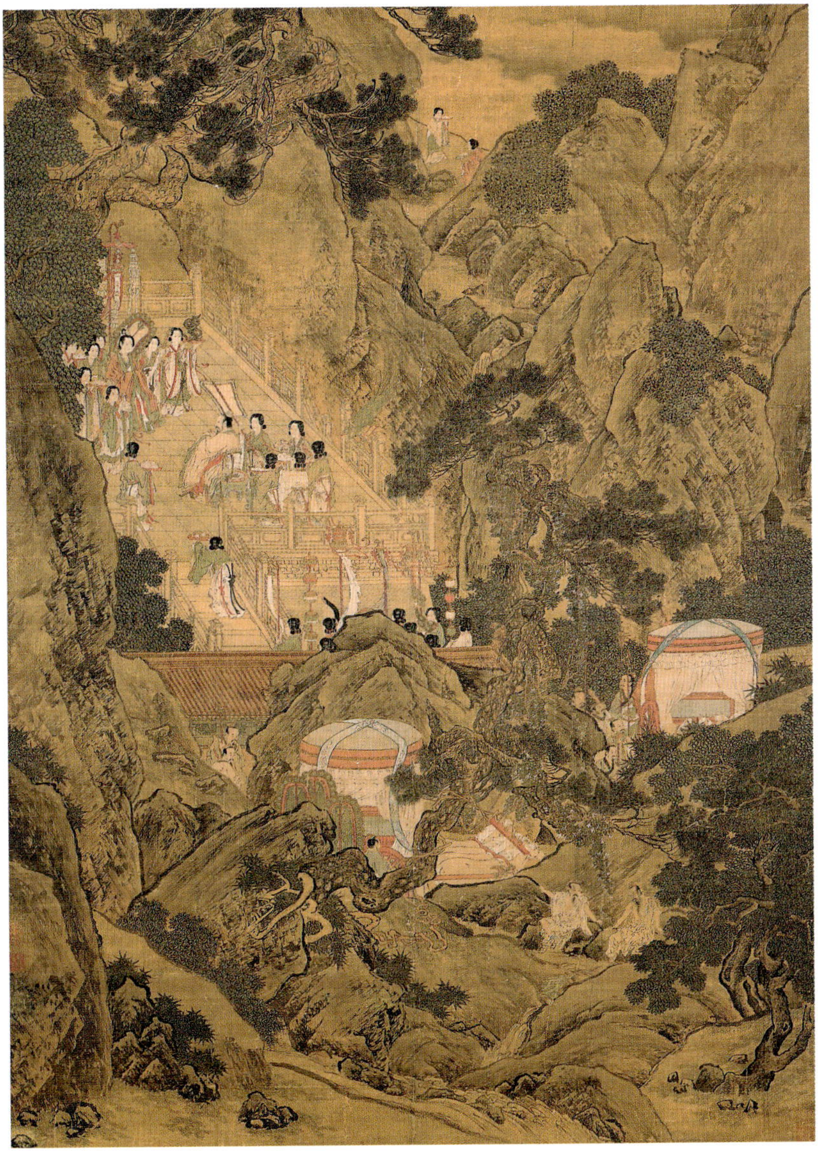

宋代刘松年绘《瑶池献寿图》局部，台北“故宫博物院”藏。有人认为此图描绘的是西王母会见汉武帝的故事，在古代确实流传着二人相会的故事，但汉武帝是在人间会见西王母，西王母来之前还让青鸟侍者报信，李商隐的“青鸟殷勤为探看”即言此。此图描绘的是西王母在瑶池会见帝王，传说瑶池在昆仑山，而周穆王曾到瑶池见过西王母，所以与西王母对坐的帝王应该是周穆王。李商隐有诗曰：“瑶池阿母绮窗开，黄竹歌声动地哀。八骏日行三万里，穆王何事不重来。”

清代任薰绘《瑶池霓裳图》。王母的居所由西昆仑变为天庭瑶池。仙乐飘飘中，王母乘彩凤从云端降落。

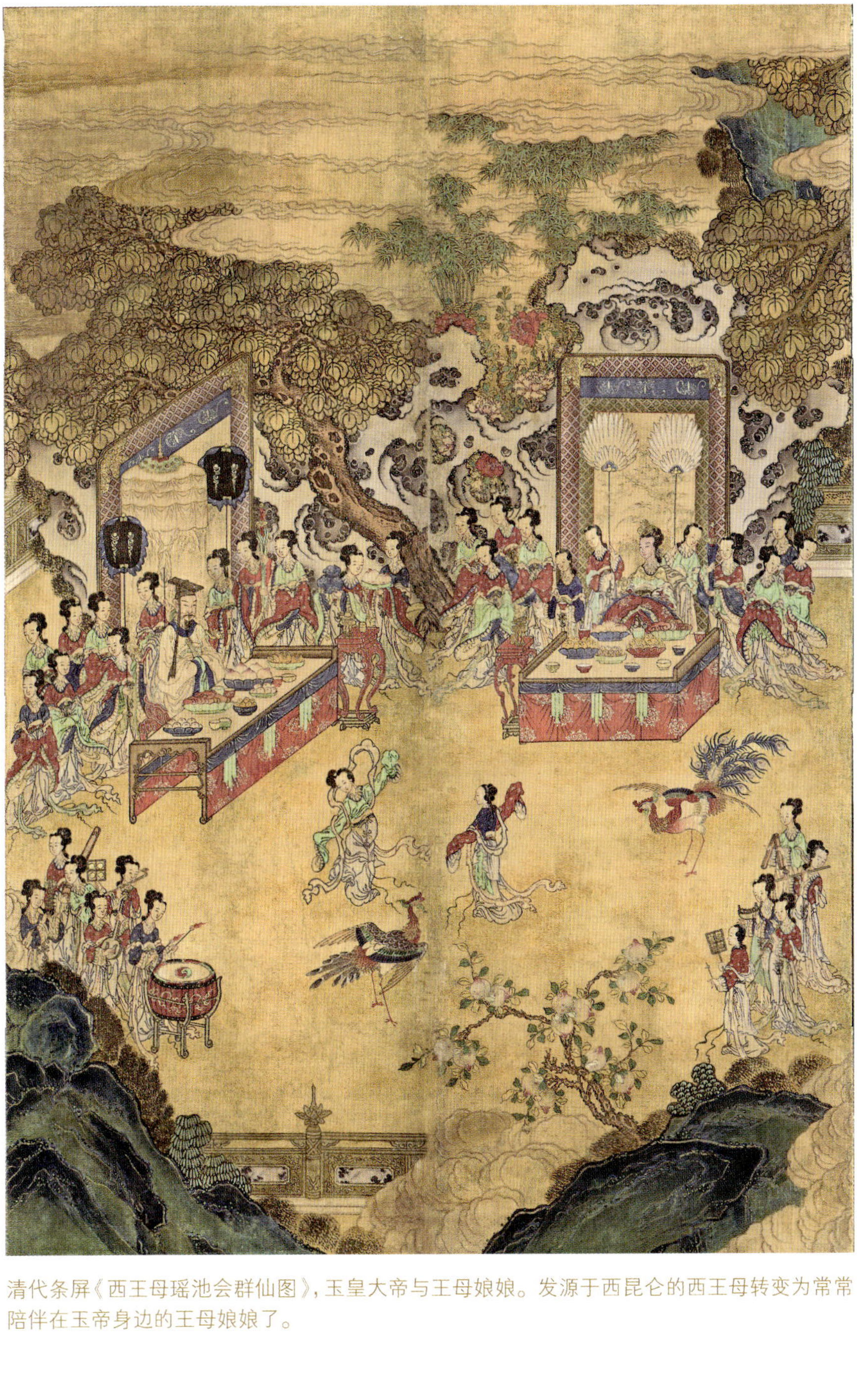

清代条屏《西王母瑶池会群仙图》，玉皇大帝与王母娘娘。发源于西昆仑的西王母转变为常常陪伴在玉帝身边的王母娘娘了。

寿的寓意，尤其是可以使得别人长寿，而人们又特别喜欢表示长寿的吉祥文化，于是相关的话本小说也很流行，如金元院本《王母祝寿》《蟠桃会》《瑶池会》，明代的《群仙庆寿蟠桃会》等。古人在庆寿的时候，尤其是大家族，讲究大团圆，这是对美满生活的一种追求，于是发源于西昆仑的西王母，就逐渐成为住在天庭瑶池，常常陪伴在玉帝身边的王母娘娘了。

总之，玉皇大帝与王母娘娘在道教中并不是夫妻，但在民间，他们显然已经成为一家人，并且共同形成了一组信仰符号，从而进一步影响了明清时期的小说。如明代的《南游记》说孙悟空取经成功后，华光假扮大圣去偷王母娘娘的蟠桃，王母娘娘去找玉帝告状。这里虽然没有说二人是夫妻，但“娘娘”的称呼很可能又暗示了二者的关系。《封神演义》中有一位龙吉公主，她帮助姜子牙战胜了火神罗宣。文中介绍龙吉公主时说她“乃是昊天上帝亲生，瑶池金母之女”。昊天上帝就是玉皇大帝的原型，西方属金，金母就是西王母，也就是王母娘娘，这明显是受到了玉皇大帝与王母娘娘夫妻说的影响。当然，时至今日，这一说法仍影响着一些影视剧以及人们的认知习惯。

八仙过海："八仙"各显哪些神通？

"八仙"最初没有何仙姑，代替她位置的是谁？换来换去，为什么要保持八个人的组合？我们熟悉的八仙，最终是什么时候定型的？张果老是张果的误传？钟离权为什么又叫汉钟离，也是误会？"狗咬吕洞宾，不识好人心"，这句话是怎么来的？韩湘子是韩愈的侄孙，韩愈的诗句"云横秦岭家何在，雪拥蓝关马不前"，据说和他有关？曹国舅是哪一朝的国舅？八仙的法器都有哪些神奇？"暗八仙"又是什么？

八仙组合的形成

"八仙"一词，东汉时期就有了。《理惑论》云："王乔、赤松、八仙之箓，神书百七十卷。"这大概是最早的出处了。到了唐代，关于八仙的名号多了起来，但究竟是哪八个人，尚未固定。元代至明代前期的戏曲里，八仙故事开始成为重要的题材，人物也渐渐限定在一定范围内。元代马致远的杂剧《吕洞宾三醉岳阳楼》中，八仙是吕洞宾、汉钟离、李铁拐、蓝采和、张果老、徐神翁、韩湘子、曹国舅。这一早期的说法，显然与我们后来所说的八仙不同，里面没有何仙姑，而多了一个叫徐神翁的。

元杂剧《吕洞宾度铁拐李岳》中徐神翁又被换成了张四郎，仍没有何仙姑。在元杂剧《陈季卿误上竹叶舟》中，八仙有了何仙姑，却又没有了曹国舅。明初朱有燉杂剧《八仙庆寿》中，与马致远列出的八仙一样，也是没有何仙姑的。到了明代嘉靖年间，嘉靖皇帝崇信道教，出现了更多关于八仙的绘画。

王世贞《题八仙像后》云："八仙者，钟离、李、吕、张、蓝、韩、曹、何也。"显然何仙姑在画像之内。至明代吴元泰小说《东游记》，继承了与王世贞看到的画像一样的系统，才最终确定李铁拐、钟离权、蓝采和、张果老、何仙姑、吕洞宾、韩湘子、曹国舅为八仙。

《东游记》，又名《上洞八仙传》《八仙出处东游记》，讲述了八仙得道成仙的过程以及与龙王、天兵天将的大战。清代无垢道人的《八仙得道传》，继承了《东游记》，即《上洞八仙传》中的“八仙”之说，故事则更为传奇。仙、魔、人、物斗争数千年之久，李铁拐、钟离权、蓝采和、张果老、何仙姑、吕洞宾、韩湘子、曹国舅各具神采。总体上来看，八仙人物的最后选定应该是在明代嘉靖年间，此后再无变化了。

为什么是八仙呢？这大概与对传统数字“八”的信仰有关。“八”在古代是一个神秘而吉祥的数字，象征包罗万象，因而八仙组合的图像可以象征“和合”精神。此外，明代王世贞认为八仙还是各个身份、阶层的代表，《题八仙像后》说：“以是八公者，老则张，少则蓝、韩，将则钟离，书生则吕，贵则曹，病则李，妇女则何，为各据一端作滑稽观耶！”可见八仙代表男、女、老、少、富、贵、贫、贱等八种身份，几乎每个阶层的人都能在其中找到自己阶层的神仙。再加上八仙济贫救弱、惩恶劝善、除暴安良、不畏权势等传说流行，八仙遂成为古代民众精神诉求的载体。

八仙的身份

关于八仙的身世与得道过程，一直以来，各类说法互相杂糅不一，但也仍有一定的传承性。结合各类文献与传说，综合一下，我们大致可以做这样一个梳理。

李铁拐又称铁拐李，一般认为是隋唐时期的人，八仙中数他神通最大。鲁迅先生的《中国小说史略》说他姓李，名玄。《历代神仙通鉴》说他本来相貌堂堂，修行达到了很高的造诣，能够元神出窍，使灵魂和肉体分离。有一次，他元神出窍，准备去拜访自己的老师老子，离开前，让徒弟看护自己的肉体，并嘱咐说，若是七天之后自己还没有还魂，便将肉体烧掉。等到第六日，徒弟的母亲突然病危，于是在第七日上午，徒弟匆匆将铁拐李的身体焚化了。结果，第七日下午铁拐李的元神回来后，找不到肉体，最后好不容易在树林里找到一具饿死的尸体，只好借助他复活了，就这样变成了黑脸蓬头，卷须巨眼，头束金箍，一条瘸腿，手拄铁杖的样子。铁拐李有个大葫芦，“葫芦岂只存五福”，传说里面装的都是仙丹，能治百病，可救济众生。铁拐也是他的宝物，

元代颜辉绘《李仙像图》，故宫博物院藏。铁拐李一条瘸腿，手拄铁杖。

明代赵麒绘《钟离权过海图》，美国克利夫兰美术馆藏。大肚子，头梳双丫髻，是“天下都散汉”（天下第一闲散汉子）钟离权相貌的特点。

在《东游记》中，过海时，他把铁拐投入海中作舟楫。

钟离权，被奉为“正阳祖师”，大约是唐或五代时期的人物。《宣和年谱》《夷坚志》《宋史》都有他的事迹，《宣和年谱》说他自称“天下都散汉钟离权”。因为古代没有标点，后来人们把“汉”与后面的“钟离”连了起来，称呼他为汉钟离，他渐渐就这样被附会成东汉时期的人物了。《历代神仙通鉴》《续文献通考》等书称他是东汉末期的一位大将军，后因兵败而入终南山，受铁拐李点化而成仙，他成仙后，又点化了吕洞宾。钟离权的形象是发髻梳在头顶两旁，呈双丫髻，长胡须，大眼睛，红脸膛，身穿青道袍，手摇芭蕉扇，有时拿一颗桃子或葫芦，总是一副乐呵呵的样子，“轻摇小扇乐陶然”。传说钟离权发明了仙丹妙药，能救治病人，他的扇子甚至可以起死回生。

蓝采和，总是一副玩世不恭的样子，似癫似狂，又如同乞丐。陆游在《南唐书》中说他是唐末的一位隐士。南唐沈汾《续仙传》说他经常着破衣烂衫，走路摇摇晃晃。夏天穿棉衣，冬天则卧于雪中还冒着热气。他常在大街上，手持大拍板，借着酒醉唱歌，非常机敏诙谐，歌词带有仙意：“踏踏歌，蓝采和，世界能几何？”老少都看他唱歌，有人施钱给他，他大都送给贫苦人。有人小时候见过他，等这个人老了，发现他还是原来的面貌。后来他在酒楼上饮酒，听见有笙箫的声音，就乘着鹤飞上天空，升仙而去。蓝采和的形象是破蓝衫，如同手挽破竹篮的小贩，“花篮内蓄无凡品”，花篮内神果异花，能广通神明。但在《东游记》中，他的法宝是拍板，是八块玉板，八仙过海的时候，被龙宫太子夺去，引起八仙与龙王的大战。吕洞宾杀死了东海大太子，砍伤二太子，龙王水淹八仙，八仙又以泰山压东海。龙王上天庭告御状，十万天兵捉拿八仙，孙悟空站出来为八仙主持公道。最后观音出面说和，将蓝采和的八块玉板取下两块，补偿龙王，就此化干戈为玉帛。

明代《顾绣八仙庆寿挂屏》，蓝采和，台北“故宫博物院”藏。蓝采和最常见的身份标志是花篮。

张果老，唐朝人，本名张果，历史上确有其人，新、旧《唐书》有传。由于他年纪很大，人们在他的名字里加一个“老”字，表示对他的尊敬，一说是人们将“张果老先生”误读造成的。

《太平广记》记载，张果老见唐玄宗时自称是尧帝时人，唐玄宗向叶法善打听张果老的来历，叶法善说：“臣不敢说，一说立死。”

清代冯宁绘《二仙图》，钟离权与铁拐李，台北“故宫博物院”藏。钟离权的主要法器是芭蕉扇，铁拐李的身份标志是铁拐与大葫芦。

后来唐玄宗逼问他，他言道，张果老是混沌初分时，由白蝙蝠精修炼而成，言毕跌地而亡。后经唐玄宗求情，张果老才救活他。

张果老看起来年岁甚大，是长寿的象征。他经常手拈凤毛，叼一根竹管，倒骑白驴，敲打渔鼓筒板。民间有个歇后语叫张果老骑驴——倒着走。为何倒骑驴，民间有很多说法：一说是偷了师父的仙药，怕被师父追赶，所以总是回头看；一说跟鲁班打赌输了，鲁班修了赵州桥，张果老说要是此桥能经得住自己，从此就倒骑驴，就像我们现在打赌说，如果怎样怎样，名字就倒着写；还有说法说这是张果老的行为艺术，在提醒世人，生活在前进的时候，不要忘了回头看。

明代《顾绣八仙庆寿挂屏》，何仙姑，台北“故宫博物院”藏。何仙姑的身份标志是荷花。

张果老还象征着智慧，“渔鼓频敲有梵音”，传说他的渔鼓能够算卦，占卜。在民间，人们认为他还能保佑膝下犹虚的夫妇怀孕。张果老的白驴也是神物，传说可日行万里，而且可变化，休息时就把驴变成纸，折叠起来，骑的时候，喷口水复成驴。

何仙姑，八仙中唯一的女性，本名何秀姑，唐朝人。《续文献通考》说她十三岁时入山采茶，途中遇见一位道士。道士给她吃了一个桃子，从此不饥不渴，能够预卜未来，知人祸福，后来升仙而去。何仙姑“手执荷花不染尘”，出污泥而不染，寓意修身养性。

吕洞宾，在道教中被奉为“纯阳祖师”，又称“吕祖”。他的身世扑朔迷离，一说他为唐朝宗室之后，只因武则天要诛灭李家

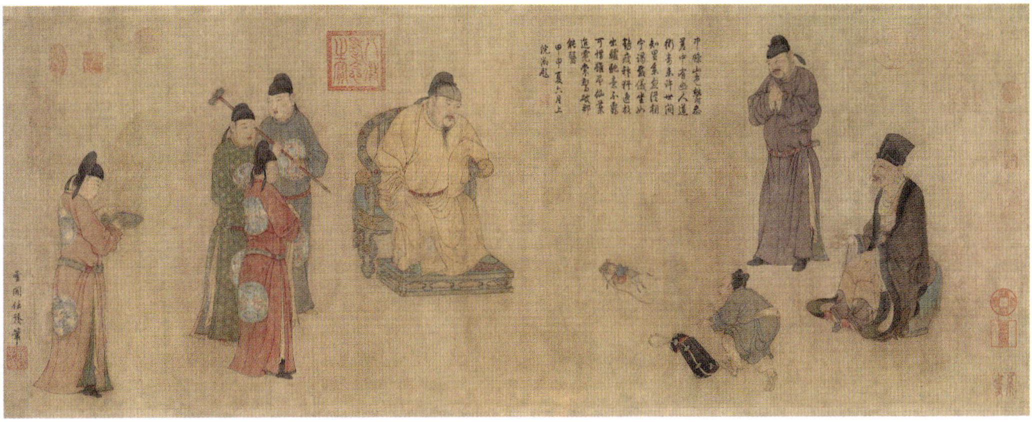

元代任仁发绘《张果老见明皇图》，故宫博物院藏。

清代《蟠桃八仙会图册》，张果老倒骑驴。或许是在提醒世人，生活在前进的时候，不要忘了回头看。

清代殷奇绘《张果老幻驴图册页》，美国大都会艺术博物馆藏。张果老的身份标志是驴与渔鼓，渔鼓又称道筒、竹琴，是唐宋以后出现的一种用竹筒制作的乐器。

明代《顾绣八仙庆寿挂屏》，吕洞宾，台北"故宫博物院"藏。吕洞宾的身份标志是宝剑。

皇室子孙，不得已随母改吕姓，因常居岩石之下，改名为吕岩，又常洞栖，故号洞宾；一说他为唐末人士，虽饱读诗书，却生不逢时，久考不中，在酒肆中遇钟离权，钟离权让他做了一个建功树名、出将入相、封妻荫子的美梦。他醒后发现钟离权煮的黄粱尚未熟，方知功名利禄均为梦幻，遂大彻大悟，拜钟离权为师，赴终南山修道。画中的吕洞宾常手持拂尘，能治百病。古代学子认为赴考前拜吕洞宾能金榜题名。吕洞宾有一口宝剑，"剑现灵光魑魅惊"，有天遁剑法，可威镇群魔。

《醒世恒言》有"吕洞宾飞剑斩黄龙"的故事，说这把剑号为"降魔太阿神光宝剑"，原是钟离权的师父东华帝君传给钟离权的，钟离权又给了吕洞宾。只要对剑念出仇人的姓名或住址，再念一个咒，这把剑就会变成一条青龙，飞出去斩首仇人。

中国有句谚语叫作"狗咬吕洞宾，不识好人心"，并非真的有狗去咬吕洞宾，有一种说法说实际是"苟杳吕洞宾"的讹传。苟杳是吕洞宾的好朋友，他们互为对方做了一件好事，但谁也没声张，既而互相误解，都以为对方做了对不起自己的事情，后来真相大白，方释前嫌，重归旧好，后来以讹传讹，变成了"狗咬吕洞宾，不识好人心"，斥责人不知好歹。

明代《顾绣八仙庆寿挂屏》，韩湘子，台北"故宫博物院"藏。韩湘子的身份标志是笛子或箫。

韩湘子，本是唐代韩愈的侄孙，《唐书》《酉阳杂俎》《太平广记》等书都有关于他的介绍。传说韩湘子有心向道，外出寻访高人，恰遇吕洞宾和钟离权，于是跟随二人学道，并得真传。《酉阳杂俎》中，韩湘子为人轻狂不羁，不喜读书，韩愈曾责怪他。他为了显示自己的法术，使牡丹花按照韩愈的要求绽放，"叔要此花青、紫、黄、赤，唯命也"。并且每朵花上还有字，写的是"云横秦岭家何在，雪拥蓝关马不前"，诗句预知了韩愈的潮州之行。韩愈大为惊奇，但不明诗句的意思。后来被贬谪，路上想起当时的情景，就写了一首诗，把花上的句子也写进了诗中，这就是《左迁至蓝关示侄孙湘》：

一封朝奏九重天，夕贬潮阳路八千。
欲为圣明除弊事，肯将衰朽惜残年？
云横秦岭家何在，雪拥蓝关马不前。
知汝远来应有意，好收吾骨瘴江边。

韩湘子在八仙中是个俊雅的书生，他的宝物是紫金箫，“紫箫吹度千波静”，其妙音能令万物生长。但在《东游记》中，他“以花篮投水中而渡”，他过海用的法宝是我们现在常见的蓝采和的花篮。

明代《顾绣八仙庆寿挂屏》，曹国舅，台北“故宫博物院”藏。曹国舅的身份标志是官帽与竹板。

曹国舅，是北宋开国名将曹彬之孙，他的姐姐是宋仁宗皇后，故被称为曹国舅。《神仙通鉴》记载：他天资聪颖，地位很高，被封为国舅，锦衣玉食，但不喜欢世俗的生活，而好道教的修行，后散尽家财，归隐山林。有一天，钟离权和吕洞宾遇到了他，问道：“听说你在修炼，请问你修炼的是什么？”他回答说：“道。”又问：“道在哪？”他用手指天。钟、吕二人大喜，便引他入了仙班。在民间的八仙形象中，曹国舅不是通常的道士打扮，而是仍然穿着官服，腰系玉带，手持玉板，有时候会加上一把羽扇。他代表着显爵和名望，常执檀香云阳板，“玉板和声万籁清”。他的仙板打得非常好，飘然如神。一说他又是中国的“缪斯”，保护着民间男女艺人。

我们常说“八仙过海，各显神通”，这源自《西游记》第八十一回中的“正是八仙同过海，独自显神通”。现在，这句俗语常用来比喻各人有各人的本领，或者各自拿出本事来完成共同的事业。不仅关乎俗语，八仙文化还涉及文学、艺术、宗教、民俗等众多领域，是传统文化中的一个重要符号。八仙的故事在民间年画、瓷器、石雕、剪纸、刺绣、泥塑、面塑、皮影、陶瓷、建筑等中被广泛运用。

除了八仙本身，民间艺术中还流传着“暗八仙”的符号。关于八仙的法宝，有一首民歌：“钟离宝扇自摇摇，拐李葫芦万里烧。洞宾挂起空中剑，采和一手把篮挑。张果老人知古道，湘子横吹一品箫。国舅曹公双玉板，仙姑如意立浮桥。”比照佛教“八吉祥”观念，民间将八仙的法器看成是吉祥八宝。大致在明末，八仙所持的法器就开始从八仙人物形象中脱离，扇、剑、葫芦、响板、花篮、竹杖、横笛和莲花这些器物成为一种具有特指的符号，如一个水果篮或花篮，象征蓝采和。古人的思维是见物如见人，因而八仙的法宝在民间也成了吉祥的象征。清代嘉庆斗彩暗八仙纹碗、清代光绪斗彩暗八仙纹折腰盘，都是以八仙的八件法宝作为纹饰。又因为民间流传八仙为王母娘娘祝寿的故事，“暗八仙”图又多在寿庆场合出现，辅以松柏、蟠桃和祥云等祝寿图案，寓意福乐长寿。

清代雍正年间外柠檬黄内洋彩暗八仙灵芝如意盘。暗八仙是八仙的八件法宝。

清代“扬州八怪”之一黄慎绘《八仙图》。元明时期，很少有将八仙放在同一图中，清代这样的构图才多了起来。

清代《缂丝群仙祝寿图》局部。从法器能看出八仙各自的身份，右上方为寿星，右下方拿着阴阳鱼太极图的是和合二仙，左下角是刘海戏金蟾。

由神兽而神人：真武大帝的身世之谜

真武大帝是谁？为什么太和山改名为武当山？四灵中，北玄武为什么能获得最为广泛的民众信仰？玄武从神兽变为神人造型的一个直接原因是什么？真武大帝主要负责什么？《西游记》中，真武大帝都帮过孙悟空什么忙？猪八戒为什么说自己不怕真武大帝，他们是什么关系？《红楼梦》中提到的“元帝庙”是谁的庙，和贾蔷有什么关系？

真武大帝信仰的形成

武侠影视剧中常常出现武当派张三丰，其大本营在武当山。武当山是道教的圣地，供奉的主神就是真武大帝。

关于真武大帝的身世，有很多说法。一说真武大帝是黄帝时降生的，被玉皇大帝册封为玄武真君。一说他是开天辟地的盘古的儿子。还有一种说法，《元始天尊说北方真武妙经》称，玄武真君原来本是一个国家的太子，生来即有神力，不愿意继承王位，发誓替百姓除害，斩杀残害人间的妖魔。他坐镇的武当山，原来叫太和山，人们认为此山“非玄武不足以当之”，更名武当山。这些实际都是宋以后，真武大帝信仰普及，人们为了进一步提高其地位，对其身世进行的一种附会之说。

在成书稍晚于《西游记》的《北游记》中，真武大帝是主角，是玉帝三魂中的一魂下凡，他一出生，九龙吐水，这显然是仿照佛教中释迦牟尼出生的故事。他在人间经历三生三世的考验，降妖除魔，最终修炼升仙，这可以说是对真武大帝身世的一种文学化的演绎了。

从符号的生成与变化来看，真武大帝实际是“四灵”之中龟蛇组合的玄武转化而来的。东方青龙、西方白虎、南方朱雀、北方玄武，是从二十八星宿发展而来的四神兽，但青龙、白虎、朱雀一直维持着神兽的形态，而到了宋代，玄武却衍生出一位神人的形象，

清代传教士绘，真武大帝。真武大帝面前有龟蛇，即玄武。

这就是真武大帝。为什么“玄武”会有如此殊荣呢？

首先，这是因为与青龙、白虎、朱雀其他“三灵”相较，神兽玄武有着更为广泛的信仰。神兽玄武能脱颖而出，主要有这样几个优势：第一，源于人们传统上对于“龟”与“蛇”的崇拜。在古代，龟是长寿和不死的象征。《史记·龟策列传》记载：“南方老人用龟支床足，行二十余岁，老人死，移床，龟尚生不死。龟能行气导引。”蛇经过一段时间就会蜕皮，获得新的斑纹，古人认为蛇有死而复生、永葆青春的能力。《山海经·海外西经》记载：“轩辕之国在此穷山之际，其不寿者八百岁。在女子国北，人面蛇身，尾交首上。”青春永驻、长命百岁是世人所追求的，对玄武的信仰与对长寿的美好愿望有关。第二，还与人们对星象的崇拜有关。玄武七宿第一宿斗宿，又称南斗。《搜神记》记载：“南斗注生，北斗注死。”南斗负责生，拜玄武七宿中的南斗可以增寿。第三，《后汉书·王梁传》说：“玄武，水神之名。”古代水患严重，人们认为龟蛇两栖的玄武能够控制洪水，因而作为水神的玄武得到广泛的崇拜。总之，在“四灵”中，因为种种原因，人们对玄武的信奉更为突出，而这一早期的“身世”与影响也为后世玄武形象的演变奠定了信仰基础。

其次，北玄武最终由神兽衍生出一位神人，一个直接原因就是北方的战事。唐代以前，玄武一直是神兽的造型，唐代段成式《酉阳杂俎》记载的玄武仍如此。但到了宋代，玄武有了神人的形象，他黑衣黑旗，仗剑披发，这显然是根据“玄”和“武”想象出来的。

受北方威胁较为严重的一个朝代就是宋。宋代统治者希望玄武这位北方神能够镇住北方的敌人，因而玄武在宋代不断得到官方的推崇。皇室先为之改名，一如李唐标榜老子李耳是他们的祖先一样，宋代皇帝相信财神赵公明是自己的本家，而赵公明，字玄朗，为了避讳，改“玄”为“真”，“真武”之称从此而兴。再为其加封，天禧二年（1018），加封真武为“镇天真武灵应佑圣帝君”，简称真武帝君，于是玄武遂由四方护卫神之一上升为道教大神。这之后，其龟蛇形象渐不足以承受如此之广泛的信仰与重视，于是人们就将其人格化，最终衍生出一神人造型，而象征真武的龟蛇则成了他的手下。

宋以后，有了神人造型的真武大帝，其地位进一步得到提高，名号和造型也有所渐变。元朝统治者认为自己起源于北方，是北方的神保佑了自己，于是将真武帝君由“君”升格为“帝”，遂为“真武大帝”。明朝统治者同样非常信奉真武大帝，朱元璋曾加封其为“真武荡魔天尊”。朱元璋在手书的《御制西征记》中提到，在他当皇帝之前，有一年，陈友谅率领巨舰与他的小战船在鄱阳湖展开大战。在军事力量上，陈友谅号称水师近六十万，而他的水师才十万，兵力悬殊，战船悬殊，战争如何进行？发愁之际，富甲一方的沈万三送来一封密信，上书八字：“遇风纵火，真武神佑。”果然，不久东风突起，他便上演了继三国赤壁之战后的第二次火烧战舰之戏。朱元璋认为这场水战的胜利，完全是靠真武大帝的帮助，所以对其信奉有加，定都南京后，在南京建了一座真武庙，每举行重大典礼时，都要先去真武庙祭祀一番。

清代道光年间，真武大帝画像。

朱元璋死后，他的孙子建文帝削藩，而他的第四子即身处北方的燕王朱棣发起“靖难之役”。三年后，朱棣登基，改年号为永乐。朱棣为了打破自己登基为帝“名不正，言不顺”的流言，消除不利于自己的舆论，称这场胜利是北极玄天上帝保佑的结果，下诏特封真武大帝为“北极镇天真武玄天上帝”，并在武当山修“金殿”，以供奉真武大帝。据说这一尊真武大帝的形象是按照永乐皇帝的模样塑造出来的，所以民间流传着“真武神，永乐像”之说。明代十七位皇帝，都极为尊崇真武大帝。上有所好，下必甚焉，再加上明代《西游记》《北游记》等小说的影响，真武大帝在民间的香火极为鼎盛。

真武大帝信仰的文化影响

《西游记》中，真武大帝主要负责镇守北天门，这实际上与真武大帝镇守北方的信仰有关。与统治者信仰真武大帝可帮自己镇守北方，保佑江山太平不同，民间往往将真武大帝作为驱魔的神仙，这当然也和真武的武职信仰有关，但更直接的原因是民间一直流传着诸多真武大帝降妖除魔的故事。所以宋代以后，一般民众有邪魔凶险之事，往往都会求真武保佑。于是，真武大帝在民间就渐渐符号化了，降妖除魔成了他的主要职责。

《西游记》虽是小说，但文史可互证，我们从其中就可以看出这一影响。在小雷音寺遇到黄眉大王这一妖魔，孙悟空无可奈何去找救兵，就找了专门降妖的荡魔天尊，即真武大帝，真武大帝虽然自己没去，却派了龟蛇二将去帮忙。真武大帝还有一次帮孙悟空，是在平顶山莲花洞遇妖魔，孙悟空想骗妖精的宝贝，说自己的葫芦可以装天，为了达到这一效果，就去找真武大帝帮忙。真武大帝有“皂雕旗”，即黑色的旗子，这显然是根据“玄武”的“玄”而来的，所以当时金角大王、银角大王的小妖发现天黑了，以为紫金葫芦真把天装了，实际是真武大帝的黑旗子遮住了日月。

降妖除魔成为真武大帝的符号，表现最为明显的，是在收服猪八戒的时候。孙悟空变成高小姐，对猪八戒——当时还叫猪刚鬣——说自己父亲请了法师来拿他。

> 那怪笑道：“睡着！睡着！莫睬他！我有天罡数的变化，九齿的钉耙，怕甚么法师、和尚、道士？就是你老子有虔心，请下九天荡魔祖师下界，我也曾与他做过相识，他也不敢怎的我。”

九天荡魔祖师就是真武大帝，他的主要职责就是降妖除魔，这在作者生活的时代是共识。这时候的猪八戒被认为是“妖”，所以作者安排猪刚鬣提到的神是真武大帝，而不是别的什么神仙，这一符号应用得很恰当。而八戒又说和他认识，这是因为在道教信仰中，真武大帝与天蓬元帅、天猷副元帅真君、翊圣保德真君被合称为“北极四圣”，可以说他们是“平辈”的。但明清时期，真武大帝在民间的信仰已经明显超过其他三位了。

作为一个信仰符号，真武大帝的画像与真武庙在古代最为多见。《红楼梦》第一百十七回提到了“元帝庙”，这就是“真武庙”，也是因避讳而改。这一回中邢大舅借着讲元帝，即真武大帝和土地爷的故事而“编排”了贾蔷：元帝说自己庙里经常出现强盗，土地爷说他的风水不好，因为后面是门，要是改成墙就好了，但众神苦愁没有砖瓦，元帝脚下的龟将军出主意说，把自己的肚子垫住这门口，不就是一堵墙吗？于是龟将军当了这个差事。结果庙里还是丢东西，于是又把土地爷找来，土地爷摸了一把墙，说原来是假墙（贾蔷）。这也可以说是真武符号对文学的一个影响了。

真武庙宇的建筑形式如《红楼梦》里讲的，真武大帝塑像后面的墙往往是以两扇门代替的，这种形制至今也仍常见。在故宫里有一座钦安殿，供奉的是真武大帝，大概

山西永乐宫元代壁画，天蓬元帅。真武大帝在民间的信仰明显超过天蓬元帅等“北极四圣”了。

是求其灭火。真武大帝灭火的信仰，还影响了明代小说《南游记》：水克火，真武大帝打败了火神华光，并收了华光为徒弟。

直至今日，很多地方依旧保留着诸多祭祀真武大帝的民俗，南到广东、福建，北到辽宁、吉林都有北帝庙。传说三月初三是真武大帝出生的日子，广西广东两地的上巳节遂被驱疫除邪意义的玄武祭取代。辽、吉等地，每年农历三月都有“真武庙会”。台湾有三百多座玄天上帝庙，各地分庙会去南投受天宫举行分灵仪式，等等。

齐天大圣：孙悟空是“进口猴”还是“本土猴”？

古代有对齐天大圣的信仰吗？中国发射的暗物质粒子探测卫星命名为“悟空”，既有领悟探索太空的意思，同时也借用了《西游记》塑造的火眼金睛的孙悟空的威名，《西游记》中孙悟空的名字怎么来的，历史上有叫“悟空”的人吗？孙悟空的原型，是“进口猴”还是“本土猴”？他与开启“家天下”的夏启有何联系？他与东方朔有何联系？古代有哪些猿猴故事，孙悟空形象与之相比有何异同？

“齐天大圣”最初并不是孙悟空的头衔。在《西游记》元杂剧中，孙悟空有兄妹，大哥的头衔为“齐天大圣”。到了明代吴承恩的《西游记》，这一头衔就变成了孙悟空的，是投奔花果山的两个独角鬼王提出来的。后来孙悟空得到了玉帝的招安，被亲封为“齐天大圣”，有官无禄，玉帝还给他盖了大圣府。“齐天”就是与天相齐。二郎神与孙悟空大战时，发现孙悟空的头衔为“齐天大圣”，都有点嫉妒。《西游记》第六回《观音赴会问原因　小圣施威降大圣》说：“中军里，立一竿旗，上书‘齐天大圣’四字。真君道：‘那泼妖，怎么称得起齐天之职？’”在此后的故事中，孙悟空每每自报家门都提及自己就是当年大闹天宫的齐天大圣，这个头衔也确实吓唬住了不少妖魔。

《西游记》问世之后，齐天大圣在南方福建等地，成为一个重要的信仰符号。清代蒲松龄《聊斋志异》记载，有个叫许盛的人到福建去做生意，听说附近有个大圣庙，很灵验，他过去一看，居然祭祀的是孙悟空。许盛认为孙悟空只不过是个小说人物，受人们祭祀显得很可笑，哪想这话被齐天大圣听到了，惩罚了他。后来许盛认识到了自己的错误，又得到了齐天大圣的帮助。这个故事的背景就是，在福建有很多齐天大圣的庙。

清代李家瑞《停云阁诗话》曰：“闽人信神，甚于吴楚，其最骇人听闻者，莫如齐天大圣殿之祀孙悟空。自省会至各郡皆盛建祠庙。”这是说从福建省会到各郡都有祭祀齐天大圣孙悟空的庙，可见其信仰之广泛。至今，福州城中供奉齐天大圣的庙宇还有二十多处，福建其他地方对齐天大圣的祭祀，也仍是数不胜数。

黄活虎《福建齐天大圣信仰研究》指出:"闽地多山,猿猴众多,猿猴对百姓的生活造成了一定程度上的影响,特别是古代闽山区地区。在历史发展过程里,百姓渐渐对猿猴产生了敬畏的心理,逐渐形成了猿猴信仰。明清以后,《西游记》所塑造的齐天大圣艺术形象深入人心,他的性格特征赢得了人们的认可和喜爱。在闽地便逐渐出现了齐天大圣神明崇拜,齐天大圣也就由一个小说所塑造的人物转化为民间信仰的神明。"福建这种对于齐天大圣的信仰,也传播到了广东、台湾、东南亚等地。

一个虚构出来的齐天大圣,居然成了信仰的对象,可见《西游记》的影响力,也可见孙悟空的魅力。与其他宗教信仰人物有着历史依据不同,孙悟空是传说虚构出来的,但也是有原型的。

孙悟空这个名字据说源于唐朝释悟空。他是稍晚于玄奘法师的一位僧人,出生于长安,曾出使西域,翻译佛经,为佛法的传播做出过贡献。玄奘取经是历史上的真实事件,后来逐渐被神化,西游故事在传播流变中,诞生了一位陪伴玄奘的"猴行者",后来取名为孙悟空。

"释"是佛教徒类似于姓氏的称呼,法名中最常用的字为觉、悟、空、了、道等,基本上一字代表一辈。"悟"就是参悟、体悟,"空"是佛教的核心观念,"空"不是不存在,而是无自性。佛教认为没有我们说的"相对静止",一切都是流变的,一秒前你看到的事物已经不是一秒后的了,你所执着的东西一直在变,是空性的,所以佛教主张"破执",出离烦恼,破除了对万事万物的执念,你也就成佛了。

《西游记》中说孙悟空这个名字是菩提祖师给他取的。

> 祖师笑道:"你身躯虽是鄙陋,却像个食松果的猢狲。我与你就身上取个姓氏,意思教你姓'猢'。猢字去了个兽傍,乃是古月。古者,老也;月者,阴也。老阴不能化育,教你姓'狲'倒好。狲字去了兽傍,乃是个子系。子者,儿男也;系者,婴细也。正合婴儿之本论。教你姓'孙'罢。"猴王听说,满心欢喜,朝上叩头道:"好!好!好!今日方知姓也。万望师父慈悲!既然有姓,再乞赐个名字,却好呼唤。"祖师道:"我门中有十二个字,分派起名,到你乃第十辈之小徒矣。"猴王道:"那十二个字?"祖师道:"乃广、大、智、慧、真、如、性、海、颖、悟、圆、觉十二字。排到你,正当'悟'字。与你起个法名叫做'孙悟空'好么?"猴王笑道:"好!好!好!自今就叫做孙悟空也!"正是:鸿蒙初辟原无姓,打破顽空须悟空。

因为长得像猢狲,所以姓孙,因为菩提祖师门下按照广、大、智、慧、真、如、性、海、颖、悟、圆、觉十二字排辈,正好赶上悟字辈,所以取名为"孙悟空"。

清人绘《西游记》，孙悟空拜见菩提祖师。

菩提祖师的身份一直是个谜团，从他给孙悟空取名来看，似乎属于佛教体系的人物。作者说“鸿蒙初辟原无姓，打破顽空须悟空”，“顽空”是道教的概念，指一种无知无觉、无思无为的虚无境界，而孙悟空的经历正是从道教“顽空”走向佛教“悟空”的过程。佛门“空”观和禅宗“明心见性”，从“悟空”名字诞生之初，其修为就已经开始了。

孙悟空名字有原型依据，他的造型以及法术、经历等也有着原型依据。

胡适在《〈西游记〉考证》中指出，南宋的时候，玄奘的神话故事里，突然插进来一个神通广大的猴行者，是受到了外来文化的影响。孙悟空的原型是“进口猴”——印度史诗《罗摩衍那》中的哈奴曼。“罗摩”是王子名，“衍那”是故事，这是一个猴子帮助王子的故事。哈奴曼是风神之子，能腾云驾雾，会变化，能排山倒海，能钻到敌人肚子里面，还能隐身探听消息，等等。

郑振铎《西游记的演化》和陈寅恪《〈西游记〉玄奘弟子故事之演变》等论著，也支持孙悟空主要是受到了哈奴曼的影响的观点。

季羡林《〈罗摩衍那〉在中国》主张“混血说”，既有外来因素，也有本土因素，但外国“血统”占主导。

鲁迅说：“明吴承恩演《西游记》，又移其（无支祁）神变奋迅之状于孙悟空。”这是说孙悟空的原型是淮水里的无支祁，属“本土猴”，本土“血统”占主导。

唐人小说中有一篇《古岳渎经》，讲一个渔人无意中在水下发现了一条巨大的铁链，不知为何物，于是报告给刺史李汤。李汤命人用五十多头牛拉动铁链，不想铁链末端竟然锁着一头巨型怪兽。怪兽长得好似猿猴，眼放金光，环视人群，欲发狂怒，吓跑了观看的人，才拖着群牛慢慢回到水中。此后，有渔人见其锁，却再未见其兽。后来李公佐到太湖游玩，在包山的一个石洞里得到一本《古岳渎经》。上面的文字古老奇特，编排的次序被蛀虫毁坏。李公佐跟道人周焦君仔细研读，才解其意。

原来大禹治水的时候，到了桐柏山（桐柏山是今淮河与长江流域的分界），狂风大作，雷电怒号，各种妖魔鬼怪前来捣乱，波涛汹涌，大禹难以疏通河道。大禹召唤众神，命令夔龙与妖魔作战，把鸿蒙氏、章商氏、兜卢氏、犁娄氏等神怪都关押了起来。最后出场的是淮水的水神无支祁，它能说会道，对长江淮河水域的深浅以及附近地势了如指掌；长相像猴，火眼金睛，能拉九头大象，善于搏击打斗，跑起来更是迅疾。大禹召唤了好几个神灵与之周旋都失败了，最后派遣庚辰出战，才制服了它，用大铁链把它锁在淮阴的龟山脚下。无支祁的造型、本领与孙悟空确有相似之处。

元杂剧《西游记》中提出了孙悟空与无支祁的血缘关系：“小圣兄弟姊妹五人，大妹骊山老母，二妹无枝（支）祁圣母，大兄齐天大圣……”即无支祁是孙悟空的妹妹，以此解释他们相像。生活在淮河流域的吴承恩受到这些传说的影响，在塑造孙悟空形象时，以无支祁为原型之一也就顺理成章了。

鲁迅之后，游国恩、金克木、张锦池等学者找出更多的故事证据来，支持孙悟空的原型为“本土说”。

孙悟空的形象及诸多情节确实借鉴了中国古代故事。

神猴出世，借鉴的是大禹的儿子夏启出生的神话。《汉书·武帝纪》颜师古注引《淮南子》佚文里记载了这样一个远古神话故事：大禹治水的时候，妻子怀孕了，大禹疏导河流，为了开山方便，就变成了一只熊。（这大概是图腾信仰的反映，黄帝据说就是有熊氏。）他为了不吓到自己怀孕的妻子，在身边准备了一面鼓，让妻子听到敲鼓声再来送饭，届时他会变回人。有一次挖山时，不小心滑落一块石头，正好击中了身边的鼓。妻子闻声就提前来送饭，结果被眼前突然出现的一只熊吓坏了，转头就跑。大禹见妻子跑，就在后面追，他忘了自己是熊的模样。妻子一直跑到河边，见无路可去，吓得缩成一团，结果就变成了一块大石头。大禹追上来，这才发现自己还是熊的模样，于是赶紧变回人，跑到妻子面前哭泣，并大喊：还我儿子。石头突然裂开了，一个孩子从里面诞生了，大禹给他取名为“启”，也就是“开”的意思。这就是历史上被人们经常指责的把“公天下”变成“家天下”，破坏了禅让制的夏启。

夏启的诞生神话，源于古人对主管生育的高禖石的信仰。《太平御览》记载，民间有乞子石，向这种石头祈求，可以生儿子。《西游记》中从石头里蹦出来孙猴子，就是借鉴了夏启出生的神话。

孙悟空向菩提祖师学艺的故事还参考了禅宗六祖慧能的故事。《坛经》记载，五祖弘忍打算把衣钵传给慧能，到柴房找到他，用杖敲了碓三下，慧能就明白了，三更去找五祖，五祖偷偷传经给他。

孙悟空当弼马温，可能跟中国传统的一个信仰有关。古人认为在马厩里养只猴子，马能避免瘟疫。晋代《搜神记》记载，有一个人的爱马死了，找到著名术士郭璞，郭璞将一只长得像猴子的动物放到马的鼻子下面，过了一会，马就活了。北魏《齐民要术》说在马厩养只猴子，能让马消百病。

孙悟空当弼马温这样一个官职，不久就造反了，反下天庭。萨孟武《〈西游记〉与中国古代政治》一书说，孙悟空并不是因为嫌弃官小才造反的，孔子当年也做过养牛马、管理仓库的小官，圣人都当过底层公务员，所以一个新人干点职位低的工作，没

宋代《二郎神搜山图》局部，故宫博物院藏。二郎神逮到了一只猴妖。唐宋以后，二郎神搜山的题材很流行。

问题。孙悟空不能接受的是，即便自己把天马养得再好，也没有晋升的途径，天上的神仙都太长寿了，猴年马月才能有空缺，阶级已经固化了，这大概才是孙悟空第一次造反的主要原因。

宋代《夷坚志》的《蔡京孙妇》记载，有一个“妖猴”为害，它“盖生于混沌初分之际”，能变大变小，变大能把天捅个窟窿，张天师擒拿他的时候，将其“纳诸袖中”，与镇元大仙擒拿孙悟空的时候相像。

项裕荣《〈夷坚志〉与小说〈西游记〉——也论孙悟空的原型》一文说：“《夷坚志》中《蔡京孙妇》与《侯将军》是孙悟空的近亲原型，孙悟空是个国产猴，它的诞生壮大的过程也就是个不停地被道教或佛教征服的过程。它的神通与‘邪恶’在道教故事中丰富着；而它的‘改邪归正’也只能在佛门的‘宽大’中得到确认。”这是很有道理的。中国古代故事中有不少猴子都是“反派”，当故事转变为孙悟空一部分形象时，这些“反派”坏的一面就逐渐消解了。

当然，猴子的某种“坏”可能仍留有某些蛛丝马迹，比如“偷盗”“奸淫”。

在古代小说中，有不少偷盗东西的猴子形象，这大概是因为人们认为"偷"是猴子的本性之一。孙悟空偷蟠桃、盗御酒，就是这些故事中猴子形象的遗存。另外，孙悟空偷蟠桃，可能还混同了东方朔偷桃的故事。《汉武帝内传》说有一次西王母来见汉武帝，给他送来了蟠桃，汉武帝想把桃核留下来种树。西王母说，此桃三千年结一次果实，你们人间的土地贫瘠，种下桃核也没用，不会长出来。然后指着东方朔说，原来他也是天上的神仙，曾三次偷过我的桃子。民间常绘制东方朔偷桃的画像用作祝寿，表示偷了王母的蟠桃为尊长庆祝长生。

猿猴还有一个不好的形象，就是"好色"。晋代《博物志·异兽》记载，有一只猕猴神通广大，看到路上有好看的女孩子，"辄盗之以去"。唐传奇《补江总白猿传》中的白猿也好色。武将欧阳纥携美妻到南方打仗，不想途中妻子被一白猿掠去。欧阳纥费尽周折终于找到妻子，并设计杀死了白猿。此时妻子已经怀有身孕，不久生下一个孩子，长得很像白猿。等这个孩子长大以后，"文学善书"，年纪轻轻就有很大的名声。欧阳纥就是唐朝大书法家欧阳询的父亲。显然这个故事是为了诋毁欧阳询，说他长得像"猴子"，未免太损了。这个故事中的白猿，"善窃少女"，好色且好酒。

清代张恺绘《群仙祝寿图轴》局部，台北"故宫博物院"藏。图中有偷桃的东方朔。桃，黄里透红，如同长寿老人的鹤发童颜，蟠桃也逐渐有了长生的寓意。

猴子好色的负面形象，在《西游记》中也有遗留的痕迹暗示。《西游记》第四十二回，孙悟空去请观音菩萨帮忙，观音说道：

> 悟空，我这瓶中甘露水浆，比那龙王的私雨不同，能灭那妖精的三昧火。待要与你拿了去，你却拿不动；待要着善财龙女与你同去，你却又不是好心，专一只会骗人。你见我这龙女貌美，净瓶又是个宝物，你假若骗了去，却那有工夫又来寻你？

这里说观音菩萨怕孙悟空把自己的龙女骗了去。但《西游记》中的孙悟空终究是与传统抢女子的猴子不一样了，经过改造，他已经"克服"了这一弱点，不仅自己不抢，还与抢女子的妖魔进行斗争。如奎木狼抢了宝象国公主，金毛犼抢了朱紫国王后，孙悟空都挺身而出，仗义出手相救。

孙悟空的原型与故事可以说杂糅了多种信仰与传说。萧兵《无支祁哈奴曼孙悟空通考》说孙悟空形象"既有传统的、继承的、移植的、外来的因素，更有创造的、本土的成分"。我认为，孙悟空的形象与故事，很可能不仅有印度哈奴曼的影响，更多的是中国本土故事传说的嫁接。

观音、弥勒佛与罗汉：佛教造像的本土化

唐僧取经的故事大家耳熟能详，但历史上玄奘取回来的经书，很快就失传了，这是为什么呢？《西游记》中唐僧到了灵山，第一次取的经书是空白，这其中的寓意是什么？“南无阿弥陀佛”是什么意思？唐以前的观音像是男相？“鱼篮观音”跟《西游记》中的哪个故事有关？《红楼梦》中众人猜谜语，李纨说“观音未有世家传”，黛玉的答案是“虽善无征”，这其中有着怎样的背景？作为装饰符号，为什么民间说“男戴观音，女戴佛”？大肚弥勒佛的原型是中国人？五百罗汉中有两位中国的皇帝？

清代，释迦牟尼像，台北“故宫博物院”藏。下面站立的是大弟子迦叶和二弟子阿难。

本土佛教禅宗的形成

佛教的创始人是乔达摩·悉达多，悉达多是名，乔达摩是姓，大约与孔子生活在同一时代。他本是一位印度王子，后来出家修行而立教派，因为他所属的部族是释迦氏，信众便称其为“释迦牟尼”，意思是“释迦族的贤哲”。因为是释迦牟尼创立了佛教，在中国佛教又被称为“释教”；又因为释迦牟尼被后世尊称为佛陀，意为“觉悟者”，民间信仰佛教的人常称其为佛祖或如来佛祖。“如来”本是佛的十大称号之一，除了释迦牟尼，别的佛也有如来的称号，而在民间，则常以如来、如来佛专指佛教创始者释迦牟尼佛。

佛教自东汉“白马驮经”传入中土以来，历经魏晋南北朝的发展，在唐朝达到顶峰。天台宗、三论宗、华严宗、法相唯识宗、律宗、禅宗、密宗、净土宗等开山立派，其中对中国文化影响最大

佛

的就是禅宗。

唐僧取经的故事大家耳熟能详，历史上唐玄奘去印度取经，主要取的是唯识宗的经典。但他取回来的经典很快就被束之高阁，后来还失传了。千辛万苦才取来的真经，为什么会有这样的命运呢？

其中一个最为主要的原因就是“水土不服”，普通大众很难接受或接近唯识宗，因为唯识宗经典中多术语，一般人看不懂，修行又讲等级，步骤很复杂，难实践，所以它更偏向于专业人士的修行，属于印度佛教的修行方式。

与唐玄奘同时代还有一个和尚，叫慧能。一般寺庙都会有祖师殿，如果祖师殿当中为达摩禅师，左侧为六祖慧能，那么说明这个寺庙就是禅宗一脉。传说达摩禅师是将禅宗从印度带到中国的人，而慧能则是禅宗的实际创宗人。

一般佛教中只有记录佛的事迹或佛说法的典籍才能被称为“经”，如《金刚经》《心经》等；弟子或后世信徒的阐释、发挥往往被称为“论”，如龙树菩萨的《中观论》等。禅宗有一部自己的经典《坛经》，主要记录的是慧能的事迹和讲法，这是中国人自己写的佛教典籍而被唯一称为“经”的，可见慧能的地位与影响。

《坛经》记载，慧能有个师兄叫神秀，“身是菩提树，心如明镜台。时时勤拂拭，莫使惹尘埃”就是他写的。看完神秀所写，五祖弘忍就想把衣钵传给神秀。当时在柴房舂米的不识字的慧能

左图：

清代姚文瀚绘《释迦牟尼佛轴》，台北“故宫博物院”藏。释迦牟尼右手手势为常见的“触地印”，让大地（地神）见证自己是如何证道的，是成佛时结的印，又名“降魔印”。

右图：

明代丁云鹏绘《白马驮经图》，台北“故宫博物院”藏。东汉西域白马驮经来，初止于鸿胪寺，遂取寺名，初置白马寺。后来“寺”成为佛教的场地称呼。

下图：

明代戴进绘《达摩至慧能六代祖师图》局部，辽宁省博物馆藏。中国禅宗一脉：初祖达摩、二祖慧可、三祖僧璨、四祖道信、五祖弘忍、六祖慧能。

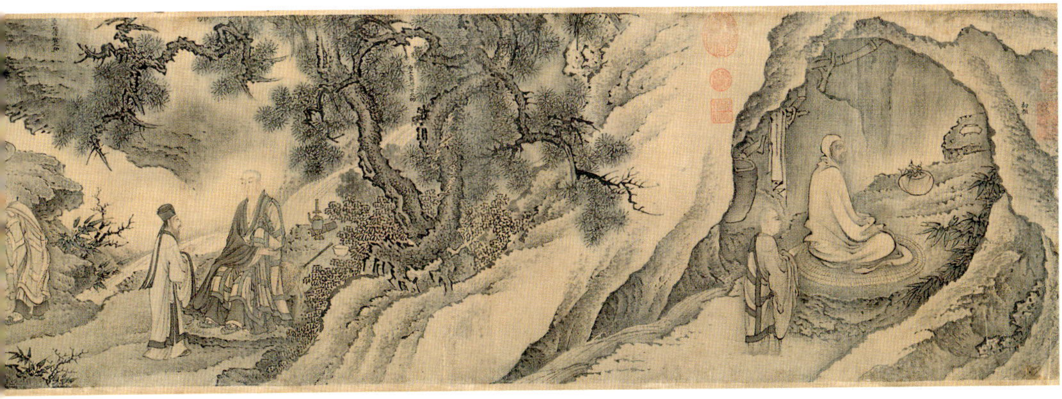

也作了一首:“菩提本无树,明镜亦非台。本来无一物,何处惹尘埃?”五祖一看就知道慧能明心见性了,改传衣钵给慧能。五祖圆寂后,慧能接过衣钵创南宗,与神秀的北宗鼎足而立,南宗后来超过北宗,成为禅宗正统。

与“唐僧”相较,慧能为什么能把佛理发扬光大呢?其中最重要的一点就是他主张的修行与参悟方式更能吸引民众。早在晋宋之际,佛学家竺道生受儒家“人皆可为尧舜”,以及“穷理尽性”等思想的启迪,就有了“一切众生皆可成佛”和“顿悟成佛”学说。到禅宗兴起,就完全否定了印度佛教那一套修行的阶梯层次,主张在日常生活劳动中顿悟成佛,所谓“行住坐卧,无非是禅”,“运水搬柴,无非是道”,不讲外在形式,只强调内心觉悟。民众易于接受这个听得懂,且能实践参与的宗派,所以禅宗渐大。

禅宗提倡在日常生活中参悟,也契合了中国不主张脱离日常生活而寻求形而上的思辨的传统,所谓“青青翠竹,总是法身;郁郁黄花,无非般若”。佛理可以存在于一切事物中,也是一切现象发生的解释依据。禅宗承认现实生活,也就承认了现实存在的一切现象的合理性,所以它也深受知识阶层和统治阶级的推崇。正是上、下的合力推动,最终使得中国本土佛教——禅宗成为中国传统文化的一部分。

我们见一些寺庙里面,释迦牟尼像两侧常站有两名弟子,即迦叶尊者和阿难尊者,这两位被印度禅宗分别视为初祖和二祖。宋代释普济《五灯会元·七佛·释迦牟尼佛》记载了佛祖拈花迦叶微笑的故事:世尊释迦牟尼佛在讲法大会上,拈起一花,众人默然,只有迦叶微微一笑,佛法就这样传了。世尊认为迦叶得到了真传,就允许他不立文字,教外别传,创建一个分支,这就是后来的禅宗。后来迦叶又传阿难,代代相传,到菩提达摩东渡,禅宗就被带到了中国。实际上禅宗完全是中国僧人独创的,只不过后来为了传承的必要,而附会到了迦叶、阿难身上,这样就为自己的宗派接上了正统。

《西游记》中唐僧到了西天灵山,领着唐僧去取经书的就是迦叶和阿傩(原型是阿难)。唐僧第一次取的经书是空白的,实际上正是表明了禅宗“不立文字”的宗旨。另外,禅宗祖师相传的凭证是袈裟和钵,所谓衣钵相传。据说印度禅宗初祖迦叶传二祖阿难,就是将袈裟和钵给了阿难,让他作为自己的接班人,后来一直传到了慧能手里。《西游记》里唐僧要取经书,阿傩跟他要“好处”,最后唐僧把紫金钵给了阿傩,这实际上反映的是禅宗的故事。我们去一些佛教圣地,如雍和宫,你看迦叶和阿难的造型,就是手托着紫金钵,这本来就是人家的,唐僧相当于还给了人家。

宋以后的禅宗还融入了净土宗的一些理念。净土宗等教派极力宣扬因果报应,宣扬“天国”“来世”理论,认为人只要忍受苦难,通过苦难的洗礼,死后灵魂就能转入西方净土。那里没有任何痛苦,没有等级(这也是该派没有得到统治阶层推崇的原因之一,

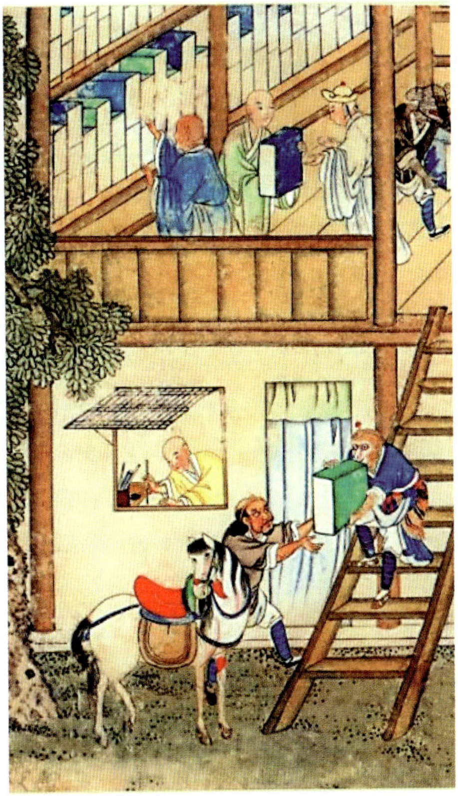

清人绘《西游记》，唐僧师徒最后到达灵山求取真经。

明代吴彬绘《楞严廿五圆通佛像册》，阿弥陀佛，台北“故宫博物院”藏。佛教称在空间上有横三世佛，即中央释迦牟尼佛、东方药师佛、西方阿弥陀佛。此图中上下两佛像都是阿弥陀佛，上边的佛像，其手势，向下的手掌为“与愿印”，每当要帮助众生时，就结与愿印，向上的手掌为“无畏印”，可以喝退妖魔。下边的佛像，其手势是最常见的“禅定印”。

西方极乐世界没有他们的特殊地位。为了弥补这一缺陷,后来净土宗又提出了“三辈九品”等级,分出了三六九等),没有贫穷富贵之分,众生平等,这就为生活在水深火热中的平民百姓找到了最终的归宿。净土宗的修行也很简单,只要念一声“南无阿弥陀佛”就可以了,“南无”是致敬的意思。阿弥陀佛是领人们到西方极乐世界的接引佛,也是西方极乐世界的教主。

在《西游记》中,“南无阿弥陀佛”或“阿弥陀佛”已经变成一个符号了。念一声“南无阿弥陀佛”,天庭也能感应到。在风仙郡,三年不下雨,后来孙悟空到了,想把这件事解决了。

> 那风仙郡,城里城外,大小官员,军民人等,整三年不曾听见雷电。今日见有雷声霍闪,一齐跪下,头顶着香炉,有的手拈着柳枝,都念:“南无阿弥陀佛!南无阿弥陀佛!”这一声善念,果然惊动上天,正是那古诗云:“人心生一念,天地悉皆知。善恶若无报,乾坤必有私。”

可见念“南无阿弥陀佛”成为了善念的表现。

《西游记》第七回孙悟空大闹天宫,玉帝请来如来佛祖,孙悟空问他是谁,“如来笑道:我是西方极乐世界释迦牟尼尊者,南无阿弥陀佛”。这里其实混淆了释迦牟尼与阿弥陀佛,释迦牟尼本是现实世界的教主,这里显然又把他当作西方极乐世界的教主了,这同时也是把西方极乐世界具体化为一个在西方的世界了。实际上,西方极乐世界并不是现实世界中的某一个位于西方的地方,它是靠阿弥陀佛显现的一个世界。打个不太恰当的比喻,如同我们说的某种平行空间。禅宗则将其与东方世界对举,主张“即心即佛”,慧能说:“东方人造罪,念佛求生西方;西方人造罪,念佛求生何国?凡愚不了自性,不识身中净土,愿东愿西,悟人在处一般。”《西游记》中把如来与阿弥陀佛混二为一,把西方极乐世界作为现实存在于西方的一个地方了,如来佛也就成为这个地方的教主了。

民间百姓读不懂经文,对如来佛祖的了解可能主要是通过《西游记》。鲁迅说“释迦与老君同流”,《西游记》中的佛祖形象,是三教合流之后的如来佛。在民间看来,“孙猴子的本事再大,也逃不出如来佛的手掌心”。如来佛神通广大,法力无边,是西方极乐世界的最高统治者,菩萨、罗汉、金刚等都是他的手下,且后者之间也是有等级的,这实际也是一种本土化的影响。佛与菩萨本不是上下级的关系,而禅宗承认了现实世界的意义,也就认可了现实世界的等级秩序,进而民间就以人间的这种等级秩序去想象佛国世界了。

从形象演变上来看,佛教从公元前六世纪到公元前五世纪兴起一直到公元一世纪,都严格遵照教规不去刻画释迦牟尼的形象。一世纪中期以后，人们开始为释迦牟尼造像，如受希腊艺术影响的犍陀罗，题材是印度的，造型则是希腊风格的，传到中国后，又结合中国审美特点，演变为中国人喜欢的造型。除了释迦牟尼造型的本土化，大家熟悉的观音菩萨与弥勒佛，随着佛教内涵的本土化，也发生了形象本土化的演变。

观音与弥勒佛的形象演变

在古代民间信仰中，除了如来佛祖，观音菩萨也有着巨大的影响力。观音菩萨具有无量的智慧和神通，大慈大悲，普救人间疾苦，所以人们称其为“大慈大悲救苦救难观世音菩萨”。观音本作观世音，后因避讳唐太宗李世民的名字，而改称为观音。

古印度的观世音菩萨是男性，传到中国，唐以前也多为男相，一般有小胡子。随着武则天掌权以后，女性地位提高，观音菩萨也变成了女相。元以后，女相观音成为主流。《五杂组》说：“大士变相无常，而妆塑图绘多作女人相。”现在常见的观音形象是女相，端庄慈祥，手持净瓶杨柳。关于杨柳观音的起源，有着不同的说法，有的佛经说千手观音有一只手拿着杨柳，杨柳观音或许与此有关。佛经说观音菩萨有三十三个不同形象的法身，除了杨柳观音、千手观音，还有诸多不同形式的观音像与故事信仰，如水月观音、鱼篮观音、南海观音、送子观音，等等。

《西游记》第四十九回《三藏有灾沉水宅　观音救难现鱼篮》就可能是根据当时社会上流行的“鱼篮观音”像而杜撰的一个故事。观音菩萨到通天河收服金鱼精之后，孙悟空请人间百姓来参拜。

> 行者道：“菩萨，既然如此，且待片时，我等叫陈家庄众信人等，看看菩萨的金面：一则留恩，二来说此收怪之事，好教凡人信心供养。”菩萨道：“也罢，你快去叫来。”那八戒与沙僧，一齐飞跑至庄前，高呼道：“都来看活观音菩萨！都来看活观音菩萨！”一庄老幼男女，都向河边，也不顾泥水，都跪在里面，磕头礼拜。内中有善图画者，传下影神，这才是鱼篮观音现身。当时菩萨就归南海。

这是说因为“现身”这件事，民间才有了鱼篮观音的画像。实际上可能是当时民间流行鱼篮观音的画像，作者才为此而写了这样一个故事，作为它的根据。

观音菩萨的身世是什么呢？《西游记》中孙悟空对观音菩萨说：“你这个七佛之师、慈悲的教主。”其实这一说法是讹误，七佛之师是文殊菩萨，而观音菩萨是“过去正法明如来，现前观世音菩萨，未来普光功德山王如来”。

左图：

元代颜辉绘《水月观音图》。观音菩萨有三十三个不同形象的法身，画作观水中月影状的称水月观音。

右图：

元代，鱼篮观音像。图中的观音还留有胡子。

大家可能听说过《大悲咒》，此咒记载于《千手千眼大悲心陀罗尼经》中，此经就是千手观音的正牌出处。经中佛对阿难和一切大众说：观世音菩萨具不可思议神通力，早在过去无量亿劫前就已经成佛，叫正法明如来，为了发起一切菩萨来利益众生，所以又当了菩萨，“倒驾慈航”一词由此而来。

在另一部唐密的经典《千光眼观自在菩萨秘密法经》中，佛对诸大菩萨说：观音菩萨于过去无数亿劫前成佛，为正法明如来，当时释迦牟尼还没成佛，在他座下为苦行弟子，得其指点，多劫后，得燃灯古佛授记成佛。十方世界一切如来，皆由观音菩萨教化而得以成佛。也就是说，观音菩萨本是古佛中之古佛。

《南海观音木雕像》，辽代，美国纳尔逊阿特金斯博物馆。

中国民间并没有接受佛经中记载的观音这个正统的身世，而是另造了一个皇家妙善公主转世的传说。中国古代社会等级森严，民间往往将信奉的对象附会为王子或公主，以显示其出身

宋代《燃灯佛授记释迦文图》局部，辽宁博物馆藏。佛教称在时间上有竖三世佛，即过去佛燃灯古佛，现在佛释迦牟尼佛，未来佛弥勒佛。传说燃灯古佛在过去世为释迦牟尼佛授记，预言他未来将成佛。

的尊贵。此外，还有其他诸多不同说法，如把观音说成是老子的弟子尹喜所变，或者是元始天尊的化身、无生老母的化身，等等，这些显然都是受到了道教的影响。

正因为民间流传着各种各样的有关观音菩萨身世的传说，且扑朔迷离，纷争不一，无从考究，所以在《红楼梦》中有关观音菩萨的谜语是：观音未有世家传——虽善无征。第五十回写众人猜谜：

> 李纨笑道："'观音未有世家传'，打'四书'一句。"湘云接着就说："在止于至善。"宝钗笑道："你也想一想'世家传'三个字的意思再猜。"李纨笑道："再想。"黛玉笑道："哦，是了！是'虽善无征'。"众人都笑道："这句是了。"

"世家"是一种人物传记，是司马迁的《史记》开创的文体，如《孔子世家》等。观音菩萨因为没有可考的传记，所以对其出身无法征引考证，也就是"虽善无征"。这句话出自《中庸》："上焉者，虽善无征。"朱熹解释说是指夏、商之礼虽善，但因为文献不足，皆不可考，无法验证。林黛玉借这句话来说明，虽然观音菩萨大慈大悲，但没有世家传记可以证明她的真实存在。

观音菩萨虽然身世不可考，但并不妨碍人们对她的崇拜，虽然她不是佛，但在民间，则已经把她当作佛看待，并赋予了她很多本土化的信仰。自宋代开始，逐渐出现了"观音签""观音课""观音阄"等预测方法，此外还有补运、求子与护子等神异。观音信仰在中国极为普遍，俗语说"家家观世音，户户弥陀佛"，古诗也云"佛殿何必深山求，处处观音处处有"。

在古代，民间流传着"男戴观音，女戴佛"的习俗，观音可以消灾祈福，保佑男子在外平安。观音又谐音"官印"，是对读书当官的一种祝愿。女人戴的佛不是释迦佛，而是大肚弥勒佛，希望女子大肚能容，而且弥勒将来，乃是一尊福佛，"佛"与"福"谐音，可以保佑女子幸福。

早期的弥勒佛造型，肚子并不大。大肚弥勒佛的造型据说是依据五代时期的一个名叫契此的布袋和尚，他乐善，宽厚，达观。北京潭柘寺的弥勒佛两边有一副楹联："大肚能容，容天下难容之事；开口便笑，笑世间可笑之人。"生动地描绘了他的形象。

南宋梁楷绘《布袋和尚图》局部，上海博物馆藏。布袋和尚是大肚弥勒佛的原型。

在《西游记》中有一位东来佛祖，就是民间说的弥勒佛。弥勒佛在娑婆世界继释迦牟尼佛之后成佛，也就是说弥勒要在将来成佛，所以佛教称之为"当来下生弥勒尊佛"，简称"当来佛祖"。而"东来佛祖"这一说法也是《西游记》作者之创，想必是为了突出东西之争的意义，历史上也确实存在着弥勒与阿弥陀佛的信众之争的问题。弥勒和阿弥陀佛都是对来世的向往，而弥勒的来世就在我们现在的这个世界，是未来改变现在这个世界，而阿弥陀佛的来世是在西方极乐世界，是阿弥陀佛显现的另一个世界。民众该信仰谁，是东还是西？后来西方极乐世界说渐渐占

明代铜大肚弥勒佛像，是一尊“福”佛。

据了上风，导致出现这样一种局面的一个重要原因就是弥勒信仰受到了统治者的打压。

民间传说，因为弥勒是将来要成佛的，释迦牟尼涅槃后，他要先降生人间，将带领追随他的人开辟出一块天堂净土。弥勒佛象征着未来和光明，因而古代很多造反事件都打着他的旗号。隋朝的时候，有数十人突然杀进皇宫，自称弥勒佛降世；元末的红巾军也以“弥勒佛下生”为口号；还有反清复明的白莲教，白莲花正是民间弥勒信仰的标志。正因此，弥勒信仰一直遭到统治阶层的忌惮，后来阿弥陀佛的西方极乐信仰也就超过了弥勒信仰。

虽然“降世”这一信仰处于下风，但经过本土化的发展，弥勒佛又滋生出另一种信仰。因为其“大肚”的造型，人们更多的是看重他宽容的一面带来的福气，这样他就变成了一位现实世界的“福”佛，也正因此，一直吸引着大量的追随者。每有寺庙，第一重殿，往往就供奉着这位大肚弥勒佛，进门即见福。总之，大肚弥勒佛是佛教本土化诞生出来的一个形象，他大度、忍耐、逍遥，将入世与出世完美统一的精神不仅影响了民间百姓，也影响了文人士大夫阶层。

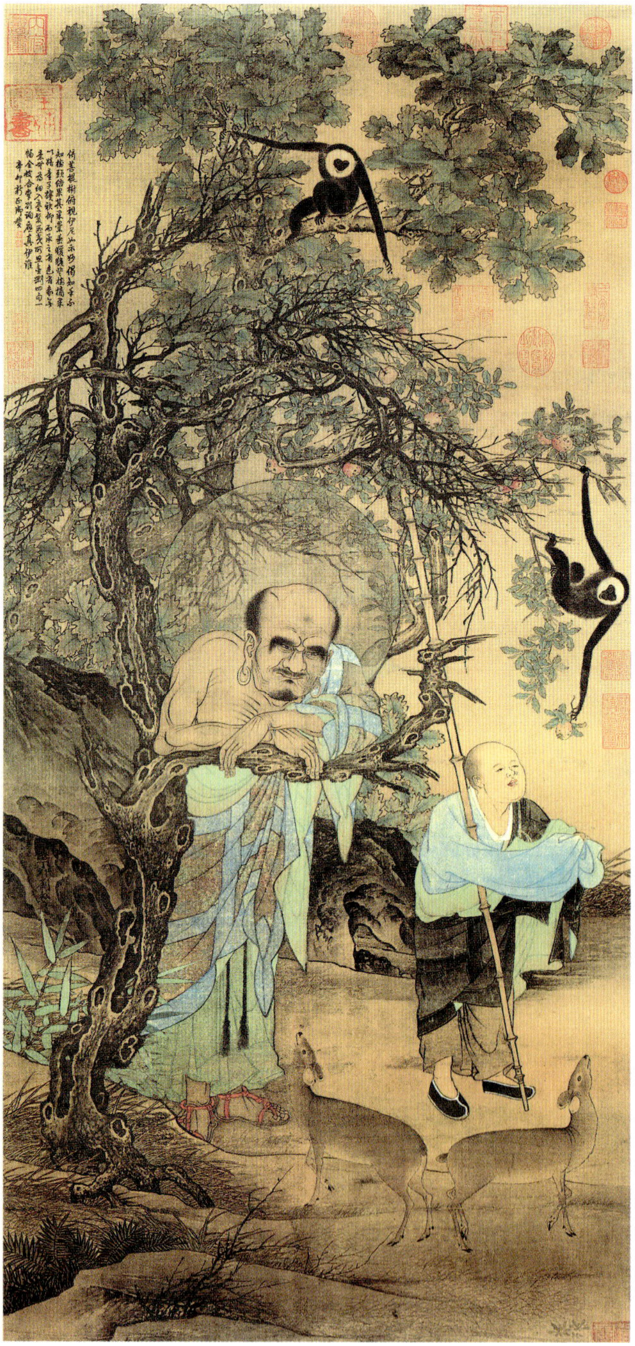

南宋刘松年绘《罗汉图》局部，台北“故宫博物院”藏。图中有一罗汉双臂交错枕在枯枝上，袈裟右袒，脚着红色“人字拖”，倚树而立，项光笼罩，做沉思状。有一小沙弥，右臂挽长竹竿，昂首以双袖承托一猴扔下的果子。现存最早的十六罗汉雕像在杭州烟霞洞，是五代十国时期建造的。人们刻画十六罗汉的模样主要是根据传说想象。如阿氏多尊者，传说他的眉毛很长，于是就有了长眉罗汉。又如半托迦尊者，传说他打坐完毕即将双手举起，于是有了探手罗汉，在此基础上，人们想象他的手臂可以自由伸长，等等。

除了观音与弥勒佛信仰有本土化的表现，佛教其他相关的造像与信仰在民间也有所变化。如早期佛教中有十大弟子，被认为是修得阿罗汉果的圣者，传到中国后，变成了十六罗汉，接着又变成了十八罗汉，加入了降龙、伏虎，以及后来又演绎出济公是降龙罗汉转世的故事。据说济公实有其人，是南宋的僧人，是本土产的中国罗汉。

另外，还有五百罗汉。到了清代，康熙帝和乾隆帝被看作是五百罗汉之中的两位，前者位居第二百九十五位，称为“阇夜多尊者”，后者位居第三百六十位，称“直福德尊者”，其他罗汉都是身披袈裟，而他们二位的塑像有的则是身穿龙袍。

总之，佛教是中国古代意识形态中的重要符号系统，它经过本土化的历程，与中国传统相对接，影响了宗教、哲学、道德、文学、音乐、雕塑、绘画、民俗等各个文化领域。

四大天王：中国古代的“变形金刚”？

寺院大门前的哼哈二将，其名称是中国本土才有的吗？《水浒传》中，为什么林冲、武松的发配地都有“天王堂”？四大天王不是佛教的吗，为什么道教也有四大天王？托塔天王的原型是谁？四大天王守天门可能是出于误会？《西游记》中的四大天王“分工”不均？他们中和孙悟空关系最好的是哪位？《西游记》中四大天王的方位错了？象征四大天王身份的法器各是什么，《封神演义》中哪些“弄错”了？四大天王在本土化的过程中，身世和“工作”有哪些变化？他们原本不住在一起？他们的法器合在一起暗含着怎样的寓意？

我们去大一点的寺庙，大门一般都是三门并立，称为三门殿，也称山门殿，表示可以通过“空、无相、无作”得到解脱。在门的两旁有两大金刚，是佛的警卫。《西游记》中写唐僧等人到了宝林寺，见门外就有两金刚，他们没有具体名字，统称为金刚。其原型大概是佛教的密迹金刚和那罗延金刚，这两位都是印度佛教中的护法神。《西游记》之后出现了《封神演义》，其中提到了两员大将郑伦和陈奇。郑伦的法术是鼻孔一哼，地动山摇，摄人魂魄；陈奇的法术是张口一哈，声震如雷，吓破人胆。后来二人都被封神，为哼哈二将，主要职责是守护西方释门，于是守门金刚自此就被民间俗称为了哼哈二将，实际上在佛教经典中是没有这种名称的。

进了庙门，面对的第一重殿一般就是天王殿，又称弥勒殿，殿内正中供奉着弥勒塑像，背面是韦驮菩萨，一个是笑颜常开，一个是不苟言笑，正反相对。在他们左右，就是四大天王两两相对。

四大天王在佛教兴起以前就出现了，后来被佛教吸收为护法，传入中国后，常常作为保护寺院的护法神。他们在民间又被称为四大金刚，造型在本土化的过程中不断发生改变，可谓是古代的“变形金刚”。他们分别是：

清代《封神真形图》，哼哈二将，台湾“国立图书馆”藏。哼哈二将的造型是：一个闭嘴——哼，一个张嘴——哈。

东方持国天王，名多罗吒，“持国”意为慈悲为怀，护持国民众生，主要庇护东胜神洲。关于其早期形象，《陀罗尼集经》描绘：身着天衣，左手握刀，右手前向仰掌，掌中有宝光物放光。后世有所演变，《药师琉璃光王七佛本愿功德经》记载：“东方持国天王，其身白色，手持琵琶，守护八佛之东方门。”其主要的象征符号是东方、琵琶，琵琶表示他希望能用音乐引导众生皈依。

南方增长天王，名毗琉璃，“增长”意为能令众生增长善根，护持佛法，主要庇护南赡部洲。其早期形象：全身赤紫色，穿甲胄，一手叉腰，一手持金刚杵。后世有所演变，《药师琉璃光王七佛本愿功德经》记载：“南方增长天王，其身青色，手执宝剑，守护八佛之南方门。”其主要的象征符号是南方、宝剑。

西方广目天王，名毗留博叉，“广目”意为能以净天眼随时观察天下，护持人民，庇护西牛贺洲。又传广目天是大自在天的化身，其前额多一目，故名“广目天”。其早期形象：有的执笔书写，也有的左手抓一颗夜明珠，右手拿赤索。后世有所演变，《佛母孔雀明王经》记载：“此西方有大天王，名曰广目，是大龙王，以无量百千诸龙而为眷属，守护西方。”其主要的象征符号是西方、

清代徐扬绘，韦驮，台北“故宫博物院”藏。韦驮一般在天王殿大肚弥勒佛的背面，他手中的金刚杵，据说不同的位置代表着寺庙不同的规模。如果有云游僧人到此，先拜韦驮菩萨，金刚杵指着天或者放在肩上，表示寺庙规模较大，可以免费提供三天食宿；如果是横在手臂上，表示寺庙规模一般，可以免费提供一天食宿；如果是杵在地上，表示寺庙规模较小，不免费提供食宿。

赤索。佛经中认为广目天王是群龙之首,所以有的造型是他手拿一龙或蛇。

北方多闻天王,名毗沙门,“多闻”意为以福德知名闻于四方,庇护北俱卢洲。一说他常听闻如来佛说法,故名“多闻”。右持宝伞,又称宝幡,左手握银鼠,用以制服魔众,护持人民财富;还有的形象是周身绿色或者金色,左手执宝塔,右手执三叉戟,脚踏三夜叉。其主要的象征符号是北方、宝伞。

除了寺院,佛教的天王在民间也有着广泛的信仰。《水浒传》中,第八回写林冲发配,到了沧州牢城营之后,被安排的工作就是打扫天王堂。第二十七回,武松被发配到孟州牢城营之后,也见有一天王堂。这是因为唐宋时期,人们常常在军营、劳所建天王堂,主要供奉的是四大天王中的毗沙门,即北方多闻天王。据说他曾帮助唐明皇打过胜仗,所以成为军营的主要信仰之一。

宋代的《谈薮》记载:

> 今军营中有天王堂。按《僧史》,天宝初西蕃寇安西,奏乞援兵。明皇诏不空三藏诵《仁王护国经》,帝见神人带甲荷戈在殿前。不空云:“此毗沙门天王第二子独健,往救安西也。”后安西奏:“有神人长丈余,被金甲,鼓角大鸣,蕃寇奔溃。斯须,城上天王见形,谨图形上进。”因敕诸节镇所在州府,于城西北隅各立天王形像,佛寺亦别院安置,但不知何时流入军营耳。

四大天王中名气最大的要数多闻天王,不仅军营中基本都有对他的供奉,将其作为保护神,在大乘佛教中,多闻天王还被看作是观世音的化身之一,在道教神话体系中,他又是托塔天王李靖的原型,此外,他还是财神,等等。

四大天王本是佛教的护法,后被道教吸收。在这一演进过程中,大概因为北方多闻天王毗沙门名气大,传播广,且名字里有个“门”字,人们就误以为“毗沙门”是天宫的一个门的名字,于是就有了看护天庭的四大天王。

《西游记》中,守护天庭的四大天王的“分工”似乎并不十分明确。孙悟空多次在南天门遇到过广目天王,在北天门遇到过多闻天王,在东天门遇到过增长天王,在西天门也遇到过增长天王。孙悟空第一次上天庭走的是南天门,因为比太白金星快,到了南天门,也是被增长天王拦了下来。实际上这部小说中的四大天王,其守护天庭,并不是某一神固定守一门,这与佛教中四大天王东、南、西、北象征着各守一洲不同。

《西游记》第五十一回,孙悟空遇到太上老君的青牛精,金刚镯极为厉害,孙悟空上天庭找帮手。

北京法海寺明代壁画，东方持国天王，手持琵琶。

北京法海寺明代壁画，南方增长天王，手持宝剑。

北京法海寺明代壁画，西方广目天王，手持龙蛇。

北京法海寺明代壁画，北方多闻天王，手持宝伞。

行者这才是以心问心，自张自主，急翻身纵起祥云，直至南天门外，忽抬头见广目天王，当面迎着长揖道：“大圣何往？”行者道：“有事要见玉帝，你在此何干？”广目道：“今日轮该巡视南天门。”

孙悟空这次搬来的救兵，兵器依然被青牛的金刚镯套了去，于是孙悟空再次上天庭。

好大圣，又驾筋斗云，径到北天门外。忽抬头，见多闻天王向前施礼道：“孙大圣何往？”行者道：“有一事要入乌浩宫见水德星君。你在此作甚？”多闻道：“今日轮该巡视。”

可以看出，按照作者的设定，四大天王是轮流值守东、南、西、北四天门的。

清人绘《西游记》，孙悟空遇到守南天门的增长天王。

《西游记》的作者似乎很“偏爱”增长天王，在取经路上，孙悟空上天搬救兵，多次偶然撞到的都是增长天王。有时候在东天门，如第五十五回，遇到蝎子精，孙悟空上天庭去找昴日星官帮忙。“好行者，急忙驾筋斗云，须臾到东天门外。忽见增长天王当面作礼道：‘大圣何往？’”有时是在西天门，如第九十二回，在金平府遇到三个犀牛精，孙悟空上天庭搬救兵。“好大圣，早至西天门外，忽见太白金星与增长天王，殷、朱、陶、许四大灵官讲话。”

按照作者的描述，我们可以想象，四大天王中跟孙悟空关系最好的大概就是增长天王了。这其中有可能蕴含的正是中国传统所谓的“不打不相识”的观念。孙悟空第一次上天庭，就碰到增长天王，还起了纷争。

原来悟空筋斗云比众不同，十分快疾，把个金星撇在脑后，先至南天门外。正欲收云前进，被增长天王领着庞、刘、苟、毕、邓、辛、张、陶，一路大力天丁，枪刀剑戟，挡住天门，不肯放进。

尔后两个人关系变好，孙悟空的“瞌睡虫”就是和增长天王玩游戏赢来的。第二十五回写道:“他(悟空)腰里有带的瞌睡虫儿,原来在东天门与增长天王猜枚耍子赢的。”

《西游记》中四大天王出场第二多的是广目天王。第十六回,在观音禅院,老寺主想霸占唐僧的袈裟,于是要放火烧死唐僧师徒,孙悟空上天去找广目天王借了辟火罩,广目天王这也算帮了孙悟空一忙。在佛教中,广目天王被认为是群龙之首,而龙的职能正是行云布雨,可以灭火,所以说他有辟火罩,可能正是受此影响。

广目天王庇护的是西牛贺洲,增长天王庇护的是南赡部洲。唐僧取经经过的主要地方正是这两大洲,这两位天王经常出场帮忙,大概也跟其原始职能的影响有关。

在道教小说《封神演义》中,四大天王有了本土化的身世,在成神之前是商朝镇守佳梦关的“魔家四将”:

老大魔礼青。长二丈四尺,面如活蟹,须如铜线,用一根长枪,步战无骑。有秘授宝剑,名曰青云剑。上有符印,中分四字:地、水、火、风。这风乃黑风,风内万千戈矛。若乃逢着此风,四肢成为齑粉。若论火,空中金蛇搅绞,遍地一块黑烟,烟掩人目;烈焰烧人,并无遮挡。后来被封神为增长天王,法器为青光宝剑。

老二魔礼红。秘授一把伞,名曰混元伞。伞皆明珠穿成,有祖母绿、祖母碧、夜明珠、辟尘珠、辟火珠、辟水珠、消凉珠、九曲珠、定颜珠、定风珠。还有珍珠穿成“装载乾坤”四字,这把伞不敢撑,撑开时天昏地暗,日月无光,转一转,乾坤晃动。后来被封神为广目天王,法器由伞变为了琵琶。

老三魔礼海。用一根枪,背上一面琵琶,上有四条弦,也按地、水、火、风,拨动弦声,风火齐至,如青云剑一般。后来被封神为多文天王,法器由琵琶变成了伞。

老四魔礼寿。用两根鞭,囊里有一物,形如白鼠,名曰花狐貂。放起空中,现身似白象,胁生飞翅,食尽世人。后来被封神为持国天王,掌紫金龙和花狐貂。

《封神演义》中四大天王的形象,尤其是象征身份的法器,不仅跟传统说法中的造型有所不同,其文本内部前后也不一致。

实际在《封神演义》之前的《西游记》中,四大天王的造型就已经出现了“混乱”。这大概与明代民间兴起的一个关于他们的新职责有关,即司风调雨顺。《西游记》第三十六回写唐僧师徒到了宝林寺,“见有四大天王之相,乃是持国、多闻、增长、广目,按东北西南风调雨顺之意”。我们可以推测:东方持国司风,法器可能是宝剑,“风”是宝剑锋利的“锋”的谐音;北方多闻司调,法器可能是琵琶;西方增长司雨,法器可能是伞；南方广目司顺，法器可能是龙蛇之类，明刊本《三才图会》提到了一种形似龙的蜃龙，大概有民间说法认为广目天王拿着的是蜃龙，“蜃”谐音“顺”，人们因此而认定广目天王司顺，当然也可能是造型上，蛇或龙蛇，有“顺”的感官象征。

结合根据“风调雨顺”推测出来的四大天王的法器，以及《西游记》原文指出的“东北西南”的方位，可以看出，《西游记》这里提到的四大天王其造型有了很大的变化。与佛典记载不同的是：东方持国天王法器由琵琶变成了宝剑，是为了迎合“风”这个字；北方多闻天王法器由宝伞变为了琵琶，是为了对应“调”这个字；拿着宝剑的南方增长天王变为了拿着伞的西方增长天王，是为了对应“雨”这个字；而拿着龙蛇的西方广目天王变为了拿着龙蛇的南方广目天王，是为了对应“顺”这个字。

总之，为了迎合民间形成的四大天王“风调雨顺”的职责观念，民间或者《西游记》的作者做了两种调整：一是调整象征四大天王身份的法器，按照“风调雨顺”的顺序，其中只有广目天王象征“顺”的龙蛇没有变，其他三位的法器都有所互换；二是调整四大天王的方位，按照“东北西南”的顺序，其中增长与广目互换，东方持国与北方多闻方位不变。

至于为什么是这样一个方位顺序，一方面可能与习惯说法有关，“东”本来就常做打头的，北方多闻在民间有着广泛的信仰，这里没有改变东、北，可能是受到了传统的影响；另一方面，在《西游记》中，守天门的天王位置不是固定的，或者作者正是看到民间天王塑像东南西北方位的随意性，尤其是天王殿中的四大天王常常两两相对，很难分辨每个天王的具体方位，而随意设定出“东北西南”。

总之，《西游记》反映了一个重要现象，就是“四大天王”本土化后，其佛教意义中象征四大部洲的东、南、西、北的符号逐渐弱化了，道教化的四大天王轮流值守四天门的相关情节，表现得最为明显，而为了迎合民间“风调雨顺”的象征寓意，四大天王的佛教固有方位也随之有了变动。《西游记》的一个重要影响就是，使得四大天王“风调雨顺”职责得以更广泛确立与传播。

到了《封神演义》，作者对四大天王“风调雨顺”这一职能的来历做了一个详细的描述，说魔家四将后来被封为四大天王，职责是辅弼西方教典、护国安民、掌风调雨顺。在《封神演义》中东、南、西、北的方位象征意义彻底消失了，为了迎合“风调雨顺”这一寓意，作者给他们进行了排行，按照排行来描述，显然要比按方位简便得多，也更有条理。老大魔礼青封为增长天王，掌青光宝剑一口，职风；老二魔礼红封为广目天王，掌碧玉琵琶一面，职调；老三魔礼海封为多文天王，掌混元珍珠伞，职雨；老四魔礼寿封为持国天王，掌紫金龙、花狐貂，职顺。这样，按照老大、老二、老三、老四的排行，就对应上了“风调雨顺”的寓意。

结合《封神演义》的前后文，我们又可以看出，民间形成的“风调雨顺”的寓意对文本生成过程的影响。魔家四将在封神之前，老大法器是宝剑，老二是伞，老三是琵琶，老四是花狐貂，按照排行，其寓意是对不上“风调雨顺”的，而为了迎合这一民间信仰，到了最后封神，作者做了一个改动，让象征老二、老三身份的法器互换，可见这一民俗信仰对文本的制约。

总之，《封神演义》中的四大天王，文本前后有矛盾之处，老二魔礼红的法器本是混元伞，封神广目天王后变成了琵琶，老三魔礼海的法器一开始是琵琶，封神多文天王后变成了混元伞，两者互换了。与传统说法的形象也有所不同，封神后，老四持国天王魔礼寿的法器由传统的琵琶变成了紫金龙，老二广目天王魔礼红由传统的龙蛇而变成了琵琶，两者互换了。

虽然小说中四大天王的造型与传统说法有出入，但《封神演义》的影响很大，此后“风调雨顺”就成了“四大天王”的主要职能。更为重要的一个影响是，《封神演义》设定的名字和排行将象征四大部洲的东、南、西、北这四大天王方位符号最终取而代之了。清末周培春绘制的民俗画中，四大天王的造型与传统说法相似，而名字排行则与《封神演义》一致，可见其影响。

辽金时期，应县木塔天王壁画，天王摩礼红，持金锏。

左图：

清末周培春绘，天王魔礼青，持琵琶。

右图：

清末周培春绘，天王摩礼红，持金锏。

左图：

清末周培春绘，天王魔礼海，持火蛇。

右图：

清末周培春绘，天王魔礼寿，持宝伞。

为了更清晰地显示四大天王的变化，可以制作这样一个表格：

	东方持国天王	南方增长天王	西方广目天王	北方多闻天王	备　注
早期造型	左手握刀	持金刚杵	右手拿赤索	持塔或宝幡	
佛经传统说法	持琵琶	执宝剑	持龙蛇	持宝伞	
居庸关石刻天王像（元代）	东北角，手持琵琶，脚踩一妇人，大概是电母。	东南角，手执宝剑，脚踩一人形、鸟喙之神灵，大概是雷公。	西南角，手持龙蛇，脚踩的大概是龙王。	西北角，手持宝伞，脚踩一背葫芦者，大概是风伯。	这之前很少有将四大天王组合在一起的，这是较早的，为后世“风调雨顺”寓意的出现奠定了基础。
法海寺天王殿造型（明代）	持琵琶	持宝剑	持龙蛇	持宝伞	
《西游记》第三十六回	司风，法器可能是宝剑。	司雨，法器可能是伞；方位转移到西方。	司顺，法器可能是龙蛇之类；方位转移到南方。	司调，法器可能是琵琶。	东、南、西、北方位符号处于过渡，有遗留的影响，但宗教象征意味渐失。

（续表）

	东方持国天王	南方增长天王	西方广目天王	北方多闻天王	备　注
《封神演义》“封神前”	老四魔礼寿，持花狐貂。	老大魔礼青，持青云剑。	老二魔礼红，持混元伞。	老三魔礼海，持琵琶。	按老大、老二、老三、老四排行，不能对上“风调雨顺”的寓意。
《封神演义》“封神后”	老四魔礼寿，掌紫金龙和花狐貂，司顺。	老大魔礼青，持青光宝剑，司风。	老二魔礼红，持琵琶，司调。	老三魔礼海，掌混元珍珠伞，司雨。	彻底去除了宗教方位的象征意义，按老大、老二、老三、老四排行，即对上了“风调雨顺”的寓意。
清末周培春绘四大天王	老大魔礼青，持琵琶。	老二魔礼红，持金锏（与辽金时代应县木塔壁画同）。	老三魔礼海，持火蛇。	老四魔礼寿，持宝伞。	造型与传统说法相似。名字排行则与《封神演义》一致。

清代《燕在阁知新录》曰：“凡寺门金刚，各执一物，俗谓风调雨顺。执剑者风也，执琵琶者调也，执伞者雨也，执蛇者顺也。”

鲁迅先生说，我们的祖先对于外来文化，“抱有恢廓的胸襟与极精严的抉择”。“四大天王”在印度佛教中本是护法，传入中国后，他们的造型，尤其是手中的法器随着朝代的更替不断变化，他们的装扮也都逐渐变成了中国武将的打扮，面孔也逐渐变成了中国人的特征。

在印度佛教中，四大天王分别住在须弥四宝山的四个不同的山峰上，传入之初，他们也并不在一起，地位也不同，尔后，人们将其看成一个组合，一起供奉在了天王殿中。此外，在民间传说以及小说的影响下，四大天王有了中国本土身世与名字，职能也由护法、护天逐渐变成了护民，更是多了一个新“工作”，即司风调雨顺。可以说，“四大天王”已经完全是本土化的吉祥符号了，成为农耕社会老百姓“风调雨顺”美好愿望的寄托。

十殿阎罗：不断扩招的地府官员

阎罗王出现之前，古人认为人的亡灵归谁管理？《西游记》中提到了十殿阎罗，阎罗王不是一个吗，怎么后来又出现了十个？唐僧的装扮像地府中的谁？常见的阎罗王造型与画像，其依据真的是包拯吗？都有谁做过阎罗王，什么样的人才能当阎罗王？阎罗王有生死吗？

生死的分别，最能激发人的想象力，那么，人死之后，那个能思考的精神或灵魂究竟会去哪里呢？亡灵会由谁管理呢？人们可能首先想到的是阎罗王，而阎罗王实际是东汉以后随着佛教的传入而逐渐本土化的一个形象。在其“统治”阴间之前，管理鬼的神实则另有其人，那就是泰山府君。

中国本土神话信仰的产生，从地域上来说，内陆地区一般多是天降神仙，如中原一带，而沿海一路一般多是海外寻仙，如齐鲁大地。充满神秘和未知的茫茫大海，越发激起人们的想象力。春秋战国之际，乃至到了汉代，齐国都是盛产“方士”的地方，而这种文化氛围多少也影响了泰山信仰。

“泰山”本是齐国和鲁国的界山，是两国共同祭祀的对象。随着秦的统一，虽然在武力上，秦国压倒了东方六国，但齐鲁强大的文化却影响了全国。无论是发迹于西边的秦朝的皇帝还是后来兴起于南边的汉朝的皇帝，都不得不到泰山进行封禅。泰山地位的提高，使得泰山信仰在后世不断得到扩展。

泰山，古时候又写作太山。泰山神是伴随山岳信仰崇拜而出现的。最初，人们祭祀泰山，是认为这是天地人进行交通的一种方式。古人认为泰山因其高离天神最近，可以和天神对话。大约到了汉代，泰山逐渐有了主生死的功能。范晔《后汉书·乌桓传》曰：“如中国人死者，魂神归岱山也。”《说文解字》曰：“岱，太山也，从山，代声。”岱山就是泰山。

受道教的影响，泰山神逐渐被人格化。《博物志》记载，泰山之神叫作“天孙”，是天帝的孙子，他负责召人魂魄，知晓人寿命的长短。成书于南北朝时期的道教典籍《五岳真形图》说：“东岳太山君，领群神五千九百人，主治死生，百鬼之主帅也。血食庙祀所宗者也，世俗所奉鬼祠邪精之神而死者，皆归泰山受罪考焉。”这是说泰山主生死，百鬼的主帅是这里的东岳太山君，即东岳大帝的前身。

成书于北宋的《太平广记》记载，魏晋南北朝时期，人死后一般都是归于泰山。可见，在原始本土信仰中，泰山不仅是登山成仙之处，其所在地郡又是“鬼府”之所在。这一时期，鬼界又诞生了一个新的归宿与管理者，这就是道教创造的酆都和酆都大帝——冥界和冥界最高神。到了唐代，佛教的阎罗王信仰又开始占据上风。在民间信仰中，阎罗王逐渐代替泰山府君负责掌管人的生死，而道教的酆都大帝也常常被误以为是阎罗天子。

阎罗王不像太上老君、玉皇大帝那样是中国本土的信仰人物，他伴随印度佛教东传而来。阎罗王的梵语为Yama-raja，按照音译可为阎罗，他又被民间尊称为阎罗天子。在印度，关于阎罗的起源有很多版本，如在史诗《摩诃婆罗多》中，阎罗王是一位恐怖之神，他身着红色的血衣，手拿大棒和绳索。在《梨俱吠陀》中，阎罗王住在天界的乐土，主管人死后的灵魂，他有两个手下，是两条狗，当人快死的时候，它们能闻到气味，从而赶来，引导人的灵魂去见阎罗王。在西方神话中，冥王是哈德斯，地狱门前有一条三头犬，而中国则有牛头马面和黑白无常，这些都和《梨俱吠陀》记载的阎罗王的两个使者的职责差不多。

关于印度阎罗王的起源，顾颉刚在《古史辨·自序》中曾说，阎罗信仰很可能也不是印度的，而是源自埃及，阎罗王大约即是尼罗河（Nile）之神乌悉立斯（Osiris）。他还说：“看‘阎罗’和‘尼罗’的声音相合，甚为可信。”当然，这只是一家之言，但古埃及指导死人生活的《亡灵书》，其出现的时代确实很早。乌悉立斯现在一般又翻译为奥西里斯，是古埃及的主要神明之一。他生前是一个开明的国王，死后是地界主宰和死亡判官，是冥界之王。

总之，世界各地基本都有关于死亡灵魂管理者的神话传说，至于印度的阎罗王与埃及的乌悉立斯之间的关系，则需进一步考证。可以确定的是，中国的阎罗王信仰确实是外来的，“阎罗”一词最早出现在北魏杨衒之的《洛阳伽蓝记》中。大约到了唐代中期，阎罗王取代了泰山府君掌管地狱。但这个“外来”的阎罗王不断本土化，渐渐成为中国传统信仰的一部分。

随着地府的出现，民间在想象过程中，融合了中国的“黄泉”与佛教的“地狱”世

晚唐，阎罗王。唐代中晚期以后，阎罗王取代了泰山府君掌管地狱。

敦煌遗书，奈河桥。随着地府的出现，民间在想象过程中，融合了中国的“黄泉”与佛教的“地狱”世界，想象出在阴阳之间有那么一座“奈河桥”。“奈河桥”又称“奈何桥”，取无可奈何之义。

界。死者从鬼门关进入地府，有一条黄泉路，黄泉路上有彼岸花，善良的人可以踩着彼岸花到达彼岸世界，摆脱轮回。路尽头有一条奈河，即忘川河，河水呈血色，里面虫蛇满布，孤魂野鬼在河中挣扎。河上有一座桥，即奈河桥。唐代张读《宣室志》记载："行十余里，至一水，广不数尺，流而西南。观问习，习曰：'此俗所谓奈河，其源出地府。'观即视，其水皆血，而腥秽不可近。"桥旁有三生石，"三生"是前生、今生、来生之意。走过奈河桥是望乡台，望乡台边有个亭子叫孟婆亭。一个叫孟婆的人在熬孟婆汤，喝了她的汤就会忘记今生的一切，这样才能过桥去投胎。

阎罗王传入中国后，不断与本土信仰相结合，具有了中国民间信仰的特色。

首先，地府官员职位进行了扩充。到了晚唐，大概是阴间的案子太多了，"一家独大"的阎罗王开了分店，变成了十殿阎罗：第一殿秦广王，第二殿楚江王，第三殿宋帝王，第四殿五官王，第五殿阎罗王，第六殿卞城王，第七殿泰山王，第八殿都市王，第九殿平等王，第十殿五道转轮王。这十殿阎罗王，互不统属而各有所司，按流水作业法管辖和处理灵魂。

在《西游记》中，孙悟空大闹地府，遇到十王，"十王道：我等是秦广王、初江王、宋帝王、仵官王、阎罗王、平等王、泰山王、都市王、卞城王、转轮王"。这正是受到了唐以来十殿阎罗信仰的影响。

民间传说阎罗王本居十王之首，但他屡放冤屈之人还阳，被贬至第五殿，而第七殿泰山王应该就是泰山府君。十殿阎罗，实际上只有这两位有原型可考，其他八位多是后来附会而成，从名字来看，也不像出自印度佛教，而是源自中国本土的发挥。阎罗王信仰与印度的阎罗王渐行渐远，逐渐呈现出中国本土化的特征。

其次，扩充之后的地府官员，需要一个更高的领导。受佛教的影响，五代之际，阴间就"空降"了一个顶头上司，地藏王菩萨渐渐凌驾于十殿阎罗之上。《西游记》中就说十殿阎罗是地藏王菩萨的手下。第三回写孙悟空大闹地府，把生死簿上自己的名字抹去了，那十殿阎罗不敢惹他，先去报告了地藏王菩萨。地藏王菩萨在《西游记》中被称为幽冥教主，在阴间地位是最高的。他的造型是什么样子呢？

《西游记》中说："玄奘直至寺里，僧人下榻来迎。一见他披此袈裟，执此锡杖，都道是地藏王来了，各各归依，侍于左右。"唐僧拿着观音菩萨给的锡杖，穿着锦襕袈裟，很像地藏王，所以很多人常将寺庙里地藏王菩萨的造像误认为唐僧。其实是因为唐僧的装扮仿照的正是地藏王菩萨。

地藏王菩萨曾发下大愿，"地狱不空，誓不成佛"，而唐僧西天取经，也是为了超度亡

清代水陆画《第十殿转轮王》。图中对联为:“欲识前世由现在作也是,要知后世事今生受也是。”

敦煌遗书，地藏王菩萨。十殿阎罗之上，又有地藏王菩萨。

灵。李世民魂游地府，见到那些要找自己报仇的鬼魂，吓坏了，后来观音菩萨奉旨去长安寻找取经人，恰好李世民在听唐僧讲法，于是观音菩萨对李世民说："你那法师讲的是小乘教法，度不得亡者升天。我有大乘佛法三藏，可以度亡脱苦，寿身无坏。"这就使得李世民下定决心，支持唐僧去西天求取大乘佛法三藏，希望能借此超度亡者升天。

可以说，唐僧与地藏王菩萨在使命上有相似之处，这大概也是作者把二人形象进行比附的原因吧。当然，虽然在民间传说中有了十殿阎罗和地藏王菩萨，但人们提及地府，往往仍以阎罗王作为阴间主管的代称，而不是把其他九王以及地藏王菩萨的名号都一一说出来。这也可见阎罗王作为一个地府符号的影响力。

与印度阎罗王另一个不同点是，本土化的阎罗王在职年限是有定的，会退休，有生死，这大概是受到了道教酆都大帝三千年一替说法的影响。小说《说岳全传》第七十三回，写胡迪魂游地府，见到阎罗王后，两人有一番对话。胡迪指出，阎罗王这个“王”的位置也是轮流做的，不会总是一人，当新的阎罗王来了，旧的就转世到人间做王公大人，所谓“新者既临，旧者必生人世，去做王公大人矣”。既然地府的职位扩充了，人员又需要不断更换，这样一来，需要的候选人也就多了。那么，什么人能够成为阎罗王呢？

在中国的民间信仰中，往往会形成一种本土化的成仙之道，如财神，会做生意的、有钱的古人有可能成为后世信仰的财神，像范蠡、子贡等；门神，有武力的、能打仗的古人有可能成为后世信仰的门神，像秦叔宝、尉迟恭等。同样，阎罗王在本土化的过程中，也形成了世人担任阎罗王之职这样一种信仰。《历代神仙通鉴》记载有十七个姓氏做过阎罗王，如肖、曹、廉、黄、韩、王、毕、千、薛。《玉历钞传》记载做过阎罗王的姓氏有蒋、历、余、吕、包、毕、董、黄、陆、薛等，其中很多是难以考证的。

元代陆仲渊绘《五七阎罗大王图》，日本奈良国立博物馆藏。阎罗王面为黑色，前面为“业镜”，能照摄众生善恶业。

为什么会有这么多阎罗王呢？大概人间不平之事太多了，需要的“工作人员”也就扩招了。当然，从信仰生成的角度来看，是先有了信仰的需要，而后才形成了相对的认识论，也就是说，是各地或各个时代都有自己心目中的阎罗王形象，而后才逐渐为人们所总结整理。

那么，这些人为何能成为阎罗王呢？当阎罗王有没有什么标准呢？当然有，唐代段成式《酉阳杂俎》曰：“至忠至孝之人，命终为地下主者。”刚正不阿的人才有可能成为阎罗王，所谓“人之正直，死为冥官”。民间流传最广的四大阎王，即韩擒虎、范仲淹、寇准、包拯，都是以正直刚强而闻名于世。

韩擒虎是隋朝的大将，勇猛而好读书，据说十三岁的时候擒拿过一头猛虎。《隋书》记载了韩擒虎临死前被迎立为阎罗王之事。鬼神传说被记载到正史之中，可见当时韩擒虎的人格影响。范仲淹是北宋的文学家，也是政治家，生前即以正直、清廉著称，宋代《中吴纪闻》说他死后做了阎罗王。在民间传说中，寇准是生前就知道自己死后能当阎罗王的。《涌幢小品》说寇准的小妾曾跟他说："公当为世主者阎浮提王也。"《翰苑名谈》说寇准死后，果然做了阎罗王。

也就是说要想成为阎罗王，一般需要两个条件：一是要有正直的品格，一是要死后赴任。

故宫南熏殿包拯画像。黑炭脸是包拯在戏曲舞台上的符号，象征"铁面"，但历史上的包拯并不是黑脸。

比较特殊的是包拯。民间常见的阎罗王形象，据说就是以包拯为造型依据的——黑炭脸，身着宋代的官服。实际上，历史上的包拯并不是黑脸，至少不是戏曲舞台上那样的黑。包拯铁面无私，民间流传着许多他断案的故事，如明代的《龙图公案》，因此"铁面"渐渐符号化成"黑脸"。"黑色"被称为"天玄"，是庄重而严肃的神秘色调。与其说黑脸的阎罗王造型依据是历史上的包拯，不如说是民间传说塑造的包公。一般人死才能做阎罗，但也可以向人间"借调"，据说包拯当年就是先借调到阴间，后转正的。所谓白断阳，夜断阴，包拯可以白天为阳世官员，晚上则为冥间阎罗王。

清代蒲松龄《聊斋志异》有一篇《阎罗》，说性情中正、刚正不阿的秀才李中之活着的时候就做了阎罗，同时有一活人张生做了他的下属。蒲松龄还有一篇《李伯言》，说李伯言这个人"抗直有肝胆"，被临时借调去做了代阎罗，后来又复活。袁枚《子不语》中也说有一刑部郎中，为官清正，如同包拯一样，白断阳，夜晚署理阎罗王之职，等等。

古代的小民常常遭遇压迫而无处伸张，正直正义的"阎罗王"成为他们的精神寄托。人们希望能有这样一个神圣，像现世的清官，或历史上的包公那样，做出公正审判，为自己平反昭雪。

总之，阎罗王的形象在民间是正义的化身，而民间传说中的包拯形象同样也是刚正不阿的代表，这两种形象在民间实现了一种融合，阎罗王造型原型表现为包拯。阎罗王具有极高的权威与号召力，是人们希望得到公平公正待遇的一种精神寄托，阎罗王信仰也是民间对维护封建贵族利益的司法进行反抗的一种表达方式。人们在现实世界如得不到公平待遇，就寄希望于另一个世界，希望鬼神能明察秋毫，阎王爷能秉公办案。人们借阎罗王的地下有知，寻求到一种心理平衡与精神安慰。

天宫之城：神仙们坐镇何方？

中国首个自建的空间站命名为"天宫"，在古代神话及古典小说中，天宫是什么样子的？中国行星探测任务被命名为"天问系列"，首次火星探测任务被命名为"天问一号"，"天问"的名称来自屈原的《天问》，《天问》中都问了哪些"天宫"的问题呢？《封神演义》"抄袭"了《西游记》对天庭的描述？孙悟空大闹天宫，根本没有打进灵霄宝殿？《西游记》中记载了哪些神仙之所？哪些在天上，哪些在地上？电影《哥斯拉大战金刚》设想地心深处有一个"世界"，这在中国古代也有相似的故事？地下也有神仙世界？除了天上、地下，神仙还在哪里"出没"？

在先秦时期，不同地域对于神仙的住处，往往有不同的理解。内陆地区，如晋国，总是天降神仙，或某地有仙山，而沿海，如齐国，总是海外寻仙，海外有仙岛。受古代文化及《西游记》等古典小说的影响，而今大家最为乐道的神仙之所恐怕就是天宫了。

《西游记》中孙悟空第一次上天庭，作者借其视角描述了天宫的环境：

> 初登上界，乍入天堂。金光万道滚红霓，瑞气千条喷紫雾。只见那南天门，碧沉沉，琉璃造就；明幌幌，宝玉妆成。两边摆数十员镇天元帅，一员员顶梁靠柱，持铣拥旄；四下列十数个金甲神人，一个个执戟悬鞭，持刀仗剑。外厢犹可，入内惊人：里壁厢有几根大柱，柱上缠绕着金鳞耀日赤须龙（清代古典小说《说岳全传》中因为宋徽宗得罪了玉皇大帝，玉皇大帝就派赤须龙下界转世为金兀术，扰乱大宋江山）；又有几座长桥，桥上盘旋着彩羽凌空丹顶凤。明霞幌幌映天光，碧雾蒙蒙遮斗口。这天上有三十三座天宫，乃遣云宫、毗沙宫、五明宫、太阳宫、化乐宫……一宫宫脊吞金稳兽；又有七十二重宝殿，乃朝会殿、凌虚殿、宝光殿、天王殿、灵官殿……一殿殿柱列玉麒麟。寿星台上，有千千年不卸（谢）的名花；炼药炉边，有万万载常青的瑞草。又至那朝圣楼前，绛纱衣，星辰灿烂；芙蓉冠，金壁辉煌。玉簪朱履，紫绶金章。金钟撞动，三曹神表进丹墀；天鼓鸣时，万圣朝王参玉帝。又至那

灵霄宝殿，金钉攒玉户，彩凤舞朱门。复道回廊，处处玲珑剔透；三檐四簇，层层龙凤翱翔。上面有个紫巍巍，明幌幌，圆丢丢，亮灼灼，大金葫芦顶；下面有天妃悬掌扇，玉女捧仙巾。恶狠狠，掌朝的天将；气昂昂，护驾的仙卿。正中间，琉璃盘内，放许多重重叠叠太乙丹；玛瑙瓶中，插几枝弯弯曲曲珊瑚树。正是天宫异物般般有，世上如他件件无。金阙银銮并紫府，琪花瑶草暨琼葩。朝王玉兔坛边过，参圣金乌着底飞。猴王有分来天境，不堕人间点污泥。

《封神演义》中对天宫的描述，基本“抄袭”了《西游记》，只不过视角换成了哪吒。

根据《西游记》的描述，天上有三十三座天宫，七十二座宝殿。三十三座天宫许是受到了佛教三十三天的影响。中国本土实际还有九重天的说法，先秦典籍《吕氏春秋》就把天像大地一

《群仙会祝图》全图与局部图，托名仇英绘，据学者考证，应为清代作品。该图描绘了众神仙，如各执法器的八仙、骑鹿的寿星、手执太极图的和合二仙等聚会祝寿的场面。宫殿上虚位以待的应该是西王母，传说西王母住在瑶池，而瑶池在昆仑之巅。局部图为骑鹿的寿星等神仙。

样划分为九个部分：中央曰钧天，东方曰苍天，东北曰变天，北方曰玄天，西北曰幽天，西方曰颢天，西南曰朱天，南方曰炎天，东南曰阳天。除了横向划分，纵向上又分为“九天”，从低到高总共九层。九天玄女被认为是仅次于西王母的女神领袖，其名号中有“九天”，即最高的一层天，可见其地位与影响。另外，之所以将天划为“九层”，与古人对“九”的数字崇拜有关。“九”在《周易》中象征“阳”，是阳数之极。道教史上第一部完整的神仙谱系《真灵位业图》中说到三十六重天，《西游记》中说天宫有七十二座宝殿，这都是“九”的倍数，体现的是古人对“九”的数字崇拜。

战国屈原《天问》曰：“圜则九重，孰营度之？”传说天有九层，是谁设计规划的呢？“惟兹何功，孰初作之？”九重天如此大的工程，又是谁最初实施建造的呢？“九天之际，安放安属？”平面的九天，到底有多大，到达了哪里，连接着哪里呢？

屈原就像坐着宇宙飞船在太空中遨游一般，对于鸿蒙远大的宇宙发出了一连串的天问：天地未形成之前，是什么样子的？人们最初是怎么识别混混沌沌的天象的？不动的恒星天体，系它们的绳子在哪里？它们的光芒又传到哪里？支撑天的八根柱子在哪里？为何天倾西北，地陷东南？天地交会的地方在哪里？日月如何运行，众星如何陈列？一天时间太阳的行程是多远？黄道十二分野是怎么划分的？月亮为何有圆缺，月中的黑点是什么？天门关闭为何天黑？天门开启为何天亮？

通过如上问题可以看出，屈原心中的九重天宫是有天门的。二十八星宿角宿有两颗星，日月和行星常会在这两颗星附近经过，所以被看作是天门。此外，这座九重天宫里似乎还有数不胜数的边边角角，充满了未知，“隅隈多有，谁知其数？”

先秦时期，周人信仰天帝，认为上帝在天上，自己的祖先在帝左右，所以祭祀的时候，焚烧牛羊等祭品，让香气升上天空。《淮南子》说在大地的中心有一棵大树叫建木，神人可以由此登天。后来，人们想象出一个具体的住处——天宫。

宋朝的时候，玉皇大帝信仰兴起并不断完善，天宫的建制越来越像人间帝王。人们仿照人间帝王，为其设立了后宫、文武大臣、门卫、天兵等。在道教体系中，西王母跟玉皇大帝没有任何关系，但民间常常将他们想象成夫妻。王母娘娘在天宫中有蟠桃园，她的住处在瑶池。

天宫中最为核心的地方就是灵霄宝殿了。《西游记》中说玉皇大帝的办公地点除了灵霄宝殿，还有通明殿。孙悟空在东海“抢了”金箍棒，东海龙王去找玉帝告状，手下人对玉帝说：“万岁，通明殿外，有东海龙王敖广进表，听天尊宣诏。”接下来，“玉皇传旨：着宣来。敖广宣至灵霄殿下，礼拜毕”。通明殿可能是见玉帝之前等候的宫殿，位置在灵霄殿前面。

张、葛、许、邱四大天师经常在通明殿值班。李天王捉拿不住孙悟空，让大力鬼王与木叉太子上天启奏。“二人当时不敢停留，闯出天罗地网，驾起瑞霭祥云。须臾，径至通明殿下，见了四大天师，引至灵霄宝殿，呈上表章。”

通明殿的“保安”是王灵官。孙悟空从八卦炉出来，没有像电视剧演的那样，打到灵霄宝殿，而是在通明殿外就被王灵官给拦住了。“这一番，猴王不分上下，使铁棒东打西敌，更无一神可挡。只打到通明殿里，灵霄殿外。幸有佑圣真君的佐使王灵官执殿。”

在佛教寺院中，四大天王有“天王殿”，但在道教的天庭中，四大天王是给玉帝看大门的，而且轮换值班于各个天门，没有专门的办公室。托塔李天王是从佛教毗沙门发展而来的，在《西游记》中，他住在云楼宫，在收拾陷空山无底洞老鼠精时，孙悟空去那里找过他。

另外，在斗黄袍怪的时候，孙悟空怀疑是天上来的妖精，于是上天查访。

> 天师闻言，即进灵霄殿上启奏，蒙差查勘九曜星官、十二元辰、东西南北中央五斗、河汉群辰、五岳四渎、普天神圣，都在天上，更无一个敢离方位。又查那斗牛宫外，二十八宿，颠倒只有二十七位，内独少了奎星。天师回奏道：“奎木狼下界了。”

按照《西游记》的说法，九曜星官、十二元辰、东西南北中央五斗、河汉群辰、五岳四渎、普天神圣都住在斗牛宫内，二十八星宿住在斗牛宫外。斗牛宫这里泛指天宫。

《西游记》中还提到了天宫中的披香殿。奎木狼与天庭披香殿侍香的玉女相恋，但天宫禁止谈恋爱，玉女就下界托生于皇宫内院，做了宝象国的公主。奎木狼不负前情，也追随她下界，变作黄袍怪，占山为王，并把公主迎接到了自己的洞府，和她做了十三年的恩爱夫妻。

另外，唐僧师徒到了凤仙郡，凤仙郡不下雨，孙悟空去天庭理论，四大天师把孙悟空带到了披香殿，里面有米山、面山、金锁。

> 四天师即引行者至披香殿里看时，见有一座米山，约有十丈高下；一座面山，约有二十丈高下。米山边有一只拳大之鸡，在那里紧一嘴，慢一嘴，嗛那米吃。面山边有一只金毛哈巴狗儿，在那里长一舌，短一舌，舔那面吃。左边悬一座铁架子，架上挂一把金锁，约有一尺三四寸长短，锁梃有指头粗细，下面有一盏明灯，灯焰儿燎着那锁梃。行者不知其意，回头问天师曰：“此何意也？”天师道：“那厮触犯了上天，玉帝立此三事，直等鸡嗛了米尽，狗舔得面尽，灯焰燎断锁梃，那方才该下雨哩。”

天宫还有一座著名的宫殿就是紫微宫，这是紫微大帝的住处。北极紫微大帝统领三界，天蓬元帅、天猷君、翊圣君、真武大帝都是他的手下。紫微大帝是“四御”（中天紫微北极太皇大帝、南极长生大帝、勾陈上宫天皇大帝、承天效法后土皇地祇）之首，地位仅次于玉皇大帝。

在道教中，地位最高的是“三清”，玉皇大帝及“四御”都在“三清”之下（民间往往认为玉皇大帝等级最高）。“三清”即元始天尊、灵宝天尊、太上老君，元始天尊住在玉清圣境，又被称为大罗天，灵宝天尊住在上清圣境，太上老君住在太清圣境。

《西游记》中说，天上的兜率宫（与佛教的兜率天不同，未来成佛的弥勒佛住在兜率天）是太上老君居所。《西游记》多次提到兜率宫，孙悟空第一次去，是偷仙丹。

> 好大圣，摇摇摆摆，仗着酒，任情乱撞，一会把路差了；不是齐天府，却是兜率天宫。一见了，顿然醒悟道：“兜率宫是三十三天之上，乃离恨天太上老君之处，如何错到此间？——也罢！也罢！一向要来望此老，不曾得来，今趁此残步，就望他一望也好。”

后来，孙悟空为了救活被妖精推到井里的乌鸡国国王，去找太上老君要仙丹，再次去兜率宫。

> 我如今一筋斗云，撞入南天门里，不进斗牛宫，不入灵霄殿，径到那三十三天之上离恨天宫兜率院内，见太上老君，把他九转还魂丹求得一粒来，管取救活他也。

《西游记》中，兜率宫的服务员是会“更换”的。黄袍怪即奎木狼后来被罚去兜率宫给太上老君烧火，火焰山的土地本是兜率宫守炉的道人。

二十八星宿以及金木水火土日月等源于星象崇拜的神灵，都有自己的宫殿。《西游记》中，在收玉兔精时，广寒宫（又称蟾宫）的太阴星君带着一群嫦娥仙子来相助；青牛精作怪时，李天王认为水火无情，为了降服它，孙悟空从南天门进，去彤华宫请火德星君，从北天门进，去乌浩宫见水德星君；蝎子精作怪时，一物降一物，鱼篮菩萨指引孙悟空去东天门里光明宫求昴日星官；九头狮子作怪时，孙悟空又从东天门进到东极妙严宫找它的主人太乙救苦天尊。（“太乙”一说是星名；一说是太一，即秦汉至唐代官方祭祀的最高神东皇太一。）

有些神仙的办公地点不在天上，而在地上。明代的时候，皇家认定真武大帝的道场在武当山。《西游记》也借鉴了这一点，在小雷音寺遇到黄眉大王，孙悟空就去南赡部洲武当山太和宫请真武大帝。《封神演义》中的太乙真人是以太乙救苦天尊为原型的，他住在乾元山金光洞，是在山上，而非天上。

蓬莱、方丈、瀛洲是秦汉以前传言的三座仙山，传说山上有长生不老药。《西游记》中孙悟空推倒五庄观镇元大仙的人参果树，为了医活神树，四处寻求：去了蓬莱，蓬莱住着福星、禄星、寿星；又去了方丈山，东华大帝君（即东王公）以及偷王母娘娘蟠桃的东方朔在此；又去了瀛洲海岛，此处有长寿的瀛洲九老。最后，孙悟空去了南海普陀，找观音菩萨，“早望见落伽山不远，遂落下云头，直到普陀岩上，见观音菩萨在紫竹林中与诸天大神、木叉、龙女，讲经说法”。

《蓬莱仙会图轴》，托名元代胡廷晖绘，据学者考证，约为明代作品。楼阁与仙岛融为一体，几位仙人游走其间。蓬莱作为一个传说中的仙境，帝王派人到此地寻找不死药，民众希望此地的神仙能让自己长寿，而读书人则将此地作为远离世俗的安身之地，所以文人笔下的蓬莱仙人常是读书人的打扮，以下棋为乐。

佛教的四位传法者——四大菩萨在中国都有自己的办公地点，即“道场”。文殊菩萨的道场在山西五台山，普贤菩萨的道场在四川峨眉山，观音菩萨的道场在浙江普陀山，地藏菩萨的道场在安徽九华山。

《西游记》中，地藏王菩萨经常出现的地点不在九华山，而是地下的翠云宫。这跟人们信仰地藏王菩萨统领地狱十殿阎罗有关。

地下世界有地狱的说法，主要是受到了佛教的影响，其实中国本土也有对地下世界的想象。电影《哥斯拉大战金刚》设想地心深处有一个“世界”，这在中国古代也有相似的故事。

唐代《博异志》记载了一个人打井进入地下世界——梯仙国的故事。

这个地下世界是“别一天地日月世界”。山峰的一侧有万丈高，千山万谷都像是神仙境界。山中的岩石都是碧蓝的琉璃色，每道山谷中都有金银建成的宫殿。山中还有些大树，树干像竹子似的有节，树叶像芭蕉叶，开着盘子一样大的紫花。很多翅膀像扇子一样大的五色彩蝶在花间飞来飞去，还有像仙鹤的五色鸟在树梢间飞翔。每条峡谷中都有一眼清澈如镜的山泉，还有

《蓬莱仙弈图》局部，美国弗利尔美术馆藏。《西游记》中描述孙悟空在蓬莱仙岛见到了福星、禄星、寿星，其中两个人对弈，一个人在旁边看，正与此画中的情形一样。

一眼泉水像乳汁一样的白泉。

凡是刚成仙的人就送进这梯仙国中，在这里继续修行七十万天，才能升入天宫，到达三十二位天帝所住的玉京，或者到蓬莱仙洲，或者到神仙聚居的昆仑阆苑，或者到神女们居住的姑射山，然后才能得到仙界的官位，被授予符命和官印，自由自在地在天界飞翔。

这是地下的梯仙国，天上也有一个梯仙国，和这里没有什么两样。

可见，地狱观念在中国本土兴起前，人们想象地下也有一个神仙世界，是神仙们——或者说准神仙们——的岗前培训基地。

在中国古代传说中，除了天上天宫、仙山仙岛、名山大川、海底龙宫外，还有一些办公地点在人们日常生活中的神仙，比如一座城市的城隍，一方土地的土地爷，一家之主灶王爷，路上有路神，厕所有紫姑神、三霄娘娘，以及供奉被封神的历史名人的祠堂等。除了有固定办公地点的神仙，还有一些则是巡查神，如姜太公、钟馗，以及游走的散仙，如八仙、和合二仙、刘海，等等。

辑四　人·文

观乎天文，以察时变；观乎人文，以化成天下。

——《周易》

春节：历法与神秘“禁忌”的破解

中西历最大的一个区别是什么？古代的“春节”称为“元旦”？什么时候开始，“元旦”变成公历1月1日新年的称呼？“春联”一词是什么时候出现的？古代过年一个重要的民俗活动就是换“黄历”，“黄历”本是“皇历”？民间流传的“黄历”中，有很多迷信的“吉凶宜忌”，其背后的文化逻辑是什么？《红楼梦》中宝玉挨了贾政的打，贾母说他是星宿不利，过了八月，才许出二门，这体现的是“黄历”中哪种民间俗信？《西游记》中唐僧取经出发前，唐太宗命人给他选了一个吉日，即某日为人专吉星，堪宜出行远路，这又体现的是哪种民间俗信？“老皇历”是什么的代称？我们常用的干支纪年“丙戌年”“丁亥年”是从正月初一开始算起的吗？

“春节”的“正名”

中西历最大的一个区别，就是以哪一天为新一年的开始。中国农历是以正月为岁首，正月初一，称为“元旦”或“元日”，元是第一的意思，旦是初一的意思。唐代白居易《七年元日对酒五首》（其一）曰：“众老忧添岁，余衰喜入春。年开第七秩，屈指几多人。”过了元旦就是新的一岁，也将进入春天了。北宋王安石《元日》曰：“爆竹声中一岁除，春风送暖入屠苏。千门万户曈曈日，总把新桃换旧符。”描绘了元旦的习俗，在爆竹声中旧的一岁结束了，新的一岁开始了。南宋吴自牧《梦粱录》曰：“正月朔日谓之元旦，俗呼新年。”可见，原来“元旦”“新年”都是对正月初一的称呼。

孙中山于1912年1月13日规定公历的1月1日为“新年”，此时还不叫元旦。到了1914年1月，袁世凯批准，公历的1月1日称为“新年”或“元旦”，而农历正月初一改称“春节”（因离“立春”比较近而得名，立春是二十四节气之首，往往与春节相距十来天）。到了1949年9月27日，中国人民政治协商会议第一届全体会议决议正式决定，将农历正月初一叫作“春节”，而将公历的1月1日叫作“元旦”。“元旦”这个本属于中国农历新

清人绘《卖春联》。图上题写："此中国卖春联之图，此系能写大字之人，年底无事，用桌一张，备下纸笔墨砚，沿街摆摊，书写对联卖之。"

年的称谓就此成为公历的1月1日新年的称呼。

刚刚将公历的1月1日定为新年伊始的时候，人们还不习惯，尤其是一些商人。因为古代有年底算账的习惯，如果这年年底不能及时收回账，那就只能再等一年了，而这时候正好公历的1月1日已经过去，而农历新年还没有来。当时一些地方政府为了打消商人们的顾虑，还特意说明，一年账目截止时间应以腊月三十为期限。

一开始，因为人们对新历法不习惯，还闹出了不少笑话。如公历1921年1月15日，人们张灯结彩过元宵节，出门赏月，结果那天没有圆月，因为那天是农历的十二月初七。还有在公历5月5日过端午节的，后来在农历的五月初五又过了一次。随着时间的推移，紊乱的情况才有所改善。总的来看，中国的传统节日形成了影响深远的习俗，公历是不可能完全替代源远流长的农历的，尤其是我们的农历新年，其背后积淀着诸多传统文化因素。

关于春节的起源，有腊祭说、巫术说、鬼节说，等等。春节期间的民俗事项经过千年的文化沉淀生成了许多象征性的文化符号，如年夜饭、拜年、春联、门神、年画、窗花、“福”字、灯笼、爆竹，等等。我们最熟悉的大概就是贴“春联”了，“春联”起源于桃符，到了宋代，桃符逐渐由桃木板改为纸张，一般用吉祥的红色纸张。明代初年朱元璋大力提倡民间贴对联以迎春，因此称

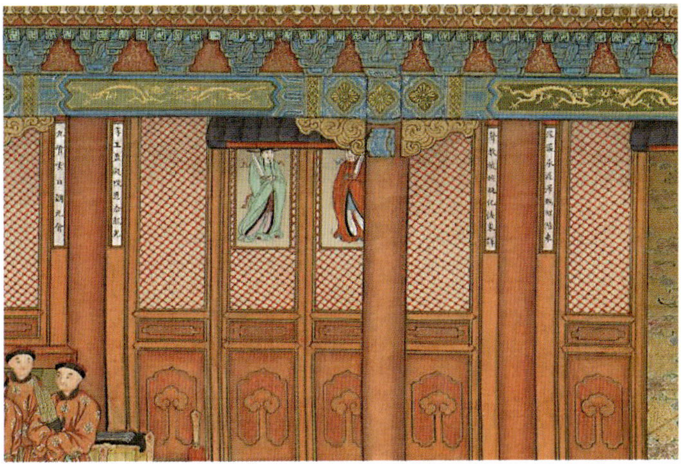

清人绘《万国来朝图》局部。图中有门神与春联，满族人的春联是白色的，入关后，一般老百姓汉化，用红色的春联，但宫廷依然以白色为主。

为春联。明末清初陈尚古《簪云楼杂说》曰:“春联之设,自明太祖始。帝始都金陵,除夕前忽传旨:公卿士庶家门上须加春联一副。”经过帝王的提倡,过年张贴春联的风气日盛,这一习俗与叫法一直延续到现在。

春联分上联和下联,一般上联以仄声字结尾,下联以平声字结尾。横批从左右哪边读起,哪边就贴上联。春联根据贴的位置,又有很多不同的叫法:贴在门楣的横木上的叫“横批”,贴在两边门框的叫“框对”,贴在门板上端中心部位的叫“门心”,贴在家具、影壁上的正方菱形的叫“斗斤”或“门叶”。此外还有一些“春条”,如“白虎大吉”贴在石头上,“井泉龙王”贴在水缸上,“树大根深”贴在树上,“五谷丰登”贴在粮仓上。其他的“春条”还有“春色满园”“抬头见喜”“出门见喜”,等等。

黄历中“吉凶宜忌”的来历

古人过年,实际在正月初一之前就开始了。每到年底,就会有各种充满年味的民俗活动,而其中千家万户都会做的一件事就是更换“黄历”。我们现在常提到的“黄历”,实际上在古代叫“皇历”,辛亥革命以后打倒了皇帝,才把“皇历”改写成“黄历”。虽破除了封建权威,但在民间,又与传说中的黄帝历混为一谈。1912年南京临时参议院决定中国实行阳历与去除了黄

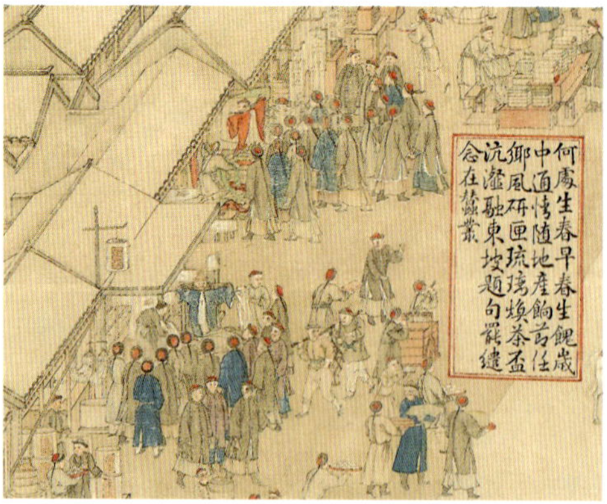

左图:
清代徐扬绘《京师生春诗意图》局部,描绘了京师春节前后的生活情境。除了卖衣服的,店铺招牌还有佛手木瓜、龙眼百合、苏杭杂货、杭州绒线等。

右图:
清代徐扬绘《京师生春诗意图》局部。店铺招牌有各种高烟、干鲜果品、南北杂货、金华火腿等。

清代徐扬绘《日月合璧五星联珠图》局部。乾隆二十六年（1761）正月初一，观象台钦天监测到“日月同升，五星联珠”的天文异象，据说这是“海宇晏安，年谷顺成”的预兆。

历中迷信成分的阴历并行的制度，按阴历进行农事活动和过传统节日，按阳历进行政治活动和新节日纪念，阳历即公历下附星期，阴历即农历下附节气，这种“新旧二历并存”的日历一直影响到现在。

中国古代特别重视天文历法，因为它关系到农业生产。《尚书·尧典》记载尧即位后制定了新的历法，“历象日月星辰，敬授民时”。而后羿射日，天上出现十个太阳的说法，则是历法乱了的体现。古代新王朝建立后，往往第一件事就是改“正朔”，“正”指正月，“朔”指初一，即确定哪个月为岁首，以表明自己得天时，是天命所归。据说夏代以农历正月为第一个月，商代以农历十二月为第一个月，周代则以农历十一月为第一个月。楚帛书以及秦简《日书》为现今可见较早的历书，而汉代的《太初历》是中国有完整资料的第一部传世历法，它沿袭夏历，以正月为岁首，并且将中国独创的二十四节气分配于十二个月中。我们现在所用的农历或称夏历，就是以《太初历》为基础的。

在古代，历法就是统治秩序的象征，因而受到统治者的高度重视，不仅设置管理天文历法的机构，还不断组织学者对历法进行更为细致的完善，如唐代的《大衍历》、元代的《授时历》等。根据历法排列年、月、节气等，以供查考的工具书被称为历书。前一年年底，朝廷会选定一个日期，颁布下一年的历书。如清

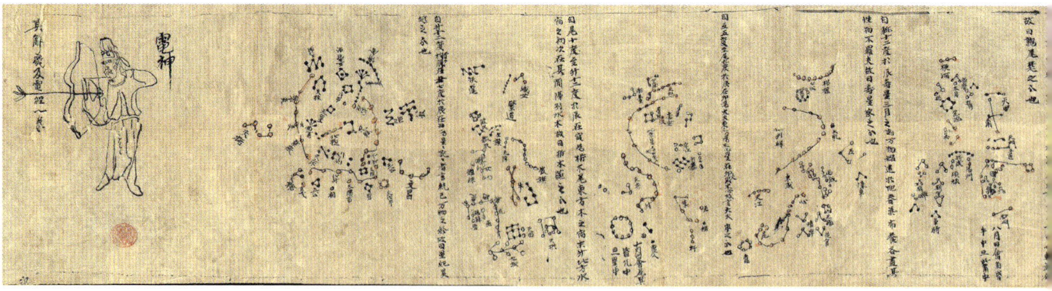

唐代《敦煌星图》局部，大英博物馆藏。此星图被公认为世界现存最早星图。据考证，至少包含了1359颗星，在没有望远镜的情况下，中国古人如何凭借肉眼看到如此多的恒星，至今仍是个谜。

代，每年十月初一，朝廷就会向天下颁布次年的历书，用于指导百姓的生活。《燕京岁时记》记载："十月颁历以后，大小书肆出售宪书，衢巷之间也有负箱唱卖者。"目前所见，唐代太和九年（835）已有木板刻印的历书出现了。因为历书是由朝廷颁布的，所以人们又将它称为"皇历"。

朝廷的"皇历"不仅有这一年的历法，还有风水、禁忌等。先秦以来，择日与风水也是历法的一部分，不论祭祀、移徙、嫁娶、丧葬、出行、上官赴任、修造动土，乃至洗发、沐浴、裁衣，都要先择吉日而后行。王充《论衡·讥日篇》说："世俗既信岁时，而又信日。举事若病、死、灾、患，大则谓之犯触岁、月，小则谓之不避日禁。岁、月之传既用，日禁之书亦行。世俗之人，委心信之；辩论之士，亦不能定。是以世人举事，不考于心而合于日，不参于义而致于时。时日之书，众多非一。"在古代，有一段时间，干什么事都有专门的择日书，还没有和皇历混在一起。如专门讲祭祀吉凶的《祭历》，专门讲丧葬吉凶的《葬历》，专门讲洗澡吉凶的《沐书》，等等。随着皇历的流行，人们才逐渐在一本历书中将择吉日、易学、星相、阴阳五行等与历法结合起来。

我们常见的黄历中的"吉凶宜忌"，其制定依据是什么呢？

第一，根据五行、天干地支，这些都是中国传统数术文化中最基本的符号，也是"择吉"的主要依据。天干为甲、乙、丙、丁、戊、己、庚、辛、壬、癸。地支为子、丑、寅、卯、辰、巳、午、未、申、酉、戌、亥。十干和十二支，单对单，双对双，依次相配，组成六十个基本单位。每一天也对应着一个基本单位，如甲子日，后面就是乙丑日。此外，人们又将天干与五行对应，如甲乙属木，丙丁属火，戊己属土，庚辛属金，壬癸属水；将地支与五行对应，如亥子属水，寅卯属木，巳午属火，申酉属金，辰戌丑未属土。五行又是相生相克的：土生金，金生水，水生木，木生火，火生土；土克水，水克火，火克金，金克木，木克土。于是就又形成了天干与地支的相生相克。古人认为如果是"干生支日"，那么就是"上

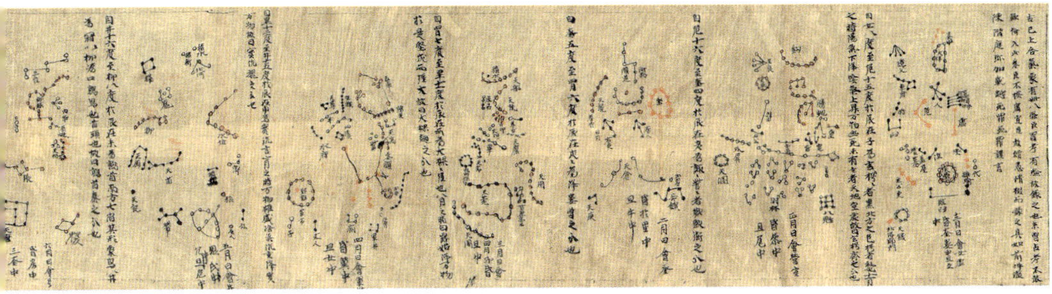

吉”，如庚子日，天干“庚”五行属于金，地支“子”属于水，金生水，这一天就是大吉；如果是“支生干日”，就是小吉；如果是“干克支日”，就是小凶；如果是“支克干日”，就是大凶。

第二，根据二十八星宿来择吉。古人将天上的二十八个星宿分成四方：东方青龙七宿角、亢、氐（dī）、房、心、尾、箕（jī），北方玄武七宿斗（dǒu）、牛、女、虚、危、室、壁，西方白虎七宿奎、娄（lóu）、胃、昴（mǎo）、毕、觜（zī）、参（shēn），南方朱雀七宿井、鬼、柳、星、张、翼、轸（zhěn）。又将二十八星宿分为十四个吉星，十四个凶星。最初是根据天象位置，如当北斗七星的斗柄指向寅位的时候，正好指在“角”星上，寅月就是正月，是干支历中的第一个月份。古代干支历法以甲子年为开头，六十年一轮回，所以“甲子年”的正月初一便为“角”星当值，那么，正月初二就是“亢”星当值，正月初三就是“氐”星当值，依此类推。古人发现，当危宿当值的时候，天灾人祸就特别多。就靠着这样的“大数据”总结，形成了星宿的吉、凶，也就形成了每日的吉、凶。

清人绘《危日燕坚镡》。危是二十八星宿之一危宿，日是七曜之一，燕子是与星宿相配的二十八种动物之一。

后来二十八星宿又逐渐神秘化，每个星宿成为了“神煞”，有了自己值班的日子。如果这一天恰好是某吉星神值班，那就是吉日了。《红楼梦》第三十六回中宝玉挨了贾政的打，贾母说“他的星宿不利，祭了星，不见外人，过了八月，才许出二门”，这正是把宝玉挨打与星宿吉凶联系了起来。

第三，以“建除十二值”作为吉凶的依据，这也是最常见的判定“宜忌”的依据。古人定了十二个字，轮流值日，周而复始，即建、除、满、平、定、执、破、危、成、收、开、闭。《淮南子·天文训》说每年从立春后第一个寅日起为“建”日，后面就是“除”日，依此类推，循环往复。每一日人们又不断加入一些认为吉凶的人事。如“建”日一般主吉，可以祭祀神灵。“除”日有“除旧迎新”的意思，大吉，故很少有不宜之事。“满”日，旧书云：此日只宜祭祀、祈愿，其他均不吉利，特别是赴官上任、婚姻嫁娶等不宜取用。为什么会这样呢？因为祖先已经是圆满之人，所以宜祭祀，而去求官或者结婚都得有空缺才行，这一天既然位置满了，就不容易成功。其他的字也都有其延展的意思，如“平”日，此日表示平平，对于老人来说平平安安就是福，对于奋斗的年轻人来说则未必是合乎心意的好日子；“定”日适合于能固定下来的事情，如定协议；“执”日则适合于执行力强的事情，如建房子、植树；“破”日不可以做任何事情；“危”日可以攻击盗贼；“成”日可以计划事项、办理大事情；“收”日可以买卖、娶妻；“开”日可以拜见上司；“闭”日可以开掘池塘，等等。古人就这样根据每天不同的字的意思，形成了今天干什么吉利，干什么不吉利的“宜忌”了。

道教还有观星择日的依据，认为天上有九星：妖星、惑星、禾刀、煞贡、直星、卜木、角己、人专、立早。这九星也是有吉有凶，每日有一星值班，轮流反复。《西游记》中唐僧取经出发前，唐太宗就命人给他选了一个吉日，“有钦天监奏曰：‘今日是人专吉星，堪宜出行远路。’”此外，人们某天干成了某事，于是就渐渐形成了某日适合干某事的惯例，这也是“宜忌”来源的一种。再有，原来专门研究某日适合干某事的书，以及民间的一些说法，也渐渐与天干地支形成的吉凶结合了起来，如民间流传的《彭祖百忌》就讲了一些日常禁忌，这也是黄历中“宜忌”的依据之一。

因为各个地方制定吉凶宜忌的根据不同，也就出现了不同，甚至完全相反的说法。从根本上来说，这些都是封建迷信。到了后来，更是不良市场竞争下一些人的故弄玄虚罢了。皇历是百姓日用之物，市场需求极大，民间出现大量私自刻印的现象。为了市场销量，民间人士又在皇历中大量加入自己理解的民俗中的禁忌及趋吉避凶的相关规则和内容，并称其为“秘传”，或某某仙人、名师的嫡传，等等。这实际都是利用了民间业已形成的

民国八年《营业写真·卖历本》，写有“历本也须改花样”等字样，体现的是人们对多种形式历本的审美追求。

看日子出门的习惯。因皇历每年都不一样，一年一更新，如果拿着去年的皇历来查今年的历法，肯定不对，于是“老皇历”就成为因循守旧的代称。

如今电子产品越来越普及，用挂历以及黄历的人越来越少了。过去在新年伊始时，几乎家家都会换上一本封面上印着财神的黄历，这是生活中必不可少的一部分。当然，现在在一些地区，如台湾、香港依旧有使用黄历的习惯。这些黄历，内容依旧很丰富，最基本的是公历、农历和干支历三套历法，还包括二十四节气与星期，日常禁忌、诗词歌赋、风土人情、妙语箴言，等等。黄历中的内容虽然有的属于封建迷信，但作为一种符号系统，反映的则是中华民族的择吉文化。摈除其中的迷信因素，老黄历中又包含着很多艺术性的作品，因而至今在民间还活跃着收藏老黄历的活动。

总之，春节是中华民族最重要的传统节日之一，有着诸多的风俗习惯，除了我们熟悉的贴春联，换黄历也是节日标志性活动之一。但要说明的是，黄历中的干支纪年方式，如“丙戌年”“丁亥年”，实际都是从立春算起的，而非农历正月初一。举个例子来说，如果去年是狗年，今天正月初一了，农历新的一年开始了，但还没有立春，那就还是狗年，过了立春才是猪年，也就是说，如果恰好有人立春前出生了，那么他的属相就是狗，而非猪。当然，因为春节与立春时间相距很短，也可以根据个人的偏好选择属相。

清明节：扫墓祭祖的习俗是如何转移到清明节的？

清明节不是二十四节气之一吗，为何会有扫墓祭祖的习俗？最初扫墓是在哪个节日，为什么会发生转移？与清明节最近的是哪个传统节日？《西游记》中，在陷空山无底洞，逼着唐僧和自己成亲的金鼻白毛老鼠精是如何用清明节习俗骗唐僧的？古代的清明节又是情人节？古代的清明节放假几天？

清明节扫墓祭祖习俗的形成

清明节是二十四节气之一。清明节的命名与气候有关，《淮南子·天文训》曰："春分后十五日，斗指乙，则清明风至。"从这一天开始，清爽明净之风吹来了。清明节一开始只是一种根据气象变化而产生的指导农业生产的节气，但后来，扫墓祭祖的习俗也逐渐转移到了这一天。

扫墓，事死如事生，这与中国特殊的祖先崇拜有关。中国很早就进入了农耕文明，人们定居某一地，世世代代生活在一个地方，死了就葬在那里，这很容易发展出"祖先崇拜"。中国的祖先崇拜是和神灵崇拜合一的，祖先就是神，或者半神半人，人与神的界限并未判若鸿沟，所以人们认为需要像对待活人一样对待自己的祖先，祭祀就是活人与祖先交流的重要方式。最初人们祭祀祖先都是在庙里，不起坟墓，《礼记》曰："古也墓而不坟。"大约到了战国，开始兴起坟墓作为祭祀的依托。

虽然扫墓祭祖习俗从战国开始就一直延续着，但最初并没有固定在哪一天举行。大约到了汉代，逐渐形成了在三月三进行祭祀的习俗。为何会是这一天呢？三月三上巳节，先秦时期就有了，其主要习俗是祓禊（fú xì），即人们到水边洗濯去垢，消除不祥。到了汉代，民间渐渐生发出许多新故事，如传说某户人家恰好三月初生了三个女儿，结果在三日俱亡，于是民间就在三月三"祓禊"的习俗上又加入了"招魂续魄"的习俗。

《荆楚岁时记》引《韩诗》注曰："今三月桃花水下，以招魂续魄，祓除岁秽。"招魂续魄与祭祀祖先、求祖先保佑相似，于是扫墓祭祖渐渐固定在了三月三。

三月三离寒食节很近。寒食节也是传统的一大节日，到了魏晋时期，尤其是司马氏的两晋，寒食节在众多节日中地位甚高。寒食节据说是春秋时期晋文公为了纪念大臣介子推而设立的，司马氏因为自己的"晋"与春秋时期的晋国国号相同，所以特别重视这一节日，寒食节因而得到了广泛的推广，在民间形成了极大的信仰基础。再加上魏晋南北朝世家大族极力推崇孝道，于是扫墓祭祖的习俗就渐渐从三月三转移到了寒食节。

虽然晋代以后，民间有了寒食节扫墓的习俗，但得到官方明确的认可，还要到唐代。《旧唐书》记载："开元二十年敕，寒食上墓，《礼经》无文，近代相传，浸以成俗，宜许上墓同拜扫礼。"官方的认可是一方面，具体的实行又是另一回事。由于寒食节有禁火习俗，与唐宋兴起的另一个习俗——祭祀要烧纸钱相冲突，扫墓祭祖的固定日子就又不得不再次转移。

唐代白居易《寒食野望吟》曰："乌啼鹊噪昏乔木，清明寒食谁家哭？风吹旷野纸钱飞，古墓累累春草绿。"题目中有"寒食"，但诗中又提到"清明"，寒食节禁火，烧纸不方便，而寒食与清明离得很近，所以人们就往往选择在清明去墓祭。北宋《东京梦华录》记载："寒食第三节，即清明日矣，凡新坟皆用此日拜扫。"南宋高菊卿《清明》曰："南北山头多墓田，清明祭扫各纷然。纸灰飞作白蝴蝶，泪血染成红杜鹃。"明代以后，寒食节开始消亡，扫墓祭祖名正言顺地成了清明节的习俗。

明清小说中，常常提及清明节扫墓祭祖。《西游记》第八十回金鼻白毛老鼠精变成一个女子，骗唐僧说自己在荒郊野外的原因是清明和家人来扫墓，遇到了强盗。"时遇清明，邀请诸亲及本家老小拜扫先茔（yíng，即坟墓），一行轿马，都到了荒郊野外，至茔前，摆开祭礼，刚烧化纸马，只闻得锣鸣鼓响，跑出一伙强人，持刀弄杖，喊杀前来，慌得我们魂飞魄散……"唐僧上当，认为她是良家妇女，后被其捉到了陷空山无底洞，逼着成亲。

清明节扫墓祭祖与踏青合二为一

古人认为坟墓是逝者的居所，是逝者与活人交流的一个场所，所以清明这一天，为了表达对祖先的尊敬，要将逝者的"房子"修缮一番、培添新土、清除杂草，要给逝者供祭食品、烧纸钱、烧纸马，叩头行礼祭拜一番，这就是扫墓。清明节可以说是一个人与鬼神打交道的日子，又因为坟墓多在郊外，人们需要出游，于是在一些文学作品中，常出现清明节出游，人与鬼或妖相遇的故事，如《西山一窟鬼》《洛阳三怪记》《西湖三塔记》等宋元话本小说中都有这样的情节。

明代《白娘子永镇雷峰塔》中白娘子与许宣第一次相遇也是在清明节，“因清明节近，今日带了丫鬟，往坟上祭扫了方回，不想值雨，若不是搭得官人便船，实是狼狈”。清代《聊斋志异》还记载了一个人和狐狸的爱情故事，一个叫耿生的正巧清明节上坟回来，看见一条大狗追两只小狐狸，他救了其中一只，这只狐狸后来幻化成女子青凤报答他。

这些人与鬼或妖清明节相遇的传说故事实际上又都是古代清明节青年男女踏青邂逅故事的翻版。早在唐传奇中就记载了崔护清明节郊游遇到心仪女子，怅然留下“去年今日此门中，人面桃花相映红。人面不知何处去，桃花依旧笑春风”诗句的故事。

这虽然是一个故事，但其中一些因素却有着现实的依据，清明节确实为男女约会提供了方便。古代官员升迁的考核内容包括“孝”，清明节扫墓就是其中最重要的一项考核内容，一些在外地做官的人往往苦恼于路途遥远、假期短暂而不能回家祭祖扫墓。为了解决这一问题，历代统治者不断延长清明节的假期，如《唐会要》记载，开元年间“寒食清明四日为假”。大历年间，衙门依例放假五天，到了贞元六年，假日加到七天。这就既为官员们从容地进行扫墓祭奠之事提供了时间，也为士子游玩偶遇提供了可能。

清人绘烧纸。在古代，每逢清明、七月十五、十月初一，人们就烧纸给亡灵。

踏青也是清明节的一个重要习俗。早期踏青并没有固定在某一天，唐以后，假期充裕的清明节渐渐成为人们踏青活动的主要时间，而且清明节扫墓祭祖与踏青往往是合二为一的。世情小说《金瓶梅》对此就有表现，西门庆死后一年的清明节，大娘吴月娘和三娘孟玉楼去给西门庆上坟，之后去踏青，结果在路上，孟玉楼邂逅了一个青年，二人眉目传情，最后孟玉楼改嫁与他。

宋代《春游晚归图》，故宫博物院藏。图中骑马贵族踏青而归，后面的随从挑着饮食及休息用的交椅等。

总之，清明节是古人的一个重要节日，经过历史的演变，扫墓祭祖成为这一节日的重要内涵。这一文化习俗深刻地影响了古人的生活，同时也使得清明节成为古典文学作品中的一个重要背景符号，其往往与爱情故事有关，可谓是古代的“情人节”。

端午节：历史上真的有屈原吗？

质疑屈原存在的人都有哪些理由？屈原是如何成为忠君爱国的象征的？赛龙舟、吃粽子是如何与祭祀屈原联系起来的？最初，人们为什么祭祀屈原？

五月初五端午节，是中国传统节日之一。端午节最先联想到的食物毫无疑问是粽子。随着科举的兴起，粽子还引申出一种新的寓意。一般科举考试发榜前，举子们会在桌上摆上年糕和粽子，寓意高中，有的还摆上笔和银锭，这叫必定高中。

清代徐扬曾画了一组《端阳故事图》，基本概括了这一节日的习俗。

第一幅是《射粉团》，唐代端午节流行“射粉团”游戏，以特制的小弓箭射角黍，谁射中了谁吃。

第二幅是《赐枭羹》，枭就是猫头鹰，古人认为是恶鸟，这一天吃了它，可以去恶。

第三幅是《采药草》，据说这一天采的药特别管用。

第四幅是《养鸲鹆》，鸲鹆俗称八哥，据说八哥在这一天会变聪明，因而人们在这一天调教它，会让它很快学会说话。

第五幅是《悬艾人》，悬挂艾草是为了辟邪。

第六幅是《系采丝》，戴五彩线可以辟邪，这是五色与五行信仰的结合。

第七幅是《裹角黍》，反映的就是我们熟悉的包粽子。

第八幅是《观竞渡》，龙舟竞渡，聚众临流称为龙舟胜会。

端午节这一天据说是为了纪念屈原，屈原是儒家树立起来的忠君爱国的代表。同时，在民间，屈原又被当作鬼神看待，吃粽子、划龙舟这两个习俗的来源常被认为与祭祀屈原有关。而其他习俗的形成，实际上又和屈原之前的五月初五习俗是有关系的。

清代徐扬绘《端阳故事图》之《射粉团》。唐宫中造粉团角黍饤盘中，以小弓射之，中者得食。

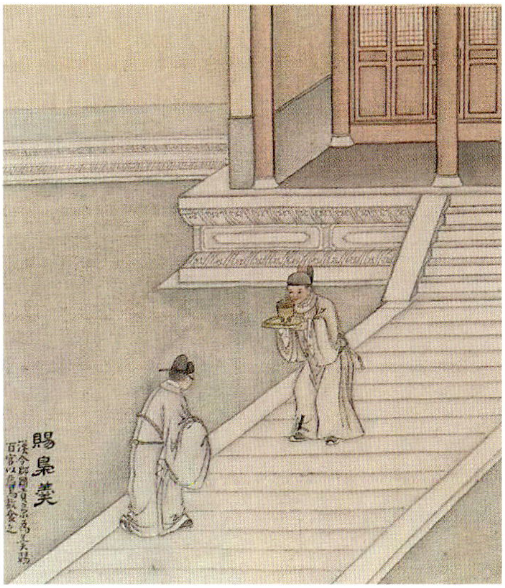

清代徐扬绘《端阳故事图》之《赐枭羹》。汉令郡国贡枭为羹赐官，以恶鸟，故食之。

清代徐扬绘《端阳故事图》之《采药草》。五日午时蓄采众药治病，最效验。

清代徐扬绘《端阳故事图》之《养鸲鹆》。取鸲鹆儿毛羽新成者去舌尖，养之皆善语。

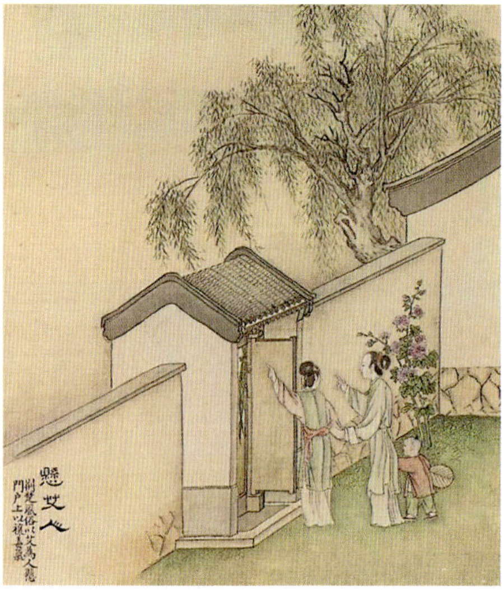

清代徐扬绘《端阳故事图》之《悬艾人》。荆楚风俗以艾为人，悬门户上，以禳毒气。

清代徐扬绘《端阳故事图》之《系采丝》。系采丝，以五色丝系臂，谓之长命缕。

清代徐扬绘《端阳故事图》之《裹角黍》。以菰叶裹粘米为角黍，取阴阳包裹之义，以赞时也。

清代徐扬绘《端阳故事图》之《观竞渡》。聚众临流，称为龙舟胜会。

屈原存在与否之谜

近代曾出现过一次围绕“屈原是否真实存在”而进行的大讨论。第一个提出“史无屈原论”的是清末民初的经学大师廖平。随后，胡适在《读〈楚辞〉》一文中认为：“屈原只是个传说。”在司马迁以前，并无其他史料记载屈原之事，《史记》是第一次提到。

《史记·屈原贾生列传》的结尾处写道：“及孝文崩，孝武皇帝立，举贾生之孙二人至郡守，而贾嘉最好学，世其家，与余通书。至孝昭时，列为九卿。”汉文帝去世，汉武帝即位，提拔贾谊的两个孙子任郡守，其中贾嘉最为好学，继承了贾谊的家业，曾和司马迁有过书信往来，到汉昭帝时，担任九卿之职。

胡适认为这里有两个疑点：第一，汉文帝之后应该是汉景帝，而不是汉武帝；第二，司马迁死的时候，汉武帝还活着，所以司马迁不可能知道汉武帝儿子汉昭帝的谥号。因此，胡适推测《史记·屈原贾生列传》很可能是汉武帝的孙子汉宣帝时期的人补入的。胡适认为，屈原的形象是一个理想的忠臣，但这种忠臣在汉以前是不会有的，屈原所处的战国时代，“士无常君，国无定臣”，“朝秦暮楚”“楚材晋用”，很少有这样的忠臣老老实实待在一国，忠侍一君的，因而屈原只能是汉儒们树立的一个“箭垛”，是大家拼凑起来的一个榜样式的人物。

胡适的弟子何天行在《楚辞新考》中认为，屈原这个人物实际是不存在的，他只是《楚辞》编者刘向或刘歆所虚构的。卫聚贤在《〈离骚〉底作者——屈原与刘安》中尽管完全赞同何天行“屈原否定论”的观点，但也提出了诸多不同的观点，如他认为伪造屈原之名的不是刘向而是贾谊，等等。

与此相反，闻一多、郭沫若、陆侃如等人则力证屈原在历史上确有其人。他们对胡适等否定者的观点进行了有力的回击。郭沫若在《屈原研究》中指出：“廖、胡两位，特别是胡适，对于《屈原传》所提出的疑问，骤看都觉得很犀利，但仔细检查起来，却一项也不能成立。”此外，阜阳双古堆西汉汝阴侯墓《离骚》残简的出土，证明《离骚》至少在西汉初期就开始流传。汤炳正先生的《〈离骚〉决不是刘安的作品——再评何天行〈楚辞作于汉代考〉》，对刘安作《离骚》的说法进行了有力的辨正。

双方争论的最为核心的一个焦点就是，除了《史记》，关于屈原的记载，至今都没有更为原始的材料出现。像屈原这样伟大的一个人，从他死后到西汉司马迁再次提起的百年间，历史上的记载居然是空白，这似乎不合逻辑。

司马迁写的屈原的传记究竟有没有依据呢？秦始皇的焚书坑儒，其中重点焚烧的正是列国的史书，但汉兴以后，“百年之间，书积如丘山”，不断有民间藏书从墙壁的夹缝中被发现。司马迁写《史记》是非常认真的，其言必有依据，他在《太史公自序》中说道：“百年之间，天下遗闻古事，靡不毕集太史公。”他收集了大量的古书，有学者曾特意考证他当时可能看到的书，以及之后随着时间流逝而消亡的参考书。他能看到的史料，我们看不到，亦属正常之事。

在《史记·屈原贾生列传》中，司马迁又说：“适长沙，观屈原所自沉渊，未尝不垂涕，想见其为人。”可见，他还亲自走访了屈原自沉之地。从民间的口口传说中听来的也罢，从搜集的书中看到的也好，太史公都有可能知悉屈原的事迹。

没有足够的证据能说明《史记·屈原贾生列传》为司马迁或者其他人所杜撰，因而不应轻易否定屈原的真实存在。二十世纪八十年代以来，聂石樵先生的《屈原论稿》以及赵逵夫先生的《屈原与他的时代》等著作对屈原的身世、生平进行了系统的整理与廓清，对“屈原否定论”进行了否定。这两部著作挖掘出了一些先秦史料中屈原存在的证据，足资参看。

屈原忠君爱国与怀才不遇的形象

司马迁《史记·屈原贾生列传》第一次完整记载了屈原的事迹。屈原早年受楚怀王信任，任左徒、三闾大夫等职，管理内政外交，很有才华，但“信而见疑，忠而被谤”，遭上官大夫等贵族排挤毁谤，被疏远且流放。楚顷襄王二十一年（前278），秦将白起攻下了楚国的都城郢。在极度苦闷、完全绝望的心情下，屈原于农历五月五日“怀石遂自投汨罗以死”。

司马迁亲自去了长沙，拜祭了屈原投河自杀的地方，并在那里凭吊了屈原。司马迁走访楚地，楚地民间流传着大量有关屈原的传说，这些就成为他写传记的依据。当然，他在材料选择上有所取舍，“百家言黄帝，其文不雅驯，荐绅先生难言之”，对于一些荒诞不经的传说，他并没有采信。司马迁的说法一出，屈原“竭忠尽智，以事其君”的形象就此广泛流传开来。

到了东汉，儒家已经定为一尊。王逸的《楚辞章句》认为，人臣应以“忠正”为最高的道德标准，屈原“危言以存国，杀身以成仁”，是儒家梦寐以求的典范人格，屈原“忠君爱国”的形象得以确立。王逸为了将屈原吸收进儒家传统当中，将屈原的作品与儒家经典进行比对，他在《楚辞章句·离骚经叙》中说："夫《离骚》之文，依托《五经》以立义焉。"

总之，经过司马迁、王逸的阐释和再阐释，屈原被贴上了忠君爱国的符号，成为儒家文化的偶像。

除了忠君爱国的形象，屈原还有一种形象就是怀才不遇。在中国古代，那些与屈原有着相同或相似命运的人，总能在屈原的身上看到自己的影子，因而他们"阐释"屈原，哀吊屈原，往往也是在诉说自己，感怀自己。

第一个吊屈原的是怀才不遇、被流放到长沙的贾谊。他在《吊屈原赋》中说屈原"生不逢时"，这又何尝不是在说他本人呢？

诗圣杜甫一心报国，然一生坎坷，在他人生的最后一年，他途经湘夫人祠，写下《祠南夕望》诗："百丈牵江色，孤舟泛日斜。兴来犹杖屦，目断更云沙。山鬼迷春竹，湘娥倚暮花。湖南清绝地，万古一长嗟。"聂石樵先生在《杜甫诗选》中评价说："此诗系因湘夫人祠而思及《楚辞》，由《楚辞》而思及屈原，由思古之幽情而及眼前之遭遇。内涵丰富而不着痕迹。黄生云：'此近体中，吊屈原赋也，结亦自喻。'"一生漂泊的老杜，颠沛流离，在人生的最后，他一声长叹，是在吊屈原，也应是自喻，他对屈原的理解和阐释，也是对自己一生缩影的投射。

后世如老杜一般借吊屈原而抒发心中块垒的人数不胜数，如宋代陈与义《临江仙》："高咏楚词酬午日，天涯节序匆匆。"陆游《哀郢二首》："离骚未尽灵均恨，志士千秋泪满裳。"辛弃疾《贺新郎·赋水仙》："灵均千古怀沙恨。"清人屈大均《吊雪庵和尚》："一叶《离骚》酒一杯，滩声空助故城哀。"

屈原的磨难是古代士大夫阶层和知识分子常常会面对的问题，因为他们有着和屈原相同的境遇，因而也就把屈原"阐释"成了和自己一样的凡人。

屈原的鬼神形象

端午节以吃粽子、划龙舟的方式祭祀屈原，在民间屈原是被当作鬼神来看待的。闻一多在《端午考》和《端午的历史教育》等文章中提到，赛龙舟、吃粽子的习俗实际上在祭祀屈原之前就存在了，是吴越地区祭祀图腾龙的一种习俗，后来这一习俗渐渐与祭祀屈原有关。南朝梁人宗懔《荆楚岁时记》端午条载："是日竞渡。"下注："五月五日竞渡，俗为屈原投汨罗日，人伤其死，故并命舟楫以拯之，至今竞渡是其遗俗。”

南朝梁人吴均《续齐谐记》记载了五月五日吃粽子的原因。屈原死了，人们感到哀伤，就在水中投竹筒饭，祭祀他。东汉建武年间，长沙有个叫区曲的人，正准备去祭祀屈原，结果在路上遇到了一个士人，自称三闾大夫屈原。士人对区曲说，很感激人们对他的祭祀，但这些年大家送来的东西，都被蛟龙偷去吃了，希望大家以后往水中投饭食，在外面包上楝树叶，再用五彩线缠上，这两样东西是蛟龙所害怕的。龙舟与蛟龙，从名字上来看，似乎仍保留着更原始的祭祀痕迹，但南北朝之后，人们用赛龙舟、吃粽子的习俗祭祀屈原已成主流。这与汉代以来屈原忠君爱国符号化，地位提高，又是密切相关的。

东晋王嘉《拾遗记》记载，屈原“忠”，但被排斥，后来投水自杀，楚国人思念他，仰慕他，把他当成水鬼进行膜拜，“楚人思慕，谓之水仙”。正因为大家崇拜屈原，也才有了对他的祭祀，并形成了一定的习俗。

至于为何这样的习俗会被用来祭祀屈原，除了上面根据汉以后屈原形象形成的文献记载，我们不妨从文化渊源上做一个推测。屈原是楚国人，楚国人的性格特征有两个：第一，报复心极强，嫉恶如仇，有仇必报；第二，极为迷信鬼神。

《左传》中提到“楚材晋用”，在楚国被排挤走的大臣到了晋国，没有不回头报复楚国的。申公巫臣出走晋国后，自己在楚国的家人全部被楚国的权贵杀死，于是他将儿子派到楚国的死敌吴国那里，教吴国人如何攻打楚国人，如何叛楚，吴国就此强大了起来，数次侵犯楚国，使得楚军疲于奔命。还有著名的伍子胥，父亲、哥哥被楚平王杀死，他自己跑到吴国，后来率领吴国军队打到楚国的国都，其时楚平王已死，他竟挖出其尸体进行鞭尸。战国末期，楚国为秦国所灭，楚国当地流传起“楚虽三户，亡秦必楚”的说法，后来，推翻暴秦的终究是报仇心切的楚国人。楚国人“有仇必报”的性格特征可见一斑。而受了冤屈的贵族屈原，就那么轻易选择了死亡？

从司马迁的记载来看，屈原是有怨愤的，班固也看到他的愤怒是不加隐藏的。闻一多在谈到《离骚》的时候也说屈原像是在“骂街”，别人骂骂也就罢了，但屈原不同，因为屈原的职位是“左徒”和“三闾大夫”，有学者提出其实际是宗教职务的长官，负责沟通鬼神、祖先等国家祭祀活动。《离骚》《天问》等作品中充满了各种神灵传说，可见屈原对巫史文献了如指掌。屈原被冤枉，被流放，他向神痛陈自己在尘世的遭遇，表达哀怨和愤怒。这些怨恨如果闻于鬼神、祖先、神灵，楚国人能不害怕？

楚国人是非常相信鬼神的，而且到了迷狂的状态。《新论·言体论》说楚灵王“简贤务鬼，信巫祝之道”，亲自主持巫术活动。《汉书·郊祀志》中提到楚怀王信鬼神，向鬼神求福退秦兵。

屈原被人陷害，虽没有像申公巫臣、伍子胥那样从武力上进行报复，但作为一个能沟通鬼神的官员，把自己的委屈和愤怒告诉鬼神、祖先、神灵，从文化精神上进行报复是极有可能的，而其带着诅咒直接投水而死，对于迷信鬼神的楚地之人来说，怎能不害怕？这实际上是更为强烈的报复。

《左传》说："鬼有所归，乃不为厉。"像屈原这样死去，显然是带着怨恨而无所归的"厉鬼"。人们历来对这种无主之鬼的祭祀都是软硬兼施：一是模拟战争予以恐吓，南方多水战，古越族的龙舟竞渡的风俗就被引用了进来；一是对"亡者"进行安抚，类似于粽子的食物就被投入了水中。东汉应劭《风俗通义》记载："五月五日，以五彩丝系臂，名长命缕，一名续命缕，一名辟兵缕，一名五色缕，一名朱索。辟兵及鬼，命人不病瘟。又曰，亦因屈原。"

在屈原之前，民间就一直流传着五月初五这一天是凶日的说法。《史记》中说孟尝君五月初五日出生，父亲认为不吉利，让

唐代李昭道绘《龙舟竞渡图》，故宫博物院藏。此画表现的是宫廷中龙舟竞渡的习俗。

清代郎世宁绘《雍正十二月行乐图》之《五月竞渡》(局部),故宫博物院藏。雍正帝非常重视端午,曾与大臣们在龙舟上欢宴。

妻子将其抛弃。直到汉代，还流传着“不举五月子”，五月出生的孩子，不能将其养大等说法。屈原死后，五月初五，除了以前的避讳，似乎又多了对兵、鬼的忌惮。

随着屈原忠君爱国等形象的不断阐释，人们对屈原的认识又随之发生了改变，逐渐由“畏”变成“敬”。到了魏晋南北朝时期，龙舟与粽子也就被说成是对他的祭祀与纪念了。

从后世一些遗留的习俗中，我们仍可见早期龙舟竞渡的意义。明代杨嗣昌《武陵竞渡略》记载：“桃符、兵罐二物，船人临赛掷之以祈胜，非也，桃符能杀百鬼，乃禳灾之具。”龙舟竞渡还要带着桃符，桃符可以避鬼，可以禳灾。有的地方还请巫史来船上作法压胜。明清时期，尤其是楚地，认为竞渡有驱疫的功能。明代谢肇淛《五杂组》记载：“至于竞渡，楚蜀为甚，吾闽亦喜为之，云以驱疫，有司禁之不能也。”四川、两湖、福建都有这种仪式，连政府都不能禁止。这也许正与最初楚地对屈原的信仰有关。

总之，在历史流变中，屈原不断被加入新的阐释，从而形成了不同的屈原形象，并且互动，互相影响。五月初五端午节，以祭祀屈原为核心形成的吃粽子、划龙舟等符号，其根本内涵还是屈原的人格力量。在古代，屈原有着忠君、护民等象征意义，如今，他又是维系民众爱国、团结等精神之纽带，仍具有重要的符号象征意义。

七夕：牛郎与织女，董永与七仙女，你能分清吗？

牵牛织女不是天上的星座吗，怎么演变成人间爱情故事的？牛郎从天上的神变成地上的人，是受到了董永故事的影响，董永的故事又是如何生成的？董永与七仙女的故事又是受到了牛郎织女故事的影响？最初，董永的妻子也是织女？“七仙女”是什么时候出现的？董永与“独尊儒术”的董仲舒是什么关系？牛郎与织女，董永与七仙女，两组故事的结局有何不同？“七夕”的爱情故事，究竟是悲剧还是喜剧？

七夕的习俗是“乞巧”。东晋葛洪《西京杂记》说汉朝的宫女们常常七月七日在开襟楼拿丝线比赛穿针孔，“汉彩女常以七月七日穿七孔针于开襟楼，人俱习之”。向谁乞

南宋《七夕乞巧图》，台北“故宫博物院”藏。穿红袍者是宋高宗赵构的母亲显仁皇后，七夕这一天，她用棋子占卜祈祷，写有赵构名字的棋子落入其前面围棋盘九宫格中，而写有其他皇子名字的棋子皆不入。

北宋《唐宫七夕乞巧图》局部，美国大都会艺术博物馆藏。桌上摆有供品，女子们正在祭祀祈祷。

巧呢？五代王仁裕《开元天宝遗事》记载："七夕，宫中以锦结成楼殿，高百尺，上可以胜数十人，陈以瓜果酒炙，设坐具，以祀牛女二星，妃嫔各以九孔针五色线向月穿之，过者为得巧之候。动清商之曲，宴乐达旦。士民之家皆效之。"到了七夕，宫中嫔妃常祭祀牛女二星，并对月比赛穿针，士民之家也纷纷效仿。也就是说乞巧要祭祀的是牛女二星，民间与之相关的传说是牛郎织女。

在民间传说中，还有一个与之极为相近的爱情故事，那就是董永与七仙女。有的人往往分不清楚这两个故事，这是因为这两组人物本来就有着千丝万缕的联系。

牛郎与织女、董永与七仙女两组故事的交融

大约作于西周时期的《诗经·大东》中就提到了"牵牛""织女"的名称，只不过这时候二者只是天上的星座。诗人借织女不织布、牵牛不能拉车讽刺西周君主名不副实。学者刘宗迪认为这两个星座的命名与观象授时有关，"织女"是七月纺织之月的标志，"牵牛"是八月牺牲之月的标志，八月是杀牛献神的时间。战国时期，织女、牵牛已由天上的星座变成了神人，他们是人们想象出来的天上的夫妻。因为七月、八月相差了一个月，夫妻二人不能团圆，加上婚姻禁忌习俗，秦国的民众认为他们的婚姻是失败的。

到了汉代，牛郎织女的故事从天上搬到了人间，而且牛郎、织女都有了塑像，有了人的模样。班固《西都赋》曰："临乎昆明之

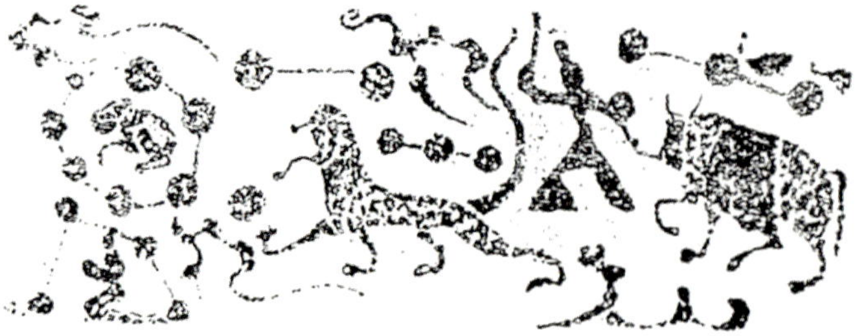

南阳汉代画像石，牛郎织女星座，织女在左下方，牵牛在右上方。

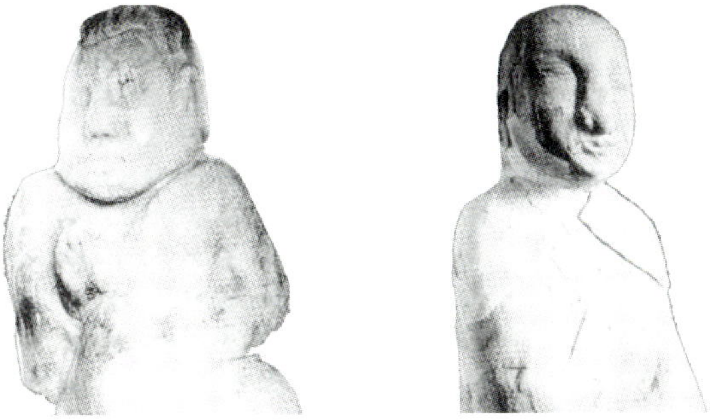

西汉，牛郎织女石像。左牵牛，右织女。汉武帝开凿昆明池时所置。

池，左牵牛而右织女，似云汉之无涯。”牵牛、织女在昆明湖畔面面相对，李善注引《汉宫阙疏》云：“昆明池有二石人，牵牛织女像。”人们根据这一线索，真的就在昆明池遗址发现了牛郎织女石像。

牛郎与织女的婚姻在汉代得到了普遍的认同。东汉末年的《迢迢牵牛星》就已经表现出织女的思念之情。李善注引曹植《九咏注》曰：“牵牛为夫，织女为妇，织女、牵牛之星，各处河鼓之旁，七月七日乃得一会。”

牛郎织女在汉魏时期逐渐发展出完整的爱情神话故事：传说天帝的女儿住在天河的东边，因忙于织布而耽误了终身大事，天帝看她可怜，就把她嫁给了天河西边的牵牛。织女出嫁后，荒废了织布的工作，天帝很生气，就又把织女带回天河东边，只允许他们夫妻一年见一次。每年七月，就会有很多喜鹊来天河搭桥，夫妻踩着喜鹊相见。后来民间传说，这就是为什么我们见到的喜鹊，头上的毛如同脱了而变成了白色的原因。实际上，最初文献提到的还有乌鸦之类，如“乌鹊”，后来因为喜鹊深受人们的喜爱等原因，而变成了喜鹊搭桥。

牛郎织女故事发展的另一个阶段是从天上的婚姻关系变成人间的爱情故事。这又与汉魏时期牛郎织女和董永的故事互相影响有关。在两个故事中，织女都还是神女，而牵牛则逐渐变成了和董永一样的凡人。这实际上是受到了当时流传的董永故事的影响。人们认为人间孝子董永配得上神女，神女在最初的传说中也叫“织女”。仿照于此，后来人们也就把“牵牛”从天上

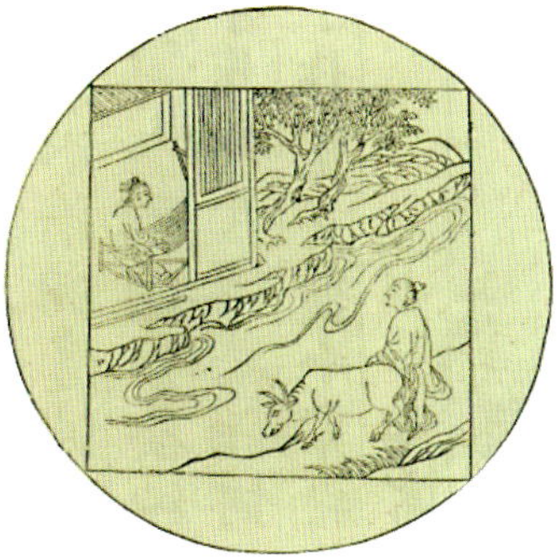

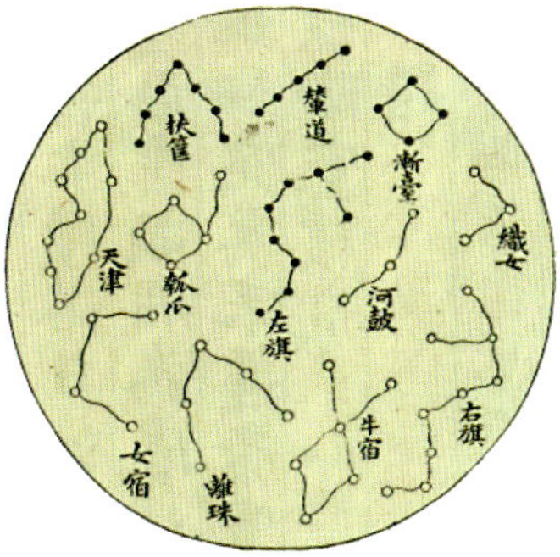

《程氏墨苑》中明人绘七夕，织女又被称为天孙。

清代传教士绘《牛郎织女》。民间传说，牛郎、织女有两个孩子。又说，董永与七仙女有一个孩子，就是西汉的董仲舒。

“拉下来”而变成了人间的牛郎。明清时期，人们讲牛郎织女的传说，往往只说牛郎是人间的小伙子，而忘了天上的“牵牛”，织女也不是奉了天帝之命，而是私自下凡与牛郎成婚，而阻碍他们婚姻的人也由天帝变成了王母娘娘。

董永的故事是如何生成的呢？在东汉的武梁祠画像中，有董永孝顺父亲的图画，但这时候还没有神女来帮助生活困窘的他。董永遇到仙女的故事也产生于汉代，其生成是受到了牵牛织女故事的影响。曹植的《灵芝篇》是缅怀父亲曹操的诗作，其中提到的典故就有董永：“董永遭家贫，父老财无遗。举假以供养，佣作致甘肥。责家填门至，不知何用归。天灵感至德，神女为秉机。”后来形成的故事就是孝子董永家贫，上天被他的孝心打动，派了一个神女下凡帮他织布卖钱偿还债务。这时候的神女还不是织女。

在晋代干宝的《搜神记》中，天上的牛郎与织女双星，对应的是汉代孝子董永夫妇的故事。牛郎与织女、董永与七仙女的故事开始合流交错：汉朝有一个叫董永的，年少时就死了母亲，他和父亲相依为命，后来父亲也死了，他没有钱安葬，就打算卖身为奴，用卖身的钱办丧事。一个有钱人知道他是孝子，就给了他一万钱，但没有让他当自己的仆人。董永埋葬了父亲，守丧三年后，打算回到那个有钱人家做苦力，以报答他的恩情。结果路上碰到一个女子，说自己会织布，愿意做董永的妻子，她用十天时间织了一百匹布，替董永偿还了债务，董永获得了自由。女子自称是天帝的女儿，“我，天之织女也”，因为董永孝顺，天帝特意派她来帮助他，说完，女子就飞天不见了，再也没有回来。

《搜神记》中董永与妻子织女的故事，显然脱胎于牛郎织女神话。但牛郎与织女已经结合了，《搜神记》中董永遇到的也是织女，这个问题怎么解决呢？到了宋代，新的传说故事出现，就解决了这一难题。《董永遇仙传》说汉代提出“独尊儒术”的董仲舒是董永的儿子，董仲舒精诚寻母，道士严君平指点道：“你母乃天仙织女。”“难得这般孝心。我与你说，可到七月七日，你母亲同众仙女下降太白山中采药，那第七位穿黄的便是。”据此传说，天上的织女共有七位，其中排行老七的就是董仲舒的母亲，即董永的妻子。这个故事影响很大，宋以后，有关董永的话本、小说、戏剧等，都将董永与七仙女视为一对，不再将织女混淆其中，避免与牛郎织女的故事冲突。

董永的故事在明清不断被演绎，在一些话本小说里，原本好心帮助董永的有钱人以及天帝，被塑造成了反派：七仙女偶然下凡，见到卖身葬父的董永，被他的孝行打动，就决定嫁给他。董永的东家曹员外百般刁难董永。为了给董永赎身，七仙女请来自己的六位姐姐一起来织布，一夜织成十匹锦绢，终于使得董永重获自由。夫妻返家途中，七仙女发现自己怀有身孕了。这时候天兵天将出现，传玉帝旨意，限七仙女返回天宫，违命则将董永碎尸万段。七仙女不忍丈夫受害，只得返回天庭，后来将孩子生下送给董永抚养。

董永传说虽然“山寨”了牛郎织女传说，但二者最大的不同就是结局：牛郎织女可以每年鹊桥相会，董永七仙女别后再也无法相见了。所以，七夕，我们纪念的是牛郎织女。

七夕爱情主题的演变

董永与七仙女的结局是个悲剧，牛郎织女的结局可视为喜剧，而这两个不同的结局观念，似乎又正对应着“七夕”在不同时期体现出来的主题。

“七夕”本源是悲剧。上古时期，由于战争频繁，人口大量减少，统治者为了繁育人口，往往会提供诸多男女相会的机会，春三月，秋七月，在民间本存在着男女自由婚配的习俗，相爱的人可以自由结合，乃至私奔。但到了战国末期秦朝初年，男女自由结合的婚姻就被认为不合人伦了。为了阻止男女之间七月私自约会，就将这个月的月初设定为婚姻禁忌日。这一时期，不仅婚姻制度上有了新的要求，在文化舆论上，也仿佛是对民间自由恋爱的婚姻习俗下了“诅咒”。

出土的云梦睡虎地秦简《日书》记载：“戊申、己酉，牵牛以取（娶）织女，不果，三弃。”“戊申、己酉，牵牛以取（娶）织女，不果，不出三岁，弃若亡。”大意是说，牵牛织女的喜事没有办成，这一天不适合结婚，如果非要在这一天结婚的话，三年后，丈夫就会抛弃妻子。

就这样，“礼教”开始改变人们的行为，但同时也带来了悲剧。那些本应该因为爱情而结合在一起的人，却因为有了新的礼法，而形成了重重阻隔。汉末的《古诗十九首》沿袭的正是这一意味：“迢迢牵牛星，皎皎河汉女。纤纤擢素手，札札弄机杼。终日不成章，泣涕零如雨。河汉清且浅，相去复几许。盈盈一水间，脉脉不得语。”“泣涕零如雨”，表达的正是分别，人间则是万古同悲。

萧放在《七夕节俗的文化变迁》一文中提到，七夕节俗主题实际在西汉中期有一个重要的转变：西汉中期以前牛郎织女的故事表现的是分离禁忌，之后演变为良辰欢会，七夕由最初的凶时恶日转变为良辰吉日，牵牛织女从悲剧传说逐渐演变为了鹊桥相会的喜剧故事。到了汉魏以后，“银河”阻隔的意象已经不重要，重要的是“鹊桥相会”那一刻。礼法可以改变人们的婚姻方式，但无法泯灭原始的情感渴望。人们将美好的祝愿融入传说当中，以男女之间真挚的情感对抗冷漠无情的“天庭”。最终，通过喜鹊搭的桥，相爱的人相见了。无论以后怎样，此时是一个大团圆，人们在他们相会的这一天，得到了些许的精神抚慰。

唐代权德舆作《七夕》诗曰："今日云骈渡鹊桥，应非脉脉与迢迢。家人竞喜开妆镜，月下穿针拜九霄。"宋代秦观《鹊桥仙》词曰："纤云弄巧，飞星传恨，银汉迢迢暗度。金风玉露一相逢，便胜却人间无数。　柔情似水，佳期如梦，忍顾鹊桥归路。两情若是久长时，又岂在朝朝暮暮。""金风玉露一相逢"，表达的正是相聚，人间则是普天同庆。

"牛郎织女""孟姜女""白蛇传""梁山伯与祝英台"被誉为"四大民间传说"。牛郎织女的故事不仅最为久远，也更接地气，更容易被民众接受。这是因为，牛郎织女男耕女织的角色安排体现了中国传统农耕社会的生活，而他们相会以及儿女双全的故事也体现了民众对家庭团圆的向往以及对和平安宁生活的追求。现如今人们提起牛郎织女的故事，更多的是倾向于其爱情的内涵，显然，它已经成为一个爱情符号了。

中元节:“鬼节”与“鬼符”

鬼除了让人害怕,在古人的信仰中,会保佑人吗?中元节的形成都融合了哪些因素?盂兰盆法会是佛教的“中元节”?佛教是如何化解出家与孝敬父母的矛盾的?《西游记》中提到盂兰盆会能给人们带来什么,取经大计是在此会上提出来的?中国的“中元节”与西方的“万圣节”有何不同?道教的“张天师”是谁,为何他们这一派又被称为符箓派?“符箓”作为一种文化符号,在《西游记》中是如何体现的?

我们常说鬼神,除了神,鬼也是传统文化中一个重要的信仰符号,但其因过多的迷信色彩往往遭到主流文化的排斥。实际上,“鬼”文化在古代有着重要的影响,不仅形成了诸多传统节日,也形成了各类器物符号。

什么是鬼?《墨子》《礼记》等文献中都说人死而为鬼。在战国时期,人们就认为鬼和人一样,有着多方面的需求。睡虎地秦简《日书》提到鬼要穿衣,要吃饭,要住宿,等

南宋李嵩绘《骷髅幻戏图》，故宫博物院藏。此图中一个大骷髅操纵着一个小骷髅，这两个骷髅的骨骼结构非常明晰，说明画家对人体的骨骼非常了解。这幅画也充满了各种寓意：一说骷髅代表着人生的虚幻，大骷髅操纵小骷髅，每个人都是被操纵的；一说大骷髅在用小骷髅引诱小孩，孩子后面的母亲想阻拦，而与此同时，小骷髅也在试图逃离操纵，构成了人生欲望与逃离的关系；还有的说大骷髅是背后女子的丈夫，反映了当时战争的残酷，等等。

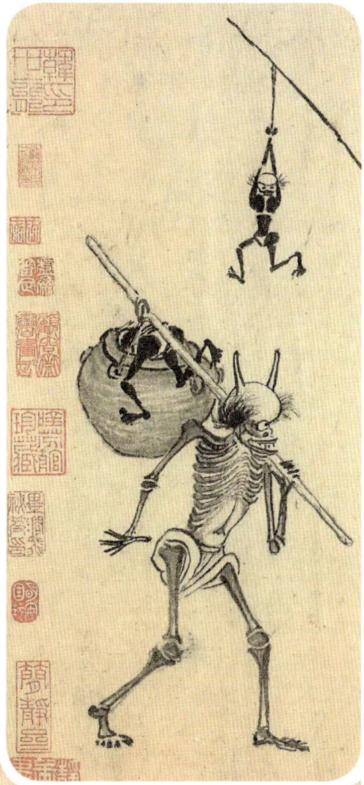

南宋龚开绘《中山出游图》全图与局部图，美国弗利尔美术馆藏。画作反映的是民间传说钟馗与小妹出游的故事，各种小鬼成了钟馗的仆人。

等，在人们的心目中，还有一个“鬼神世界”，而鬼是灵活机动的，威力较大。《日书》中也提到了驱鬼、避鬼之数，这是早期的人们想象出来的驱鬼方式。人们畏鬼，也敬鬼，希望通过祭祀鬼获得平安，甚至希望获得鬼的回报。《史记·封禅书》记载，越地的人认为鬼可以帮助人长寿，汉武帝时官方也祭祀天神上帝百鬼，以祈求太平。

鬼长什么样子呢？《韩非子》记载了一个故事：一个人为齐王作画，齐王问他，画什么最难？他说画狗和马最难，因为人们常见，画得像不像一眼就能看出来。齐王又问，那画什么最容易呢？他说画鬼最容易，因为人们看不见鬼。

古人常用骷髅的造型作为鬼的象征。朱熹说：“鬼神者，二气之良能。”“鬼无形，以骷髅代表之。”鬼因为没有具体的形体，所以骷髅就是它的符号象征。

“鬼神”世界是什么样的呢？古人崇拜高山，认为人死后归高山，如泰山、昆仑山。佛教的地狱观念传入中国后，与本土的阴间观念相结合，形成了本土化的阴司冥界。大家所熟知的丰都鬼城，在北方的罗丰山下，酆（丰）都大帝是罗丰山总的管理者，又称北阴大帝、北太帝君。到了宋代，鬼城所在地就以讹传讹为四川丰都县，从此“搬家”了。明清时期很多笔记小说都有对此鬼城的描述（《万历野获编》等）。本土化的冥界与人间并无二致，也是等级森严：最高是酆都北阴大帝（代替了佛教十殿阎罗的位置），其次是十殿冥王，然后是地府七十二司圣位、判官、五岳神、力士、煞鬼等。幽冥世界往往与人间有沟通的通道。中国传统节日中有一个“鬼节”，即七月十五中元节，据说这一天，就是“鬼门关”——阴曹地府的一个关隘打开的时候。

鬼节

中元节起源于原始祭祖，七月份粮食收获，人们要用新粮食祭祀祖先，感谢祖先的保佑，并向祖先祈福。华夏文化的一个重要特征，是祖先崇拜。祖先崇拜是和神灵崇拜合一的，祖先就是神，或者半神半人，半鬼半人，人与鬼神的界限并未判若鸿沟。祖先之灵有着先知先觉的神性，他们时刻关注着子孙后代，通过祭祀就可以获得他们的保护，这也就在官方和民间形成了祭祀祖先的活动。

道教把七月十五日称为“中元”（正月十五为上元，十月十五为下元），这一天是地官生日，所以在这一天，地府放出全部鬼魂。经过人们的祭祀及道士的超度，鬼魂得以减轻罪孽而安息。道教经典《修行记》曰：“中元日，地官降下，定人间善恶，道士于是夜诵经，饿鬼囚徒亦得解脱。”唐代的《艺文类聚》引《道经》也说，七月十五中元地官赦罪，道士念经作法，可以使得囚徒饿鬼免于众苦，得还人间。道教的中元节一开始并没有直接和"孝"发生联系，在其后的发展中，正好与传统的祭祖时节重合，才渐渐加强了对"孝"的强调。

佛教融入中元节，始于魏晋。佛教徒在七月十五这一天举行盂兰盆法会，供养佛、僧，超度亡灵，以及报谢父母长养慈爱之恩。与道教对外超度不同，佛教是对内部团体进行的一种法会。

"盂兰"意思是"倒悬"，"盆"意思是"救器"，"盂兰盆"是用来救倒悬痛苦的器物，衍生义就是用盆子装满百味果品，供养十方佛僧，可拯救地狱苦难众生。这个信仰的来源，据说和释迦牟尼的弟子目犍连（简称目连）有关。传说目连的母亲因为做了坏事，死后下了地狱，在地狱中挨饿。目连神通广大，想解救母亲的痛苦，于是施法将食物送到母亲嘴边，结果食物一到嘴边就化成火炭。目连向佛陀求救，佛陀指点他，要在七月十五举行盂兰盆法会，靠众僧的力量，才能拯救其母，也可济度地狱中的其他苦难者。目连依佛陀之言而行，终于使母亲得到了解脱。这就是后世流传的目连救母的故事。盂兰盆法会，推其源，大概最早兴起于梁武帝时期，因其宣扬孝道，后世不断遵循效仿，此仪式中报答父母、祖先恩德的内涵不断得到加强。

地藏菩萨也是佛教中尽孝的楷模。其本愿故事记载，地藏菩萨那时为婆罗门女，其母修习邪道，死后堕入地狱受苦。此婆罗门女卖掉家宅财产，修建佛塔佛寺，供养十分虔诚，最终通过信佛念经，普度众生，为母亲积累了功德，使得母亲脱离苦海。这个故事经过不断改编，在民间也广为流传。

世人一般视佛教"割爱辞亲，出家修行"为不孝，实际上佛教所谓的孝道与世俗所说的"孝"不一样，佛教弟子尽管不能亲临父母，侍奉左右，但他们实竭尽一生普度天下众生，为父母积德积功。佛教通过七月十五的盂兰盆法会公开表明与儒家伦理并不冲突，也正因此佛教被人们广泛接受。

《西游记》中也提到了这一节日，是在孙悟空被五行山压了五百年，还没有放出来时。第八回《我佛造经传极乐　观音奉旨上长安》写道：

> 佛祖居于灵山大雷音宝刹之间，一日，唤聚诸佛、阿罗、揭谛、菩萨、金刚、比丘僧、尼等众曰："自伏乖猿安天之后，我处不知年月，料凡间有半千年矣。今值孟秋望日，我有一宝盆，盆中具设百样奇花、千般异果等物，与汝等享此'盂兰盆会'，如何？"概众一个个合掌，礼佛三匝领会。如来却将宝盆中花果品物，着阿傩捧定，着迦叶布散。大众感激，各献诗伸谢。

后面是三首诗，即福诗、禄诗、寿诗。

北宋时期绘地藏菩萨，敦煌卷子，美国弗利尔美术馆藏。地藏菩萨手托宝珠，右侧是金毛狮子和道明和尚，左侧站立的武士是冥界掌生死的五道将军。

清人绘《西游记》，真假美猴王二人去找地藏王菩萨的坐骑谛听鉴定孙悟空的真伪。

《西游记》中，盂兰盆会是与蟠桃盛会相对的佛教的一个盛会。小说中的这一节日已经世俗化，不局限于孝道，还与福禄寿等美好愿景联系了起来。正是在此会上，佛祖谈起四大部洲的风土人情，说南赡部洲"贪淫乐祸，多杀多争，正所谓口舌凶场，是非恶海"，为了解救众生，其与观音菩萨商量在南赡部洲找个取经人来此取经。也就是说，取经大计就是在七月十五盂兰盆会上定下来的。

《西游记》还写道，在五百年前的盂兰盆会上，唐僧的前世金蝉子曾与镇元大仙结交。所以，后来唐僧师徒取经途经五庄观，镇元子临行前交代徒弟，他和唐僧是故人，如果唐僧路过，打两个人参果给唐僧吃。手下不解，他解释道："那和尚乃金蝉子转生，西方圣老如来佛第二个徒弟。五百年前，我与他在兰盆会上相识，他曾亲手传茶，佛子敬我，故此是为故人也。"可见七月十五盂兰盆法会，在《西游记》中是一个重要的背景符号。

西方有万圣节，确切地说应为万圣节前夕，这是西方的传统节日。这个节日现在变得很热闹，而其起源却是充满恐惧的。传说在这一天，故人的亡魂会回到故居，在活人身上寻找生灵，借此复生，于是人们就在这一天熄掉一切火源，让鬼魂看不到活人，又装扮比鬼魂更恐怖的造型，企图吓走他们。这一天，对于活着的人来说，死去的人是可怕的，哪怕是最为亲近的人。

中国古代的观念不同，不仅不熄灯，还要点灯，"小儿竞把青荷叶，万点银花散火城"。在中元节这一天，人们往往点燃荷花灯，将其放在江河湖海之中，任其漂泛。萧红在《呼兰河传》中描写了中元节的民间习俗："七月十五是个鬼节，死了的冤魂怨鬼不得托生，缠绵在地狱里非常苦，想托生，又找不着路。这一天若是有个死鬼，托着一盏河灯，就得托生。"对于一些鬼魂，人们的心是善良的，慈悲的。

总之，中元节受到了原始祖先信仰、道教祭祀鬼神信仰、本土佛教信仰以及民间信奉的影响。到了宋代，官方意识形成了以"孝"为核心的祭祀亡灵的节日，而在民间也保留着遍祭鬼神的传统。但这一节日大概迷信成分过多，到了近代渐渐式微。实际上，在古代宗法制社会，这个节日对祭祀共同的祖先有重要的意义。不仅如此，中元节的存在也影响了人们对鬼神世界的认识，激发了在文学作品中表现人鬼殊途却能相见的想象力，以及形成了人鬼交流的仪式，即在日常生活中"驱鬼"的程式化、习俗化，等等。

鬼符

西方是宗教信仰，在神灵面前，人无可选择，人们只能信神而不能差使神。神规定鬼魂哪一天有机会来到人间，那么，也就只能在那一天，鬼魂才有机会与活人相见。中国则不同，人们可以借助道士的力量通神，这些会道术的人可以召唤鬼魂，想什么时候见，就能什么时候见到。

《搜神记》记载了这样一个故事：汉武帝在位时，后宫有位李夫人。“北方有佳人，绝世而独立，一顾倾人城，再顾倾人国，宁不知倾城与倾国，佳人难再得”，唱的就是这位李夫人。汉武帝非常宠爱她，不想，红颜多薄命，她年纪轻轻就染病去世了。李夫人死后，汉武帝思念不已。齐地有个方士叫李少翁，自称有道术，能令阴阳相隔的亲人相见，自然可以招来李夫人的魂魄。武帝大喜，唤进宫来，遂令李少翁作法招魂。于是在这天夜里，李少翁搭起帷帐，点燃蜡烛，让汉武帝待在另一个帷帐里，远远地望着。不久，果然看见李夫人熟悉的身影出现在对面那帷帐中，影影绰绰，绕着帷帐或坐下，或走动，时近时远。夜夜梦到，明明最想见的那个人，模模糊糊，似乎就在眼前，但李少翁告诉武帝不能近前细看，免得扰了魂灵。近在咫尺而又远在天涯，满目沧桑的汉武帝想起曾经在一起的岁月，更加感到悲伤，为此他作了首诗，好似在流着泪责问：“是耶？非耶？立而望之，翩何姗姗其来迟？”是你么？不是你么？我站在这里遥望，见你翩翩然轻盈婀娜，你为何来得这么迟啊？

《搜神记》中还有一个故事，汉代的时候，某县有个道士，会作法让活人和死去的亲人相见。和这个道士同县有一个人，妻子去世好多年了，他和妻子感情极好，一直想念她而未再娶。他听说道士有办法能让活人与死人相见，就去求道士帮忙说：“只要能跟亡妻再见一面，我死也无憾了。”道人说：“你可以去见她，但是一旦听见鼓声，就必须马上出来，千万不要停留。”施展法术后，那个人果真见到了妻子，两人说起话来，悲喜交加，恩爱如生，不忍分离。过了一段时间，他听到鼓声，知道不能停留，只好恋恋不舍地往外走。出门时，他的衣襟被门夹住，只好扯断衣襟出来。过了一年多，这人也死了。家人把他与妻子合葬时，打开坟墓，发现他妻子的棺材盖下居然有那片扯断的衣襟。

这些故事反映的都是民间信仰中，道士有使活人与死人相见的本领。

在古人的生活中，除了诸多召唤鬼、与鬼相见的故事，还有很多驱鬼的习俗，“符箓”即是这一文化传统的一个符号。

我们在影视剧中，常见到僵尸脸上被道士贴一个“符”，就能被人所控制。实际上这是对道教“符箓”的一种演绎。正一教是道教的一个主要教派，教主一直由张道陵后人担任，因为历代传人都被称为“张天师”，所以此派也叫“天师道”。他们主要以画符念咒、祈禳斋醮等法术为人驱鬼、降妖和祈福，因而又叫“符箓派”。所谓“符”，原指象征帝王权威的凭证，“箓”有记录之意，后被方士所借用。方士设计了各种驱鬼的符，据说是来源于天神的指示，如同圣旨，由他们抄录下来，而因为是给鬼怪看的，所以一般

手绘，镇尸符。传说钟馗发明了镇尸符。镇尸符上写：敕令大将军到此。一说大将军就是钟馗，他能号令群鬼，大将军一到，群鬼必服。一说大将军是个黑驴精，黑驴蹄可以镇僵尸，大概是因为张果老的毛驴是神物，所以后人依此类推，认为毛驴的蹄子能克制僵尸。用黑驴蹄子镇妖魔鬼怪，这在一些盗墓小说和影视中也常见。在这个符中，"敕令"就是命令，"令"下边的类似绳子的结构叫"捆仙绳"，再下边是形成一个半包围的区域，里面一般写事项。写完符咒还要念咒，一般结尾都会有一句"急急如律令"。意思是事情紧急，需要马上处理，犹如律令奔走一般，请快点来。律令，鬼名，传说他跑得最快。

道士在画的时候要"掐诀念咒"，还要用一般人看不懂的"鬼书"画成。

晋代葛洪《抱朴子》介绍了几种符的使用方法，如"七十二精镇符"，可以镇住妖怪，等等。符箓作为驱鬼的一个符号，在《西游记》中也有所体现。第三十二回唐僧师徒到了平顶山，遇到一个樵夫，樵夫劝他们小心。

> 行者道："若是天魔，解与玉帝；若是土魔，解与土府。西方的归佛，东方的归圣。北方的解与真武，南方的解与火德。是蛟精解与海主，是鬼祟解与阎王，各有地头方向。我老孙到处里人熟，发一张批文，把他连夜解着飞跑。"那樵子止不住呵呵冷笑道："你这个疯泼和尚，想是在方上云游，学了些书符咒水的法术，只可驱邪缚鬼，还不曾撞见这等狠毒的怪哩。"

孙悟空说如果见到鬼祟，发一张批文，阎王就管了，樵夫因此觉得他用的是驱鬼的"书符"。这显然反映的是古代民间迷信，"见鬼"之后的"常规"操作方式。

总之，"鬼"在中国传统文化中是重要的信仰符号，以其为核心，不仅形成了以"孝道"为内涵的传统节日中元"鬼节"，也形成了人鬼交流的"鬼符"等符号，"鬼"文化更是影响了古人的日常生活与文学作品的创作。了解这一文化线索，有助于我们破解迷信，也更有助于我们读懂古人的日常。

中秋节：嫦娥与后羿、吴刚究竟是什么关系？

古代的中秋节可以通宵玩耍？吃月饼的习俗是什么时候开始有的？谁是第一个月宫之主？玉兔是从哪里来的，是源自误会？嫦娥到了月亮上，最初变成了癞蛤蟆？古代文献记载中有两个后羿，嫦娥是哪个后羿的妻子？嫦娥和吴刚是夫妻吗？《西游记》中有很多个嫦娥？吴刚是什么时候"登月"的，他和沙和尚有什么联系？

八月十五中秋节，是中国的传统节日之一。据说源于远古的祭月崇拜。《礼记》曰："天子春朝日，秋夕月。朝日之朝，夕月之夕。""夕月之夕"就是夜晚祭祀月亮。而八月十五被定为一个节日则是到了唐代。《唐书·太宗记》曰："八月十五，中秋节。"

到了唐代，祭月变成了赏月，并增加了"团圆"的内涵。到了宋代，中秋节极为兴盛，成为了重大的节日，这一天人们可以通宵达旦地游玩。《东京梦华录》说："中秋节前，诸店皆卖新酒……贵家结饰台榭，民间争占酒楼玩月丝篁鼎沸，近内庭居民，夜深遥闻笙竽之声，宛若云外。闾里儿童，连宵嬉戏。夜市骈阗，至于通晓。"苏轼《水调歌头·明月几时有》序说："丙辰中秋，欢饮达旦，大醉，作此篇，兼怀子由。"

到了元代末年，又出现了吃月饼的习俗。明代《西湖游览志余》记载："八月十五日谓之中秋，民间以月饼相遗，取团圆之义。"月饼仿照圆月的形状，也是为了祈祷团圆。到了明代末年，北方一些地区又出现祭祀兔爷儿的习俗。明人纪坤《花王阁剩稿》曰："京中秋节多以泥抟兔形，衣冠踞坐如人状，儿女祀而拜之。"

传说八月十五是月亮上兔爷儿的生日，这显然是玉兔形象被民间传说所神化而形成的习俗。从明清开始，嫦娥信仰变得更为广泛，八月十五除了"团圆"的内涵，又与祭祀嫦娥有关。

时至今日，每到中秋月圆之时，人们仍会仰望月宫，追寻嫦娥、玉兔、金蟾、桂树以及吴刚的踪影。然而，这些人们想象的月亮上的神人或精灵，并不是在同一个神话体系中

南宋马远绘《月下把杯图》，天津市博物馆藏。圆月发出金色的光辉。图上题写："相逢幸遇佳时节，月下花前且把杯。"

《卖泥兔儿》，十九世纪外销画。北京、河北和山东有信仰"兔爷儿"的习俗。民间有一种说法，只有月亮上的兔子是雄的，地上的母兔子要想怀孕，需要望月，一望月就可以怀上兔宝宝。

一下子同时出现的，而是随着时代的发展，不断叠加而逐渐被人们“凑”在了一起。

最早的月宫之主

上古时期，人们认为万物皆有灵，高山上有山神，深渊里有水神，各种自然环境都孕育有形态各异的精灵妖怪。依据这种对世界的认知和想象方式，人们自然也会认为，月亮上有“月精”。月有圆缺，古人又认为这是“月精”可以死而复生。《楚辞·天问》曰：“夜光何德，死则又育？厥利维何，而顾菟在腹？”月亮它究竟有什么德行，能死而复生呢？顾菟常在月亮之腹，能有什么好处？“顾菟”并不是兔子，闻一多在《天问·释天》中举出十来个证据，证明“顾菟”实际上是蟾蜍，而蟾蜍就是“月精”，这是在人们的幻想中最早登上月球的“宫主”。

在长沙马王堆一号墓出土的西汉帛画中，月亮上边画着一只伏在地上的大蟾蜍。月精最初是蟾蜍，源于古人对生育的崇拜。蟾蜍每次产卵数千颗，蟾蜍的大腹便便之态也酷似孕妇的外形。在很多汉画像中都出现过男性伏羲持日轮中金乌，与女

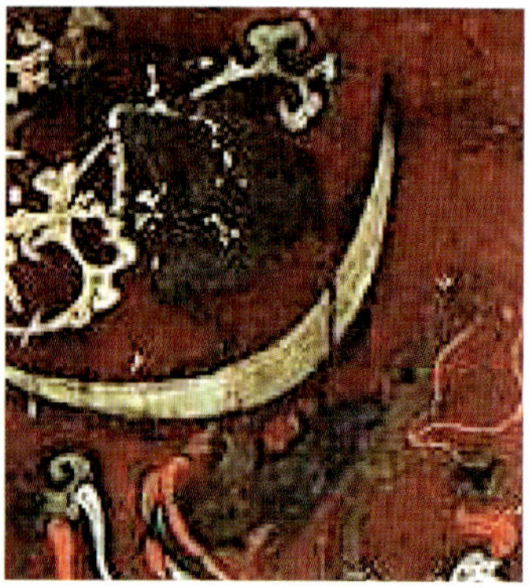

长沙马王堆一号墓T型帛画局部。左上部分有一只大蟾蜍和一只奔跑的兔子。

《程氏墨苑》中明人绘月宫兔子在捣药。

性女娲所持月轮中蟾蜍对举。金乌是三足鸟，代表男性生殖崇拜，而蟾蜍则是女性生殖崇拜的象征。蟾蜍在古人观念中是一种生殖力很强的母性动物神，跟月亮在中国文化中属阴性是合拍的，因而在汉代及以前，月精被说成是蟾蜍。

那么，我们常说月中白兔捣药，兔子又是什么时候出现在月亮上的呢？汉代刘向《五经通义》说："月中有兔与蟾蜍何？"这是认为月中有兔子和蟾蜍两种精灵。从西汉帛画中，我们发现，月亮上确实还有一只兔子，但这只兔子在奔跑而没有捣药。传说捣药的兔子本属于西王母神话，大概因为有关嫦娥的传说往往说她吞服了不死药，而月亮又被看作能"死而复生"，这些联想最终使得月亮上的兔子有了本职工作——捣药。

这只兔子又是如何"去"了月亮上的呢？闻一多在《天问·释天》指出："盖蟾蜍之蜍与兔音易混，蟾蜍变为蟾兔，于是一名析为二物，而两设蟾蜍与兔之说生焉。"实际上只有一个蟾蜍，"兔"完全是出于读音的误会。月亮上有了兔子的传说后，又因为后人喜欢兔子而不太喜欢蟾蜍这种动物，"玉兔"的形象就逐渐压倒了蟾蜍，成了月宫中嫦娥的陪伴者。

嫦娥奔月

嫦娥是什么时候"奔"月的呢？嫦娥可能是从《山海经》里的常羲演变来的。《山海经·大荒西经》说："帝俊妻常羲，生月十有二，此始浴之。"常羲是月亮的母亲，"羲"古音与"娥"相近。嫦娥奔月的传说大概先秦时期就有了（如果《文选》引的《归藏》可信的话），到了汉代，有了比较完整的记载。《淮南子·览冥训》说："羿请不死之药于西王母，姮娥窃以奔月，怅然有丧，无以续之。"嫦娥趁羿不在的时候，偷吃了长生不死药，奔逃到月宫去了。嫦娥能奔月，是因为有后羿的不死药，这是第一次将嫦娥和后羿联系起来了。为什么嫦娥能拿到后羿的不死药呢？到了东汉，高诱进一步做出解释说："姮娥，羿妻。"姮娥是后

河南南阳西关嫦娥奔月汉画像石，月亮上有一只蟾蜍。

羿的妻子，姮娥即嫦娥（一说姮最初又为恒），为了避汉文帝刘恒讳而改称嫦娥。

嫦娥能奔月，和后羿有关系。《淮南子》中，有不死药的后羿是神话传说中射日的后羿。东汉高诱注说嫦娥是后羿的妻子，也是指的这一后羿。而在后世，有一种误解，将嫦娥看作是历史上夏王朝时期的后羿的妻子。

也就是说，在中国古代传说中，实际上有两个后羿，一个是历史传说人物，一个是神话传说人物。历史传说中的后羿和神话传说中的后羿在传说中常常被人们混淆，因为二者有一个共同特点，即擅长射箭。

历史传说中的后羿，《史记·夏本纪》说他是一个部族首领，夏王朝传到第三代是太康，太康荒淫无度，不修政事，善射的后羿凭借自己的本领趁机篡夺帝位，后来又被手下寒浞杀害，夏王室又经过修整而复国。神话传说中那个后羿，就是射日的后羿，他生活的时代要早，主要是在尧舜时期，除了射日，他还射杀了很多妖怪，如猰貐、凿齿、九婴、大风、封豨（shǐ）等。

两个后羿最大的不同就是历史传说中的后羿是有妻子的。《天问》曰："浞娶纯狐，眩妻爰谋。"《史记·夏本纪》正义曰："浞杀羿，烹之，以食其子，子不忍食，杀于穷门。浞因羿室，生浇及豷。"寒浞瞒着后羿，与他的妻子私通，并生了两个孩子。

神话传说中的后羿，即射日的后羿，早期是没有任何关于他的妻子的记载的。直到东汉，高诱注《淮南子》，才说嫦娥是射日

明代唐寅绘《嫦娥奔月图》。图上题写："月中玉兔捣灵丹，却被神娥窃一丸。从此凡胎变仙骨，天风桂子跨青鸾。"

的后羿之妻。也就是说，最初嫦娥与具有神能的后羿，是没有任何关系的。到了东汉，被注释者“误”认为是夫妻，从此人们也就认定了嫦娥与后羿是一对。

到了明末，题作钟惺编辑、冯梦龙鉴定的《有夏志传》再一次发生“误”解，又把历史上的后羿与嫦娥看作了夫妻。说夏朝国王太康看上了后羿的妻子嫦娥，想用一座城池跟后羿交换，后羿居然答应了，嫦娥知道消息后大失所望，偷偷吃了不死药而飞升月宫。这就又把历史上本有妻子的后羿与神话传说中的后羿混淆了，而且还为嫦娥奔月找了一个新理由，那就是都是男人的过错，嫦娥是被逼无奈而吃了不死药奔月的。早在唐代，李商隐诗曰：“嫦娥应悔偷灵药，碧海青天夜夜心。”嫦娥可能会为自己吃了灵药后悔吧，因她自己的私心而只得独守广寒宫。大概因为当时还没有传说说她是被逼无奈的。

除了《有夏志传》，后来民间又有传说说后羿不在家，其徒弟蓬蒙想抢夺不死药，嫦娥无奈吞药而升月，等等。嫦娥奔月的理由，后人有着不同的理解和解释。至于嫦娥奔月的结果，在不同的历史时期也呈现出不同的面貌。

在汉代，人们认为嫦娥奔月后变成了蟾蜍。《初学记》卷一引古本《淮南子》，于“姮娥窃以奔月”句下，尚有“托身于月，是为蟾蜍，而为月精”十二字，是说嫦娥到了月宫，最后的结局是变成了癞蛤蟆。常任侠《沙坪坝出土之石棺画像研究》介绍一副石棺说：“较小一棺，前额刻一人首蛇身像，一手捧月轮。后刻两人一蟾，蟾两足人立，手方持杵而下捣。”那个长着人足的蟾蜍很可能就是嫦娥。

蟾蜍与嫦娥本来是毫不相关的故事，只因为都在月亮上，所以到了汉代，人们把嫦娥的故事与月亮上的蟾蜍联系起来，这样一方面可以解释月亮上蟾蜍的来历，另一方面又能解释嫦娥与后羿故事的结局。大概后来人们觉得美女变蟾蜍的故事过于破坏美好了，就渐渐将嫦娥的故事独立出来，于是月亮上就有了嫦娥和蟾蜍两种生物。再后来，随着道教的发展，嫦娥作为月宫仙人的形象胜出，嫦娥变蟾蜍的故事就渐渐消失了。

《西游记》中，嫦娥也有出场，是美女的形象，与之相关的最有名的故事大概就是猪八戒调戏嫦娥了。除此之外，在收玉兔的时候，嫦娥也出现了。“行者回头看时，原来是太阴星君，后带着姮娥仙子，降彩云到于当面。慌得行者收了铁棒，躬身施礼道：‘老太阴，那里来的？老孙失回避了。’”太阴星君是道教后来创造出来的“月神”，民间常把她与嫦娥合二为一。这里说太阴星君后面跟着姮娥仙子，即嫦娥仙子，而且嫦娥似乎还不是一个人。当太阴星君收了玉兔之后，来到国王面前，孙悟空介绍说：“天竺陛下，请出你那皇后嫔妃看者，这宝幢下乃月宫太阴星君，两边的仙妹是月里嫦娥，这个玉兔儿却是你家的假公主，今现真相也。”

围绕在太阴星君身边的是众多嫦娥，也就是说月宫中有很多仙女都被称为嫦娥，当

清人绘《西游记》，太阴星君与嫦娥。太阴星君身边不只一个嫦娥，月宫中有很多仙女都被称为嫦娥。

美国哥伦比亚大学博物馆藏中国年画，太阴星君。

年猪八戒调戏的嫦娥可能只是月宫中的嫦娥仙子之一。太阴星君还介绍说，贵国的公主本是月宫里的“素娥”（在古代文献中，这一名字实际和“姮娥”一样，也是嫦娥的别称），只因为她在月宫打了玉兔一下，又思凡下界，就转世做了公主，而玉兔为了报仇，才下界取代她，又想着和唐僧成亲。可见在《西游记》中，月宫上的神仙是极多的，而实际上这些又都可看作是传统嫦娥的“分身”。

《西游记》中还提到了月宫上的吴刚，是在猪八戒大战流沙河的时候。猪八戒说沙和尚的兵器是哭丧棒，而沙和尚夸耀自己的兵器说：“宝杖原来名誉大，本是月里梭罗派。吴刚伐下一枝来，鲁班制造工夫盖。”也就是说，沙僧的禅杖是吴刚伐下来的一根桂枝。

吴刚“登月”

早期神话传说中，月宫是很冷清的，只有嫦娥与玉兔、蟾蜍，嫦娥是很孤独的，连个邻居都没有，所以李白《把酒问月》诗曰：“白兔捣药秋复春，嫦娥孤栖与谁邻？”到了晚唐，月宫中才又多了一个人，即吴刚。段成式《酉阳杂俎・天咫》记载，西河有个叫吴刚的人，因学仙有过，被罚到月亮上砍桂树。这棵桂树很神奇，一斧子砍下去，瞬间就又能复合，于是吴刚只能不停地砍，而树则随砍随合。这有点像希腊神话中得罪了众神，被要求不断推着石头上山的西西弗斯。石头每快到山顶就会滚落下去，他又不得不从头再来。吴刚上月宫，是由于“学仙有过”，这是南北朝以后，道教形成系统，对修仙有一定的规矩，尤其是形成不同派别之后的观念的反映。

月宫上有了嫦娥，也有了吴刚，那么他们两个是夫妻关系吗？辛弃疾词曰：“飞镜无根谁系，嫦娥不嫁谁留？”嫦娥究竟有没有嫁人呢？最晚到西汉就有嫦娥飞天的完整故事了，东汉时她被“误”认为是后羿的妻子，而到了唐代才有吴刚学仙的故事。吴刚的故事要晚得多，所以至少在唐前，是不会有他们是夫妻的传闻的。

后来民间确有一些传说将吴刚与嫦娥视为夫妻，但这种说法应该是近现代才出现的。大概因为他们同在月亮上，又一男一女，嫦娥的形象又常是手拿桂枝，而吴刚是伐桂的，于是出于各种目的，如对爱情圆满、家庭团圆的向往等，总希望嫦娥与吴刚能有点“绯闻”。

总之，中秋节作为一个传统节日，为中国传统文化增色不少，它本身就是“团圆”的象征，是相思的寄托。月宫上的诸多神话传说形成的符号，也形成了各种吉祥元素，如嫦娥是美的象征，桂枝是“贵”的象征，等等，在古代绘画、家具、剪纸等艺术作品中常见有嫦娥奔月、吴刚伐桂、蟾宫折桂、玉兔捣药等图式，这些都是古人审美及美好愿望的体现。

重阳节：为什么九月初九叫重阳节？

重阳节有哪些习俗？重阳节插的茱萸后来被什么取代了？数字“九”有哪些象征寓意？重阳节的“阳”跟“九”有什么关系？在古典小说《水浒传》《西游记》中，对“九”的尊奉是如何体现的？

重阳节的习俗与“九”的象征寓意

重阳节起源于先秦，流行于汉代，定型于唐代，是古代的一个重要节日。在古典诗词中有很多表现重阳节的，其中最为大家熟知的恐怕就是王维的《九月九日忆山东兄弟》了。“遥知兄弟登高处，遍插茱萸少一人”，通过这首诗，我们知道，重阳节在唐代的重要习俗是登高和插茱萸。

登高习俗在汉代就已经出现，其原始意义可能与祭祀、避祸有关，后来则逐渐演变为登高揽胜与祈福。这一习俗在唐代极为盛行，杜甫重阳节登高，写下了“无边落木萧萧下，不尽长江滚滚来”这一《登高》名篇。王勃重阳节登高，写下了“落霞与孤鹜齐飞，秋水共长天一色”这一《滕王阁序》名篇。直到清末，还有不少与重阳节登高相关的佳作出现。登高的习俗，作为重阳节的一个重要符号，千年来一直保留着。

茱萸，选自《中国自然历史绘画》。古人九月九日登山，臂上佩戴插着茱萸的布袋。

另一个习俗，插茱萸，则随着时代的发展而发生了变化。在唐代，重阳节盛行插茱萸，据说这样可以辟邪，大多是女子和儿童佩戴，有些男子也佩戴。唐以后则流行佩戴菊花，宋元以后大

清代陈枚绘《月曼清游图・重阳赏菊》局部。宫廷女子九月初九赏菊，体现了宫廷生活与民间生活的密切关联。

有超过佩戴茱萸的势头。因为茱萸这个重要“道具”，只有在不多的几个地区才适合生长，不易普及，且相对于辟邪，人们更喜欢纳吉，于是被称作“延寿客”的菊花最终盖过了被称为“辟邪翁”的茱萸。晋代陶渊明尤爱菊花。唐宋以后，重阳赏菊渐成风俗。

总的来看，九月初九登高与佩戴植物这两个习俗，最初可能都跟避祸、辟邪有关，后来则祈福成为主流，而这正对应着九月初九节日寓意的两重性。南朝梁吴均《续齐谐记》记载了东汉时期的一个故事，说九月九日登高避祸，插茱萸辟邪，和当时的一场瘟疫有关，后来演变为习俗。《西京杂记》中则说西汉时期，宫人就已经佩戴茱萸：“九月九日，佩茱萸，食蓬饵，饮菊花酒，云令人长寿。”可见，在早期，九月初九在人们的心目中就形成了两种截然相反的看法，一种是恶日，一种是祈福长寿的吉日。九月初九作为吉日的象征,可能与古人尊“九”的文化传统有关。

古人将九月初九视为一个祈福的节日,大概跟“九”的这样几个象征寓意有关:

首先,“九”是极多的象征。人们可能认为在九月初九这一天祈福,就可以多福多寿。

其次,“九”还是有限之极的象征。人们追求十全十美,数字“十”是满,但古人认为月满则亏,物极则反,盛极则衰,相对而言,“九”恰好是在上升趋势中,而且是上升到了一个极点,因而“九”被看作是“至尊之数”。人们在九月初九参加各种祈福活动,也可能与此“至尊之数”的神秘性和神圣性有关。

再次,“九”与“久”谐音,“九九”就是“久久”,这大概正是九月初九有祈福长寿之寓意的主要依据之一。曹丕在《九日与钟繇书》中说:“岁往月来,忽复九月九日,九为阳数,而日月并应,俗嘉其名,以为宜于长久,故以享宴高会。”这里说九月九日,“宜于长久”,正体现了“九”与“久”的象征关系;“九为阳数”,指出了“九”的又一个象征寓意——“阳”。这是九月初九被作为一个祈福节日的另一个主要依据,体现了古人对“阳”的尊奉。“阳”在古代有很多象征寓意,基本都是吉祥的。

“九”作为“阳”的象征与“重阳节”的命名

为什么“九”可以作为“阳”的象征呢?“九”和“阳”等同,要追溯到《周易》。在《周易》中,“六”代表阴,是老阴,“九”代表阳,是老阳。为什么“六”就是阴,“九”就是阳呢?这大概跟先秦时期的占卜算卦有关。揲蓍求卦,经过多次揲数演算,最后所得不外乎六、七、八、九四个数。七、九是奇数,是一组阳,如同今天的正数,正七小于正九,所以七是少阳,九就是老阳,是数字中的阳之极;六、八是偶数,是一组阴,如同今天的负数,负八小于负六,所以八为少阴,六为老阴。(参见高亨《周易古经今注》,此外,还有一种说法,六为阴,九为阳,可能与生数有关。)总之,正是在《周易》中,“九”作为“阳”的属性被确定了下来。我们熟悉的乾卦,是由六个阳爻组成,爻辞:“九五,飞龙在天。”其中“九五”指的是乾卦从下到上第五个阳爻,这一爻又被后人看作阳刚而执中的“帝位”,所以皇帝往往被称为“九五之尊”。

“九”象征阳,九月初九,有两个九,也就是重九,即重阳,九月初九又称为重阳节。“重阳”这个词,先秦时期就有,屈原《远游》曰:“集重阳入帝宫兮。”但这里的“重阳”是指天,其专指重阳节大概要到汉以后。诗词中最早提到“重阳节”的,可能是《艺文类聚·岁时中·九月九日》收录的一首诗,其中曰:“献寿重阳节,回鸾上苑中。”其他提到“重阳节”的，人们熟悉的名句有孟浩然的“待到重阳日，还来就菊花”、李白的“菊花何太苦，遭此两重阳”、张籍的“逢高欲饮重阳酒，山菊今朝未有花”、白居易的“自从九月持斋戒，不醉重阳十五年”、李清照的“佳节又重阳，玉枕纱厨，半夜凉初透”，等等。

总之，九月初九重阳节得到人们的重视，体现了古人的尊九意识。不仅节日习俗中有对“九”的尊奉，在古典小说中也最为常见。《水浒传》中说洪太尉误放走了三十六天罡星，七十二地煞星，他们转世为一百单八好汉，这些数字都是九的倍数。《西游记》中提到的法术有三十六变，七十二变，一个跟头十万八千里，佛爷说九九归真，要经历九九八十一难，等等，也都是九的倍数。

对“九”的尊奉，时至今日在中国人的日常生活中仍有所见，如我们常说“女大十八变”，这是对一个姑娘成长的赞美，此外，我们仍重视“一言九鼎”的信义，冬天也还在唱着“数九”歌，等等。可见，“九”是中国传统文化中的一个重要符号，以其为信仰基础形成的重阳节更为传统节日增色不少。

太极图：从“无”到“有”推演万物

太极图可以表示天地的从无到有，而其本身也是从无到有的，我们常见的太极图究竟是什么时候出现的？在古代，太极图不止一种？文献记载中最早被称为太极图的，并不是现在看到的太极图？现在流行的太极图，最初不叫太极图？现在流行的太极图，在远古时期有没有相似的图形？《红楼梦》中，薛宝钗建议诗社以《咏〈太极图〉》为诗题，有何寓意？

“太极图”被称为中华第一图。旧传“太极图”约有三种，为“周氏太极图”“先天太极图”“来氏太极图”。流行最广的是“先天太极图”，即后来的“古太极图”，俗称阴阳鱼太极图，或简称为太极图。

“太极”这个词最早出自《庄子·大宗师》：“（大道）在太极之先而不为高，在六极之下而不为深，先天地生而不为久，长于上古而不为老。”这里的“太极”或指“天”，是最大极限。《周易·系辞上》也出现了“太极”一词，很可能沿用了《庄子》（也有学者指出，《系辞》可能要早于《庄子》），但其意义指向的则可能是宇宙本源，其辞曰：“易有太极，是生两仪，两仪生四象，四象生八卦。八卦定吉凶，吉凶生大业。”后世解读者往往都将这里的“太极”解释为天地没有形成，阴阳未分的那股元气。虽然“太极”一词很早诞生，但宋以前并没有相应的图产生。

最早的“太极图”

北宋理学家周敦颐用一个圆圈表示“太极”，于是文献记载中出现了最早的“太极图”名字与对应的图式。

周敦颐创作出来的“太极图”实际上是一组套图，他为这幅图还写了一个说明，叫

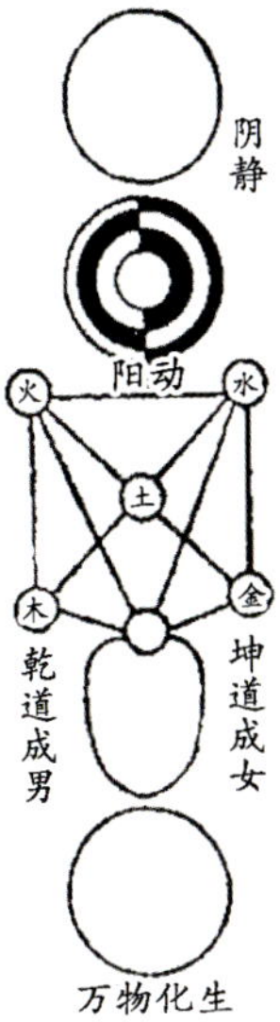

《周氏太极图》。第一个圆圈是太极，太极动而生成了第二个圈即阴阳，阴阳交合又生成了第三部分即五行，阴阳五行又生成了人和万物。

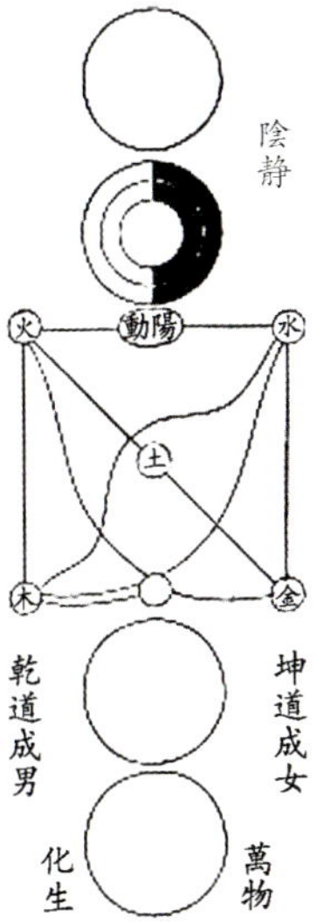

《程氏墨苑》中明人绘《周氏太极图》。

《太极图说》。这样一整幅“太极图”反映的是宇宙从太极到万物的生成过程，第一个圆圈是太极，太极动而生成了第二个圈即阴阳，阴阳交合又生成了第三部分即五行，阴阳五行又生成了人和万物。

唐代《上方大洞真元妙经》中有一幅相似的图，大概是周敦颐参考的底本。更早的《周易参同契》中有周敦颐图中的第二部分那个黑白圈，和第三部分表示五行部分的图，只是两幅图没有联系在一起，也都不叫“太极图”（参见清代毛奇龄《毛奇龄易著四种·太极图说遗议》）。周敦颐将它们联系在一起，画了这样一个动态的“连环画”，称为“太极图”。但这幅图刚开始并不受重视。

周敦颐去世前一年，有个叫朱震的诞生了，他主要生活在北宋和南宋之际，《宋史》有传。他说周敦颐这幅图是从陈抟那儿得来的，“陈抟以先天图传种放，放传穆修……穆修以太极图传周敦颐，敦颐传程颢、程颐”。陈抟是五代时期的一个著名道士，常被视为神仙，尊称为陈抟老祖。对于陈抟，民间和士大夫阶层都有信仰基础。

虽然“周氏太极图”在两宋之交附会上了陈抟，但真正广为人知却要到南宋了。到了南宋，朱熹力挺周敦颐，将其塑造成理学的开山鼻祖，并将周敦颐的这幅“太极图”进行了些微的修改。正是靠着朱熹的地位与影响，“周氏太极图”才最终发扬光大。

我们常见的“周氏太极图”，经过朱熹的推崇和改造，在元明清时代得到了广泛的传播。只是近代以来，普通大众更愿意接受的太极图样式是“阴阳鱼”，宋朝的这幅本名为“太极图”的图样反而鲜为人知了。

现在流行的“太极图”

我们现在常见的“阴阳鱼”图式是到了明初才出现的。但是一开始，它并不叫“太极图”，而是被称作“天地自然河图”，是宋代以来出现的诸多河图洛书中的一种而已。

明初的赵撝谦在《六书本义》中说，"天地自然河图"是南宋朱熹的学生蔡季通从四川一个隐者的手里得到的。蔡季通拿到这幅图之后并没有给自己的老师看，而是秘而不宣，后来此图几经转手，明初到了一个叫陈伯敷的人手中，赵撝谦从陈伯敷手中得来，首次公布了此图。赵撝谦公布的这幅图曾经被学者们看作是第一张"太极图"。但这幅图公布的时候，"太极图"的名字已经被用了，一般指的是"周氏太极图"。这幅图与"太极图"这个名称联系起来，则要到明末了。

明初太极图，最初名字叫"天地自然河图"。这是最早公开的太极图，配的是卦象两两对峙的先天八卦。

明朝末年，赵仲全作《道学正宗》，书中载有"古太极图"，这是现存文献中第一次将"天地自然河图"称为"古太极图"。明末章潢作《图书编》收录了不少图，这幅图被列为首，名为"古太极图"。其后称谓基本统一，名为"太极图"，一直沿用至今。这幅图确实在表现"太极"上比"连环画"式递进的"周氏太极图"显得更为完美，避免了太极生阴阳之后就好像不存在了这样一个误解。也就是说，这幅图更直观地表现出不是太极、两仪、四象、八卦各为一物，而是总有一个"太极"在掌握着它们，"太极"始终存在。

此图中，右上方"白鱼"为阳，左行由大到小，依次为乾、兑、离、震，表示阳爻逐渐减少；左下方"黑鱼"为阴，右行由大到小，依次为坤、艮、坎、巽，表示阴爻逐渐减少。坤正北，全黑，纯阴，乾正南，全白，纯阳。在一个圆形中，黑白回互，白多而黑少，阳多而阴少，黑多而白少，阴增而阳衰。两个黑白"鱼眼"又表示你中有我，我中有你，变化无穷，包罗万象。

阴阳鱼太极图。周围匹配的是宋代以后流行的先天八卦，先天八卦讲究两两对应。

后人认为此图是尊奉了某种神意，又附会说八卦、河图洛书都是根据这幅图创造出来的。《道德经》曰："万物负阴而抱阳。"太极如同道，万物均可复归于道，这样一幅图更符合尊道贵德的理念，也就逐渐成为道教的标志符号。

总之，大约明末以来，阴阳鱼图逐渐被称为"太极图"。此图后来又经过明清人士的改造，最终成了我们现在看到的样子。如今，人们不知道明代以前所谓的"太极图"实际上是指的"周

屈家岭文化彩陶纺轮，新石器时期，公元前3300—前2600年，湖北省博物馆藏。旋纹与后世阴阳鱼太极图相像。

氏太极图”，也不知道今天所见的“阴阳鱼太极图”开始也不叫这个名字。阴阳鱼图“霸占”了“太极图”这个名字，并广泛地传播和应用开来了。

从“太极”之名与阴阳鱼图式结合的过程来看，其时间很晚，但并不是说阴阳鱼太极图这样的图式没有更久远的依据。从传世图文来看，有一种说法认为它是从《周易参同契》“月体纳甲”推演而来的，冯时《中国天文考古学》认为它与彝族传统图案“盘旋的龙蛇”演变有关，等等。从出土材料来看，有一战国时代的圆形漆盘，其上就有两只凤鸟互搏，构成的S型和我们现在看到的太极图极为相像，而金文中的“神”，其字形又是“[illegible]”。更早，新石器时代的屈家岭文化彩陶纺轮和马家窑文化彩陶上也有着多种多样类似的旋纹。如此看来，阴阳鱼太极图图式的形成似乎又有着更为复杂、更为远古的原因。

总之，太极图作为一个符号，有着极为复杂的演变历史。阴阳鱼太极图，因其神秘与审美而广泛流传。明清时期，阴阳鱼太极图常常被用作一种符号装饰，如道士的道袍，瓷器、家具上的纹样，等等。在古典小说中，太极图也有着独特的寓意。在《封神演义》中，太极图是老子的一件重要法器，这显然是太极图作为道教符号的体现。《红楼梦》中也提到了太极图，有一次贾宝玉与林黛玉当场“秀恩爱”，薛宝钗突然建议诗社来一次诗题为《咏〈太极图〉》的大比拼，这可能是想用太极图含有的“阴阳”观念来“敲打”他们，这也是太极图符号化的体现，等等。

周天方位：八卦图是按照什么顺序把八个卦组合起来的？

古代的两种八卦图，先有先天八卦还是后天八卦？先天八卦图的特征是什么？后天八卦图中，八个卦都分别对应着哪个方向？《三国演义》《水浒传》中，是如何将八卦图作为方位符号的？《西游记》中，说女娲补天补到乾宫夬地得到了一个紫金葫芦，乾宫夬地是哪个方向？

八卦的基本符号

《易传·系辞上传》曰："易有太极，是生两仪，两仪生四象，四象生八卦。"太极即为天地未开、混沌未分阴阳之前的状态，两仪指天地或阴阳。《周易》中的八卦是表示事物自身变化的阴阳系统，"—"代表阳，叫作阳爻，"--"代表阴，叫作阴爻，用三个

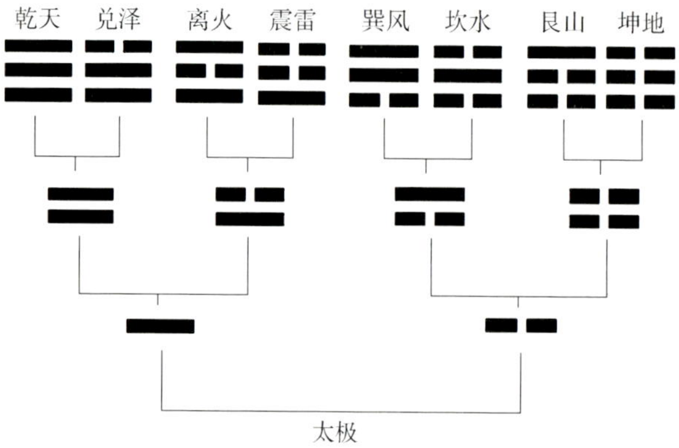

太极小横图

这样的符号，按照大自然的阴阳变化平行组合，组成八种不同形式，叫作八卦。每一卦形可以代表一定的事物，如乾可代表天，坤代表地，震代表雷，巽代表风，坎代表水，离代表火，艮代表山，兑代表泽，等等。

先天八卦图两两对峙

《程氏墨苑》中明人绘八卦方位图。乾坤，巽震，坎离，艮兑，两两相对。

八卦是谁制作的呢？《周易·系辞》曰："古者包牺（伏羲）氏之王天下也，仰则观象于天，俯则观法于地，观鸟兽之文，与地之宜，近取诸身，远取诸物。于是始作八卦，以通神明之德，以类万物之情。"相传伏羲仰观天象，俯瞰大地，仔细观察飞鸟走兽留下的痕迹，最后根据天地间阴阳变化之理，创造了八卦，即以八种简单却内涵丰富的符号来抽象天地万物。

宋朝的学者根据这段话，认为伏羲不仅创制了八卦，还创制了先天八卦图。先天八卦图讲对峙关系，即把八卦代表的天（乾卦）、地（坤卦）、风（巽卦）、雷（震卦）、山（艮卦）、泽（兑卦）、水（坎卦）、火（离卦）八类物象两两分为四组，然后按照一乾、二兑、三离、四震、五巽、六坎、七艮、八坤的顺序，将一八相对，二七相对，三六相对，四五相对。

实际上在宋朝之前，是没有此类先天八卦图之说的。人们提到的八卦图是文王八卦，即后来所谓的后天八卦图。先天八卦图是宋代邵雍的发明。邵雍与周敦颐、张载、程颢、程颐并称"北宋五子"，是著名理学家、数学家、诗人，更是知名的易学大师。据说他善于用数字算卦，《梅花易数》即是托名于他。我们小时候读过的一首诗"一去二三里，烟村四五家。亭台六七座，八九十枝花"也是托名于他。这首《山村咏怀》诗中有十个数字，大概正因此，后人才将其与易学大师邵雍联系起来，从而提高了这首无名小诗的地位。邵雍创制先天八卦图，也不是毫无根据，是依照《易传·说卦传》中所言的"天地定位，山泽通气，雷风相薄，水火不相射"。创作了新的八卦图后，为了与流传的文王八卦相区分，他将此图命名为伏羲八卦，又因为伏羲在文王之前，所以此图又称为先天八卦图。

先天八卦图影响很大。明清时期阴阳鱼太极图流行起来，人们往往将八卦与之相匹配，所应用的就是两两对峙的先天八卦。江西有一座三清山，宋代的时候按照后天八卦的布局在此修建了道教宫观，而到了明代，又按照先天八卦两两对峙的图式修建了新的宫观，这样的建筑形式既可见传统中轴对称观念的影响，同时也可见宋以后先天八卦的影响。

后天八卦图对应方位

在历史传说中，除了伏羲，演绎八卦的另一个人，《史记》说是周文王。宋代以前，流行的就是文王八卦图，此图中的八卦与八方相对应，其根据在《易传·说卦传》中有明确的记载。

> 帝出乎震，齐乎巽，相见乎离，致役乎坤，说言乎兑，战乎乾，劳乎坎，成言乎艮。万物出乎震，震东方也。齐乎巽，巽东南也；齐也者，言万物之洁齐也。离也者，明也，万物皆相见，南方之卦也；圣人南面而听天下，向明而治，盖取诸此也。坤也者，地也，万物皆致养焉，故曰致役乎坤。兑，正秋也，万物之所说也，故曰说言乎兑。战乎乾，乾西北之卦也，言阴阳相薄也。坎者，水也，正北方之卦也；劳卦也，万物之所归也，故曰劳乎坎。艮，东北之卦也，万物之所成终而所成始也，故曰成言乎艮。

后天八卦图，又称文王八卦图，以震卦为起始点，在正东。按顺时针方向，依次为东南巽卦，正南离卦，西南坤卦，正西兑卦，西北乾卦，正北坎卦，东北艮卦；按季节，震对应春分，巽对应立夏，离对应夏至，坤对应立秋，兑对应秋分，乾对应立冬，坎对应冬至，艮对应立春。

文王八卦以震卦为首，按顺时针方向，依次为震卦，正东；巽卦，东南；离卦，正南；坤卦，西南；兑卦，正西；乾卦，西北；坎卦，正北；艮卦，东北。到了宋代，因为邵雍又创作出一个两两相对的伏羲八卦图，人们为了把文王八卦图与伏羲八卦图区别开来，将文王八卦称为后天八卦。

因为后天八卦在《易传》中有明确的方位记载，而先天八卦只是记载了两两对应，所以后天八卦更为实用。传说周文王还将八卦两两重叠而演绎成六十四卦。六十四卦也可以与八方对应起来，八个主卦按照后天八卦的顺序分别对应着八个方向，八个主卦又包含八宫，其中每宫包含八个卦，又是对八方中每一方的八等分。可以说，六十四卦方位图是后天八卦图方位的进一步分化。

在古典小说中，有很多符号都是以后天八卦图为基础的。《水浒传》第十七回梁山好汉排完座次后，制造了很多旗帜，其中有“四斗五方旗，三才九曜旗，二十八宿旗，六十四卦旗，周天九宫八卦旗，一百二十四面镇天旗”。这里说的周天九宫八卦旗，正是将六十四卦按照后天八卦图的方位对应一周天（三百六十度）而形成的旗帜。后来宋江借用此旗帜，多次按照方位摆下“九宫八卦阵”。《三国演义》中也有相似的旗帜，第四十九回写孔明为了“借东风”而搭了一个坛，“第二层周围黄旗六十四面，按六十四卦，分八位而立”。这里所言，也是后天八卦图方位的影响。

《西游记》第三十五回写孙悟空遇到金角、银角大王，两个妖精有两个法宝——羊脂瓶和紫金葫芦，银角大王介绍自己的葫芦说：

> 我这葫芦是混沌初分，天开地辟，有一位太上老祖，解化女娲之名，炼石补天，普救阎浮世界；补到乾宫夬地，见一座昆仑山脚下，有一缕仙藤，上结着这个紫金红葫芦，却便是老君留下到如今者。

这里说女娲补天补到乾宫夬地而发现了这个紫金红葫芦，“乾宫夬地”的说法也是受到了后天八卦图的影响。在后天八卦方位中，乾在西北，乾宫也就在西北，这乾宫又八等分，包括了六十四卦中含“天”的八个卦（此处天的象征，正与文中“女娲补天”说相对应），其中“泽天”为“夬”卦，在正北的旁边，即以正北为起点，向西北方向，八等分的第二分。

总之，八卦是中国传统文化中极为重要的符号，体现了古人的思维模式，也影响着审美等行为方式。八卦组成的八卦图，反映了八卦之间的关系。常见的八卦图有两种：一种是以乾卦为首，八卦两两相对的形式；一种则是以震卦为起点，八个卦不相对，八卦对应着八方，这就是先天八卦与后天八卦。先天八卦因为有对称之美，且与伏羲相关，常被用作表明身份的装饰，如道观、道袍等；后天八卦图因与方位有关，常被用来代指方向，或者装饰与方向有关的东西，如旗帜等。八卦与其象征符号在古代的应用很常见，如巽是“东南”，是“入”，所以北方四合院坐北朝南，门开在东南方向，可以“入”；又如坎是水，代表的动物是豕，即猪，张锦池《西游记考论》认为猪八戒管理天河就与此有关。

山西永乐宫元代壁画中的乾卦神。头上的纹饰是八卦中的乾卦。

山西永乐宫元代壁画中的坤卦神。头上的纹饰是八卦中的坤卦。

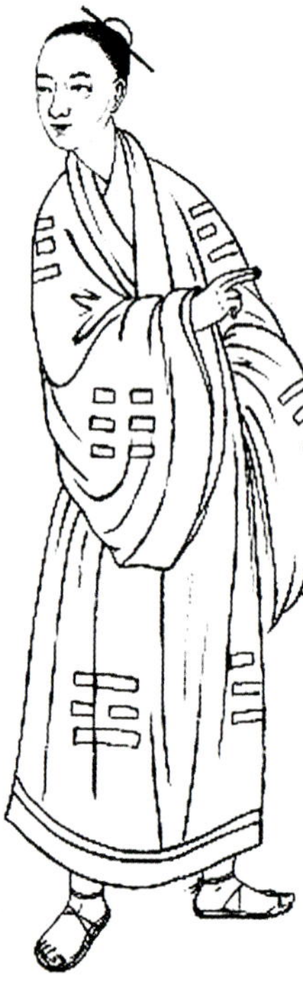

清人绘八卦衣。袖子上分别是乾卦与坤卦，寓意“袖里乾坤”。

宋代八卦镜，台北“故宫博物院”藏。从中看出，八卦并非两两对应，用的是后天卦序。

大地基石：失落的河图洛书，最后被谁找到了？

我们现在所见的河图洛书是早期传说的河图洛书吗？河图洛书在北宋定型，有着怎样的背景？黑白点的河图洛书是凭空编造出来的吗？在南宋的时候，“河图”变成了“洛书”，“洛书”变成了“河图”？河图洛书有何意义？考古发现中，有没有与流行的河图洛书相似的图案？“奇门遁甲”是怎么回事？

早期的河图洛书传说

河图与洛书是古代的两幅神秘图画，由于历代认为它们是“龙马负之于身，神龟列之于背”，所以数个世纪以来，它们一直都披着极其神秘的外衣，被公认为是中华民族文化之源的千古之谜。

早在先秦时期就有很多关于河图洛书的传说。孔子就曾感叹：“凤鸟不至，河不出图，吾已矣夫！”（《论语·子罕》）凤凰不飞来了，黄河也没有图画出来了，我这一生恐怕是完了吧！古人认为凤凰是祥瑞的象征，它一出现，就代表天下太平；黄河出现图画，即“河图”出现，也是一种祥瑞，表明有盛世出现。现在这两个“信号”都没有，孔子说这话，是借此比喻当时的天下无清明之望。

河图洛书究竟是怎么回事呢？《易·系辞上》提到：“河出图，洛出书，圣人则之。”秦汉士人根据这句话以及其他先秦文献的记载，最终演绎出一段关于河图洛书的神话传说：相传在上古伏羲氏时，洛阳东北孟津县境内的黄河中浮出龙马，它身上的旋毛变成玉版献给了伏羲，玉版上有数字，“一六居下，二七居上，三八居左，四九居右，五十居中”，这些数字组成的图形就是河图。人们说伏羲画八卦，就是根据这幅图画的。

洛书又是怎么回事呢？据说其与大禹治水有关。大禹在洛阳西洛宁县洛河中发现一只神龟，龟背上也有数字排列，“戴九履一，左三右七，二四为肩，六八为足，五居中

明代仇英绘伏羲，据说神马将神秘的河图呈给了伏羲。

清人绘《大禹治水图》，台北“故宫博物院”藏。据考证，大禹治水主要是治理黄河下游，后来大禹到过其他一些地方，别人或效仿他治水的方式，或借其名聚集人力，将所有的功绩归在了大禹的名下，于是有了大禹划定九州的传说。大禹治水的功绩在后世被夸大，为了弥补功绩与现实能力的矛盾，人们就将大禹神化，说有各种神人、神兽来帮他，如神龟献出洛书，等等。

陕西出土商代青铜器上的龟纹。

央”，这些数字组成的图形就是洛书。人们说大禹划分九州，就是按照洛书来定的。

“河图洛书”可以说就是大地的规划蓝图，是大地之基石，是某种神意的时空标记。

原始的“河图洛书”早已失传，我们今天见到的“河图洛书”是“图九书十”和“图十书九”的一种图式，即如黑白点数，实际上并不是先秦或秦汉时代所说的“河图洛书”，而是成型于宋代。

宋代出现的河图洛书

宋代是谁“发现”了失落已久的河图洛书呢？我们现在常见的河图洛书，之所以出现在宋代，是有其背景的。宋真宗时期，宋朝屡受辽国的侵扰，后经宰相寇准力争，宋辽签订了“澶渊之盟”，使得北宋能休养生息，经济因而进入了繁荣期。“澶渊之盟”的签订，宋真宗认为自己为天下换来了和平，很是得意，对功不可没的寇准也是礼遇有加。但另一个大臣王钦若见寇准有了功劳，不服气，为了打压寇准，就对宋真宗说，咱们签的是城下之盟，这种盟约《春秋》耻之，没有什么可炫耀的。宋真宗听完，自尊心受到了打击。王钦若极善于察言观色，见皇帝不高兴了，就又劝皇帝去封禅泰山，说这样就可以“镇服四海、夸示外国”，一洗城下之盟的耻辱了。

在古人的观念中，封禅必须要有祥瑞，表示老天对你认可了，你才有资格去封禅祭天。河图洛书历来被看作是祥瑞的一种，于是宋真宗就问大臣杜镐，河图洛书是怎么回事？杜镐是个书呆子，直言不讳道，河图洛书的传说只不过是利用鬼神迷信作为教育手段罢了。宋真宗虽造不出“河图洛书”，但杜镐的话却启发了他伪造“天书”。于是不久之后，在皇宫内就不断有“天书”的祥瑞出现，大意基本都是大宋江山是天命所集，皇帝受之天命，等等。

上有所好，下必甚焉，于是各地“争奏祥瑞，竞献赞颂”。一些地方官也争着献出一些象征祥瑞的物件，甚至也有大臣伪造“天书”献给了宋真宗。宋真宗自己的“天书”就是造假的，他自然知道这份“天书”肯定也是假的，但“上独不疑”。他甘愿被欺骗，以此满足内心的虚荣。这就更助长了言祥瑞、寻祥瑞、探祥瑞、献祥瑞的社会风气。

学者刘牧就生活在这样的时代。宋真宗虽然造天书，搞封禅，但并没有造出“河图洛书”。“天书”可以随便写，甚至也可以有无字“天书”，而“河图洛书”就没那么容易伪造了，这个任务最终被刘牧完成了。

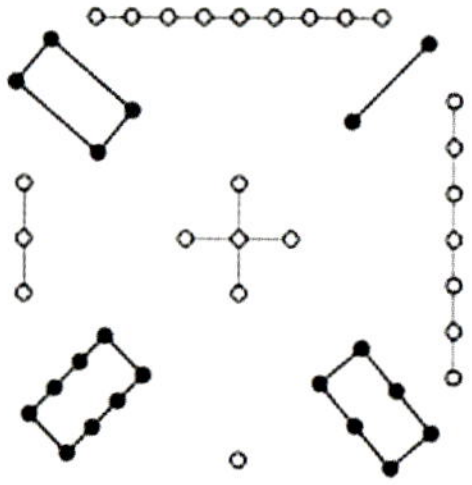

刘牧《易数钩隐图》中的“河图”。汉代徐岳《术数记遗》曰：“九宫算，五行参数，犹如循环。”北周甄鸾注曰：“九宫者，即二四为肩，六八为足，左三右七，戴九履一，五居中央。”无论是横着、竖着，还是斜着相加都等于十五，古人觉得这太神奇了，因而形成了九宫数字崇拜。将九宫格中的数字用黑白圆点替代，就得出了此图。

刘牧采摭天地奇偶之数，用十个黑白圆点表示阴阳、五行、四象，以汉代的“九宫数”做成了河图，而用“五行生成数”做成了洛书。也就是说，刘牧的河图洛书并不是凭空编出来的，而是根据传统的九宫数、五行生成数等数术理论建构起来的。刘牧认为，这黑白点的河图、洛书，是“大衍之数”的来源，是伏羲画八卦的依据。

古老的说法是，圣人观象取物，以成八卦。《拾遗记》又说伏羲“听八风之气，乃画八卦”，好像八卦的生成很随意，是圣人根据身边的事物演绎出来的。刘牧认为不然，八卦从象而来，而象其实是从数而来，正如1+1=2，这是天地鬼神设置好的，自然之数中存在着自然的秩序。那么，数字又从哪里来的呢？从河图洛书而来。朱熹说，天地只是不会说话，所以借圣人出来说话，天地若会说话，一定说得更好一些。天地不说话，但天地会画画，河图洛书，就是天地画出来的，圣人又依据此图创造了八卦。也就是说河图洛书为八卦的出现，提供了一个可靠的依据。八卦的形成不是圣人随便画的，而是如同根据天地设定的公式演算出来的。

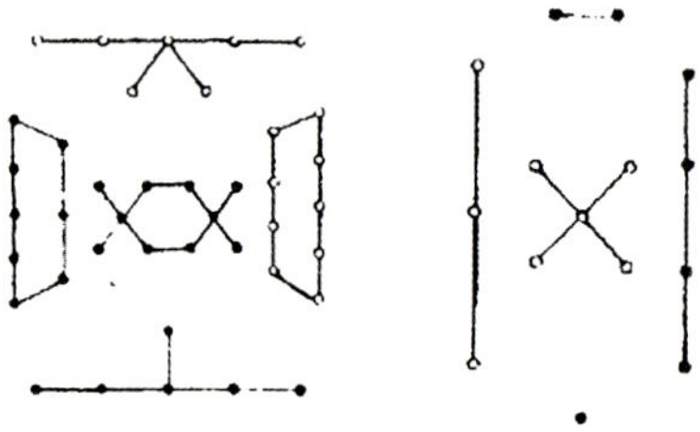

刘牧《易数钩隐图》中的“洛书”。这是按照五行生成数得来的。一、二、三、四、五是生数，六、七、八、九、十是成数，前组数通过加五得出后组数。前一组可以生后一组，后一组是生成的。人们赋予两组数方位及阴阳五行观念，就得出了此图。后人将其重叠摆放后命名为“河图”。

既然河图洛书被认为是天地画出来的，那自然是神谕。这时候，朝廷正大造“天书”的神话，于是刘牧的河图洛书就被他的学生送入宫廷，刘牧因此受到表彰。但

新石器时期，1987年凌家滩出土玉版，公元前3500年。不少专家认为玉版图形暗含着四象、八卦、河图、洛书等信息。

这引起了同时代一个叫阮逸的人的嫉妒，阮逸就在其图的基础上，稍加改动，认为图应该是书，书应该是图。到了南宋，蔡元定同意阮逸的说法，后来朱熹也赞成阮、蔡的观点，于是就把刘牧的河图变成了洛书，而将洛书变成了河图。朱熹的权威，使得五十五点为河图，四十五点为洛书，成为河图洛书的定本。今天所说的河图洛书，就是朱熹、蔡元定的河图洛书。

当然，在刘牧之前，我们也能找到相似的图式。如1987年凌家滩出土的玉版，距今约有5000多年的历史了。玉版四周有钻孔，上九下四，两边分别为五，玉版上的八角星指向八个方向，外面有个大圆圈，圆圈外又有指向四方的剑形。或许，河图洛书确实有着更为复杂而古老的起源，但这个玉版仍与我们现在常见的“河图洛书”相去甚远。

什么样的图式才是河图洛书，实际上一直是有争议的。清代有学者曾质疑黑白点的河图洛书，认为河图洛书应该是地理

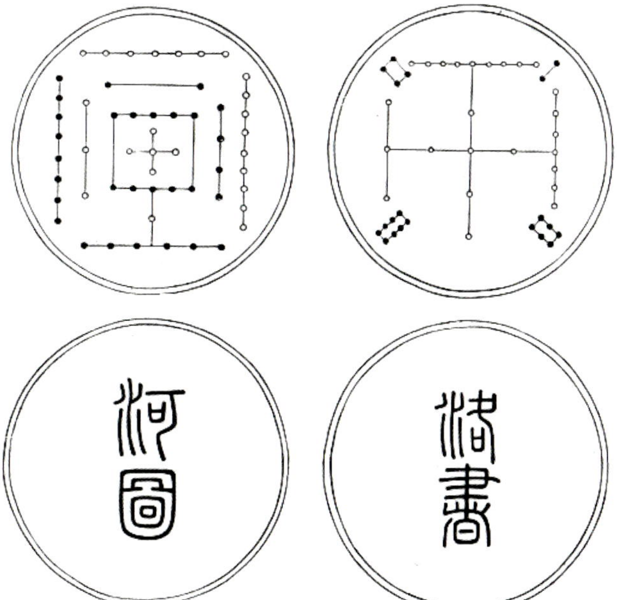

《程氏墨苑》中明人绘河图与洛书。图中将刘牧的河图变成了洛书，洛书变成了河图，这是受到了朱熹的影响，在明朝比较流行这样的河图与洛书。

明代仇英绘《帝王道统万年图》。周武王面前画了一幅洛书图，以此表明他得天命，或据此排兵布阵。

图，或者其他图。无论怎样，河图洛书作为中国传统文化经典性以及标志性的代表，对它的研究仍有待继续。

总之，先秦时期的河图洛书早已不见，也不知其究竟是什么样。现在流行的黑白点的“河图洛书”定型于宋代，此类图式逐渐成为中国哲学文化的一部分，成为参悟哲学的一种方式。

除了作为祥瑞符号，扑朔迷离、玄妙难解的河图洛书又往往是一种谶纬符号。《喻世明言·张道陵七试赵升》中说张道陵：“七岁时，便能解说《道德经》，及河图谶纬之书，无不通晓。”这里河图洛书就被视为谶纬之书，这大概正是受到了河图洛书被看作是八卦来源这一观念的影响。

除了河图洛书，古代还有一种比较神秘的数术，叫“奇门遁甲”，其内容主要是“奇”“门”“遁甲”三部分：天干中的“乙、丙、丁”被称为“三奇”（十个天干：甲、乙、丙、丁、戊、己、庚、辛、壬、癸）；“门”就是“休、生、伤、杜、景、死、惊、开”八门，也有人称此为暗八卦，与文王明八卦相对；“遁”是隐藏的意思；“甲”指天干地支六十甲子组合（天干与地支组合，只能单对单，双对双）中的“六甲”，即甲子、甲寅、甲辰、甲午、甲申、甲戌。“遁甲”就是隐藏起来与为首的“甲”有关的数术。另外还有“六仪”，就是除了“甲”与“三奇”外，剩下的六个天干“戊、己、庚、辛、壬、癸”。“遁甲”的方式就是，“甲子”同于“六戊”，“甲戌”同于“六己”，“甲申”同于“六庚”，“甲午”同于“六辛”，“甲辰”同于“六壬”，“甲寅”同于“六癸”。另外，还有“九星”等概念：“蓬、任、冲、辅、英、芮、柱、心、禽。”“奇门遁甲”之术，据说最初是黄帝发明的，实际差不多生成于汉代，后世不断发展与补充。“奇门遁甲”将古人创造的阴阳、五行、天干、地支、河图洛书、八卦、九宫、天地人三才等学说都包括其内了，人们认为可以以此推算、选择有利的时空。使用奇门遁甲的往往是开国军师，如姜太公、张良、诸葛亮、刘伯温等。

谶语图像：预测千古的《推背图》中的图像符号与语言符号

《推背图》为何叫“推背图”？这本预言书中都有哪些预言“实现”了？其中“预测”特别准的事情，是真的吗？史书中还有哪些神秘的预言？历史上的“预言”有何政治作用？古典小说《水浒传》《红楼梦》是怎样利用“预言”铺展情节的？

世界各个民族几乎都有自己的“预言”，如《圣经》中的预言，玛雅预言，预言家诺查丹玛斯的大预言《诸世纪》，等等。在中国古代，《推背图》被认为是某件历史事实的预言书。

《推背图》据说是唐代的道教徒李淳风和袁天罡所画，他们用图画、谶语等形式预测了唐太宗李世民之后将要发生的事。据说李淳风画了六十幅画之后，袁天罡推了他的后背一下，告诉他不要泄露太多天机，所以叫《推背图》。还有一种说法，因为《推背图》最后一图为二人同向，一人以手推另一人之背，所以称其为《推背图》。

据学者统计，流传于世的《推背图》有很多种，有六十象的，六十四象的，六十七象的，大约四十多种版本。最流行的是六十象的，古人相信其中很多图画都已经应验了。如第二象对唐朝国运的预言，画了一盘果子，共二十一个，预言唐朝一共传二十一帝，后果然如此，图画后面还附录一首诗：“万物土中生，二九先成实。一统定中原，阴盛阳先竭。”传说金圣叹曾为《推背图》作注，他认为“二九”指唐祚二百八十九年，而“阴盛阳先竭”指的是后来的武则天、杨贵妃等人。另外，第二十一象传说预言的是“宋靖康耻”，第三十象预言的是“明土木堡之变”，第三十四象预言太平天国之乱，第三十七象点出黎元洪的名字，等等。

那么，《推背图》这些“预测”特别准的事情，是真的吗？有学者曾提出，这只不过是后人故意更改的罢了。一些学者认为《推背图》大约成书于五代乱世，群雄争霸，民心思安，正为《推背图》这类预言书的生成提供了土壤，而补上唐，是为了更有说服力。《推背图》应并非一人一时所作，而是民间集体创作的结果。人们将不断发生的事情加入其中，如元末红巾军起义，加上“鼎沸中原木木来”，证明韩林儿合乎天命；晚清时的“拳乱”亦是如此，加上“双拳旋转乾坤”，预言义和团运动，等等。

现在通行的《推背图》应该是民国时期的本子。第一，一些预测太准了，而且出现不少细节，这是不可能的，只能是事情发生了，从“事”再到“图”进行伪造；第二，《推背图》中契丹的装饰与清朝的相同；第三，画法采用西方立体透视；第四，在六十象中，预言清末至民初史事共七象之多，等等，也证明此书为后出。《推背图》应该是历代都有所修改，所以才会看起来那么“神验”。这是利用《推背图》中已经“实现”的历史事实，即“已验”，以取信于世，并加上自己又创作出新的谶语图像，作为“欲验”，以达到某种目的罢了。

《推背图》中石敬瑭称帝的“预言”。坐着的契丹人耶律德光的服饰居然是清朝的。

“推背图”一词，最早见于敦煌卷子《大云经疏》，其中提到了武则天之事，所以“推背图”最初的版本大约在武则天的时代就有了。但我们现在见到的本子中并没有《大云经疏》中记载的“推背图”的那些内容，也就是说现在流行的《推背图》未必是唐代的那个早期的本子。《大云经疏》中的“推背图”，无图像，无作者，语言也不是诗。到了宋元时期，《推背图》的新内容不断被加入，先有了图像，后又有了谶诗，而且逐渐变成了整齐的七言杂诗。

至于《推背图》的作者，最早提出是李淳风的是南宋岳珂（岳珂是岳飞的孙子，但岳珂所见《推背图》关于五代之后的预言全是落空的，与我们现在所见《推背图》不一样），南宋刘克庄则认为作者是袁天罡，而认为此书为二者合作的，则要到了明末了。大约到了民国，又发现带有金圣叹批注的本子，也就是现在常见的版本，就又把金圣叹与《推背图》联系在了一起。目前学界大致认为《推背图》的作者不是李淳风，也不是袁天罡，只不过是后人托其名而已。正如姜忠奎在《纬史论微》中所言："今世传推背图说，皆题为李淳风、袁天罡撰，凡后世图谶之类，大抵依托李、袁，犹汉魏术士之依托孔子也。"

李淳风、袁天罡在民间及知识分子中一直很神秘。《旧唐书》记载有一次唐太宗看《秘记》，上面写着："唐三世之后，则女主武王代有天下。"于是唐太宗把李淳风叫来，李淳风说据他的推算，其兆已成，而且不能更改了。唐太宗听他说天命难违，也就不追究了。显然这里漏洞太大了，一个对政权有威胁的预言，说不管就不管了？如果从文献上考究起来，"武王代有天下"这样的话很可能是武则天得势之后为自己造的政治宣言，因李淳风有着能掐会算的名气而附会到了他身上。

《西游记》中泾河龙王与一算卦先生打赌，那算卦先生就是袁天罡的叔父。"几家兴，几家败，鉴若神明。知凶定吉，断死言生。开谈风雨迅，下笔鬼神惊。招牌有字书名姓，神课先生袁守诚。此人是谁？原来是当朝钦天监台正先生袁天罡的叔父，袁守诚是也。"好似袁家一家子都能掐会算，这也是借人们业以形成的观念，将算卦之事附会到了袁天罡。

清末周培春绘，李淳风与袁天罡。此两幅画像受到了儒释道合流的影响。

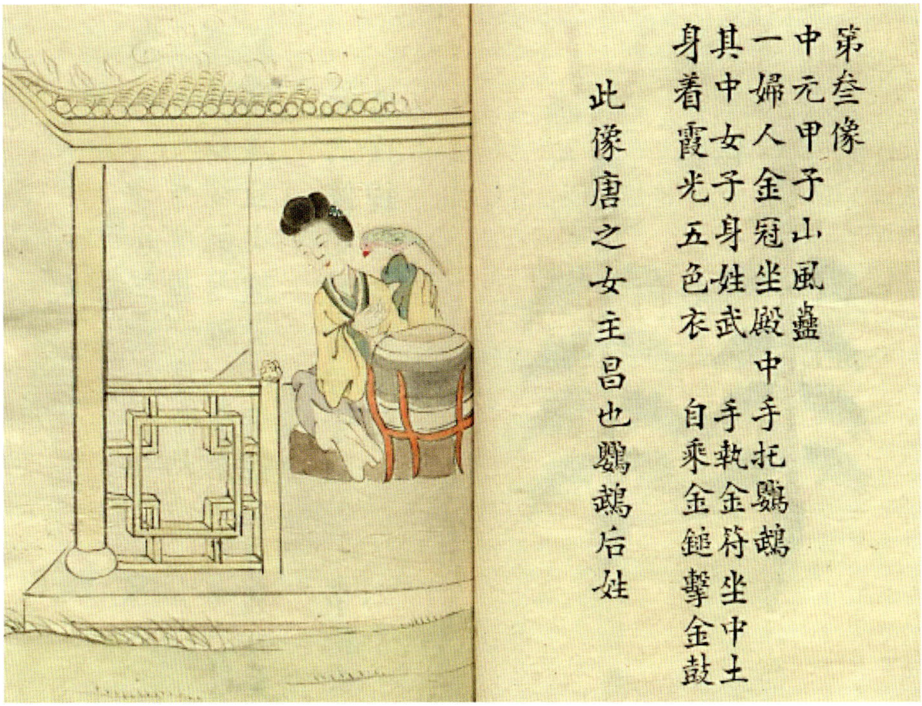

明代版本《推背图》武则天称帝的“预言”。一女子手持鹦鹉，借指武则天。

《推背图》中的图像往往都是符号化的，如穿着是一种符号，头戴金冠，红袍玉带的，就是帝王，身披铠甲，手执斧钺的，就是武将；姿势也是一种符号，躺着表示死亡，坐者尊，站者卑；其他还有种种暗示，鲤鱼表示李唐，鹦鹉暗含武则天的“武”，石榴暗示刘知远，凤凰代表着圣人盛世，刀枪表示战争，城门失火表示国家危在旦夕，等等。

古代像《推背图》这样以图像作为“谶”的还有很多，如《河图》一直被当作祥瑞，东汉武梁祠的石画像中也保存着许多祥瑞图，我们常见的龙、凤、麒麟、四灵等神兽图像也都是祥瑞图像符号的表现形式。除了图像符号，《推背图》中的“谶诗”，是以文字符号为载体，主要是通过拆字、双关、谐音等方式，暗示人的身份、名字或朝代等。如第三象提到“日月当空，照临下土。扑朔迷离，不文亦武”，“日月当空”正是武曌的“曌”字，即武则天。

在中国历史上，也不乏像《推背图》这样将语言作为符号的

“谶语”,《推背图》与传统的童谣、谶纬思维模式是一脉相承的。

童谣作为“预言”在先秦就出现了。据说在夏朝的时候,天空突然出现了两条龙,在地上留下一滩水就飞走了。巫师说要用一个盒子把这精华装起来,然后封印,盒子不能打开,否则必有大祸。这个盒子从夏朝传到了商朝,又从商朝传到了周朝,一直没有人敢打开。到了周厉王的时候,就是后来被国人驱逐的那位君主,他非常自以为是,刚愎自用,非要打开看看这个盒子里装的是什么不可,大臣们怎么劝阻,他也不听。他刚一打开这盒子,那水就变成了一只黑色的大乌龟(玄鼋 yuán),迅速向后院跑去,人们就跟在后面追。后院恰好有个小宫女,大乌龟就向小宫女冲过去,然后一下子就不见了。过了几年,周厉王死了,他的儿子周宣王即位。

有一天,那个小宫女突然发现自己怀孕了,不久就生下一个孩子,宫女很害怕,就把孩子偷偷扔到了宫外。当时,在国都流传着一个童谣,说:“山桑弓,箕木袋,灭亡周国的祸害。”这句话在《史记》等史书中的原文是:“檿弧箕服,实亡周国。”这首童谣预言卖桑木制作的弓箭之人,就是灭亡周国之人。这话传到了宣王耳中,宣王很生气,就下令到处抓卖桑木弓的人,并把他们杀掉。

这时候正好有老两口来都城做生意,得知国王正在抓他们这样的正经生意人,吓得撒腿就跑。到了都城外的路边,忽然听见有小孩子的哭声,原来是个弃婴,这个孩子就是之前那个宫女抛弃的。老两口得了一个孩子,很高兴,继续往前逃,逃到了褒国。后来褒国人得罪了周朝,这时候国君已经是周宣王的儿子周幽王了,褒国人怕被周朝灭掉,就把被小宫女扔掉的长成美女的女孩献给周幽王,以求赎罪。因为女孩是褒国献出,所以称她褒姒。这样的故事大概跟“黑化”褒姒有关,后来到了《史记》中就又有了周幽王为了她“烽火戏诸侯”,而烽火实际上是到了西汉时期才有的。

司马迁的《陈涉世家》写陈胜吴广起义为自己造势:“乃丹书帛曰:‘陈胜王’,置人所罾鱼腹中。卒买鱼烹食,得鱼腹中书,固以怪之矣。又间令吴广之次所旁丛祠中,夜篝火,狐鸣呼曰:‘大楚兴,陈胜王。’卒皆夜惊恐。”这实际上利用的正是人们对谶纬与童谣的迷信心理。

谶纬与具有“预言”作用的童谣相似,也是古代政治斗争的重要工具。“谶”是秦汉间巫师、方士编造的预言吉凶的隐语,作为上天的启示,向人们昭示未来的吉凶祸福、治乱兴衰,又称“谶语”。“纬”即纬书,是汉代儒生假托古代圣人制造的依附于“经”的各种著作,以迷信、方术、预言附会儒家经典,旨在宣扬国家治乱兴衰、帝王将相出世等都是天命的安排,如“君为臣纲,父为子纲,夫为妻纲”就是从《礼纬》来的。后来谶、纬逐渐合流,“谶纬”往往借用阴阳五行等来预言朝代的兴衰和天命的归向。

西汉末年以预言天命为内容的谶纬图书大量出现。后世既有利用谶纬之说为帝位谋取合理说法的，也有借此造反的。如王莽利用图谶，假托天命废汉帝而建立新朝；而王莽末年，南阳宛人李通用《河图》谶语“刘氏复起，李氏为辅”，劝刘秀起兵。黄巾起义宣传的谶语是“苍天已死，黄天当立；岁在甲子，天下大吉”，“苍天”指汉王朝，汉代军队的衣服以苍青色为主，“黄天”是指黄巾起义军，一死一立，即为自己找到了造反的理由。

古代还有利用谶纬进行党争的。如唐代的牛李党争，和牛僧孺一伙的是牛党，与李德裕一伙的是李党，两个党派水火不相容。当时社会上就流行一句谶语：“首尾三鳞六十年，两角犊子恣狂颠，龙蛇相斗血成川。”“两角犊子”无疑是“牛”，意思是姓牛的将要造反谋逆，篡夺皇位，矛头直指相国牛僧孺，这显然是有人为了陷害牛僧孺故意编造的。

可见，无论是童谣谶纬，还是谶语图像，往往都是人们进行政治斗争的宣传手段。此外谶语图像也为文学创作提供了依据，如《三国演义》第八十回，大臣们劝曹丕代汉登基的时候说：

> 臣等职掌司天，夜观乾象，见炎汉气数已终，陛下帝星隐匿不明；魏国乾象，极天际地，言之难尽。更兼上应图谶，其谶曰：“鬼在边，委相连；当代汉，无可言。言在东，午在西；两日并光上下移。”以此论之，陛下可早禅位。鬼在边，委相连，是“魏”字也；言在东，午在西，乃“许”字也；两日并光上下移，乃“昌”字也：此是魏在许昌应受汉禅也。愿陛下察之。

这是曹丕的手下借图谶为曹丕造势，而曹丕和自己的大臣们一起“演戏”，“依礼”又推让了三次，才接受汉献帝的禅让。《三国志·魏书·文帝纪》裴注引《魏氏春秋》说曹丕受禅当了皇帝后，顾谓群臣曰：“尧舜之事，吾知之矣！”我今天算懂得了，原来尧舜“禅让”是这么回事啊！这句话可真是意味深长，曹丕认为“禅让”只是迫不得已。

《水浒传》第七十一回《忠义堂石碣受天文　梁山泊英雄排座次》写梁山好汉排座次，靠的是“天注定”：“宋江随即叫人将铁锹铁锄头，掘开泥土，跟寻火块。那地下，掘不到三尺深浅，只见一个石碣，正面两侧，各有天书文字。”也就是说挖出来的这个石头上有“天书”，已经排好了三十六天罡、七十二地煞。

《水浒传》第九十回写智真长老送给鲁智深四句偈子：“逢夏而擒，遇腊而执。听潮而圆，见信而寂。”“遇腊而执”是说他会遇到方腊，将方腊捉住。我们看央视版《水浒传》是武松单臂擒方腊，实际上在原著中方腊是鲁智深捉住的。

《水浒传》第一百一十回，说《推背图》预言了方腊上承天命。

原来方腊上应天书，《推背图》上道：“十千加一点，冬尽始称尊。纵横过浙水，显迹在吴兴。”那十千，是万也；头加一点，乃方字也。冬尽，乃腊也。称尊者，乃南面为君也。正应方腊二字。占据江南八郡，隔着长江天堑，又比淮西差多少来去。

宋江有“天书”，而方腊则有“推背图”，都是为了给自己造势。作者借谶语图像来表现人物，也是历史观念的一种反映。

在《红楼梦》中，更是有着与《推背图》相似的一图一诗的谶语图像。第五回写宝玉梦游太虚幻境，就看到了类似于《推背图》的判词画册。

宝玉便伸手将又副册厨门开了，拿出一本册来。揭开

明代版本《推背图》中宋江征方腊的“预言”。

一看，只见这首页上画着一幅画，又非人物，也无山水，不过是水墨滃染的满纸乌云浊雾而已。后有几行字迹写着：霁月难逢，彩云易散。心比天高，身为下贱。风流灵巧招人怨。寿夭多因毁谤生，多情公子空牵念。

这预示了晴雯的命运。

宝玉看了，又见后面画着一簇鲜花、一床破席。也有几句言词写着：枉自温柔和顺，空云似桂如兰。堪羡优伶有福，谁知公子无缘。

这是袭人的判词。

宝玉看了不解。遂掷下这个，又去开了副册厨门，拿起一本册来。揭开看时，只见画着一株桂花，下面有一池沼，其中水涸泥干，莲枯藕败。画后书云：根并荷花一茎香，平生遭际实堪伤。自从两地生孤木，致使香魂返故乡。

这是香菱的判词。

宝玉看了仍不解。他又掷了，再去取正册看。只见头一页上便画着两株枯木，木上悬着一围玉带；又有一堆雪，雪中一股金簪。也有四句言词道：可叹停机德，堪怜咏絮才。玉带林中挂，金簪雪里埋。

这是薛宝钗和林黛玉的判词，等等。

显然这样一种谶语图像，与《推背图》极为相似，可谓是《红楼梦》中的“推背图”。

《推背图》因为常常被拿来宣扬“天命”，所以为历代统治者所忌惮而列为禁书。古代类似于《推背图》的预言书还有很多，如《乾坤万年歌》《马前课》《武侯百年乱》，等等。这些书籍多是附会之说，然而民间往往以《推背图》作为某种神秘预言的象征代表，这实际上是受到了中国人联想思维的影响。不仅天人感应，人们总觉得万事万物都有某种联系。后世的吉祥元素，如“鹿”谐音“禄”，人们画一头鹿，希望求得福禄，也是受到了联想思维的影响。此外，中国文字具有象征性，中国图画也有象征意味，这也为人们的联想提供了可能。

总之，谶纬之学是中国文化史上的一个极特殊的现象，谶语图像既有图像符号，又有语言符号，而其整体作为一种符号，又有传统文化与习俗的意蕴。《推背图》作为一种预言式的读物有它的局限性，但并非毫无价值，它影响了古典文学作品，也体现出不同历史时期的政治形式、思想意识、文化观念及时代风尚，等等。《推背图》目前在世界上已经有德、日、英、法等多个外文译本，也为各国学者研究中国文化与风俗提供了文本依据。

后　记

中国的传统文化博大精深。耗时三年，终于完成了这样一部小书的写作。古人说：三年通一艺。如果把传统的博物学也看作一“艺”的话，这三年确实让我对传统文化有了更深的了解。

写作过程中，迷茫过，挣扎过，因为它确实消耗了大量的时间与精力。除了写作本书，还要上课，更要做研究，写专业论文。究竟是“专”，还是“博”，这个问题一直困扰着我。《论语》中，孔子也曾讲过“专”与“博”的问题：“达巷党人曰：‘大哉孔子！博学而无所成名。’子闻之，谓门弟子曰：‘吾何执？执御乎？执射乎？吾执御矣。’”达巷党人说孔子这么博学，却不能以专精成一家之名。孔子的回答很巧妙，他拿射、御打比方：射箭往往是瞄准一个点，代表着专精；驾马车则要到处跑，代表着博学。孔子在专与博之间说“吾执御矣”，最终选择了博。和孔子一样，“博闻多识”是古代学者的一个重要追求，更有学者以“格物致知”为毕生之理念。正是受这种精神的感召以及对传统文化的喜好，我最终完成了这样一部小书。

从完稿到成书又是一段精细的旅程。大体完稿后，又用了将近两年的时间来完善。编辑建议我增补数文及相关知识点，如“鸿蒙”“雷神”“火神”“悟空”“天宫”“三星堆”等篇的补入。此外，从目录的编排、篇名的打磨、图片的取舍、图注的撰写到版式的调整，编辑和我来回“死磕”，直到都满意了为止。当我拿到校样时，看到文字与图像巧妙地搭配在一起，禁不住感叹：这哪里是一本书，简直就是一件艺术品！那一刻，我就像“庖丁解牛”里的庖丁一样，完成“解牛”的工作之后，提刀而立，为之四顾，为之踌躇满志。五年时间，我和编辑及中华书局上海公司的领导，如切如磋，如琢如磨，像修正一块宝玉一样对其精雕细琢，付出了不少心血。

惟日孜孜，无敢逸豫。为了保证知识的准确性、内容的丰富性，前前后后参考了大量传世文献与出土文献，搜集了大量图片与实物等材料，涉及文学、历史学、考古学、民俗学、社会学、民族学、语言学、文献学、文化人类学等诸多学科。如果能为学界贡献一份力量，将一些学术小问题推进一步，那将是我的荣幸。当然，本书主要还是一部面向大众的普及性质的传统文化读物。

本书选取了传统文化中最有代表性的、最精粹的、现代人习焉不察的符号，目的是希望能吸引更多的读者喜欢上传统文化，同时也希望能为和我一样的传统文化爱好者提供一份了解身边传统文化的“指南”。

最后，我要感谢我的博士导师李山老师的指导，他的博学多识激励我不断向学。感谢本书责编中华书局上海公司吴艳红女士的指教，从目录的编排、材料的甄别到图书的呈现方式，她都做了大量细致而认真的工作，在此向她表达敬意和谢忱。同时，疏漏之处敬请读者不吝赐教！